日本語をみがく小辞典

角川文庫
21824

目次

名詞篇

Ⅰ 人間・社会

II　身体・感覚

III　天地・自然

IV 時間・位置

Ⅴ 思考・人生

動詞篇

Ⅰ 知覚・判断

VI 移動

VII 人為

III　心情

IV　社会性

V 五感

VI 属性

VII 度合い

Ⅷ 判定

名詞篇

I　人間・社会

兄弟——母系社会の落とし子たち

五行／兄／弟／甲／乙／十干／干支／還暦／本卦がえり／同胞／乙／弟人／
四海／四方／柄／族／輩

「木火土金水」の〝五行〟をそれぞれ兄と弟に分けて、甲・乙のように言うことはだれでもよく知っている。「丙午生まれの女は夫を殺す」などという迷信が昔あって、科学の発達した今日でも丙午に当たる年は出生率が下がってしまう。五行にそれぞれ兄と弟があるのだから全部で十になり、これを十干と呼んでいる。これに「子丑寅……」の十二支を組み合わせた干支（これを〝えと〟と呼ぶ）で昔の暦が成り立っているわけで、「来年の干支は何だったかしら」「僕の干支は甲午だ」のように現代でもよく問題にされる。還暦といって数え年六十一歳を祝うのも、生まれた年の干支に還るからめでたいと考えるわけである（還暦は「本卦がえり」とも言う）。

　ところで、五行を兄と弟に分けるというが、私たちの先祖は、同じ母から生まれた兄弟姉妹（これを同胞と呼んでいる）を兄と弟の二つに分けていた。

　弟は本来は「おと」（弟・乙）で、〝若い〟という意味である。男性に限るわけではない。そうでなければ、あの古事記に出てくる、倭建命のために入水したという弟橘媛や、浦島太郎の伝説にある竜宮城の乙姫様の「おと」の説明がつかないだろう。あれは若くて美しいことを名前で表しているのである。

　このように「おと」は年が若いということで、若い人「弟人」、つまり「おとうと」なのである。だから、男女の性は関係なく、年上のほうは兄も姉も「え」、年下のほうは弟も妹も「おと」であった。古事記などに「兄なる子」とか「弟なる子」と出てきても、兄だから男の兄弟と決めつけるわけにはいかない。

　そういえば現在、兄弟姉妹を一括して「兄弟」と呼び、「ご兄弟は何人？」とか、「兄弟の一人が欠ける」のように言うが、姉も妹も含まれるのに「兄弟」と男のほうで呼ぶのは男女差別もはなはだしい、とお思いの向きも多いだろう。しかし、もともと兄弟は「えと」で、男女の性とは関係なく年の上下をもとにした呼び方なのだから、ことさら腹を立てるには及ばない。

　それより問題は、英語などでは兄弟を brother と sister、つまり男女の性によって分けているのに、日本語では兄と弟、姉と妹のように年の上下で言い分ける。物事のとらえ方の違いである。英語では、年の上下を言い表すためには、elder とか younger とか、その他、当人の年の状況を表す修飾語をわざわざつけなければならない。ということは、兄弟は男か女かが問題で、年の上下などは二のつぎと考えているのだろう。だから自分をもし兄弟の枠の中にはめ込むとしたら、神から授かった〝性〟によって、生まれたときから brother か sister かは決まっている。これは実に客観的な物の見方と言ってよいのではないか。

日本語のほうはどうだろう。年の上下関係など相対的なものだから、相手次第で兄弟(えと)のどちらにも転ぶ。三郎に対しては兄や姉であっても、太郎からすれば弟や妹であろう。それどころか、自分を基準にすえて兄弟を二手(ふたて)に分けることさえできる。あの比喩(ひゆ)的な使い方、

「失礼だけれど、おいくつですか」

「二十五です」

「じゃ君は僕より三つ弟だね」

「先輩は三歳兄きというわけですね」

英語では逆立ちしてもこのような言い方はできない。「君は僕よりも brother だ」「彼女は僕よりも sister だ」など、考えただけでも滑稽(こっけい)ではないか。

自分を基準にすえて兄弟を上下にふるい分ける日本人の視点は、まことに自己中心的と言っていい。そして、このように人間の関係として兄弟をとらえ、上下に位置づける。まさにタテ社会そのものなのである。

「兄弟（えと）」が社会の姿を反映しているとすれば、時代を反映しているのは「はらから」である。よく「四海（しかい）みな同胞（はらから）」と言う。「四海」は四周の海で、四方の外国、つまり「よも」の世界。いかにも島国日本らしい発想であるが、この「はらから」は〝兄弟のようなものだ〟といったぐらいの意味だろう。

もともとは「腹」に〝血筋〟を表す「から」（柄、族）が結びついた語で、同じ腹から生まれた血縁者。だから兄弟姉妹を指すわけである。「ああいうやからとは付き合いきれない」というときの「やから」（族）や、少し古めかしいが「かかるともがらを相手にするをいさぎよしとしない」の「ともがら」（輩、〝連中〟ぐらいの意味で使う）の「から」も、これと同じことばである。

ところで、〝同じ腹の、血のつながり〟という意味が兄弟姉妹を指すことばとなっていることが、考えてみると面白い。今日では、母が違っても「腹違いの兄弟」と言うが、「はらから」には含まれない。逆に、父親が違っていても母さえ同じなら、皆「はらから」である。母系社会の時代に生まれたことばだから当然と言えば当然だが、「ことばは時代の落とし子」ということを改めて感じさせる例であった。

妻——本家の端に住む怖い人？

祝詞(のりと)／妹背(いもせ)／吾妹(わぎも)／妹人(いもひと)／妻問い婚(つまどいこん)／妻籠み(つまごみ)／端(つま)／妻屋(つまや)／壺(つぼ)／北の方(きたのかた)／対屋(たいのや)／奥方(おくがた)／大奥(おおおく)／殿(との)／亭主(ていしゅ)／山の神(やまのかみ)／お上(かみ)

皆さんの中には神前で結婚式を挙げた方も多いだろう。その時、覚えているだろうか。神主さんが読む祝詞(のりと)の中に「妹背(いもせ)の契(ちぎ)り」ということばが出てきたことを。これは〝夫婦の約束〟ぐらいの意味で、妹(いも)は夫から見た相手の女性、背(せ)（「夫」とも書いた）は妻から見た相手の男性を指すことばだ。今の語で言えば「妻、家内、女房」、「夫、主人、旦那(だんな)、宅」などに当たるだろうか。古事記や萬葉集(まんようしゅう)によく出てくる「わぎも」（吾妹）とか「わぎもこ」（吾妹子）などの「妹(いも)」もこれと同じだ。

このように「妹」や「背」が結婚した相手を呼ぶことばになったのは、実は少し後のことで、初めは男が女の兄弟を呼ぶときに「いも」、女が男の兄弟を呼ぶときに「せ」と言った。もちろんこれは遥(はる)か昔、奈良(なら)時代かそれ以前の話なのだけれど、互いが兄弟を指して言うときには、男女の性で分けていたらしい。「いも」と「せ」は、年の上下に関係なく使えたのである。今日の「いもうと」も、この「いも」に「人」の付いた「いもひと」が源流だ。

ところで、あの有名な在原業平の歌に、

　から衣きつつなれにし妻しあればはるばる来ぬる旅をしぞ思ふ

というのがある。これは三河の国八橋で、花を見ながら「かきつばた」とその名前を詠み込んだ折句だが、この即興の作は古今和歌集にも伊勢物語にも出てくるから、皆さんよくご存じの歌である。

主人公は、長年連れ添った妻が京にいるので、それを残してはるばるやって来た旅のあわれがひとしお身にしみることよ、と涙ぐんでいるのである。仲むつまじい夫婦であればあるほど、しばしの別れが辛いのは、今も昔も変わらない。通信網・交通網の発達した現在でも、単身赴任のつらさは身に覚えのある方も多いだろう。

さて、右の歌は、奥さんを家に残して旅に出た男の歌であるから、妻は現在のワイフと変わらない。もちろん通い婚の時代ゆえ、女は自分の家にいて男が訪ねてくる（つまり「妻問い婚」の）わけで、その点が今日と様子が違っている。ところがもっと以前の時代になると、「妻」は単に結婚している相手を指すだけで、特に女性とは限らなかった。現在のことばで言えば配偶者、俗な言い方をすれば「つれあい」ということになる。

古事記の初めのほうに、スサノオノミコトが出雲で結婚して家を建てるときの歌が出てくるが、そのとき雲がたくさん湧き出て、新居のまわりを十重二十重、まるで垣でめぐらせたかのように囲み込んでしまう様を見て喜んで、

八雲たつ出雲八重垣妻籠みに八重垣作るその八重垣を

と詠んだ。もちろんこれはミコトの作というより、当時は結婚の祝いの席で歌われた唄の一つだったに相違ないが、この時代は「つま」と言えば配偶者のことで、夫婦二人の新しい門出をことほぐ気持ちから、「妻籠み」の家、つまり二人がこもるための新居をたたえたのだろう。当時、若い二人が結婚すると、本家の端に新居を構えて住むならわしがあったらしく、その家を「妻屋」と呼んでいた。そこで、新郎・新婦どちらでもかまわない、妻屋に住む人はすなわち「つま」なのである。

古来、日本では人間をその住む家や部屋で表す習慣があった。『源氏物語』に出てくる桐壺の更衣や藤壺の「壺」も家の中庭で、そこに面している建物のことだ。当時、貴族の奥方を「北の方」と呼んだが、これも寝殿造りの北の対屋に住んでいたからである。

そう言えば「奥方」とか「奥方様」も、一家の女主らしく大きな邸の奥のほうの建物で寝起きしていたからそう呼ぶのであって、現代の奥様・奥さんもここに由来する。もっとも、中流意識の強い今の日本人の生活では、奥様といっても決して奥のほうに住めるよう

な大邸宅ではないが。江戸（えど）時代の「大奥」も同じ語源だ。家の奥さんを家内といい、夫を宅（うち）とか家の人というのも、家が人を表すいい例だ。

　手紙の上書きに、男性名のとき何のなにがし殿と書くが、これも邸宅という意味だ。夫のことを亭主と呼ぶが、亭は建物で、そこの主（あるじ）。家主（いえあるじ）という意味で「主人」と呼ぶ。何も妻の仕えるご主人様をいうわけではないから、世の女房族は安心してよかろう。

　それどころか、夫から見れば妻は「山の神」のように怖い存在で、決して自分が主人だなどと思っていない。もっとも、山の神の解釈にはいろいろあって、それがまた、なかなか面白い。

　いろは歌をご存じだろう。あの中に「有為（うゐ）の奥山今日越えて……」というくだりがある。山奥に踏み迷ったように、煩悩（ぼんのう）の多いこの世の中で迷っていたが、その迷いの境地を今日解脱（げだつ）して……ということで、この「奥山」ということばを利用して、山の上（かみ）の字、つまり「奥」（奥様）としゃれて言ったまでのこと。とはいえ、妻は山の神様のような存在との意識は濃厚で、それを〝山の上の字の人〟と、隠語か暗号のような言い方をしなければならないところに、亭主族の苦心と憐（あわ）れさとが潜（ひそ）んでいはしないか。ここから出た「お上（かみ）、お上さん、上さん」となると、これは庶民的で好感が持てる。

親——タテ社会を生み出す源

親不知(おやしらず)・子不知(こしらず)／絆(きずな)／親心(おやごころ)／二親(ふたおや)／頭(かしら)／長(おさ)／御祖(みおや)／子等(こども)／鎹(かすがい)

「親の心、子知らず」とか「親子の縁を切る」とか、あるいは「親の臑(すね)をかじる」「子を持って知る親の恩」……。

　親子に関する諺(ことわざ)や格言、慣用句のたぐいは日本語に多い。あの北陸路(じ)の難所、親不知(おやしらず)・子不知(こしらず)の名の由来も、絶壁が海岸に迫っていて、旅人は波が引いている僅(わず)かの間に次の岩穴へと駆け抜けて、寄せる波を穴の中でやり過ごさなければならない、とても年老いた親のことなど意に介してはいられない、かわいいわが子をかばっている暇(いとま)もない、そこから付いた名であろう。いちばん遅く生(は)える奥歯を〝親知らず〞と言うが、これも親が知らないころになって生えるという特徴からの名づけである。

　いずれにしても日本語には、親子の情を踏まえたことばが多い。どうも日本人は、親は子に、子は親に対して、深い絆(きずな)と一体感とを持っているらしい。吉田松陰(よしだしょういん)ではないが、「親を思う心にまさる親心」で、親の慈愛は核家族とか鍵(かぎ)っ子とか、個人主義が広まってきた現在でも変わることはない。これは悪く言えば、親は子離れしていない、子は親離れしていないということであるが、伝統的な家族制度の観念は、そう一朝一夕には解消しそうもない。

よく、日本語では「親」は単数でも複数でもないという。確かに日本語は英語などと違って単複の概念を持ち合わせないが、ここはそういう意味ではなく、「親」ということばは、父でも、母でも、両親共でもかまわないということなのだ。英語の parent, parents とは、その点ちょっとわけが違う。たとえば「親たち」と複数接尾辞を付けたら、父と母の両方、つまり二親(ふたおや)を指すわけではない。

「僕らの親たちは皆考えが古くてね」

のように、どうも親子関係における複数者の子供たちの、それぞれの親を一まとめにして言うときに用いる。だから、日本語の「親」は、「子」に対する概念で、father—mother を対立させた横の関係ではないということになろう。

ここにも日本のタテ社会が反映しているのだが、親を子に対応させることによって、親はそれを生み出したもとで**あり**(そこから祖先とか元祖とかいった意味が生ずる)、それを支配する頭(かしら)、長(おさ)、上に立つもの、さらに一番もとの中心に立つもの、つまりグループの中の主要なもの、主となるほう、大小の関係ならば大きいほうを指すことになる。

『源氏物語』絵合(えあわせ)の巻に、
物語のいできはじめの親なる竹取の翁(おきな)……

という文が出てくるが、これは、『竹取物語』がわが国の物語の元祖であると言っているのだ。

古語では「親」は御祖、つまり母や祖母、さらには先祖を指すのだが、これは女系社会の現れで、子を産み出す母親こそは一家の中心、子の上に立つ絶対的な支配者なのである。

現代語では「親」の付く語が多い。「生みの親に育ての親、名づけ親」、「親芋、親株、親木」……これは何かを生み出した元、つまり生みの親だ。「近代文学の生みの親」のように、比喩的にもよく使う。また、「親分、親玉、親会社、ゲームの親」のように、上に立つ者や何かの中心的立場にあるものを指し、「親子電話、親見出し・子見出し、扇子の親骨、親指・子指」と、主要なほう・大きいほうには親、従のほう・小さいほうには子を当てる。何と日本語には親子に関することばが多いことか。

ところで、子は「子供」とは意味が違う。子供は、

瓜食めば子等思ほゆ　くり食めばましてしのばゆ

と山上憶良が歌ったように、多くの子、子供たちであった。

今日、おとなと子供と対照させるが、昔は特に小さい子、幼児に限ったようである。親

に対するのはやはり子で、「子は三界（さんがい）の首っ枷（かせ）」と江戸のいろはがるたにもあるように、親にとって子は一生を束縛される対象であったが、同時に「子は鎹（かすがい）」と諺に言うごとく、夫婦の仲をつなぎ止める大事な役割も担っていた。

　まこと子は親に対立する相手で、それがマイナスにもプラスにも働くという、いかにも日本的なとらえ方ではないか。

主――家・人・事を司る存在

家主／あるじ／家邸／しゅう／ぬし／名主／長／おぬし／神主／稀人

『枕草子』に大進生昌のことを述べたくだりがある。清少納言の主君、中宮定子が、大進平生昌の邸に居を移されるのだが、清少納言もお供をしてそこで生活する。その時に起こった事件を描いた有名な話であるから、ご存じの方も多いだろう。

なぜ居を移されたのか。一説によるとお産のためと言われているが、当時、お産とか死去とかは、本宅で迎えることを嫌って居を移した。『源氏物語』の桐壺の更衣が宿下がりして亡くなった話も有名だ。要するに、現世とあの世との接点である生や死は、不吉・不浄なことと考える思想が古来あったわけである。

ところで、大進といえば従六位の上に当たるから、中宮が身を寄せられる家としては低すぎる。中級の官吏だ。ということは、そのころ中宮定子はすでに落ちめで不遇時代にあったことを物語るのだが、話はその折のある晩、清少納言たち数人の女性が寝ている所へ生昌が訪ねて来ることから始まる。原文はこうある。

北の障子に懸金もなかりけるを、それをも尋ねず。家あるじなれば、案内をしりてあけてけり。

「北の襖には鍵がなかったのだが、そんなことには私たちは気配りもせずに寝てしまった。ところが生昌はこの家の主人であるから、勝手知ったるわが家のこと、その襖を開けてしまったよ」というわけである。

さて、それから話がどう展開するかは『枕草子』を読んでいただくことにして、問題は生昌のことを「家あるじ」と言っていることである。つまり主とはその家の主人ということで、菅原道真が大宰府に流される折、庭前の梅の花に「あるじなしとてはるをわするな」（『大鏡』）と呼び掛けたのも、この家には今日から主人がいなくなるけれどと言っているわけで、主とはその家邸の主であった。男女の区別は特にない。

今日これに相当するのは主人であるが、どうも主人というと、古語の「主」つまり仕える相手、主君を連想するので喜ばれない。「あるじ」が廃れてきたのは残念である。

一方「主」はどうか。家主、雇い主、持ち主など、現在では所有者の意味で使われているのが専らだ。「あの蛙はここの家の主だ」とか「古くからこの沼に棲みついている主の大蛇」などと言うと、妙に霊気がたちこめてくる。

そもそも「ぬし」は「あるじ」などと違って、主君の敬称であった。「大国主命」は国の主君という意味の名づけだし、近世に使われた名主は村の長を意味する。自分の主人というふうに相手を敬って言えば、「おぬし」などという二人称の言い方が生まれる。また、その領域の主人として事を司れば、主として事を行う立場という意味が生まれる。神主などがそれだ。

とにかく「ぬし」は上に立つ者、長、主人の意味のことばだが、「あるじ」は家あるじで、常に家の観念がつきまとう。その家に客を呼べば「あるじ」は客に対する家側の主人ということになる。もっとも客は滅多に来ない人だから、稀な人という意味で「まれひと」、その音が変わって「まらうと」（稀人）と言った。

　　にくきもの、いそぐ事ある折に長言するまらうど。

という、あの『枕草子』の話でよく知られていることばである。

主客転倒、主体・客体、主観・客観、主語・客語などという語からもわかるように、主となる側とならない側とをただ対照させた無味乾燥な漢語、「主人・客人」すなわち「客」などよりは、〝私の所へたまにしか来ない人〟といった生活実感に根ざしたことばのほうが、遥かに生き生きして血が通っているのではあるまいか。

私――個人に転用された反公共性

公（おおやけ）／吾（われ）／我（われ）／吾妻（あづま）／汝（なんじ）／こなた／そなた／あなた／どなた／かれ／たれ／かしこ／お前（まえ）／貴様（きさま）／手前（てまえ）／大君（おおきみ）／僕（しもべ）

私小説、私事、私する、市立に対する私立、「わたくし」を使ったことばは案外多い。自分を指して言うときには、「わたくし」よりも「わたし」を多く使う。自称の代名詞としては確かに「わたし」のほうが自然だが、個人に関する事柄の意味では「わたくし」を用いる。これは公（おおやけ）に対する私で、「公的・私的、公立・私立、公用・私用、公費・私費」はては「公私混同」など、対応して用いられる語もまた多い。個人的な面は〝公（おおやけ）〟つまり公共の社会（昔は朝廷）と対比することによってはっきりすることは当然だが、そのような公に対応する一般名詞を自分を指す一人称の代名詞に転用したところが、いかにも日本語らしい。

さて、昔は自分を指すときには「わ」や「われ」（吾、我）を使った。このうち「わ」のほうは「わが大君」のように「が」の形で現れるのが普通だが、これは現在でも「わが身、わが国、わが家（や）、わが校、わが社」のようによく使われる。アメリカ人などは、現在自分の勤めている会社、学んでいる学校という程度の軽いとらえ方で、日本人のような、愛社・愛校精神に支えられた自分と一体意識の「わが社」「わが校」の気持ちがなかなか理解できない。「美(うる)わしきわが古里(ふるさと)」と故郷などにはごく自然に理解できても、会社や学校となると、終身雇用制でもなく、複数の学校で同時に学ぶことなど当たり前の国々では、とても自分の人間性をはぐくむ場といったような深い理解はできそうにない。

「わが」「われ」は子音が取れて「あが」「あれ」ともなるが、これはちょうど「わたくし」「わたし」を「あたくし」「あたし」と言うのと同じだ。「わが妻」が「吾妻」（あがつま→あづま）となって、吾妻下駄(げた)（畳表をはった婦人用の下駄）、吾妻コート（和服の上から着る婦人用のコート）などの語を造るのもこれである。

ところで、古代から日本語には自分を指す「わ」「われ」はあっても、相手や他人を指す二人称・三人称専用の代名詞がない。「汝(なんじ)」などは一人称の「な」から出た語だ。

では、二・三人称にはどんな方法を講じたかというと、いわゆる方向や場所を示す指示語をそれに当てた。「こちら、そちら、あちら、どちら」「こなた、そなた、あなた、どなた」などの「こ・そ・あ・ど」、あるいは「かれ、たれ」などの語を上手に利用した。これらは皆、話し手から離れた場所や物・方向などを指すことばである。「あなた」は、あちらのほう、遠くのほうだし、「彼(かれ)」も〝あれ〟の意味で、遠称である。「かしこ」の「か」と同じだ。今日、「こちらは田中さんで、あちらは鈴木さんです」とか、自分の息子を親愛の情で「こいつ、でかしたぞ！」などとやるのも指示語で人を表しているのだし、

「どちら様でしょうか」「どなたをお待ちで？」なども、全く同じ方法である。

実はこのように、相手や第三者を指すのに you や he, she のような専用の語を用意しないで指示語で間に合わせる日本人の発想こそ大問題で、この点に関しては大いに注意を喚起していいのではないか。

というのは、「あなた」にしても「そなた」にしても「彼」にしても、いずれも話し手（つまり自分自身）を中心にしてその人物を把握する語だからである。私から見て〝あちらのほうのかた〟とは、いかにも自己中心的な発想ではないか。

日本語は、自分も、相手も、第三者も、同じ線上に並べて対象を客観的にとらえるような、ドライなことばではないらしい。あくまで自分は自分、その他いっさいは自分の知覚や感覚に映った対象として、自分の立場から眺めて把握する。その上、日本は上下関係を優先するタテ社会であるから、人間関係も上位者中心のとらえ方をする。神仏や貴人はあがめるべき対象ゆえ、それの前に当たる方向や位置は「お前（まえ）」となる。それがその人物自身に転じて上位の相手を「お前（様）」と呼び、次第に下落して「貴様（きさま）」と同様、下位者を呼ぶことばに成り下がる。「お前が悪いんだ」などと。そして、その手前のほうは話し手自身だから、私の意味で「てまえ」と言い、やがて自己中心的に〝私の手前にいる人〟つまり「あなた」の意味の「てまえ」「てめえ」に転じていく。

タテ社会を反映する典型的な代名詞は「君」と「僕」だ。主君・君主を指す「きみ」

（もと「大君（おおきみ）」つまり天子のことだった）と、しもべを意味する「僕」とが、そっくり相手と自分を指す語に転用されているとは愉快だし、たとえ尊敬と謙譲の精神から出たとはいっても、上下関係がここまで徹底していると思うと、一転して不愉快にさえなってくる。

もちろん語源と現在の言語意識とは別で、だれも自分を相手の下僕・奴僕（ぬぼく）だなどと本気で考えている人はいないだろう。その点、自分らを支配する政府や国家の「公（おおやけ）」に対応して、個人である「私（わたくし）」のほうが、上下関係には違いないけれど、まだしもましと言うべきかもしれない。

世——他人と自分のかかわり合い

人（ひと）／世（よ）の中（なか）／代（よ）／君（きみ）が代（よ）／世渡（よわた）り／身過（みす）ぎ世過（よす）ぎ／世捨（よす）て人（びと）／世間様（せけんさま）／有為（うい）転変（てんぺん）

日本人はどうも自分中心に物を見る癖があるらしい。自分も当然その中の一員であるはずなのに、自分を含めた対象として考えない。それどころか、自分の外の事物ででもあるかのように眺めて、自分との関係でそれを理解しようとする。

たとえば「人（ひと）」がそうだ。日本語で「人」と言うと、「人のふり見てわがふり直せ」とか「人事（ひとごと）とは思えない」「人目（ひとめ）を忍ぶ」「人づきあい」さては「人助け、人騒がせ」と、人を使った語は多いが、いずれも〝他人〟の意だ。いわゆる〝人間〟を表す「人はパンのみにて生くるにあらず」など、これは新しい翻訳的な使い方で、本来は自分から見て他人を指す。

最も基本的な「人」のような単語でさえ、日本人は、自分の周囲にいる人物としてとらえ、それと自分とを対比させようとする。人の集合である人々に対しても、同じようなとらえ方をする。「人の噂も七十五日」。他人と自分とのかかわり合いこそ、この世の中の自然な姿と見るのであろう。

そういえば、古典文学などに出てくる「世の中」の意味は、その人の一生、そして、その間に起こる人間関係、特に男女の間柄、夫婦仲を指すことが多い。自分から見てその相手や他人たちとの繋がりがすなわち社会だとは、何とも実生活に即した考え方であろう。『源氏物語』帚木の巻に、頭の中将ら三人の男たちが光源氏の前で、以前つきあいのあった女たちの思い出話にふけり女性論を交わす、有名な雨夜の品定めの話があるが、そこで中将は姿を消した常夏の女（夕顔）のことを紹介し、頼りになるよい女とはいったいどんな人であるか、どうも判断は難しい、これが世の中（つまり男女の仲）というものであろう、と感懐に耽っている。

世は代に通じ、その人の一生、生涯の切れめまでの期間がその人の世の中で、これが一国の主ならば「君が代」だし、われわれ一般庶民ならば「世渡り」であり「身過ぎ世過ぎ」（暮らし、生活）であるわけだ。せいぜい「わが世の春を謳歌する」ことで我慢しなければなるまい。

へたをすればこの世に見限られ、「世捨て人」となる憂きめも覚悟しなければならなくなる。世が世なら末は博士か大臣かと期待されもしたであろうに、世はままならぬとはこのことで、わが身の不運を嘆くしかない。

しかし、渡る世間に鬼はないというから、まあ並の中流意識で満足するとしよう。世の大泥棒（天下第一の大泥棒）となるよりはまだしもまし、と考えれば得心がいく。

どうも世の中とはわが身を導く周囲の人々のこと、時には救いの手をさしのべ、それにいい気になって図に乗ると手痛いしっぺ返しを食う、移り気な集団だ。だから「世間様」とあがめ奉り、たえず世間の目を気にしなければならない。「世間の口に戸は立てられぬ」。世の中は自分の監視役だとは、何と住みにくい社会であろう。これでは夏目漱石(なつめそうせき)ではないが、

智に働けば角(かど)が立つ。情に棹(さお)させば流される。意地を通せば窮屈だ。兎角(とかく)に人の世は住みにくい。(『草枕(くさまくら)』)

と嘆きたくもなろう。しかし、

世の中は三日見ぬ間(ま)に桜かな　(大島蓼太(おおしまりょうた))

移り気は同時に無常を表すから、「有為転変(ういてんぺん)」定めなきこの世の中と諦(あきら)めて、桜のようにいさぎよく散るのが美の真髄、との哲学が生まれようか。

国――統べられた地上の領域

天地／大和／敷島／大八洲／日の入る国／唐土／日出ずる国／日の本／瑞木／扶桑／古里／里／村／町／宿／鄙／巷／辻／分去／街

われわれが住むこの世界・宇宙を、古代の人は天地と称して天界と地上界とに分けた。天はのち空となり、地はこの世の国を表す。

『萬葉集』に、

うまし国そ蜻蛉島　大和の国は

という舒明天皇のお歌があるが、帝が天の香具山に登って大和地方の国見をなすったというこの御製の通り、国とは統治された地域を指した。その国は「大和」であり、その中の都は「敷島」であり、さらに大八洲（すばらしい八つの地域の意）となり、日の入る国、唐土に対しては「日出ずる国」つまり「日の本」であり、その日出ずる地に生えると信じられた瑞木（めでたいしるしの木）〝扶桑〟の国でもあった。

このように我が国の範囲は広がったが、一方、あの有名な唐の杜甫の詩「春望」の中の、

国破れて山河在り

の国は、当時の都、長安を指した。日本で「国」というと、昔は行政下にある地域を、特に国造の支配下におかれた所を指したようである。

それが地方地方のそれぞれの区画である特定の地域となり、さらにその当人にとって生まれ育った地方、つまり郷里をいうようになった。故郷を「私の家の地方、村」と言わずに、そのものずばり「国」で表すなど、公と私とが一体化して、いかにも日本的ではないか。「お国はどちらで」「国の母が具合が悪くて」さらに「国もと」「お国なまり」など、地方や方言・郷里などを国で表す例は多い。

故郷のことは古里ともいう。小倉百人一首にも載っている『古今和歌集』の、

みよしのの山の秋風さ夜ふけてふるさと寒く衣うつなり

は〝旧りたる里〟古びて荒れはてた里のことで、特に自分の故郷のことではない。

もともと「里」とは、〝人家の集まっている所〟ぐらいの意味で、人の住まない野や山と対照される地域であった。「人里離れた所」「山里、村里」など、みな人の集まり住む場

所の意だ。

それが、私にとって旧(ふ)りにし所、なじみの場所なら「ふるさと」で、紀貫之(きのつらゆき)の、

人はいさ心もしらずふるさとは花ぞ昔の香(か)に匂(にお)ひける　（『古今和歌集』）

も、人様の心は昔のままかどうか怪しいが、昔なじみのこの土地はちっとも変わっていない、梅の花も昔通りに今日も咲き匂っているよ、と皮肉っぽく歌っているが、この「ふるさと」は昔懐かしい土地を意味する。それだけに、人の心の移り気はさぞこたえたことだろう。

ふるさとは遠きにありて思ふもの
そして悲しくうたふもの

という室生犀星(むろうさいせい)の詩は、これはまちがいなく自分の故郷だ。そして石川啄木(いしかわたくぼく)の、

ふるさとの山に向ひて
言ふことなし

ふるさとの山はありがたきかな

と合わせて、「ふるさと」という語から受けるイメージは、人それぞれに違っていても、感懐の深さという点では共通であろう。

　人々の住む場所という意味では、村、町、宿（しゅく）などがある。

村は人の群（むら）がり住む所で、今日の語でいうなら集落といったところだ。現在ではほとんど使われないが、鄙（ひな）も一般にいなかの意味に取っているが、これは都から遠く離れた地方、どちらかというと未開な過疎地。だから村よりはもっと寂しい感じの地域と考えていい。「鄙びた所」は「田舎びた所」ということになる。

　一方、町はどうか。もともと田んぼの区切られた区画のことだが、それが市街地の道路で囲まれた一区画を指すようになる。平安京（へいあんきょう）などは東西南北に整然と道路が走っているから、町も四角形となる。

　どちらかというと村が道路沿いに何となく人家の集まったところを連想するのに対し、町というと何か街道が交差して人家の建ち並ぶ密集地帯を考えたくなるのも、こんなところに由来するのかもしれない。

　道路で町をとらえる発想は古今東西を問わないが、たとえば巷（ちまた）は、道（ち）の股（また）になっているところ、分かれ道、辻（つじ）（十字路）に対する分去（わかされ）、現代風に言えば三叉路（さんさろ）。それが街（まち）の意味になり、「ちまたの声」「雑踏のちまた」さらには「流血のちまたと化す」のように意味が動いていく。

新宿・原宿・御宿などの宿も、街道に関係した町の名だ。江戸時代の街道沿いにあった宿駅で、宿屋や茶店などがあって賑わい、いわゆる宿場町として繁盛した。

梅若菜鞠子の宿のとろゝ汁

と芭蕉が詠んだ鞠子（静岡県にある）も、その宿の一つだ。

現在、町と村は市町村制として残り、宿は地名に、鄙と巷は特殊な言い回しの中に辛うじて生き残るというふうに、運命は分かれたが、もともと人家は道路を基本にして集合していくから、集落に関することばも道に基づくものが多いのは当然だろう。

ただ、今日、諸外国は「何々通り何番」と道路を基準に所番地を定めているのに、日本の多くの町は、京都など古代中国をまねた都市（平安京）を除いて、だいたいは「何々町何番地」と地域の区画を中心に町割りが行われている。これはどうも感心できない。外国で住所番号を手がかりに家捜しをしたとき、この道路中心の番地づけがどんなに助かったか、ご経験の方も多いだろう。

どうも日本は、道筋よりは各地域ブロックを、線よりは面の発想を、さらに言えば、街の発想よりは町の発想を好む国民らしい。無限に延びる可能性を秘めた道路のように、開かれた世界、外へと広がるものよりも、町のような仕切られた閉じた世界に領域を求める、いかにも閉鎖的ではないだろうか。

家――人格を映し出す自由な縄張り

家居（いえい）／内（うち）／屋（や）／屋戸（やど）／宿無し（やどなし）／埴生の宿（はにゅうのやど）／庵（いおり）／廬（いお）／草庵（そうあん）／東屋（あずまや）／亭（ちん）／殿（との）／邸（やしき）／高殿（たかどの）／楼（ろう）／甍（いらか）

兼好（けんこう）法師は『徒然草（つれづれぐさ）』の中で、住まいがそこに住んでいる人にふさわしく好もしいのは、家などこの仮の世の一時のすみかとは思うけれども、やはり心惹（ひ）かれるものだと言っている。そして、

大方（おおかた）は、家居（いえい）にこそ、ことざまはおしはからるれ。（第十段）

つまり、住まいを見ればそこの主人の人となりはおおよそ見当がつく、住む人の人柄はみな家のたたずまいに現れてしまうものだと述べている。今日、私たち日本人は極端な住宅難に悩まされて、とにかく住む所があれば御（おん）の字だと、マンションや建売り住宅など、見かけが良く安くて便利であれば、そこに住まざるを得ない。しかし、自分が建てた家でなくとも、住む者の心づかいや人格は自（おの）ずと外面に表れるものであることは、今も昔も変わらない。人の見かけと同じように。

家を人間性の一面、いや、その人格の分身ととらえるところが、いかにも日本的でおもしろい。「家」は、本来そこの家系や家柄、あるいは家庭・家族を意味する語であった。それが、その家系の者すなわち家族の住む場所、家庭生活を営む所を表すようになり、さらにその場所にある建物を指すことにもなった。

兼好法師が使っている「家居」は、「居」が住むことの意味で、すまい・住居を表している。現在も「いえ」というと、「由緒ある家」「いい家の育ち」「家の仕来り」のような家柄や家庭を表す例と、「家には松の木が三本ある」「家を建てる」「家の中を捜す」など敷地内や家屋を表す場合とがある。family も、home も、house も、皆「いえ」と言う。人間とすまいが一体化して区別がない。この発想の最もよく現れている例が「家」だ。「うち」は「内」に通じ、自分を中心にした縄張り内の領域。その領域の中側は他人を受け入れず、自分の自由になる生活空間である。わが家を「うち」と称して自分の意のままになる範囲を主張し、他人から守ろうとする。日本人が他人を家に入れたがらないのも、こんなところと関係があるのかもしれない。

夫や妻を「うちの人」「うちの奴」と言い、「うちには二人子供がいる」とか「うちの宗教は仏教だ」、さては家庭の枠を超えて「うちの社の方針」「うちの課のことに口を出すな」など、他家・他社つまりよそ者と対応する関係としてわが家・わが社、自分の縄張りを「うち」として主張する。

「うち」が「いえ」よりも〝すまい〟の意識が薄く、自己主張の気分が強いのは、このためである。

　ところで、古代においては「家」が生活の場、すまいや家庭、さらには家柄などを意味したのに対し、家の建物は「屋」で表した。これは今日「母屋、納屋、屋根、屋形」などの複合語か、「この家の主」など特殊な言い回しの中に残っているが、多くは「米屋、植木屋、茶屋、松阪屋」など、商店や屋号として転用されている。「音羽屋」など役者の屋号もここから出たことばだ。

「屋」は家の建物、その戸口に当たる場所は「屋戸」で「宿」を指す。元来、家の戸口に泊めることが「宿を貸す」で、これこそ〝宿借り〟なのだが、〝庇を貸して母屋を取られる〟ではないが、その後、奥の間も含めて貸すようになった。住所不定の「宿無し」はまさに〝家無し〟に当たる。「埴生の宿」の宿もこれで、土の上に筵などを敷いた床のない小屋のことだが、粗末な家の意に用いている。

　現在では用いないが、昔は小さな粗末な小屋を「いほ」（庵、廬）といい、庵に泊ることを「いほる」、そこから「いほり」（いおり）の語も生まれた。「草のいほり」つまり草庵だ。多くは農事のための小屋なのだが、隠遁生活のためにわざわざこしらえることもあった。これを「庵を結ぶ」という。吉野山の西行庵などそのいい例だ。現在では、茶室として風流を貴ぶ気持ちから建てるようだ。

庭園などの小高いところに建てる簡素な休み屋は東屋というが、これは東の地、東国風の粗末な小屋の意だろう。古代は関東など、萬葉集の東歌でも知られるように、「鳥が鳴くあずま」つまり鶏の声のように何を言っているかわかりにくい野蛮な方言をしゃべる連中の住む地、と見下げた言い方だ。

その東屋は亭ともいうが、これは中国の庭園によく見掛ける六角形の休み屋から来た名前である。

庵や東屋など話がけちくさくなってきたので、ひとつ大きな建物のほうに目を移そう。

その昔、貴人の邸宅には「殿」を用いた。『紫式部日記』の有名な出だしの文、

秋のけはひの立つままに、土御門殿の有様、いはむかたなくをかし。

の「殿」も、土御門様ではなくて、土御門つまり時の権力者藤原道長の邸だ。式部の主君、中宮彰子がお産のために身を寄せていた家なのである。御殿が高く造ってあれば「高殿」、少し後に入ってきた漢語なら「楼」がこれに当たる。高楼とも言った。「春高楼の花の宴」と歌われた土井晩翠の『荒城の月』では、城の天守閣（青葉城）を指して使ったようだ。

建物が軒を連ね、甍を並べるとよく言うが、「いらか」は建物そのものを表すことばで

はなく、屋根の背、転じて瓦（かわら）の屋根を言った。あの「甍（いらか）の波と雲の波」で始まる『鯉（こい）のぼり』の歌も、屋根の瓦の模様を波と見立てたものだ。

その「いらか」も今日では死語となり、子供たちには歌詞の意味も解せなくなってしまった。寂しいかぎりである。

部屋——仕切られ閉じられた憩いの場

帳/外つ国/壺/坪/局/屋/廟/社/厨/廏/厠/雪隠/はばかり/ご不浄/用足し

日本の家屋は兎小屋だと外国人が笑う。確かに海外生活を終えて久しぶりに日本に戻って来ると、部屋の中が妙にせせこましくて、息が詰まりそうだ。ご経験のかたも多いだろう。最近でこそ、広い部屋を居間や客間・書斎・食堂など兼用にする西洋式の住宅も増えてきたが、このようなやり方は和式の住居にはなじまない。畳の部屋はどうしても小さい区画に間仕切りして、襖や障子を立て切り、自分だけの生活空間を保たないと落ち着けない。日本人はどうも、閉ざされた世界に身を置くことに安心感と心のやすらぎとを覚えるらしい。まさに〝うち〟(家、内側)は、安息憩いの場なのである。

日本の家屋が、太古からこのような兎小屋であったわけではない。山上憶良の『貧窮問答の歌』にうたわれるような貧しい庶民の暮らしは別として、平安時代の貴族などは、今でいう大広間を、帳などを立てて臨時に仕切って使っていたようだ(当時はまだ畳というものはない)。これは中国など外つ国のやり方にならったものであろう。

この、仕切って中を部屋のように使うやり方は、当時の中庭(これを壺という。今日の

「坪」もここから出た）の方式そっくりだったから、「つぼね」と呼んだ。局である。「春日局」などという婦人の呼称も、部屋でもって女性を表す日本の習慣から来ているわけである。今日では、音読みにして「郵便局、事務局、薬局」などの語に生き残っている。

部屋を設けるのに〝仕切る〟という発想は、何も日本独自のものではないが、この仕切りを建具で代行させて建物の一部に繰り込んでしまったところに、日本人のアイデアがある。いわゆる引き戸であるが、日本が建築資材の木材資源に恵まれていたことが、それを支える大きな力となっていたことは間違いない。

ところで、家は人間の住む所であり、人間にとって不浄なところや神聖なところは同じ屋根の下に同居させるべきではない、との考えが古くからあった。そこで別棟として小さな建物を別個に設けたわけであるが、これが前にも述べた「屋」である。先祖の御霊を祭ったから廟であり、神社を「社」というのも「屋代」（降下する神を迎えるために当てられた小屋という意味）に由来すると言われている。台所は厨、馬を飼う小屋は廏である。

便所は川の上に設けたから川屋（厠）という。川の上になくとも、農家などでは母屋から離れた所にある場合も多く、いちいち下駄を履いて行かなければならない。まさに屋である。東南アジアなどでは、池に短い桟橋が架かっており、その先に粗末な小屋掛けの便所を見かけるが、昔の川屋と相通ずるものがある。便所は雪隠ともいうが、これは雪隠の促音化したもので、厠などにくらべて時代はだいぶ下がる。その昔、中国の雪竇禅師が霊隠寺の廁の清掃係をしていたという故事に由来することばと言われているが、定かではない。とにかく便所の名称は他の部屋の名前にくらべ、特別、数が多いのではないか。

今日でも、「はばかり、ご不浄、お手洗い、トイレ」などがあり、時にはその名を避けて「用足し」などと間接に行為で示す。手を洗う所といい、その名を人前で言うのがはばかられるから「はばかり」と言い、不浄な所と言い換えるのも、昔、そのものを口にすることを避けて間接的な名称ですます、生活の知恵といえよう。外来語の使用も、ことばで美化する苦肉の策で、便所と言うと何となく不潔で臭気さえ感じるが、お手洗いと言えばそれが浄化され、トイレと言うと何となく綺麗で洒落て聞こえるから不思議だ。一種のことばの魔術である。

だいたい便所や用便を、それほど人前で避ける必要が本当にあるのだろうか。外国人は便所に行くことを、そして用便中であることを、それほど恥ずかしいとは感じないらしい。これは文化と生活習慣の違いだから致し方ないが、それがことばの上にこれほど見事に反映しているとは、まことに興味深いことである。

窓——世界を取り込む流通路

障子(そうじ)／明障子(あかりしょうじ)／格子(こうし)／御簾(みす)／遣戸(やりど)／閾(しきみ)／妻戸(つまど)／折戸(おりど)／観音開き(かんのんびらき)／厨子(ずし)／枝折(しおり)戸(ど)／鴨居(かもい)／敷居(しきい)／とぼそ／枢(くるる)／簀子(すのこ)／砌(みぎり)／折(おり)／折柄(おりから)

飾り窓、出窓、天窓、汽車の窓、覗(のぞ)き窓、はては心の窓に社会の窓、そして窓辺、窓越し、窓際族と、「窓」に関する語は多く、窓から受ける連想も、人によりさまざまなのではなかろうか。

「まど」は〝目門(まと)〟、つまり目で外を見るための口、光や景色の室内への取り入れ口だ。部屋は前にも述べたように、外部と遮断された閉ざされた内部空間である。そこにいる自分にとって、窓は外の世界と交流する唯一の通路と考えていい。一人無聊(ぶりょう)をかこっているとき、窓を通して目に映る外の景色は、どれほどわが心を慰めてくれることか。窓はまさに自己と社会との接点である。

と同時に、「ほたるのひかり、まどのゆき」と歌われているように、窓は明かり取りであり、蛍雪の功を支える大事な役割も担っている。

日本人は窓に面することが特に好きなようだ。窓のない室内にいると息が詰まりそうになり、窓の少ないマンションは敬遠される。学習机はだいたい窓に接して置かれ、外の景色が目に入る位置を好む。外国人のように窓を背にして室内を見わたす方向には、決して机を置かない。側面が全面ガラスのビルを建てたり、壁面が透き通しの窓になったエレベーターが喜ばれたりするのも、根は共通だ。

日本家屋は縁側に面した側がそっくり空(あ)いていて、僅(わず)かに障子で仕切り、外の景色がじゅうぶん楽しめるよう出来ている。その障子でさえ、雪見の窓になっている。洋式家屋が壁で囲まれ、窓は明かり取りの穴でしかないのと比べると、これはまことに開放的と言うべきであろう。裏を返せば、日本家屋は、自分の領域空間と外界との間に仕切りがない。庭も、おもての風景も、みな自分の空間の延長上にある。よその眺めでさえ、借景として自己の空間中に取り込んでしまう。

もちろんこれには、日本は湿気が多く、せめて窓でも大きく開けなければ夏の暑さに耐えられない、ということもあったにはちがいない。その点、外国は、窓が大きすぎてはかえって暑気や寒気が建物の中に入り込んでしまって具合が悪い。兎小屋の日本では、できるだけ窓を開けて緑のそよ風を入れる必要が確かにあった。

しかし、それだけではない。窓は〝目門(まと)〟でもあるように、古来、視界をさえぎる扉を開けて、自己の空間を広げるもの、それが窓であったのである。

障子は平安時代のころは「さうじ」(そうじ)と言って、部屋の仕切りをなすものの意であった。今日の襖や衝立(ついたて)を指すのである。今日の障子は明障子(あかりしょうじ)と呼んで別物である。

当時は、窓に相当するところは、格子といって四角の細い材を碁盤の目に組んだものが上下にあって、上のほうの格子は回転するように上に押し上げて開き、引っ掛けて落ちないようになっていた。清少納言が中宮に「香爐峯の雪はいかならん」と言われて御格子あげさせて御簾（「すだれ」のこと）を高くあげたところ、中宮が笑わせ給うたという話は有名だが、あの格子を上げるとはこのことだ。現在、格子の縞模様などで、この語は残っている。

今日の引き戸に相当するのは「遣戸」、その戸がはまっている下の溝の横木は「閾」だが、これが音変化を起こして「しきい」となった。敷居である。開き戸もあった。妻戸や折戸（蝶番で二枚の板をつないで中が折れるように作ってある戸）がそれで、観音開きになっている。観音開きとは、観音様を納めた廚子の扉が両開きになっているところから付いた名前である。仏壇の戸などは観音開きになっている。

さて、庭の入口などにある枝折戸は、この折戸から来た名前で、木の枝を折り曲げたり編んだりしてこしらえた粗末な戸だ。

開き戸の心棒がはまっている鴨居と敷居の穴は、「とぼそ」といった（この仕掛けは枢である）。それが扉の意味に転用され、「松のとぼそ」とか「柴のとぼそ」のように用いられた。元来、粗末なものなのだが、今聞くとなかなか風流で趣深く感じるから不思議だ。

この時代に使われた和語は、時経てかえって雅趣を加えたものが多い。家に関することばでは「簀子」が今日も生き残っているが、これは竹や板を少しずつ透かして張った縁側である。今日の濡れ縁のように、雨水が溜まらぬよう考えた巧みな工夫だが、現在は「すのこ」というと、渡り廊下や風呂場などに置くあの敷き板を考えるから、ずいぶん下落したものだ。

意味のすっかり変わった語に「砌」がある。これは「水限り」つまり水をきる所の意味から生まれたことばで、雨水を受けるために設けた軒下の石畳。それが庭の境界の役を果たすところから、〝場所・場面〟、さらに時に転用され、手紙文などでよく用いる「拝啓、厳寒のみぎり」など言うあの「みぎり」、つまり〝折〟〝折柄〟の意味にまで変化した。

ことばの意味というものは、変われば変わるものだ。語源は忘れ去られても、語そのものは結構しぶとく生き残る。それが過去の文化や生活を背負ってきた語であればあるほど、われわれ日本人には懐かしい、何か心をゆさぶられる力を宿している。英語や外来語とは一味違う、心の古里に通じることばといえよう。

II　身体・感覚

顔――人間が集約された社会への窓

美貌(びぼう)／みめ／器量(きりょう)よし／佳人(かじん)／麗人(れいじん)／別嬪(べっぴん)／眉目秀麗(びもくしゅうれい)／醜女(ぶおんな)／醜男(ぶおとこ)／しこめ／花(はな)のかんばせ／顔立(かおだ)ち／面(おもて)／貌(かたち)／瓜実顔(うりざねがお)／下膨(しもぶく)れ／面長(おもなが)

「門や玄関は家の顔」とか、「主人はその家の顔である」とか言う。私たちは顔によって人を見分け、顔によってその人となりや心の内側までも推し量る。顔は、その人の氏(うじ)や育ち、生きざま、性格、教養、職業……すべてを表す、その人間を集約するところだから、顔は身体の中でもその人を代表する大事な部分だ。「人の顔に泥を塗る」とか「世間に顔が広い」とか言う。顔は社会に向けられたその人間の存在である。

顔貌(かおかたち)、骨相そのものは親から受け継いだものだから、本人に責任はないかもしれないが、年ごろ過ぎたら顔は自分が作るものと言われるように、やはり顔に現れる品格や教養は本人相は半分は後天的なものなら、骨相が遺伝的なものだろう。両極端だが、これも顔に現れたその人間の生きざまだ。よく「人品卑しからぬ」とか「一癖ある顔」など言う。人相は半分は後天的なものだろう。

美人・美男は親譲りのものかもしれないが、これも顔の美しさ（美貌）で決まる。「妻をめとらば才たけて顔うるはしくなさけある……」と歌われる「みめ」も、見た目、つまり容貌器量だ。それが麗しいということは「器量よし」美人だ。これは女性に対して使うのだろう。

「佳人、麗人、別嬪、美女、美少女……」など、美しい女性を指す語は結構多い。「佳人、麗人」はちょっと古めかしい言葉じがする。「別嬪」はやや軽薄な感じがする。他にもドイツ語 schön（美しい）から来た外来語「シャン」があるが、「あの娘なかなかのシャンだぜ」など、男の子同士の会話で使う俗語っぽい語だ。結局「美人」あたりに落ち着いてしまうのだが、どうも「美人薄命」などという語を連想して、いただけない。工夫して個性みのある美しさの表現を使い分けたいものだ。

男性に対しては「美男、好男子、美少年」など、女性にくらべて語彙が乏しいが、これは致し方ないだろう。男は美貌で競うものではないからと、自分の風采の上がらぬのを、まるでことばのせいででもあるかのように勝手に理由づけてごまかしている。「眉目秀麗」などということば取って置きのことばもあるが、二枚めの役者ででもない限り、そうやたらと使える語ではない。

器量の落ちる語は数が少なく、「醜女(しゅうじょ)、醜女(ぶおんな)、醜男(ぶおとこ)」、差別語だが「ぶす」、これは醜女のことで、古代語では「しこめ」と言った。それにしても、あまり他人の器量を批評するのはいい趣味とは言えない。

顔の美しさは「花のかんばせ」などと文学的に形容することもあるが、これは花のように美しい顔つき、つまり美人だ。顔つきは「顔つきが変わる」と表情にも言うように、その折その折の生きた顔の様子をいう。「顔立ち」という語もあるが、「上品な顔立ち」など目鼻立ちの整いぐあい、要するに表面的な器量のよしあしになる。

顔のことはまた「面(おもて)」「貌(かたち)」などさまざまに呼ぶが、面(おもて)は「おもてを伏せる」「おもてを上げい」など顔面全体を指すだけで、細かい器量のことは考えない。貌(かたち)は「顔立ち、顔つき」つまり容貌・風貌や表情も含まれる。同じ「かお」でも貌と書くと含む内容が深まってくるわけだ。もっとも常用漢字では一様に「顔」と書くことになっているが。

顔の美しさは時代とともに差があるようだ。かつては「卵に目鼻」が美人の典型とされていたが、これはふっくらとした卵のような形に目鼻のついた色白のかわいい顔だ。お人形のような個性みのない顔がよいとされていたわけだが、あまり凹凸(おうとつ)のない顔は、万事が欧風化した現在、あまり高い評価は与えられないだろう。「うりざね顔」というのもあるが、これもやや面長(おもなが)で中高な、昔は美人とされていた顔だ。瓜実(うりざね)顔つまり瓜の種のような恰好(かっこう)の顔立ちという、いかにも昔の感覚だ。そう言えば平安時代の美人は、『源氏物語絵巻』に描かれているような下膨(しもぶく)れの顔だし、近世、浮世絵に登場する女はみな面長の顔をしている。どう見ても現代人の感覚にはマッチしない。

だいたい個性みのある顔を表現することばが日本語に発達しなかったのは、このような類型の顔を良しとして変化を求めなかったからだ。現代語でもせいぜい「馬面(うまづら)」だとか、「馬のような長い顔」「丸い顔」「下駄(げた)のような角張った顔」のように全体の輪郭としてとらえるだけで、具体的な説明がしにくい。しかも、馬や下駄が町から姿を消した現在、この形容ももう古い。

むしろ「目もと涼しい」「目のぱっちりしてかわいい」とか「目鼻立ちのはっきりした顔」、あるいは「鼻筋(すじ)が通っている」「鼻が高い」「団子っ鼻だ」「かぎ鼻だ」「鼻の下が長い」「おでこの広い顔」など、顔を構成する部分でもって説明するのが早道ということになる。

だいたい顔などというものは、輪郭よりも目鼻や口のあんばいで決まる。正月に遊ぶ〝福笑い〟を思い出せば一目瞭然(りょうぜん)だろう。のっぺりと目も鼻もない、小泉八雲(こいずみやくも)の怪談『むじな』にあるような女の顔など、想像するだけでも恐ろしいではないか。

目 ——物事の真実を映す心の鏡

秋波（しゅうは）／心眼（しんがん）／見（み）てくれ／日（ひ）の目（め）／眼（まなこ）／瞳（ひとみ）／眸（ひとみ）／まなざし／目（め）つき／眦（まなじり）／瞼（まぶた）／睫（まつげ）／眉（まゆ）／眉墨（まゆずみ）／眉唾（まゆつば）もの／眼鏡違（めがねちが）い／鵜（う）の目（め）鷹（たか）の目（め）

「目は口ほどに物を言い」という言葉がある。目で知らせる、秋波（しゅうは）を送る（色目をつかう）など、みな目で心を表す表現だ。「目は心の鏡」で、目を見ればその人となりは自（おの）ずと知れる。「心眼」という言葉もあるように、物事の真実を見抜く心の働きは「目」なのである。「目を掛けた後輩」などいうときの「目」は、まさに〝心〟のことだ。

目は芽に通じ、芽が草木の新たな茎や葉を形成していく源であるように、目は生活や経験のもとを支えるスタートの基点だ。まず見ることによってすべての行為は始まる。だから「目」は、物を見る器官であると同時に見る機能でもある。それが視界を表すようになり、さらに見える対象、その姿や様子を指し、ついにはその見える状況、つまりある局面へと身を置く経験・体験までも「目」で表すようになる。

「目が離せない」は見る行為をそらすわけにはいかないことだが、「目に入る」といえば視界に入ってくることだ。そして「見た目が良い」は見える様子、見てくれだし、「日の目を見る」となれば太陽の姿そのものになる（これは比喩（ひゆ）的に〝公（おおやけ）にされる〟意にも用いる)。さらに「ひどい目にあう」では、「目」は状況の意味に転じている。

「目」は「見る」とセットになって用いられ、「落第の憂(う)き目を見た」「目に物見せてくれようぞ」のように、ある特殊な体験をすることを表す言葉なのである。


目はもと「ま」と言い、「まなこ」「まなざし」「まなじり」「まぶた」「まつげ」などの語を造った。眼(まなこ)は〝目の子〟つまり瞳(ひとみ)(眸)だ。「どんぐりまなこ」は、どんぐりのように丸くてくりくりした目のことだが、現在では眼(まなこ)と目の差をほとんど区別しなくなった。

「観念のまなこを閉じる」のように言うが、これはいよいよ覚悟して諦(あきら)めることを表す。

「ぐっとまなこを開く」は、目を大きく開いて目玉がむき出しになる感じで、憤怒(ふんぬ)や威圧感の現れである。眼(まなこ)は目と違って眼力がある。


「まなざし」は〝目な差し〟。目の表情だが、どちらかというとおとなしく穏やかな感じだ。「その男は好意のまなざしを彼女に向けた」のように、物を見る様子に感情がこめられているが、それも消極的で悪意がない。同じ目の表情でも「目つき」というと、「一癖ありそうな目つきの悪い男」など、何かマイナスイメージが伴うから不思議だ。「目つきのいい男」などとは言えないのも面白い。


「眦(まなじり)」は、〝目な尻(じり)〟つまり目の外側のほうの端「めじり」のことだ。よく「まなじりを決する」と言う。あれは怒ったり何か決意したりするときの、かっと目を見開いた様だ。

現代語ではこれ以外にあまり「まなじり」を用いない。目尻のほうは「そんなに目尻を下げて、何かいいことでもあったのかい」とか、「あの目尻の下がったいやな男」のように、満足げなやや表情のたるんだ様や、好色そうな顔つきに言うから、あまり良い言葉ではない。目つきといい、目尻といい、どうも現代語のほうはマイナス評価のものが多いようだ。

目は「切れ長の目」のような美人の形容になる良い目もあり、丸くてかわいい「つぶらな瞳(ひとみ)」もある。目尻の高さは「上がり目」「下がり目」だが、「目をつり上げて何を怒っているのか」「目尻を下げて、やにさがっている」（得意でにやにや表情をくずす様子）と、どうも形相(ぎょうそう)がよろしくない。

瞼(まぶた)は、〝目蓋〟。目を覆う蓋(ふた)とは何と愉快な発想か。「瞼の母」は、瞼に浮かぶ懐(なつ)かしい母の面影で、目を閉じたとき眼底に残っている母の映像をいう。睫(まつげ)は〝目つ毛〟。「まなこ（目な子）」の「な」も、「まつ毛（目つ毛）」の「つ」も、現代語の「の」に当たると思ってよかろう。今日〝竹の子〟が筍(たけのこ)と一語化しているように、目に関することばも昔は「目(ま)」をもとにして造られていたというわけである。

ついでながら、眉(まゆ)も「目(ま)よ」（目のそばにあるものという意味）から来たらしく、「まつ毛」と同じく「眉毛」の形を造っている。しかし、「眉を引く」（眉墨(まゆずみ)を刷(は)くこと）とか、「眉を剃(そ)る」のように、「眉」と「眉毛」とは同じものだ。眉をひそめたり眉を曇らせたり、けっこう眉は感情や心理を表す繊細な部分なのである。

「眉に唾(つば)をつけて聞く」（眉唾もの）などという用心深さも、眉が心理のかなめになっているというわけだ。

さて、日本の諺に「壁に耳あり、障子に目あり」というのがある。目は他人に監視されることであるから、ずいぶんと油断のならない諺だ。

そう言えば、「人目を避ける、人目をはばかる、人目に立つ、人目を忍ぶ」と、他人の目を気にする慣用句が日本語にはやたらと多い。目は初めにも触れたように、単に肉眼を指すだけではなく、物事の真実を見抜く心、価値の判断力をも意味するのであるから、その能力に秀でていれば目が高く、誤っていれば眼鏡違いとなるわけだ。その対象に心を奪われてしまえば、それに全く目が無い人で、あまり度が過ぎると傍の者には目に余ることにもなりかねない。目は当人の心を、いや当人自身を意味しているから、当人にとって目障りな人は「目の上のたんこぶ」ということになる。

どうも日本人は、世の中を自分中心に見たがる癖が身に付いている。だから目は自分にとって、自分を取り巻く社会をキャッチする心の窓であるし、その社会に位置する自分そのものでもあるかのような錯覚に陥る。

社会を眺めているのは〝私〟(の心)であって、私の目ではない。だから自分の心の鏡に自分というものが客体化して映らない。映るのは皆他人の目であって、それはとりもなおさず他の人そのものだ。

社会を他人と自分との係わり合いとしてしかとらえられない日本人については前章で述

べたが、どうやら根本は日本人の目のつけどころに由来しているらしい。

どうだろう、ここらで伝統的な〝目の働き〟から解放されて、せめて人目を気にせず、障子に目ありなどといじけたり、鵜の目鷹の目で他人のあら捜しをするようなこともしない、自由な世の中とはできないものであろうか。

頭――IQだけでは測れぬ働き

かぶり／かしら／尾頭(おかしら)／こうべ／ず／かみ／緑(みどり)の黒髪(くろかみ)／烏(からす)の濡(ぬ)れ羽色(ばいろ)／御(み)髪(ぐし)／童(わらわ)／わらべ／坊主(ぼうず)／旋毛(つむじ)／旋風(つむじ)／月代(さかやき)／鬢(びん)／おくれ毛(げ)／もみあげ／項(うなじ)／襟首(えりくび)／襟足(えりあし)／抜(ぬ)き衣紋(えもん)／顳顬(こめかみ)／頤(おとがい)

頭と首は時に同じように用いられる。昔、武士の時代に「首級を挙げる」と言えば、敵の首を討ち取ることであった。どうも話はおだやかでないが、首とは胴体から切り取った頭部全体を指していた。もっとも、本来は頭と胴とをつなぐくびれた部分〝頸部(けいぶ)〟であって、生きた人間の頭をさして「首」とは言わない。「首をひねる」「首に縄をつけても連れて来い」など、いずれも頸部だ。頭部全体には別に「かぶり」という語もあって、「かぶりを振る」などとよく使う。不承知を表すしぐさだ。首だったら、首を縦に振るのか横に振るのかで承知・不承知が分かれるのだから、大きな違いだ。

　ところで、頭も、首から上全体を指す場合と、後頭部つまり髪の生えている部分のみを指す場合と、二種類ある。「頭隠して尻隠さず」と言うときの「頭」は、首から上の部分だ。悪事や欠点は隠したつもりでも露顕していることのたとえだが、一方「頭を丸める」といったら、これは頭髪の生えている部分だけになる。顔は頭のうちに入らない。

頭は体の最上部にあるから、物の上の部分に言う。しかし、「人の頭に立つ」のような上の位置を指す場合はまだいいが、そのトップの座を占める人は「かしら」で「あたま」とは言わない。現在の日本語では、「かしら」は頭文字とか出世頭、出会いがしら、あるいは「十歳を頭に三人子供がいる」のような、序列の一番か事柄の最初を表す場合が多く、そうでなければグループの長にある人を指す。頭部そのものを表す「実るほど頭(こうべ)のさがる稲穂かな」（学問・修養を積んだ人ほど謙遜(けんそん)の態度を取るの意）とか、「尾頭つきの鯛(たい)」のような例はまことに珍しい（これは「お頭」ではない。尾と頭で「おかしら」となる）。しかし、「十歳をかしらに……」の例も最近は「あたまに……」と言う人が増えてきている。「かしら」は次第に「あたま」によって淘汰(とうた)されつつあるようだ。

もともと「あたま」は前頂部のみを指し、首から上は「かしら」と言った。また、それとは別に「かしら」の同義語「こうべ」があって、「頭(こうべ)をめぐらす」とか「頭(こうべ)を垂れる」などと使ったが、これは漢文訓読調だ。右のような例のほかは、現在ではほとんど用いられない。

テレビの時代劇などでは、「老侯の御前(ごぜん)であるぞ。頭(ず)が高い。控えよ」と「ず」（づ）も現れるが、これは昔は家畜などの頭にも用いたから、かなり見下した言い方だろう。

頭は今日「頭がいい」とか「頭を絞る」のように、頭脳の働き、知恵・知能を指す場合が古語に比べて非常に多い。脳味噌(みそ)の機能こそ頭の本質的なものであるとする思想が、現代では根本にあるわけだ。諸外国語も「頭」に当たる語には、上の部分や、トップの座、知能などの意味を備えたものが多いから、これは人類共通の発想と思われるが、日本語は古い「かしら」や「こうべ」で一方の意味を請け負わせ、知能のほうは専ら「あたま」を用いている点が特徴だ。「人は頭で勝負だ」「お前は頭の切り替えが遅いぞ」「もっと頭を使え」……事あるごとに頭が顔を出す。現代はまさに頭（ＩＱ）で人間の優劣がつけられる時代なのだから致し方ない。

頭は、浅野内匠頭などの「かみ」と読まれ、上に通じていた。上下と対応するように、要するに上層の部分である。そこから頭の上部にある髪も「かみ」と呼ばれるようになったらしい。「頭に霜を置く」という比喩もあるように、年を取ればやがて白いものが交じってくるが、若いころは「緑の黒髪」とほめそやされる。これは女性のつややかな美しい髪の形容だ。「緑」は草木の新芽のことで、みずみずしい色艶からきた形容語だろう。漆黒の髪は「烏の濡れ羽色」とも言うが、どちらにしても最近は耳遠いことばとなってきた。このような生きた比喩の、味のあることばはもっと大切にしたいものである。

髪には櫛を当てるが、古代語には「御髪」という語があり、貴人の髪を表した。「童」も、もとは髪の形を言ったもので、ばらばらの束ねない髪型だが、そのような姿をしているのは子供だから、後に「わらわ」が児童の意味に変わっていった。「わらわべ」となり「わらべ」ともなる。「わらべ歌」はここから来た語だ。頭の形がその主体である人間の意味に転ずる例は、「坊主（ぼうず）」が坊主頭から少年の意味に変わるのと似ている。「うちの坊主は腕白でね」など言うときの坊主は、もう坊主刈りでなくても一向にさしつかえない。僧坊の主（あるじ）であった僧侶（そうりょ）のことから、男の児童を指すまでにことばの意味は変遷する。今は「うちの坊主でかしたぞ」などと男児の愛称になっている「坊主」も、「いたずら坊主、くそ坊主」などいうことばがはやっているところを見ると、そのうち「くそじじい」「くそばばあ」並みに下落し、子供たちにきらわれる語となるかもしれない。

髪が抜けて無くなれば、坊主ではなくて禿頭（はげ）だが、髪がたくさんあるときには、場所によって名前がつく。まず、頭頂の髪がうずまき状に生えているところが「つむじ」。「旋毛」と当てて書いたが、要するに旋回するように生えているからで、もともと旋風のことを「つむじ」ないしは「つむじ風」と言ったところから来た名づけだ。今日の竜巻のことである。

男の人で、額に接する髪の生えぎわがだんだん禿げ上がって、おでこが広くなっている人を見かけるが、あの禿げ上がっていく際（きわ）のところを恰好（かっこう）よく剃り込めば「月代（さかやき）」だ。その昔、平安時代には、男の貴族が冠をかぶるとき当たる額ぎわの髪を半月形に剃り落としたものだが、それを「月代（つきしろ）」と言った。別名「さかやき」なので、月代と書いて「さかやき」と読むわけだが、時代が下がって江戸時代、やはり男性が額から前頭部の中ほどにかけて丸く剃り込んだのも「さかやき」と言った。芝居や時代劇でよく見掛けるあれだ。作家の吉屋信子(よしやのぶこ)が初めて直木三十五(なおきさんじゅうご)を目にしたときの印象を、次のように面白く描いている。

一本杉のように背の高い姿に和服の着流しでふところ手、長い顔の額の上をはげ上がらせて、月代(さかやき)をのばした御家人みたいな人が私たちのテーブルのすぐ前をすうと通りながら、目の前の私たちを（女で小説書くやつなんか……）といかにも鼻の先で冷笑するように過ぎて行ったのが直木さんだった。（『私の見た人』）

人間の描写は、顔や頭の特徴をうまくとらえることが肝要だ。

さて、頭の左右、耳のあたりに生えている髪は「鬢(びん)」。鬢付け油を塗るのもここだ。「おくれ毛」（女性の両鬢や襟足(えりあし)などに生えている柔らかい下がった毛）を押さえるためだが、戦後、一時流行した男のリーゼントスタイルの髪型もちょっとこれに似ている。鬢の部分は真っ先に白髪になっていく所で、初老を迎えた者には何ともうら悲しい恨みの場所だろう。鬢から耳に沿って頬へと生え下がっている毛が「もみあげ」。この語も案外と古く、中世の文献にもすでに見える。最近では、床屋で「もみあげを剃りますか」と聞かれて、何のことかわからず、きょとんとしている客も結構多いと聞く。

首のうしろの首すじに当たるところは「うなじ」（項）。現代語ならむしろ「襟首(えりくび)」と言ったほうがわかりやすいだろう。その髪の生えぎわが「襟足(えりあし)」。「襟足の綺麗(きれい)な女」と聞くと、何か「抜き衣紋(えもん)」(和服の胸の合わせ目つまり衣紋を押し上げて後ろ襟を下げ、首筋をあらわに出した着方)に着た和服の襟から、色白の肌が美しく覗(のぞ)く、そんな粋(いき)な感じを与える。言葉の魔術だ。

ずっと視線を前に移して、耳と目の間のあたりが「こめかみ」(顳顬)。物をかむときぴくぴく動く部分をいう。頰、顎(あご)と下に移って、下顎のやや前に張り出した部分、ここが「おとがい」(頤)だ。こうした言葉は歴史が古く、長い間使われてきた由緒ある名称なのだが、最近はそれもわからない世代が多くなった。代わるべき語もないことだし、もっと大事にしたいものだ。

身――「実」に満ちた人格の総体

身体髪膚(しんたいはっぷ)／殻(から)／空(から)／亡骸(なきがら)／屍(かばね)／肝(きも)／胸(むな)ぐら／鳩尾(みずおち)／臍(ほぞ)／ほぞ落(お)ち／股(また)ぐら／股眼鏡(まためがね)

「身体髪膚(しんたいはっぷ)(からだのすべて)これを父母に受く」とか、「身心ともに疲れた」など言うとき、「身」は、身と体、身と心の対応関係で熟語を造っている。

一般に、「身体」は同義の語の並列関係、「身心」は対義の語の並列関係というふうに説明される。「道路」「河川」「土地」などが前者に、「昼夜」「山川」「天地」などが後者に相当するわけだ。とすると、身は体に通じ、心に対立する概念ということになるが、果してそうか。

確かに、「我が身を抓(つね)って人の痛さを知れ」とか、「身のこなし」「身の毛もよだつ」などというときの「身(み)」は、肉体としての「からだ」だ。だが、「からだを張る商売」「からだが言うことを聞かない」などは「身」で言い換えられないし、逆に「身を持ちくずす」を「からだ」に換えることもできない。「身投げ」「身より」「身なり」など「身」を使った単語は、からだの意味には違いないけれども、言い換えはむろん利(き)かない。手紙文で、「御身(おんみ)お大切に」「お体お大切に」と、どちらの形式も使われるが、何か気持ちの上で違いでもあるのだろうか。

だいたい「からだ」とは「から」から出た言葉で、殻つまり空（虚）の肉体、生命のこもらない抜けがらのことだ。死んだ体を「なきがら」（亡骸）というのも同じ。遺体は「かばね」とも言い、死んだ肉体だから特に「屍」とも言う。戦時中よく歌われた万葉の歌、

海ゆかば水づく屍、山ゆかば草むす屍

の「かばね」がそれだ。

話をもとに戻して、「体」は語源からしても、精神や人格を除外した肉体の形骸だ。しかし、「身」は決して肉体としてのからだではない。生活や経験の中でキャッチする自分自身のことだから、体よりはむしろ心、社会的責任を帯びた一個の人格と言ってもいい。だから、「体にしみる」は直接肉体に作用する刺激と解せるが、「身にしみる」だと「浮き世の風が身にしみる」で、なるほど精神的な受け止め方となってしまう。

身は実に通じるから、体のような外形ではない、中身を満たしているものも含めたとらえ方となるのだろう。小野小町の、

わびぬれば身をうき草のねをたえてさそふ水あらばいなんとぞ思ふ

〝わが身を憂しと思うゆえ、浮き草の根が絶えたように自由の身になって、誘われるままにそのお方のほうへ靡こうかと存じます〟というこの歌の「身」も、精神で裏打ちされた自分自身だ。「身をかわす」には、ただ体を上手に動かして衝突を避けるという力学的な運動だけではない、もっと精神的な、降りかかる災いを未然に避ける〝心の器用さ〟といった気持ちが含まれる。「体をかわす」ではこの微妙なニュアンスは出て来ない。

自分の体を心と一体化して〝わが身〟ととらえるところに、〝社会の中の自己〟という発想が生まれる。

いさり火は身も世も無げに瞬きぬ陸は海より悲しきものを　（与謝野晶子）

「身も世もない」とは、わが身も世間体もかまってはいられない、つまり非常な悲しみや絶望感に陥っている様子をいう言葉だ。〝自分自身も、それを見る世の中の目も〟とは、まさに「世」に対する「身」（私）として自らをとらえている。体やボディーでは、世の中と対応させるなどナンセンスだ。

ではその体であるが、体は胴体と頭・四肢から成り、胴体はいわゆるボディーだ。五体とは頭と両手・両足、要するに胴体から突き出ている部分をいう（一説には、頭・首・胸・手・足の五つとも言う）。胴を指す適当な語が見当たらないのは、生身の体は胸・腹などの部分でしかとらえられなかったからだろうか。

　胸も腹も昔から言葉としては変わらない。だいたい〝やまとことば〟は、体の外側の部分に対しては細かいが、内側は「肝」くらいで、ほかにない。体の臓腑はひっくるめて肝と呼び、内臓をいちいち区別できない。今日、私たちが使う名称、肺や胃や腸など、あれはみな音読みの漢語だ。外来の漢語で間に合わせているわけだ。

「きも」は「肝っ玉が小さい」とか、「肝を冷やす」「肝に銘じて忘れません」など、むしろ心を指している。外側の〝からだ〟に対して、内側に収まっているのが〝きも〟。しかも、外側の名称であるはずの胸や腹までも、「胸の内」「胸に秘める」だとか「腹が立つ」「腹のさぐり合い」のように、やはり〝心〟を指している。先の「身」といい、この「肝」や「胸」といい、人間を肉体の塊と見ず、魂の活動と考えている点に注意しよう。

　さて、胸を場所としてとらえるときには、「バッターの胸もと目がけて」「相手の胸ぐらをつかんで」のように言えばよい。「胸ぐら」は和服を着たとき、襟の重なるあたり。だが、この語は、胸に少々荒っぽい動作が加わる感じで、ご婦人のなまめかしい胸もとなどにはそぐわない。

　胸の中央のやや凹んだところは「みずおち」（鳩尾）、一段低くなっている水落ちの意だ。

「みぞおち」と言う人もいる。ここは急所だから、衝撃を受けると苦しい。

さらに下にさがって「へそ」。決心することを「ほぞを固める」、後悔することを「ほぞをかむ」と言う、あの「ほぞ」は実は臍のことで、太古は「ほそ」と発音し、ここから「へそ」が生まれた。果実の蔕のところを「ほぞ」と呼び、木で熟して自然に落ちた果実は「ほぞ落ち」などと言う。都会暮らしをしていると、このような言葉も知らぬままに世を終えてしまいそうだ。

さらに下がれば股になる。二手に分かれているところが「また」で、道の二また、木の幹のまたなど、みな同じことだ。両ものの分かれめで、その挟まれた間が「またぐら」というわけだ。中国漢の時代の武将韓信が若いころ、身分の低い少年に辱しめられて、その股の間をくぐらせられた〝韓信の股くぐり〟の話は有名だ。凡人のわれわれには、そんな感心なことはとても出来ないから、せいぜい自分の足を広げて遠くの景色を逆さに「股眼鏡」で見るとでもしようか。

手足——行動や技能のシンボルとして

日脚(ひあし)／お足(あし)／腿(ももた)／踝(くるぶし)／脛(すね)／向(む)こうずね／弁慶(べんけい)の泣(な)き所(どころ)／はぎ／ふくらはぎ／こむら／こむら返(がえ)り／踵(くびす)／土踏(つちふ)まず／裸足(はだし)／素足(すあし)／掌(たなごころ)／腕(かいな)／腕力(かいなぢから)／二(に)の腕(うで)／小手(こて)／高手(たかて)／後(うし)ろ手(で)／籠手(こて)／甲(こう)／拳(こぶし)／拳固(げんこ)／平手(ひらて)／手刀(てがたな)／びんた／素手(すで)

手足は活動や労働のシンボルだ。手や足を使ったことばは多いが、仕事をこなしていく行為や労働力を表す場合が多い。

足は移動をつかさどる器官だから、「足で稼ぐ商売」「客足が途絶える」「遠くまで足を延ばす」など専(もっぱ)ら出歩くことに用いられ、「生(な)ま物は足が早い」とか「日脚(ひあし)が延びる」「お足」（銭）など抽象化された用法は、貴重な例と言わなければならない。

足は股から下全体だが、膝(ひざ)までの太いところが「もも」（腿）、俗に「ももた」ともいう。さらに膝から踝(くるぶし)までの真っすぐのところが「すね」（脛）。「親のすねをかじる」など言う部分だ。すねの前面、骨があって固い側が「向こうずね」、うっかりぶつけて痛い思いをした人も多いだろう。あの強い武蔵坊(むさしぼう)弁慶でさえ痛くて泣くというので、「弁慶の泣き所」と呼ばれている場所だ（「弱点」の意味でも使う）。古事記神話に出てくる長髄彦(ながすねひこ)は、あるいはこのすねが常人より長いところから付いた名かもしれない。とすると〝足ながおじさん〃というわけだ。すねは「はぎ」とも言い、すねの後ろ側のふっくら柔らかい部分が「ふくらはぎ」。足が疲れてだるいとき揉（も）むところだ。同じ位置の前後で「すね」と「はぎ」、語を変えるところが面白い。ふくらはぎは別名「こむら」と呼ぶが（「こぶら」と言う人もいる）、これは急に走ったときなどに起こすけいれん「こむら返り」でご存じの向きも多いと思う。

さて、足先に移って、足首の両側に突き出た骨のある盛り上がりが「くるぶし」（踝）。その先の足の裏、いちばん体重のかかる後部が「かかと」。靴を履けば「かかとの高い靴」のように、靴底を「かかと」と見立てるわけである。かかとは別名「くびす」（踵）。「きびす」ともいう。今は「くびすを返す」（引き返すこと）か、「くびすを接する」（つぎつぎ人がすき間なく後に続くこと）などの言い回しでしか使わないが、「くびす」とは「かかと」だと承知しておきたい。

かかとと爪先（つまさき）との間のやや凹んだところは、地面に触れないから「土踏まず」だ。下駄を履いて鼻緒で歩く機会の減った今日、足に掛ける重心の関係で土踏まずが出来にくくなったと聞く。扁平足である。人類はまず着物で身を包み、はだかと決別した。つぎに履き物で足をカバーするようになった。じかに土を踏めば「はだし」だが、火事でもないかぎり、めったにはだし（裸足）にはならない。開発の遅れた国を訪問して、都市の街中をはだしで歩く人々を見てびっくりする旅行者も多い。食物を手でつかんで食べるのと同じで、さして驚くには当たらない。暖かい季節、靴下などを履いていない状態を「素足」という。だから、素足で靴を履くこともあるわけだが、素足とはだしの区別が、最近なくなる傾向にあるようだ。

「あら、靴下も履かないで、はだしで寒くないの？」

など、しばしば耳にするが、素足で屋内を歩いているからといって、「はだしで歩いている」とは言わない。はだしになる機会が無くなったため、「はだし」の意味が変わってきたのだろうか。

一方、「足」が野暮で身のこなしが鈍いのに比べると、「手」のほうはまことに器用で、用法も用例もずっと多彩だ。もともと手は、技術を要する細かい作業をこなしていく器官だから、足に比べて自分のほうが数等格が上だと思っているのだろう。

そして相手が強すぎたり難しすぎたりすると、手を焼き、私の手に余るとか、とても手に負えないと泣きごとを言って、その仕事から手を引くか適当に手を抜いてごまかしてしまう。八方手を尽くす良心的な人なら、どんなに手の込んだ仕事でも手ぬかりなく手だてを尽くす。手作業・手仕事ということばがあるように、「手」は作業や仕事を処理していく手くばり、手段、能力、そして「人手」とか「手が足りない」といった人的資源のことだ。

石川啄木の歌に、

はたらけど
はたらけど猶わが生活楽にならざり
ぢつと手を見る

というのがある。手を見るとは、労働を行う部分、飯の種を生み出すところに視線を落とすということにほかならない。稼ぎを生み出す源泉は、もちろんその人自身であろう。仕事や活動を支える手、それは人そのものを代表していると見てさしつかえないのではあるまいか。

労働をするところの「手」、「手に職をつける」と言うときの手と、「手が上がる」「手がのびる」という技術・技量を表す手、これら「手」でもって人を表す。人は労働力であり職人であるという見たては、いかにも働き蜂らしい日本人の発想ではないか。だから労働力とならなくなったとき、人は稼ぎ手の座を転落し、粗大ゴミと呼ばれてしまう。そうなる以前に打つ手を考えておかなければ、手遅れというわけだ。

「手」は胴体から突き出た上肢全体を指す。だから「手を挙げて横断歩道を渡ろうよ」と言えば、肩から先の部分全部を挙げることになる。打つ手が全く無いとき「お手上げ」というが、あれもどうしようもなくて両手を挙げてしまうことから来ているのだろう。

一方、「手相見に手を見せる」は掌だけで腕は含まない。掌は「たなごころ」とも言い、「掌を返すように簡単だ」と比喩表現を作る。「た」は手の古語だから〝手の心〟という意味になる。「手相見にてのひらを見せる」とか「たなごころを見せる」と言わないところを見ると、日本人は、そのものずばりの語があっても、その局所的な語よりももっと大まかな全体的な語で表すほうが好きらしい。「掌に豆ができた」と言わずに「手に豆ができた」で間に合わせてしまう。「太い手」は腕で、「大きい手」は掌なのだから、いい加減と言われてもしようがない。「手」が腕を指したり掌を指したりすることは、「首」が頭部を指したり頸部を指したりするのと同じだが、考えてみると、ずいぶんあいまいで、ややこしい。

ともかく手に関する語は指す部分が重なって、意外と問題が多い。たとえば腕は「かいな」ともいうが、大昔は手の肩から肘までを指し、肘から手首までは「うで」で、意味分担がはっきりしていたという。それがいつしか、腕もかいなも含めて「うで」「かいな」と呼ぶようになった。「かいな力」(腕力)などがいい例だ。だから、かいなの部分は「二の腕」と言って区別しなければならない。

「腕前」「腕試し」「腕利き」……腕も手と同じく技術・技量を指すが、「社長の片腕」のような比喩的な例はともかく、一般に「腕」で人間を表すことがないところをみると、手よりは一手格が下がるというわけだ。

腕の肘から手首までの間は「小手」。時代劇で「高手小手に縛り上げる」などと聞くが、あれは左右の高手（「かいな」のこと）小手（「うで」のこと）を共に「後ろ手」にして厳しく縛り上げることを言ったものだ。小手は剣道の「籠手」と同じで、腕先を守るために覆う防具、もしくはそこを撃つ技だ。「小手先の仕事」だとか「ほんの小手調べ」などという「小手」も、手先だけですむ軽いおこないを指している。

手首から先は内側が「てのひら」（掌）、外側が「甲」。足先も上面は甲だから、区別して「手の甲」「足の甲」と言った。掌を「たなごころ」とも言うことはすでに述べたから飛ばして、指を握りしめれば「こぶし」（拳）。握りこぶしだが、「げんこ」（拳固）「げんこつ」と言うと、どうも殴られそうな気がしてくる。赤ん坊が小さいかわいらしい手を握りしめている様子は何と言うべきだろうか。やはり「握りこぶし」だろう。

こぶしを振り上げれば「げんこつ」と同じ、握らなければ平手だが、日本人はこぶしで撃つよりも平手打ちのほうが好きなようで、それも掌でぴしゃりと叩く。空手のように手刀でしない。「びんた」だ。げんこならボクシングのようにグローブが必要だが、平手には要らない。素手でいい。

素足と同じように、何も覆ってない裸の手だから〝素の手〟。何も着なければ素っぱだかだし、うわ薬を掛けなければ素焼き、具などを添えなければ素うどん、寄って行かずに過ぎれば素通り。みな同じ「素」が付いた言葉だ。

要するに、その物の生地（きじ）のままで余計なものを伴わない、これが「素」の精神と言える。素足を好み、素手で立ち向かう、素裸で取る相撲、日本人の本当の素顔を奇（く）しくも日本語が語ってくれているようだ。

姿——存在の本性を描く輪郭

影（かげ）／有様（ありさま）／面影（おもかげ）／面差し（おもざし）／よすが／陰（かげ）／蜃気楼（しんきろう）／月影（つきかげ）／星影（ほしかげ）／島影（しまかげ）／火影（ほかげ）／後ろ影（うしろかげ）

あるかなきかの音や香り、ほのかな影・形は、古来、日本人に愛されてきたものだが、何事もどぎつくなく、刺激の弱さがかえって快さを引き出すものらしい。その意味で、物の形を「姿」「影」ととらえる発想は、まことに日本的と言える。姿見の鏡は、体の全体像、恰好（かっこう）を映す鏡台だが、細かい部分の構成を問題にする眺め方ではない。「太陽が姿を見せる」「姿をくらます」ただそのものの存在を全体の様子として漠然と把握するだけだ。人や物でなくてもいい。「天上影は替らねど　栄枯は移る世の姿」（『荒城の月』）と、移り行く人の世の有様（ありさま）さえ「姿」としてとらえてしまう。外側の視覚的映像とそのものの真の様子・本性とが重なっている。「あるべき姿を正しく理解する」と言うときの「姿」がそれだ。

もう一つ、「影も形もない」のような表現があるが、姿が見えないことを影と形で言い換える。影は光であり、その光にさえぎられて出来るシルエットの映像だ。そのものの本性が「姿」なら、「影」は実体のないコピーのような存在と言える。だから心に映る影は

「面影（おもかげ）」という。

日本人は「人影が見えない」とか「姿を見せない」と、実体そのもので表現せずに、その輪郭や映像で物をとらえることがどうも好きなようだ。外面に現れる客観的な現実把握よりは、心象把握にたけているためだろうか。「子供がいなくなった」と観念的に言ってもすむところを「子供の姿が見えない」と感覚的なとらえ方をし、「あまり人がいない」状態には「人影もまばらだ」と視覚映像として受け止める。このような日本語の日本語らしさを十分に生かしたいものだ。

影はさらに、自分の心象のさまざまな姿にも用いられ、「亡き母の面影がある」「若きころの面影がしのばれてゆかしい」などと用いる。「面影」は心に浮かぶ顔の様子で、普通は現在の当人ではない他の者の顔つきが印象として感じ取れるとき使う。だからこれも「影の形に添うごとき」実体のない一種の幻だ。「面差し（おもざし）」ということばもあり、「どこか面差しがお母さんに似ている」など、顔だちや顔つきが与える印象をいう。「面影」は人間以外にも広く「駅前は以前の面影を全くとどめていない」とか「僅（わず）かに日本橋（にほんばし）という名に昔の面影がしのばれる」など、心の中に浮かぶ様子、思い出のよすが（縁、手だて）となる何かを手掛かりとするときに使用される。要するに、これも現実の事物につきまとう精神的な陰（かげ）だ。蜃気楼（しんきろう）のような物理現象ではない。もっと情的な仄（ほの）かな陰影を愛（め）でる日本人の発明の産物と言っていい。

影はさらに「月影、星影、島影、火影（ほかげ）」そして「後ろ影」と、まあ実にさまざまな事物に付いて、その物の姿や形を表現する。いずれも、ずばりその物ではなくて、もっと微（かす）かな、やっとキャッチできる物の輪郭だ。月影や星影はむしろ光だし、島影は遠くに望むおぼろな眺めを想像する。望遠鏡で見るような鮮やかな視覚に美は無い。物の真実、本当の姿は遠きにありて眺め望むもの、これが日本人の感覚だ。いや、「三五（さんご）夜中新月の色」（十五夜の晩に新月を心に浮かべて愛でること）で、そのものの本性は心で嗅（か）ぎ取る〝面影〟なのかもしれない。

音——詩趣を引き立てる隠し味

声（こえ）／ね／音色（ねいろ）／静寂（せいじゃく）／黙（しじま）／ざわめき／喧騒（けんそう）／かしがましさ／轟音（ごうおん）／静（しず）けさ／
閑静（かんせい）／閑寂（かんじゃく）／森閑（しんかん）／静穏（せいおん）／閑（しず）かさ／おと

「声はすれども姿は見えず」

目に見える形が姿なら、耳に聞こえる音は声だ。現在は人の発声か、「犬の吠（ほ）える声」「鶴の一声」（権力者の一言が衆人を抑えること）あるいは「虫の声」など限られた動物にしか用いない。古典では、

祇園精舎（ぎおんしょうじゃ）の鐘の声、諸行無常（しょぎょうむじょう）の響（ひびき）あり。（『平家物語（へいけものがたり）』）

など、物の音にも使っているが、今は言わないようだ。

「音（ね）」は、心にしみじみと浸み入る音色（ねいろ）のものなら、音でも声でもかまわない。「鈴を転がすような」と形容される美声なら、「美しい歌の音（ね）に聞きほれる」と音（ね）が使えるが、物の音では「鐘の音、鈴の音、笛の音、虫の音」くらいと、案外「音（ね）」を使う状況が少ない。人の心をとらえる美しい音響や音声が現代ではほとんど無いためか。飛行機や暴走族の爆

音、スピーカーから流れる騒音には、およそ音などといったしおらしさは微塵もない。せいぜい耐え抜いて、我慢がならなくなったとき、音を上げるか弱音を吐くしかないのだろう。

　近ごろはよほど辺境の地にでも行かないかぎり、静寂を得ることは難しい。昔は「夜の黙」といって、静まり返って物音一つしない時間というものがとにかくあった。都市化の波が四方に押し寄せてきている時代に、しじまを求めること自体無理な注文だが、街の騒音もまた捨て難い味のあるものでもある。

　人々のざわめき、車の響き、道行く人々のさまざまな話し声、それらが一つになって騒音を作り出す。町が生きている証拠だ。騒音が高まれば喧騒となる。もはや我慢できる一歩手前だ。お年寄りや病人は喧騒を避けて田舎へと身を潜める。若者は喧騒を求めて盛り場へと繰り出す。あらゆる人工的な音と照明が彼等を夢幻の世界へと誘い酔わせる。このようなかしがましさを表現する日本語はもう無い。いくら騒音を楽しむといっても、ジャズやロックならいざ知らず、銃声や砲声、飛行機の爆音や轟音は御免だ。やはり音にも平和な音というものがあるものだ。

　ある雪の降る晩、いつもと何か違うことにふと気がついた。そうだ、今日は町のざわめきが聞こえないのだ。雪があの懐かしい騒音を吸収してしまうのだろう。妙に静寂で、かえって落ち着かない。このような静けさは「静寂」という語がぴったりする。静かな様を表す語はいろいろあって、「閑静、閑寂、森閑、静穏……」と頭に浮かぶが、「閑静」は郊外や人通りの少ない屋敷町など、環境そのものがふだんからひっそりと落ち着いている状態だ。一時的な静寂に閑静は使えない。「閑寂」となると、もっと奥深い自然の中に入って、人声もしない物寂しい感じさえする。閑寂を愛する人は多いだろう。「森閑」は、ふだんはあるべき物音が全く聞こえず、静まり返っているといったとき使うことばだ。「家の中は森閑として、物音一つしない。鼠にでも引かれそうな、妙にがらんとした室内」などと使えばぴったりだ。「静穏」は、音よりはむしろ、何も事が起こらず穏やかな様にいう。平和な代は〝静かな時代〟で、これも広い意味の静けさだ。

松尾芭蕉は山形・立石寺で、

閑さや岩にしみ入る蟬の声

と詠んだが、蟬の声が岩にしみ込むかと思われるほど四辺は静かで、実に閑寂そのものよと感じ入っている。静寂は、何でも音がしなければいいのではない。隠し味に塩を少し入れればかえって甘みが増すように、静けさを引き立てる物の音が何か一つあったほうがいい。そのような音は「羽音、水音、靴音……」と、みな「音」という字が付く。銃声や爆音のような漢語ではだめだ。清少納言は『枕草子』で、「秋は夕暮」と、夕暮れ時の良さ

をいろいろ述べているが、その中で、

日入りはてて、風の音むしのねなど、はたいふべきにあらず。

と言っている。

全く物音一つしない、何一つ見えない真の無の状態というのは、かえって墓穴の中みたいで無気味なものである。適度な物音や物影があってこそ、詩趣も湧くというものだ。

色——内から現れ出る独自の魅力

外(おもて)／面(おもて)／色香(いろか)／彩(いろどり)／明(あ)かし／暗(くら)し／顕(しる)し／漠(あお)し／赤裸(あかはだか)／青女房(あおにょうぼう)／赤金(あかがね)／青海(あおうな)／原(ばら)／青物(あおもの)／くれない／紅(べに)／茜(あかね)／紅富士(べにふじ)／萌黄(もえぎ)／浅黄(あさぎ)／浅葱(あさぎ)／朽葉(くちば)／灰汁(あく)／練(ねり)／色(いろ)／青鈍(あおにび)／緋(ひ)／紺青(こんじょう)／朱(あけ)

しのぶれど色にいでにけりわが恋はものや思ふと人のとふまで

　これは百人一首に採られている平兼盛(たいらのかねもり)の歌で、ひそかに恋心を懐(いだ)いていたはずなのに、自(おの)ずと顔色やそぶりに現れてしまったことだよと歌っているのである。ここで言う「色」とは顔色、それも赤とか青とかいうカラーではない、内に秘めた心が外(おもて)、つまり面(おもて)に現れた様子を言っているのだ。「色を失う」「色めく」「色をなす」など、いずれも平静を失った心のゆれが外面に現れ出る様を形容している。

　顔は、喜怒哀楽だけでなく、婦人の美や若さをも外(おもて)に表すから、いわゆる容色となり、「花の色は移りにけりな」と小野小町を嘆かせた若さのシンボルともなるわけだ。容色の美はご婦人の魅力につながり、色香(いろか)となって現れる。表面的な色彩の美しさではなく、内側から発散してくるえも言われぬ性的な魅力だ。色とは決してカラーや彩(いろどり)だけで作り出されるものではないのである。

その人の個性的な魅力はさらに普遍的なものとなって、そのものの個性とか特徴といったレベルにまで広がっていく。地方色も一種の色だ。さらに「笛の音色」「他人の声色(こわいろ)をまねる」など、そのものが持つ独特の調子・味わいまでも色で表す。

日本語は太古においては、色そのものを指す語は無かったと言われている。赤黒白青は形容詞「明(あ)かし、暗(くら)し、顕(しる)し、漠(あお)し」から来た語と考えられ、これは光の明暗濃淡で、色彩そのものではなかった。読んで字のとおり「赤し」は明かるい色だし、「黒し」は暗い闇の色だ。

赤は〝明らか〟、明白でその特徴が十分に現れている状態だから、完全な域に達している〝全くの〟の意味を表す。「赤の他人」「真赤な嘘」「赤ん坊」みなそうだ。因幡(いなば)の白兎が「皮をむかれて赤裸(あかはだか)」となったという「赤裸」は、何も赤むけになったから言うのではない。まる裸になったことを指す。同じような表現「赤裸裸(せきらら)」も、まる裸にして包み隠さず真実をさらけ出すことだ。「赤」は色ではない。「赤恥」も、恥ずかしくて赤面するからではなく、全くの恥ということだ。

この赤の反対は青で、未熟な状態を表す。これは「漠(あお)し」つまりまだ漠然としていて、そのものの特徴もさだかには見分けのつかぬ状態に由来する。未熟な者をつかまえて「青くさい」とか言うのがそれだ。「青二才」「青女房」(若い女房のこと)など、この手の語は案外ある。古代中国では、青は春の色とされる。「青春」などというのもこの意味の語で、人生の春に当たる時期だ。「青年」も同じで、この中国の五行説に由来する「青」はいい意味だ。

白は「しるし」（顕し）つまり明瞭で紛れのない状態。今日の「著しい」も、その特徴がはっきり現れている意味で語源は同じ。「明白」という「白」だ。

ところで、古代日本語が「赤、黒、白、青」からスタートしたため、赤と青とがカバーする範囲はきわめて広い。黒と白とは両極の色だから問題はないとして、その間を結ぶ色の相が「赤」と「青」なのだから、はなはだ大ざっぱなのである。そのため、茶も紅も朱もみな赤だ。「赤土、赤金（銅のこと）、赤毛、赤錆……」これらはいわゆるレッドではない。茶色だ。「青」も同じように幅が広い。「青海原、青空」はブルーだが、「青竹、青菜、青物（野菜のこと）、青蛙……」いずれも緑だ。「青々とした」と言ったとき、海にも野山にも係るのだから変と言えば変だが、これも日本語の歴史から生ずる現象だ。横断歩道の青信号を「あれは青じゃない」などと言う人もいるが、「青」でいっこうにさしつかえない。だが、だからと言って何でも「赤」「青」ですますのは芸がない。同じ赤でも、その僅かな色合いの差をできるだけ的確に表現したい。そのためにはどうするか。もともと日本語には色名の語が無かったのだから、他の物の名を借りて「茶」とか茶の色、つまり「茶色」と言うしかない。そのようにして「黄色」（「黄」の色。黄の語源は確かなことはわからない）とか「紫、緑、紅……」と名づけが進められた。しかし、それだけに細かい色の区別が、その色合いに応じたものの名によって繊細に言い分けることができる。古人の知恵である。

平安時代を見よう。「山吹、梔子、紅、茜、蘇芳、紫、藍」など、みな植物名に由来する名だ。「くれない」は紅花の異称だから、紅の色だが、「紅」というと頬紅を指すことになる。「紅をさす」と言うと、頬や唇に紅をつけることだ。茜は〝赤根〟で蔓草の一種だ。くれないよりやや色は濃いが、「東の空はあかね色」などと形容すると、夜明けの朝焼けの始まりのあの綺麗な色が目に浮かぶ。紅も「くれない燃え立つ」などと用いると、同じような情景が目に浮かんでくる。「紅富士」など曙の富士の朝焼けを巧みに表していることばだ。

植物そのものではないが、「緑」は草木の新芽のういういしい色をいい、「萌黄」は萌え出るねぎの黄緑色をいう。「浅黄」も「浅葱」で同じ色だ（「浅葱」は後、同音の「浅黄」の文字を当てたことにより、緑がかった薄い藍色から、薄い黄色を指すように変わった）。今日はなじみがないが「青朽葉」「赤朽葉」あるいは「朽葉色」というのもあった。これは文字通り腐ちた落葉の色を指す。なかなか凝った名づけをするものだ。

その他、糸を灰汁で煮て柔らかくするとき着く「練色」。「練る」とは柔らかく丈夫にすることを言う。やや薄黄色を帯びた白だ。青みを帯びた薄墨色の「青鈍」。燃える火の色の「緋色」。青の濃い「紺色」、少し鮮やかな「紺青」など、なかなか多彩である。紺青などは今日では、「紺青の海」などと形容するが、当時は顔料であった。

「朱に交われば赤くなる」と諺にある「朱」も、赤い色の顔料だ。これは鉱物性のものだが、今日は朱肉として印肉になるか、あるいは書道で先生に直されるときのあの赤い字の原料となる。「朱を入れる」などと言うのもここから来た言い方で、文章添削の筆を加えることだ。円地文子『朱を奪うもの』がもし「あけ」でなかったら、イメージはどのように変わるだろう。血の色をどぎつくなく、いかに上手に表しているかがわかる。

色を他の物の名で間接に示す名づけ法は、今も変わらない。桃色、橙色、金色、灰色、鼠色……と、すべて物名に頼っている。だが考えてみると、これも時代とともに多少動いて、橙色が蜜柑色になり、オレンジ色になる。小豆色がチョコレート色に、桃色がピンクにというふうに、最終的には外来語に落ち着くような傾向だ。

その昔、筆者が通勤に利用していたある駅では、「小豆色の電車は××行き、鶯色の電車は○○行きでーす」と放送していたが、それがいつしか「チョコレート色の電車」と「グリーンの電車」と変わってしまい、現在はそのような色の電車は姿を消してしまった。そして「グリーン車、シルバーシート……」と、どんどんカタカナことばに塗り替えられていく。黄土色とか小豆色ではやぼったい、もっとハイカラな感じを出すためにはカタカナことばに限るというわけだ。横文字崇拝、外来語によるフレッシュさをねらっての造語だろうが、根本は、日本語の〝色〟そのものが〝色彩〟を表すことばでなかったことに原因がある。オレンジ色を蜜柑色と換えても、他の物の名の借用であることに変わりはないのだから。

しかし、長い歴史の波をくぐり抜けてきた日本人の手造りの色名、鳶(とび)色、鴇(とき)色、狐(きつね)色、樺(かば)色、枯草(かれくさ)色、空(そら)色、桜(さくら)色……と、これら和語による呼び名もまた、捨て難い味があるではないか。

匂い——消えゆく余韻の珍重

香(か)／薫(かお)り／匂縅(においおどし)／香(こう)／芳香(ほうこう)／香気(こうき)／馥郁(ふくいく)／残(のこ)り香(が)／移(うつ)り香(が)

日本語は嗅覚(きゅうかく)に関する語彙(ごい)が乏しいとよく言われる。色の場合は他の物の名を借りて、橙(だいだい)とか紫(むらさき)とか鼠(ねずみ)というように、その物ずばりの色調を表すことができるし、最近は外来語によってブルーとか、グレーとか、グリーンと、いくらでも色彩語彙を増やしている。ところが匂(にお)いのほうは実に無器用で、さっぱり単語を増やそうとはしない。

形容詞「臭(くさ)い」の助けを借りて、「磯(いそ)臭い、黴(かび)臭い、汗臭い、日向(ひなた)臭い……」のように言いはするが、色のようにただ「磯、黴、汗……」とだけ言っても匂いは表さない。それどころか、「泥くさい、バタ臭い、抹香(まっこう)臭い……」などは、匂いそのものではなくて、そのような匂いから連想される性質や状態を指しているのだ。

古来、日本語には匂いに関することばとしては「匂(にお)ひ」「香(か)」「薫(かお)り」があった。結構たくさんあるようだが、実はこのうち「匂ひ」と「薫り」は、最初は嗅覚を表す語ではない。「匂ひ」は、赤さがひときわ映(は)える視覚的印象で、それが色の美しさ全般に用いられるようになり、さらに気品のある姿・様子が与える印象に、そして、その主体が発散する嗅覚的な「匂い」へと落ち着く。だから「朝日に匂う山桜」とか「咲き匂う」のような視覚的印象の言い方もあるというわけだ。「薫り」は煙や霧が立ち昇り、靡き漂っていく様を言ったらしく、そのように漂い、しだいに薄れていく状況として、〝物の匂い〟が一般化したようだ。鎧などで昔「匂縅」というのがあったが、これも小札板を綴る糸の色を、上のほうは濃く、だんだん薄くぼかしていく視覚的な効果をねらった美だ。

ともあれ、匂いにしても薫りにしても、視覚・嗅覚だけでなく、そのものが放つ気品や美感が一体化して、われわれに与える印象だ。だからプラス評価の感覚で、決して今日私たちが「臭い」という語から受ける、あのマイナスイメージを予想しない。確かに「においがする」は、「いい匂いがする」「いやな臭いがする」と両方が可能で、ニュートラルのように見えるが、「ちょっと臭いがするわ。冷蔵庫に入れておけばよかった」のように、大体はマイナスに働く。

「香」は現在使われず、僅かに「薫り」で間に合わせているのが現状だ。『古今和歌集』に、

五月待つ花橘の香をかげば昔のひとの袖の香ぞする

という歌がある。〝以前心を通わせていた恋人が好んで衣にたきしめていた香の、あの懐かしい袖のかおりがすることだ〟というのだが、これを「袖の臭いがする」と直訳したら

幻滅だろう。私たちには「肌着のにおいがする」とか「靴下のにおいがする」と聞くと、その人の体臭と汗くささとが連想されて、古人が感じたような薫りを楽しむ優雅さが欠落してしまっていることに気づく。「いいにおい！」だけでは余りにお粗末だ。

『枕草子』に、「七月ばかりに」の書き出しで、

汗の香すこしかかへたる綿衣のうすきを、いとよくひき着て昼寝したるこそをかしけれ。

とあるが、汗の匂いにさえそれを楽しむ心のゆとりがあることに、驚きを感じる。現代人は匂いに対して鈍感になってしまったのだろうか。

いやいや、そんなことはない。沈丁花、くちなし、木犀……香りのいい花にはやはり惹かれるし、古代人には知られていないさまざまな香料や香水の匂いだって珍重する。それらの芳香、香気を楽しむことと、言葉として表現することとが一致しないというだけのことだ。

花の香りなら「馥郁たる香り」と言えばいい。芳香があたりに漂い満ちるさまだ。「甘い香り」「甘ったるい匂い」と、匂いには甘さが付きものだ。茶の葉を煎ったときのあの「こうばしい香り」も捨て難い。

古来、香りは、そのもの自体の匂いよりも、それが無くなって後の「残り香（が）」や、他の物への「移り香（うつりが）」を、ことさら良しとした。音で言えば余韻であり共鳴である。強烈な匂いよりも消えゆく微かな香りを珍重する。これでは嗅覚語彙そのものが発達しないのも無理はない。せめて表現に工夫することとしよう。

味——嚙むほどににじみ出る感覚

薄荷(はっか)／こく／うま味(み)／醍醐味(だいごみ)／滋味(じみ)／風味(ふうみ)／芳醇(ほうじゅん)／濁(にご)れる酒(さけ)／一杯(ひとつき)／盃(さかずき)／御酒(みき)／生酒(きざけ)／米寿(べいじゅ)／米(よね)の祝(いわ)い／喜寿(きじゅ)／白寿(はくじゅ)

味覚は嗅覚よりはややましだが、それでも語彙の乏しさは覆うべくもない。形容詞「甘い、辛(から)い、酸(す)っぱい、苦(にが)い」ぐらいで、名詞がない。「薄荷(はっか)の味」のような言い方をしなければならない点は、匂いの場合と全く同じだ。

だいたい「味」は、「味なことをする」「味気ない」「味わい深い話」のように、味覚を超えた一つの体験、そこから得られる独得の感じ、妙味、面白さ、辛(つら)さなど、それを経験するご本人に与えるえもいわれぬ感覚、それが味だ。

味わい深いということは「旨(うま)い」ことに通じる。だから優れた味のある文章は「うまい文章」というわけだが、どうも「うまい」には、「うまい話」うかうか乗れない巧妙に仕組まれた巧みさ、人工的な安っぽさが感じられる。その点「味」には、深い練りのきいた〝手造りの味〟がにじみ出ていて、嚙(か)めば嚙むほどますます味が出てくる。まだまだ日本語の「味」も捨てたものではない。

こ、く、のある味、深いう、ま、味のある味、それは心にしみる醍醐味(だいごみ)だ。もともと醍醐とは乳から作った甘味な飲み物で、深い味わいから人をとりこにするほどの境地を「醍醐味」というようになった。だから味覚でなくてもいい。「野球の醍醐味を知った」のようにだって言えるわけだ。そのものの本当の楽しさ、面白みを知ることである。

うまい味わいを表すことばならいろいろある。「滋味」というと、栄養分に富んで体にいいといった気分が付きまとう。「滋味に富んだ食品」のように。「風味」となると、その物の地の味プラスアルファで、上品なうまみが加わって、味を一層引き立てているといった感じだ。だから、開封して時間が経つと風味が消えてしまうということもよくある。「芳醇」となると、これはもう酒以外には使えない。味のよさだけではない、香りも高く、実にうまい酒のことだ。五感は連動していて、一つだけでは引き立たない。味と香り、それに欲を言えば色も含めて心を楽します。舌ざわり、歯ごたえ、のどを通る感触、そして適度な冷たさや温かさ、これらが総合して人を恍惚境へと誘い込む。その最たるものが芳醇な酒だろう。

その酒を詠んだ歌と言ったら、何といっても大伴旅人の、

　験なきものを思はずは一杯の濁れる酒を飲むべくあるらし

を第一に推さなければならない。この歌は、彼が任地太宰府において詠んだ一連の『酒を

讃むる歌』の第一首だが、甲斐ないつまらぬ物思いになど耽らないで一杯の濁り酒でも飲むべきだと、手放しで酒に傾斜する、いかにも旅人らしい善人ぶり、好感が持てるではないか。「濁れる酒」は、滓をこさない白い酒、〝どぶろく〟だ。「一杯の」は一杯のことで、「杯」とは、飲食物を盛るための土で焼いた器物を言ったらしい。「盃」も〝酒杯〟という意味だ。

古代中国では、酒を酌み交わす話の詩文が多いが、玉や瑪瑙、瑠璃などを削って造った盃が登場する。

葡萄の美酒　夜光の杯

で始まる『涼州詞』の〝杯〟など、あるいはビードロ（ガラス）製かもしれない。酌んだ酒が盃を透かして夜光にひかる、さぞかし美しく酒もうまかったにちがいない。

ところで、酒はその昔「き」と言った。今日の「おみき」（御酒）として残っているが、ほかに「き」を使った語は残っていない。古代では「黒酒、白酒」というのがある。「灘の生一本」などいう「生」はこれとは全く別もので、加工を施していないそのままの姿の意味を表す。混ぜ物のない純粋な「生酒」のことだ。だから「生娘」などいうと、世の荒波にもまれていない〝世慣れぬ娘〟つまり〝うぶな娘〟を指すようになる。

　さて、日本の酒は米から造るが、米は「こめ」「よね」両方の呼び名があり、どちらも歴史は古い。「米」の字は八十八に分解できるから、八十八歳の賀を「米寿」「米の祝い」と称する。文字を部分に分解して意味を持たせる、まさに漢字文化圏の現れだろう。

　ついでながら、七十七歳は喜寿。喜の漢字を略体で「㐂」、つまり七十七と分解できるからである。また、九十九歳は百に一つ足りないから「百」の字から一を引いて「白」、白寿という。白（「顕し」）とはめでたいではないか。

III　天地・自然

風――空気の流れを呼び分けて

そよ風（かぜ）／風（かぜ）の便り（たより）／東風（こち）／野分（のわき）／木枯らし（こがらし）／凩（こがらし）／疾風（はやて）／嵐（あらし）／颪（おろし）／空（から）っ風（かぜ）／高（たか）根（ね）おろし／凪（なぎ）

宮沢賢治（みやざわけんじ）は「雨ニモマケズ、風ニモマケズ」と歌ったが、日本人にとって雨や風は、試練を与える厳しい神のさしがねらしい。

そう言えば「雨が降ろうと槍（やり）が降ろうと」といった恐ろしいものから、「風当たりが強い」「風の吹き回しが悪い」のように、われわれを厳しく追い回す辛（つら）い相手と考えることがままある。こちらが少し強ければ「どこ吹く風と聞き流す」こともできようが、庶民は「大木は風に折らる」で、なかなかそこまで強くはなり切れない。「風が吹けば桶屋（おけや）が儲（もう）かる」と、間接的に利益恩恵を受ける者もいるにはいるが、だいたいは直接損害を受ける側だ。かつて農業国であったわれわれのご先祖様の時代には、「風雪に耐える」とか「雨にもめげず」といった忍耐と耐久の精神が芽生えるほど、雨や風は人々に試練を与える相手であった。だから、それに打ち勝ったときには「雨降って地固まる」と禍い転じて福となす思想を考え出し、安堵の胸をなで下ろしたというわけだろう。

日本ほど季節によって自然の受け止め方の変わる国も少ない。同じ風でも、

秋来ぬと目にはさやかに見えねども風の音にぞ驚かれぬる　（『古今和歌集』）

と、季節変化をいち早く風の音から読み取り、昨日と変わらぬ風であっても「秋風」と称してことさら有難がる。そう言えば、四季で風と結びつくのは春風と秋風だ。春風や秋風はそよそよ吹くから「そよ風」だが、これは風としては至極おとなしい。額田王が天智天皇のお越しを心待ちにして歌ったという、

君待つとわが恋ひ居ればわが屋戸の簾動かし秋の風吹く

といういかにも女性らしい優しい心根の歌があるが、この秋風も穏やかなそよ風だ。その昔、風が吹くと恋する人が訪れて来るとの迷信があった。額田王も簾の音に、愛する帝の

訪れを感じたのかもしれない。

今日「風の便り」ということばがあって、どこからともなく耳に伝わってくる消息を表すが、恋人来訪の俗信と結びつけて考えると、共通点があって面白い。風もなかなか味なことをするものだ。「柳に風」と受け流せる静かな風のうちは、私たちにとって味方となり、心にかかる人々の消息を運び、季節を運んでくれるようだ。

風は吹く方向から西風とか北風と呼べるが、それがまた四季と結びついているから、北風と言えば寒い冬の季節を想像し、『北風と太陽』のようなイソップの話も生きてくる。東風は「こち」と言ったが、これは春の訪れを告げる風だ。日本人は同じ風でも、時と場所によって、吹き方の異なる風と受け止める。北原白秋も、

　この山はたださうさうと音すなり松に松の風椎に椎の風

と歌っている。その他、秋に強く吹けば「野分」、冬へかけて「木枯らし」（凩）、「松風、潮風、浜風、川風、朝風、夜風、夕風」など、四季おりおりを風で表す工夫をしてみてはどうだろう。

ところで、「こち」の「ち」は風のことで、これが「て」に音変化すると「疾風」などの語を造る。急に激しく吹き出す風だ。もっと激しく吹き荒れれば「嵐」だが、

峯の嵐か、松風か、たづぬる人の琴の音か

と『平家物語』で叙せられたあの「嵐」は、強く吹く風だけで雨は伴っていない。さもなければ小督の琴の爪音と聞き紛うはずがなかろう。今日「嵐」というと、激しい風雨、暴風雨と相場が決まっているが、風は雨と結びつきたがる傾向があるようだ。

　風にはその他にも「颪」というのがあって、「山おろし」とか、特定の山を受けて「筑波おろし」のように呼ぶ。関東の空っ風がそれだ。

「空」は「空梅雨」などと同じように、雨や雪を伴わぬ、ただ風だけが吹くから付いた名だ。年配の方なら覚えているはずの『紀元節』の歌に、「雲に聳ゆる高千穂の、高根おろしに」というのがある。「高根おろし」は「高嶺おろし」とも書く。高千穂の高い嶺から吹きおろす風のことだ。

　最後に、風がぱったりやんで波も静まる現象を「凪」と言うが、時間によって「朝なぎ」「夕なぎ」と語を言い分けている。「風がなぐ」とか「波もないだ」と、動詞としても使えるところは便利なことばだ。

　風だけでなく、風の無くなることにまで名づけが行き届いているのだから、日本語はたまらない。

同じ空気の流れにすぎない風を、こうもいろいろに呼ぶところに、日本語の面白さがあると言えよう。四季の変化が激しいことと、箱庭のような変化に富んだ地形がなせるわざであろうが、ことばを上手に使えば、単純な風一つでも、味のある言い方がいくらでもできるものだ。

雨——おりおりの情趣をかもし出し

小糠雨（こぬかあめ）／篠突く雨（しのつくあめ）／雨脚（あまあし）／村雨（むらさめ）／俄雨（にわかあめ）／時雨（しぐれ）／むらしぐれ／五月雨（さみだれ）／梅雨（ばいう）／霖雨（りんう）／菜種づゆ（なたねづゆ）／春霖（しゅんりん）／日本晴れ（にほんばれ）／日和（ひより）／小春日和（こはるびより）／高曇り（たかぐもり）／花曇り（はなぐもり）／朧（おぼろ）／棚雲（たなぐも）／鳴る神（なるかみ）／雷（いかずち）

晴雨の変化も日本では小刻みで目まぐるしい。「一天俄（にわ）かにかき曇（くも）り」「青天の霹靂（へきれき）」といった表現があるように、雨や雷が突然起こることも珍しくはない。急に降り始める俄か雨。やがてどしゃ降りとなり、さっとやんでしまう夕立ち。小降り、本降り、通り雨。小雨（こさめ）、大雨、さては長雨、霧雨（きりさめ）（「小糠雨（こぬかあめ）」とも言う）と、雨に関する日本語は実に多彩で、表現に事欠かない。

古典文学などでは、どしゃ降りのことを「雨車軸（しゃじく）の如く降りて」などと形容したものだが、今は「篠（しの）突く雨」と言う。細かい篠竹の密生したように隙間（すきま）なく降る雨脚（あまあし）を形容したものだが、近ごろではその語源意識が薄れて、「火のつく雨」などと言っているのを耳にする。「火のつく」は「赤ん坊が火のついたように泣く」とか「火のついたような慌（あわただ）しさ」と用いるのであって、雨降りの形容には使えない。「しの」と「ひの」の混同から生じた誤用らしい。

雨は四季おりおりで異なる情趣をかもし出す。文部省唱歌『四季の雨』にも、「降るとも見えじ春の雨」「俄かに過ぐる夏の雨」「おりおりそそぐ秋の雨」「聞くだに寒き冬の雨」と、その違いが巧みに叙されている。雨の美感は人によってさまざまだろうが、安藤広重の浮世絵『大はしあたけの夕立』や、東海道五拾三次の『庄野』や『土山』のあの躍動的な雨景の点描を推す人もあろう。あるいは、もっと静かな、

むら雨の露もまだひぬ槇の葉に霧たちのぼる秋のゆふぐれ

『新古今和歌集』寂蓮の歌や、俳句の、

初しぐれ猿も小蓑をほしげなり　（芭蕉）
さみだれや大河を前に家二軒　（蕪村）

などにたまらぬ情感を覚える者も多かろう。「むらさめ」は「村雨」と書くが、これは〝むらな状態で降る雨〟つまり一しきりさあっと降ってすぐやんでしまう雨だから、俄雨のことだ。「しぐれ」は「時雨」、秋から冬にかけてのころ、ときどき降ったりやんだりする小雨で、「しぐれる」の動詞もあるから便利だ。「だいぶしぐれてきたね」などと使える。

私の両親の里は金沢だが、しぐれることの多い土地柄だ。室生犀星も『故郷図絵集』で、

　　わが見しものは松が枝にきゆる音なきむらしぐれ

と歌っている。「むらしぐれ」とは、村雨と同じ、一しきり降っては過ぎる時雨のことだ。住む者にとっては鬱陶（うっとう）しいが、名前から受けるイメージはなかなかすばらしい。言葉というものは使いようで、同じ事物でもよくも響けば悪くも聞こえる。心したいものだ。

「さみだれ」は「五月雨」と字を当てるように、陰暦五月ごろに降る長雨、つまり今の「つゆ」だ。陰暦だから一月ずれる。「つゆ」は「つゆに入る」「つゆが明ける」と、梅雨期も指している。「露」と同音になるが、アクセントが異なるから混乱しない。つゆのころは梅の実が熟するから「梅雨（ばいう）」とも呼ばれるようになったと言われている。これに対して「霖雨（りんう）」という語もある。長雨（ながあめ）のことだが、梅雨に対して秋の長雨によく用いられる。春先少し寒（かん）の戻りがあって、天気のぐずつくことがある。菜の花の咲くころなので「菜種づゆ」などと呼んでいる。「春霖（しゅんりん）」である。

　雨の話が続いたから、話題を晴れのほうへ転換しよう。雨に関することばが多彩なように、晴れや曇りについての語もまた多い。まず、雲一つない快晴は「日本晴れ」だ。季節感覚が加われば「秋晴れ」「五月（さつき）晴れ」という語が生まれるが、他の季節には見当たらな

い。一年で最も澄んだ季節についた勲章だろう。天候や空模様は「日和」というが、「よいお日よりで」の挨拶から、「行楽日和」「秋日和」の語に至るまで、プラス状態の天候に用いるようだ。陰暦十月ごろぽかぽかと暖かいお天気の日を「小春日和」というが、春の日和を念頭に置いたうまいネーミングだ。最近これを本当の春の季節とまちがえる人がいるので、注意したい。

雨と晴れの中間は曇り。曇り空などおよそ詩を感じさせないように思われがちだが、どうして、「朝曇り、高曇り（雲が高空一面にかかっている様子）、薄曇り」などその折々の曇りぐあいによって名称があり、「花曇り」のように、そのどんよりとした空気が桜の朧（かすんでぼんやりとしている様子）な眺めと重なって、一層の美感をかき立てているものすらある。俳句の季語にもなっているくらいだ。そのほか古くは「棚曇る」という動詞があって、『萬葉集』などの歌に現れる。一面に曇るの意だが、空一面にたなびく雲を棚雲と言い、棚雲に覆われる様にことさら一つの動詞を当てがっているのだから、贅沢な話だ。音訛して「との曇る」とも言った。

雷は別名「鳴る神」ともいうように、「神鳴り」のことで、雷神の叫びだ。絵にも恐ろしい鬼が太鼓を叩いている様が描かれているが、古来恐ろしいものとして崇められてきた。「いかづち」（いかずち）とも言うが、「いか」は厳しいことで、やはり人々に厳しい怒りを下す恐怖の存在だ。だから「地震、雷、火事、おやじ」と怖いものの中に数えられてきたわけだ。上の者にこっぴどく叱られることを「雷が落ちる」と表現するが、まさに名言だ。

さて、「男心と秋の空」という言葉がある。気象変化の激しさを人の心の変動にたとえるところ、いかにも日本的だ。秋晴れ、秋日和があるかと思えば、一方、秋雨前線、秋の長雨もあり、とかく定まらぬのが秋の天候だ。それと「飽き」とを懸けたところにこの句の面白さがあるのだが、自然現象と言語現象とを巧みにからませて人事現象に当てはめていく、その心のユーモアが生んだ傑作の一つだと言ってよかろう。忙しさに追いまくられる現代人の生活にも、このような心のゆとり、遊び精神の燈火（ともしび）をいつまでもともし続けていきたいものだ。

靄——春にたなびき秋にたちこめ

春霞（はるがすみ）／秋霧（あきぎり）／朝霞（あさがすみ）／夕霧（ゆうぎり）／棚霞（たながすみ）／狭霧（さぎり）／霞網（かすみあみ）／朝寒（あさざむ）／朝靄（あさもや）

春霞、秋霧という。霞はたなびき、霧はたちこめる。

もちろん霞は「立つ」ともいうが、霧だって「霧たちのぼる秋の夕暮」で立つことはある。どっちにしても大して変わりはないようだが、ただ、霞は「朝霞」で、霧は「夕霧」だ。時間が違うと言われてみれば確かにそうだが、いずれにしても、どちらも季節の景物であることに変わりはない。

平安朝以降わが国では、霞と霧を区別して、季節で分ける考えが定着してしまった。春は曙（あけぼの）、秋は夕暮れ。同じ靄（もや）でも、春は朝霞で秋は夕霧だ。美感に従って自然の風物を四季に配当し、これこそ日本人固有の優れた審美眼の現れと、判で押したように頭から決めてかかる。いったん規範ができてしまうと、なかなかそれを突き崩せない。権威に対する弱さのなせるわざか、それとも自由な発想に欠ける日本人のマイナス面なのか。

俳句の季題も「霞」は春で、「霧」は秋だ。

春なれや名もなき山の朝がすみ（芭蕉）
秋霧に河原撫子見ゆるかな（一茶）

もっとも、俳諧では季語の霞は「朝霞、昼霞、夕霞、遠霞、薄霞、棚霞（棚引く霞）」といろいろあり、霧も「朝霧、夕霧、夜霧、川霧、狭霧（霧を美しく表現した語）」などさまざまで、時間は固定していない。「霞は朝うすく夕に深し。霧は朝深く夕にうすし」という古諺があるくらいだから、必ずしも朝霞、夕霧が絶対というわけでもなさそうだ。ただ、平安時代の文学の影響があまりにも大きく、とにかく規範に従っていれば間違いない、これぞわが国古来の美の真髄と後々までも思い込ませてしまったのだから罪が深い。そこへ行くと奈良時代は自由だ。季節や時間にとらわれず、自由に霞と言ったり霧と呼んだりしている。

ところで現在、霞は「霞か雲か、はた雪か」とか、「雲を霞と逃げ去った」「霞を食って生きては行けない」のように、漠然としてとらえどころのないもの、実体のないものといった不名誉な事柄の代名詞として使われ、春霞の、あののどかな美しさはどこへ行ってしまったのかと思わせる。

「霞網」（鳥の目に見えないほどごく細い糸の網を横に張って、小鳥を捕える仕掛け）など、まさにマイナスイメージの代表だ。動詞「かすむ」なども、「目がかすむ」と好ましからざる現象に用いる。

だが、いったん外の風景に目を向けると、

比良の雪大津の柳かすみけり　（高井几董）

月はおぼろに東山　霞む夜毎のかがり火に　夢もいざよう紅ざくら　（『祇園小唄』）

と、俄然生彩を放ってくる。霞はどうあっても遠景の美だ。遠く山裾などに薄く棚引く様こそ霞の本領だろう。

そこへいくと霧は、間近の地表を一面覆って遠くがぼんやりと見えないところがいい。今日「霧が立ちこめる」「霧に包まれる」など言うが、いずれも視界を遮る四周の眺めだ。海上ならさしずめガスといったところだろう。それだけ霞にはない寒さ冷たさがじかに体に伝わってくる感じで、なるほど春霞に対して秋霧とはよくも言ったものだと思われる。

白埴の瓶こそよけれ霧ながら朝はつめたき水くみにけり

と長塚節も、朝寒の景として霧をとらえている。

靄はちょうど両者の中間だ。霧ほど濃くも深くもなく、しっとりした冷たさもない。

「朝靄がかかる」など、スモッグに近い乾いた感じだが、スモッグではいかにも汚らしい。やはり伝統的な和語には、外来語にない美感が伴う。なお、「靄」を誤って動詞化し、靄がかかる意で「もやう」「もやっている」などと言うのを耳にすることがあるが、これはまずい。「もやう」は「舫（もや）う」で、船を杭（くい）に繋（つな）ぎとめたり、船と船とを繋ぎ合わせて繋留（けいりゅう）することだ。靄とは全く関係ないので注意したい。

山——野でも里でもない聖なる地

柴刈り／裏山／森／峠／尾根／分水嶺／丘／峰／高嶺／峯／磐石／巌／細石／永遠／真砂／砂子

古来わが国では、山は里や野に対して人の住まない領域をいう。日本は、山とそれを取り巻く僅かの平地とからなる贅肉のない島国だから、利用できるところは隈なく耕作し、そこに人家が点在する箱庭のようなたたずまいをしている。まさに山と野とからできている狭隘な空間だ。

山は人の住めない所、伐り拓いて耕作もままならぬ所というイメージがあったと同時に、日本にあっては、そのような空間は高く聳える山岳地帯がほとんどだったから、丘陵や山岳が「山」であるとの意識が定着していったのだろう。そういう所は人の手が入らぬ、自然の霊が宿る場所でもあったから、山は神聖な領域という山岳信仰も生まれてきた。

このように山は、野でも里でもない空間だから、特に高く盛り上がって頂上をなす丘陵山岳である必要は全くない。あの「おじいさんは山へ柴刈りに、おばあさんは川へ洗濯に行きました」という『桃太郎』の話も、必ずしも高くなった土地へ柴刈り（小さい雑木の小枝を切り取り）に登って行ったとは限らない。こんもり木の茂った、開墾など人手のまだ入らぬ一帯だった可能性が強い。今日でも「裏山で採った茸」など言う「裏山」が、実は裏の森を指している場合もあることに注意したいものだ。

森は〝盛り〟と関係があるらしく、木がこんもり茂って盛り上がった感じの場所を言う。一説に〝守り〟つまり一般から保護され隔離された神聖な領域とも言われるが、語源から考えてこれは当たらないだろう。日本は多雨地帯だから、多くの山は木が繁茂して森をなしている。禿山はむしろ珍しい。

山は土地が盛り上がった所を一般に指すから、そこから意味が転じて、盛り上がった状態「山なす大波」、堆く積み上がっている様子「塵も積もれば山となる」など。そして「山を越える」「山場を迎える」など物事の絶頂、クライマックスをも表すようになる。こうなると上って下る「峠」と差がなくなる。「峠を越す」「病人は今が峠だ」など。どうも日本人は、山は上ったらすぐ下りになるものと思っているらしい。よく年齢のことを「五十の山坂越えて来た」などと言うが、これも上り下りを山坂で表している例だ。

その上り下りの境目は尾根という。山頂どうしを結ぶ分水嶺のことである。今は「尾根」と書くが、もともとは丘の「お」に当たる「峰」が尾根のことで、谷に対する〝みね〟（稜線）の意味だったらしい。とても手に入りそうもない対象を「高嶺の花」などとたとえるが、この「ね」は山のことで、「尾根」の「ね」も同じ意味だ。峯、尾根、高嶺、みな「ね」が付いていて、根が生えたように大地に位置を占めている。その不動のたたずまいがまた日本人にはたまらなく魅力を覚えるらしい。

ちょっとやそっとで動かず動じない様を「磐石の構え」と言う。大きな岩のようにびくともしない状態だ。『君が代』の「千代に八千代に　さざれ石の　いわおとなりて」の「巌」がその大きな岩のことで、これは細石が長い年月のうちに巨大化する、その永遠に近い悠久を指している。とにかく、ただの岩や石、砂などにいちいち巌ださざれ石だと細かい名づけをしているのも、日本語の特色だ。恐らく山が多く、海に囲まれ、河川といえば早瀬が多くて急流の、しかも短いものばかりという、わが国の自然環境がなせるわざであろう。

巌もやがては砕けて石となり、砂となる。その砂が「浜の真砂」などと言われるように「砂子」「真砂」などと昔は呼んだ。「まさご」とは「まいさご」のことで、真の砂の意だ。「白砂青松」という語があるが、昔は日本にも美しい砂浜の続く海岸がたくさんあったものだ。激しい浸蝕と護岸工事で砂浜の減った今、「いさご」「まさご」などいう語も次第に忘れ去られていくであろう。砂場の砂やビル工事の砂からは、とてもそのような優雅な砂は浮かんでこない。

さて、山といえば川だが、川は山にくらべると語彙も成句も乏しい。「人生は山あり谷あり」のように地形の凹凸が問題で、川というと谷の深い渓流を連想し、平野を流れる大河を思わない。どうも日本人は「清流岩を嚙む」といった流れが好みに合うらしい。諸外国では川というと、むしろ黄土色に染まった水の流れる、それが畑の地味を肥やすあの泥を含んだ流れを考えるのだが、日本人には水質のよい綺麗な流れでないと、川のイメージとしてぴったり来ない。汚れた水は川ではなくて「どぶ」（どぶ川）なのだ。

降りつみし高根のみ雪解けにけり清瀧川の水の白波　（西行法師）

雪どけ水で水かさの増した川、そうそうと流れる美しい透明な水、日本人好みの川は清くなければならない。

百年河清を俟つ　（『春秋左氏伝』）

黄河の水は百年経っても澄みはしない。いくら望んでも実現できぬたとえだが、これは中国人の発想だ。現代に生きる故事成句の中には、日本の風土や文化に合わぬものが結構あると思っていいようだ。

海——見はるかす水の広がり

海千山千／陸／くが／淡海／しおうみ／外海／内海／中海／細波／漣／潮／
潮汲み／朝潮／夕汐／潮の流れ／渦潮／潮の音／海鳴り／潮騒／潮時／
余波／名残り／空／天／国

「山の幸、海の幸」という。山でとれた鳥獣や果物、食用に供する草などに対して、海でとれる海藻や魚介類だ。「海千山千」（したたか者）、「海の物とも山の物ともつかない」など、海は山と対応しているようだが、これとは別に、「陸に上がった河童」のように、海は陸（古くは「くが」）とも対をなしている。もちろん現在の太平洋や日本海などだけでなく、古くは広々と水をたたえた所なら、湖や大きな池なども含めて「うみ」と考えた。琵琶湖のことを、

淡海の海夕波千鳥汝が鳴けば情もしのにいにしへ思ほゆ

と歌った柿本人麻呂の歌の「淡海」（そこから「近江」となった）も、淡水の湖を「うみ」と呼んでいる。鹹水の「しおうみ」に対する語だ。そう言えば現代語の「湖」も「水

海」で同じ発想ではないか。その水面(みなも)が外海に通じているか否かなどというのは地理学上の問題で、古代人が岸辺に立って、見はるかす水の広がりから感覚的に「うみ」ととらえたのは、まことに優れた判断と言えよう。外海(そとうみ)、内海(うちうみ)、中海(なかのうみ)、そして湖と、いずれを取っても感覚的には大差はない。

海といえば波を連想するように、波は海にはつきものだ。これも大波、小波、さざなみ(細波、漣)と大きさによっていろいろ呼び名がある。海水は「潮(うしお)」ないしは「しお」という。「潮汲(しおく)み」も、塩を造るために海水を汲んだことから付いた名だ。海の水は干満で水位が動くから、朝潮、夕汐(ゆうしお)と名前を分け、その流れを「潮(しお)の流れ」という。鳴戸(なると)のような狭い海峡では渦潮(うずしお)となり、また潮流の発する響きは潮の音(ね)となる。特に大きな海流が押し寄せると海鳴りを発し、それを潮騒(しおさい)と呼んでいるが、残念ながら内陸に育った筆者には聞いた経験がない。島崎藤村(しまざきとうそん)は「わきてながるる　やほじほの」で始まる『潮音』の詩の中で、

よろづのなみを　よびあつめ
ときみちくれば　うららかに
とほくきこゆる　はるのしほのね

と歌い上げ、与謝野晶子は、

　海恋し潮の遠鳴りかぞへてはをとめとなりし父母の家

と詠んでいる。現代語で「今が潮時だ」とか「潮時を見る」というのは、潮の満ち干の起こる時刻を見計らう、つまり時機をとらえることを指す。なかなか味のあるたとえだ。海面が、風が治まってもまだ波の静まらぬ状態を「余波」という。物事が過ぎ去ったのちのちまで、まだその姿や面影、影響などが残っていることにも「冬の名残り」「名残りの桜」と「なごり」が用いられ、さらに、別離の意味で「あすはお立ちかお名残り惜しや」「名残りの盃を酌み交わす」などと使う。これも波から派生した比喩の一種だが、私たちの何気なく使う言葉の中にも、案外と自然に端を発する言い方が多いものだ。そのルーツを知ってみると、同じ語を使っても、表現する喜びが一味も二味も違ってくるのだから不思議だ。

　海といえば「空の青　海の青」（若山牧水）で、空を忘れるわけにはいかない。空は、もともとは天とこの世（国）とを隔てる広がりのことだ。天も地もそれぞれが一つの世界で、われわれ人間の住む「国」に対して、神の住むところが「天」。西洋流に言えば地上界に対する天上界。だからその間にある広がりは、人も神も存在しない空虚な部分ということになる。空が「虚空」や「空」に通ずるのは、こうしたわけだ。仏教で「色即是空」という。この世の万物はみな本質は空なのだ、目に見える形は仮の姿でしかない、というあの「空」も、実体のないものというこの空である。暗記することを「空で覚える」などと言う。これも同じだ。「諳んずる」（もとの形は「そらにする」）ともなる。空が暗記に通ずる、仏教国ならではの発想といえよう。

水――地から湧き出る天の賜物

熱水／日向水／湯ざまし／ぬるま湯／水温む／遣り水／瀧／天水／汲み水／湧き水／お冷や／お水取／冷や水／甘露／白湯／麦湯／葛湯／蕎麦湯／そばがき／柚子湯／菖蒲湯／甘茶／灌仏会／般若湯／養老の瀧

物事を白紙に戻すことを「水に流す」と言い、うまく行きかけている事柄に邪魔だてをすることを「水を差す」と言う。水は好ましくない物事を消し去ったり薄めたりするための手段だ。汚物は水で浄化され、火は水で消えてしまうように、日本人はこの世の不都合なことは万事水の力で解決すると思っている。水さえふんだんに使えば怖いものは何もない。水は何物にも増して強力な特効薬なのだ。

こんな思想が生まれたのも、水は無限にいくらでもあるもの、使えばまた降ったり湧いたりしてくるものという、いかにも多雨地帯の民族らしい思い込みがあるからだ。「湯水のごとく使う」だとか、貧しい農民を「水呑み百姓」と卑しめた差別語が生まれたりするのも、水は豊富にあってただでいくらでも使えるものという、他国にあっては全く信じられないような、あきれた常識があるからだ。

さて、日本語では、水は湯とは切り離された概念で、日本人は湯を水の一種とは思っていない。だから諸外国語で湯のことを〝熱い水〟(hot water) といった言い方でとらえているのとは、基本的に態度が違う。水が湯になっても「熱くなった水」とは考えない。「熱水(ねっすい)」という単語はあるが、これは後世生まれた漢語で、やまとことばではない。「日向(ひなた)水」「湯ざまし」は水で、「ぬるま湯」は湯だ。俳句の季語に「水温(ぬる)む」というのがある。春になって水辺の様子も何とはなしになごんで、冷たさの消えた水のたたずまいを「水ぬるむ」と感じる。いかにも日本的なとらえ方だが、水は水だ。

鷺烏(さぎからす) 雀(すずめ)の水もぬるみけり　(一茶)

山水といって、日本風の眺めには欠かせぬ水、遣(や)り水（庭に人工的に造った小さな川)、瀧(たき)、池、水は日本人の美感を支える大事な要素となっている。湯にはそのような働きがない。水は豊かで温泉にも恵まれたわが国、ここでは水と湯は本来別物なのである。

水は、水道の蛇口さえひねればいくらでも出てくると思っているのは現代っ子だ。もともと水は雨となって降って来たものだから、これを溜(た)めて使えばいい。「天水(てんすい)」である。今でも孤島などでは、雨水を天水として使っている所がある。雨水は川となって流れるか地面にしみて地下水となる。これを井戸などで汲めば汲み水だし、湧けばもちろん湧き水だ。ミネラルウォーターを売る時代には、汲み水や湧き水は飲料水と考えないかもしれない。食堂などでコップについで出す水は「お冷や」、ウェイトレスをつかまえて「姉さん、お水ちょうだい」と言うときの「お水」は「お冷や」だ。三月十三日、東大寺二月堂で行う「お水取」の行事、あれも「お水」と言う。「お水」は「汚水」とも読めるが、音読するとイメージがダウンする。とにかく生水が飲める日本という国は有難い。

冷たい水は「お冷や」だが、「年寄りの冷や水」（老人が自分の年もかえりみず若い者に負けじと無理すること）という諺の「冷や水」のほうは、現在あまり用いない。のどが渇いたとき冷たい水を口にして「ああ、甘露、甘露」などと言う。あれは昔の中国の伝説から来た言葉で、王が良い政治を行ったところ、空から甘い露が降ってきたという話によっている。天が降らせたものであろう。

湯は茶の湯として嗜まれ、また白湯として好まれる。茶道が発達したのも、良質の水が得られる国ならではのことであろう。外国へ行くと、硬水の地域では鍋やコップが白く曇ってくるし、老人に足を悪くした人を多く見かける。日本は有難い国だ。

白湯は、沸かしただけで茶などを入れない湯だ。願掛けなどでお茶断ちをしている人が愛用する。「冷たいと歯にしみるから、薬を白湯で飲む」などと使う。

茶は、番茶、紅茶、緑茶、煎茶……といろいろだが、麦茶は麦湯とも言い、人によってどちらかに片寄っている。湯を使えば「葛湯」のように何でも湯だ。「蕎麦湯」は、そば粉を湯でとかしたもの（「そばがき」より湯の量がはるかに多い）だが、そばのゆで汁も

「蕎麦湯」だ。同じ「何々湯」でも、柚子湯や五月五日に入る菖蒲湯は、風呂のことだから混乱する。

「甘茶」は陰暦四月八日、灌仏会（お釈迦様の誕生日）に釈迦の像にそそぎ掛ける茶だ。茶といい湯といい、日本には実にいろいろな種類があるものだ。

もっとも、湯とは言っても「般若湯」は本当の湯ではない。僧侶は宗教上大っぴらには酒は飲めぬから、隠語としてそう言っているにすぎない。「養老の瀧」の故事のように、水が酒になるのではない。湯が実は酒なのだ。

火——燃え盛る激しさの化身

炎／火中／焰／修羅／竈／へっつい／七輪／こんろ／薪／焚き木／燠／消し壺／消し炭／埋み火／火種／火持ち／火鉢／炬燵／囲炉裏／灯／篝火／松明／燈台／紙燭／高坏／ともしび／行燈

夜空を焦がす火山の火柱、鉱石も溶かす溶鉱炉の火、すべての物を焼き尽くしてしまう不思議な力を秘めた火は、古来、崇め祭るべき対象として敬せられ、同時に煮炊きに欠かせぬ生活の手段として利用されてきた。さまざまな形に絶えず姿を変える炎、実体があるようで定かにはとらえ難い〝火〟は、確かに信仰の対象となり得るものだ。

火はその昔「ほ」と言った。あの倭建命の后、弟橘媛が、

さねさし　相模の小野に　燃ゆる火の　火中に立ちて　問ひし君はも

と詠んだ「火中」は「ほなか」だ。炎は「ほのほ」つまり〝火の穂〟で、まるで麦の穂のように火が上がるからだという。激しい炎は「ほむら」と言ったが、これは恐らく燃え盛る火を〝火群ら〟（群がり燃える火の意）と見立てたものだろう。「烈火のごとく怒る」だ

とか「恋の焰に身を焼かれる」など、火は怒りや激しい恋情などの形容としてしばしば登場する。だいたい燃えたり燃やしたりすることは「情熱を燃やす」「修羅を燃やす」のように、激しい感情の燃焼を意味する。「修羅を燃やす」とは、「阿修羅のごとき形相」などという、あの帝釈天と抗争した悪神阿修羅のように、絶えず激しい闘争心を駆り立たせ、怒ったりねたんだりすることだ。今日、戦場などの醜い争いの場を「修羅場と化す」とか「修羅の巷」と形容するのも、ここから来ている。〝火〟は燃え盛る感情、激しさをたとえるのに最も適した言葉だ。「火のついたように泣く」「火が消えたようなさびれ方」など、現在でもこうした比喩は使われている。

このように〝火〟は激しさ、怒りの象徴だが、もともとは神聖なもの、神の化身と考えられていた。外国でも、たとえばオリンピックの聖火などその最たる例だが、わが国でも現在、家によっては、火を使う所、竈には神が宿ると考えて鏡餅を供えたりする。「かまど」は〝釜処〟である。「へっつい」とも言うが、これは「かまど」の俗語であった。台所がキッチンとなった今日、ガスレンジやガステーブルに取って替わられ、それに伴って「かまど」や「へっつい」という語も忘れられていくことになろう。「七輪」や「こんろ」(共に炊事用の軽便な持ち運びのできるかまど)も含めて、かつては家財道具の代表格であった「かまど」が、今、日常語彙の座から追いやられようとしている。「かまどを分ける」と言えば、独立して世帯を持つことを意味していたほどなのに、生活様式の変化はことばの浮き沈みを左右し、毎日使う語をいつのまにか様変わりさせていく。

かまどでは薪を、七輪では炭を焚く。薪は「たきぎ」「まき」どちらも同じものだ。「焚き木」である。薪や炭が赤くなった状態が「燠」、そのまま置けばやがて灰になるし、消し壺（「火消し壺」とも言う）に入れれば、「消し炭」になる。もっとも昔は、燠をそのまま灰に埋めて、必要なとき取り出して新しい炭を継いだものだ。灰に埋めたものは「埋み火」で、取り出して火をおこすもとにすれば「火種」。今日「抗争の火種を残す」などと比喩的な語として残っている。炭火がいつまでも灰にならずに長持ちすれば「火持ちがよい」し、反対なら「火持ちが悪い」だ。火鉢や炬燵に炭火を使っていた時代の、懐かしい日本語である。囲炉裏といい火鉢といい、今は暖房に火を用いない時代になってしまった。

照明も、電燈が普及するまでは、灯の時代であった。照明用の火は、その昔は、屋外では篝火、松明、屋内では燈台と紙燭。松明と紙燭は携帯用の明かりである。燈台は現在、航行する船のために岬に建っている、いわゆるライトハウスではない。屋内の照明用に造られた燭台の一種だ。高坏（食物を盛るのに用いた脚つきの器。今日、雛壇にあられを供えるのに用いるあれの大きなのをいう）に似た燭台か、低い三脚のように組み合わせた三本木の上に油皿が載っていて、それに火をともす。現在なら蠟燭立てに相当する物だが、平安時代のを見ると、油皿が高い位置にあるから、どうしても台の手もとは陰になって暗い。「燈台下暗し」のたとえは、ここから来たものである。「ともしび」は〝燈し火〟で、燈火をつける「ともす」の派生語だ。もともとは火をともすことだから行燈(あんどん)かランプであるべきだが、現在は電燈でも文学的に「ともしび」と使う。「町の灯(ひ)」などと言うように、明かりは等(ひと)し並みに〝火〟なのである。多分に雅語的だ。

黄昏の灯は　ほのかに点(とも)りて　懐しき山小舎は　麓(ふもと)の小径(こみち)よ

という「山小舎(やまごや)の灯(ともしび)」は、はたして何の明かりだろうか。

花——天地の生命のほとばしり

叢雲（むらくも）／万朶（ばんだ）の桜（さくら）／桜狩り（さくらがり）／紅葉見（もみじみ）／花の宴（はなのえん）／紅葉の賀（もみじのが）／紅葉の錦（もみじのにしき）／桜前線（さくらぜんせん）／紅葉前線（こうようぜんせん）／浪の華（なみのはな）／華（はな）／鼻（はな）／端（はな）

花に関する諺や慣用句は多い。「花より団子」「月に叢雲（むらくも）、花に風」さては「花に嵐」「一花（ひとはな）咲かせる」「死んで花実が咲くものか」……挙げればきりがないくらい。『花咲かじじい』の話を知らぬ日本人は、まずないだろう。

その「花」だが、わが国では「花」というと桜を指す場合が圧倒的に多い。〝類〟を表す語がその中の特定の〝種〟の意味に限られてしまうのだから、これは言語学でいう〝意味の縮小〟だ。「お水ちょうだい」と言うときの水はコップについだ飲み水を指し、「車」が乗用車を表すのと同じ例だ。

「お花見に行こう」と言えば、桜の花を見に行くことと、誰も疑わない。日本人はいつの間にか、桜を花の代表におし上げてしまった。

しかし、大昔からこのように桜が他の花を圧倒して愛好されていたかというと、必ずしもそうではなさそうだ。

ももしきの大宮人は暇あれや梅を挿頭してここに集へる　（『萬葉集』）
春の夜の闇はあやなし梅の花色こそ見えね香やはかくるる　（『古今和歌集』）

梅には桜にない芳香があって、けっこう珍重され歌われている。「花」という語が桜を表す以前に、梅を指していた時期さえあったのだ。もちろん松竹梅というように、多分に中国渡来の嗜好くさいが、「梅に鶯、松に鶴」と、鶯との取り合わせによって、その美意識はますます高められている。

梅一輪一輪ほどの暖かさ　（服部嵐雪）

と、梅がたった一輪でもじゅうぶんに鑑賞にたえるのに、桜はたった一輪折り取っても話にならない。梅が香りと気品の点で桜を凌駕しているのに対抗するかのように、桜は「万朶の桜」（多くの枝に咲く桜の意）で勝負する。

枝全体、いや樹全体、さらには多くの樹が一体となって全山桜、というところに桜の美があるようだ。

これはこれはとばかり花の芳野山　（安原貞室）

というのも、一度に視界に入る全体の彩を讃えているのであって、一つ一つの花を問題にしてはいない。音楽でいうなら、聴衆を圧倒するようなオーケストラのスケールだ。

平安時代人は、桜というと、散るを惜しむの情に歌心が駆り立てられたらしい。在原業平の、

世の中にたえて桜のなかりせば春の心はのどけからまし

を代表として、『古今和歌集』にはこの手の歌がしばしば登場する。その散りやすさが鑑賞者の心のやすらぎを波立たせるところに、桜の美が増幅される。無常を地で行ったような桜の生きざまが、人々の心を激しくとらえているらしい。花の美を無常の典型、衰微の象徴とするあたり、まことに日本的と言うべきであろう。

桜が春の代表であれば、秋の代表は紅葉だ。「桜狩り」に対して「紅葉狩り」があり、「花見」に対して「紅葉見」という語もあった。「花の宴」があれば「紅葉の賀」がある。紅葉は「もみづ」という動詞から生まれた語で、木の葉が黄や紅に色づくことだから、特に現代語のような〝楓〟だけを指すのではない。その紅葉が織りなす美を「紅葉の錦」と称したくらいだから、よほどの惚れ込みようである。「桜前線」に対する「紅葉前線」、そ

れが新聞紙上で報じられるのも、わが国ならではのことだ。

花の美は意味が拡大して、美しく華やかなさまを形容したり、もっと抽象化して誉(ほま)れや気高(けだか)さ、そして、そのものの真髄を表すようになる。「両手に花」「話に花が咲く」さては「花婿、花嫁」「歌舞伎の花道」ときて「人生の花道を飾る」のように比喩的に用い、「武士道の華」「浪の華」（「塩」のこと）に至って「はな」の意味は、純粋の極(きわみ)に達する。

「華」は音訓表では「華やぐ、華やか」と活用語として用いるときに限られ、名詞としては「花」と書くのが普通であるが、もともと華やかなこと、麗(うるわ)しく輝くばかりの盛んな状態なら、品詞に関係なく「華」であった。中国人が自分の国を「中華」と呼ぶのも、まさに華やかに栄える自分らの国を美化した呼び名で、中国のあのエネルギッシュな活気に満ちた社会にぴったりではないか。「火事と喧嘩(けんか)は江戸の華」など、活動的で盛んな様子でもある。

もともと「はな」とは、生命の根源である〝ものの精髄〟がその先端からほとばしり出た命の形象化だ。だから「はな」は時に物の先端を意味し、また、その先端の尖(とが)った形（鼻）にも言う。「はなから信じない」と言うあの端(はな)もこれだ。茎や枝の先に広がり彩る花も、草木の先端につくものという点で「はな」に違いない。それは純粋で美しく、生命活動の集約だから、エネルギッシュで無限の可能性を宿している。やがてそれは実を結び、種を落とし、新たな生命を誕生させていく。

日本語が意味する「はな」（華）は、ただの「花」とは違う。もっと壮大で、崇高で、造化の神の手になる美と真実の極限とでも言おうか。いや、真の華の精神とは「言わぬが花」なのである。

獣——民族の文化により好き嫌い

猿(ましら)／さ牡鹿(おしか)／しし／鹿(かのしし)／猪(いのしし)／筧(かけい)／鹿脅し(ししおどし)／鹿の子(かのこ)／かのこまだら／牛車(ぎっしゃ)／檳榔毛(びろうげ)／馬寮(めりょう)／駒(こま)／春駒(はるごま)／跳ね駒(はねごま)／いななき

猿は古代、別称を「まし」もしくは「ましら」といった。現代語でも「疾(はや)きことましらのごとし」など文語的な表現にまれに使われるが、これは猿の素早さをプラスの評価として使っている。一般に、まぬけな者やずる賢い悪玉にたとえて使われる「猿(さる)」にくらべると、「ましら」は数等格の上のことばであるようだ。だが芭蕉の時代になると一変して、猿の株価は急騰する。『猿蓑(さるみの)』にある、

初しぐれ猿も小蓑をほしげなり

はその代表だが、時雨(しぐれ)に濡(ぬ)れそぼつ小猿たちを見て哀れを催す、いかにも俳趣に富んだ一句だ。『甲子吟行(かっしぎんこう)』にも、

猿を聞く人捨子に秋の風いかに

というのがある。芭蕉が富士川のほとりを行くと、三つぐらいの捨子が哀れげに泣いている。今夜にでも死んでしまうことだろう。いかにも哀れで、食い物を与えて断腸の思いで通り過ぎたが、これも天命と心で泣いている句である。ここで「猿」が捨子の哀れの引き合いとして登場するが、荒涼たる秋風に吹かれて泣く捨子の哀れさと哀猿とのイメージが共鳴して、物凄(ものすご)い迫力となって読者の胸に迫ってくる。猿は決して悪玉でも抜け作でもない。古来、中国では猿の鳴き声は旅人の悲しみをかきたてるものとして、詩人たちが好んで用いた題材だ。李白(りはく)の有名な詩、

朝(あした)に白帝(はくてい)を辞す彩雲(さいうん)の間、
千里の江陵(こうりょう)一日に還(かえ)る、
両岸の猿声(えんせい)啼(な)いて住(とど)まらず、
軽舟(けいしゅう)已(すで)に過ぐ万重(ばんちょう)の山。

をはじめとして、猿の悲痛な鳴き声が旅人の心を千々(ちぢ)に砕いてしまうとか、天の上のほうから悲しげに聞こえてくるといったたぐいの詩は、数限りない。どうやら芭蕉は漢詩の趣向にひかれて、猿を俳趣に利用したようだ。そう言えば『西遊記(さいゆうき)』の孫悟空(そんごくう)も、才智の権(ごん)

化としての役を演じているのだから、これも善玉だ。日本では見向きもされない猿も、所変わればずいぶんと格が上がるものだ。

猿のようなあまり人間に似すぎたものは、どうも日本人の好みに合わぬらしい。醜さのみが目立って、詩情を催すにほど遠いというところか。では、どんな動物が愛されたかというと、古典文学では何と言っても鹿を第一に挙げなければなるまい。百人一首に猿丸太夫として採られている、

奥山に紅葉踏みわけ鳴く鹿の声聞くときぞ秋は悲しき

をはじめ、鹿の鳴き声はいずれも寂しさを象徴するものとしてわが国では特に愛好され、詠まれた歌は数多い。また、雄の鹿は「さをしか」（さ牡鹿）といって、これまた歌にしばしば登場する。鹿は、その昔は肉を取るための代表的な狩猟獣で、この狩猟用の獣は「しし」と言われ、鹿は「か」（「馬鹿」とか「入鹿」などの「か」）だから特に「かのしし」と呼び、猪の「いのしし」と区別した。筧（「懸け樋」から）の水を竹筒で受けて水が溜まるとバタンと傾いて外に流す、あの「鹿脅し」の「しし」は、ここから来た語だ。平清盛に反抗して謀反をくわだてたと言われる俊寛僧都の山荘は、京都東山の鹿の谷にあったが、これも「ししのたに」と読む。鹿は猪とともに「しし」と呼ばれたのだ。そう言

えば花札の「猪鹿蝶（いのしかちょう）」も、猪と鹿とが並んでいる。

さて、鹿の子は「かのこ」で、その毛の斑点（はんてん）は〃まだら〃だから「かのこまだら」と言った。現代語では猫などの毛並みに「ぶち」という語を使うが、これはどうも美感が伴わない。斑点とか斑紋（はんもん）という漢語も、専門語的でぴったりしない。

家畜の代表は何といっても馬と牛だ。荷車を牽（ひ）いて街中（まちなか）を行き来したり、犂（すき）をひいて田を耕したりしていたのは、もうだいぶ昔のことになってしまった。

わが国では、たとえば平安貴族は牛車（ぎっしゃ）と称して檳榔（びろう）毛の車（しゅろのような檳榔の葉の繊維で屋形をくるんだ車）を常用の乗り物としていた。だから牛が屋形を牽（ひ）いて歩く、今日ならば高級車が街を行き交うといった風景だ。馬は車を牽かない。当時、馬寮（めりょう）といった役所があったくらいだから、乗馬としての馬はかなり数多く飼われていたにちがいない。中世になればもちろん戦闘用に馬はなくてはならない存在だった。これは第二次大戦まで続き、『愛馬行進曲』などが歌われたことも年配の人には懐かしい思い出だ。もともと「うま」は、馬（ま）から来ているのだから、これはたぶん大陸渡来の音（おん）だろう。母音「う」のかわりに「むま」と表記したものも多いところを見ると、「んま」と言ったものか。ちょうど梅を「うめ」「むめ」「んめ」と発音するのと同じように。これも大陸音「め」から来ているに違いない。

親馬に対して子馬（以前は「仔馬」と書いた）をつづめて「こま」（駒）と発音するよ

うになったのは、ずいぶん古い。後に、子馬に限らず馬一般に用いるようになって、馬と同義語になったが、現在ではどうだろうか。馬そのものには「春駒（はるごま）」（春の野にいる馬）とか「跳（は）ね駒（ごま）」（後ろ脚で立つように跳ねた姿勢の馬）あるいは「駒のいななき」など、どちらかと言うと言葉としては固定して使われている感じで、「駒」というと、生き生きとした感じ、それも若々しく上品な姿を連想する。慣用句「駒を進める」は、将棋の駒から出たことばだろう。あの下が開いた五辺形の駒は日本独特のものらしく、外国で丸い駒を見せられても、前進・退却の方向性が湧いてこない。その独特の形が似ているところから、琴や三味線の絃（げん）の下に挟（はさ）んで糸をぴんと張らせるものも、駒と呼ぶようになったらしい。「こうま」もことばとして変われば変わるものだ。

牛も馬と同じく、親牛・子牛と言い分けられるが、駒のような雅語は生じなかった。どうやら和歌の題材としては不向きだったようだ。外国では、たとえば英語などでは、cow（雌牛）、bull（雄牛）、ox（去勢雄牛）、calf（子牛）と、牛を細かく分けてそれぞれに名称を与えているが（ということは、日本語の「牛」に相当する総称する語がないということになる）、これは牧畜を営む民族の中で生まれた言語だからであろう。日本のように農耕社会では、牛が雄か雌かなどさして問題ではなかったようだ。

鳥——天飛ぶものへの憧れをのせ

田鶴／鶴／雉子／庭つ鳥／鶏／玉章／雁が音／たずがね

鳥獣というように、鳥は獣と並称されることが多い。『桃太郎』の話も犬・猿・雉と仲良く肩を並べているし、鳥羽僧正の『鳥獣戯画』も獣といっしょだ。それだけに鳥は古来、人間生活の中に深くかかわりを持ち続けてきた。

鳥は鳥類一般の総称であるが、古代においては、空を飛ぶことのできるものという羨望の気持ちが強かったようだ。「天飛ぶや」が「鳥」の枕詞として使われていることからもうなずけよう。

鳴禽類の代表としては、平安時代においてはホトトギスとウグイスが双璧だ。ともに文章・和歌の中に頻出するが、どちらかと言うとどうも軍配はホトトギスのほうに傾くらしい。「梅に鶯」というように、ホトトギスは花橘だ。その鳴き声は「てっぺんかけたか」と聞こえるということだが、さてどんなものか。清少納言はその声の聞きたさのあまり、よりによって五月雨の降る日に、仲間の女房たちと牛車に乗って加茂神社の奥のほうへと出掛けて行ったと『枕草子』に記しているが、当時は京都の少し郊外へ出れば、ホトトギスの声が聞かれたらしい。今日ホトトギスは「杜鵑、時鳥、霍公鳥、子規、杜宇、不如帰、沓手鳥、蜀魂」など、いろいろに表記されるが、一つの名詞にこれほどの書き方があるのは珍しい。ひととき「郭公」をホトトギスの表記に当てていたが、カッコウは本来別の鳥であるから、これはまずい。正岡子規の雅号はホトトギスの意味だし、だから彼が助力を惜しまなかった俳誌も『ホトトギス』だ。徳冨蘆花の小説、武男と浪子のことを書いたあの作品は「不如帰」を当てている。

鳴禽類の王様がウグイスとホトトギスなら、姿見の良さは何と言っても鶴が第一だ。「掃溜に鶴」といい、「鶴の一声」といい、鶴は古来第一等の鳥として君臨していた。あの『奥の細道』の旅で、芭蕉の供をした河合曽良は、

松島や鶴に身をかれほととぎす

と詠んでいる。美声のホトトギスを鶴の姿を借りて松島の美景に配したなら、さぞ良かろうと嘆じているのである。鶴は特に田にいるわけではないが、古来「田鶴」もしくは「たず」といって、歌の中などで好んで用いられた。山部赤人の、

若の浦に潮満ち来れば潟を無み葦辺をさして鶴鳴き渡る

が特に有名だ。諺「焼野の雉子、夜の鶴」は、野を焼かれた雉子が身の危険も忘れてわが子を救い、冬の寒夜に母鶴が翼でわが子をかばうということから、親が子を思う情の切なることのたとえとなった。いずれにしても美談である。

　雉子は「雉も鳴かずば撃たれまい」と、何かおしゃべりの代表のように見られているが、確かに草藪の中でつがいの雉が声を立てている情景はあまりいいものではない。わが国には「沈黙は金」「言わぬが花」とか「物言へば唇寒し秋の風」(芭蕉)、「深き流れに波立たず」などということばがあって、物を言わないことを美徳とする考えがあった。アメリカのように自ら宣伝しなければ価値を認めてもらえないお国柄とは、だいぶ事情が違う。

　鳴く鳥といえば、早朝時を告げる鶏のことを落とすわけにはいかない。清少納言が、

夜をこめて鳥のそらねははかるとも世に逢坂の関はゆるさじ

と歌った中国・函谷関の故事(『史記』に出てくる孟嘗君の故事)はさておき、「にわとり」は「とり」でひっくるめられていた。もともと庭にいる鳥という意で「庭つ鳥」(「つ」は「の」と同じ。「時つ風」「天つ乙女」などの「つ」である)、それがつづまって「にわっとり」「にわとり」となった。しかし、大昔は「かけ」という古い呼び名があり、「庭つ鳥かけは鳴く」のように古事記には出てくる。この「かけ」を朝早くから鳴き叫ぶ

奴と罵りくさして「くたかけ」後に「くだかけ」と言った。しかし、語源意識は薄れるから、やがて雅語となり、歌にも詠まれるようになる。島崎藤村も『落梅集』の中で、

諸羽うちふる鶏は
咽喉の笛を吹き鳴らし
けふの命の戦闘の
よそほひせよと叫ぶかな

と高らかに歌っている。

時を告げるのが鶏なら、便りを伝える鳥は雁だ。『古今和歌集』に、

秋風に初雁が音ぞ聞こゆなるたが玉章をかけて来つらん

というのがある。「玉章」は手紙のことで、あの雁はいったい誰の手紙を首に掛けてやって来たのだろうかと言っているのである。

雁が手紙を運ぶというのは中国の蘇武の故事に由来するから、外来の思想だ。その雁の鳴く声「雁が音」が後に雁そのものを指すようになるのであるから、属性で主体を示す換

喩法である。これは鶴にも言えることで、「かりがね」が雁を表すように、「たずがね」は鶴を指しているのだから面白い。

このような例は現代語ではちょっと見当たらない。

虫——美醜・長短・大小いろいろに

草叢（くさむら）／すだく／蛆虫（うじむし）／大蛇（おろち）／蟒（うわばみ）／蛇（くちなわ）／長虫（ながむし）／蛙（かわず）／河鹿（かじか）

日本人は「虫」と聞くと、秋の夜長を鳴き通すあの美声を連想する。松虫、鈴虫、くつわ虫、きりぎりす、馬おい、すいっちょ、その他、こおろぎ、かんたん、かねたたき、蟬（せみ）……声を競う虫は実にさまざまで、夏から晩秋に至るまで私たちを飽きさせない。秋の虫は草叢（くさむら）の中でいっせいに鳴く。これを「すだく」と言う。鈴虫や松虫は一匹だけでか細く鳴くのもいいし、すだくのも悪くない。

その昔、清少納言は『枕草子』の中で、

虫は、すずむし。ひぐらし。てふ。松虫。きりぎりす。はたおり。われから。ひをむし。蛍。

と、いろいろ並べたてているが、虫の名前は千年昔も今も案外変わっていない。表記が違うだけで、「てふ」は「蝶（ちょう）」のことだ。

虫には美声を売り物にするものや、蝶や玉虫のようにその美しい姿を楽しませるもの、甲虫のように恰好がよくて子供たちに人気のあるものも多いが、ハエや蚊、ノミ、シラミ、毛虫、芋虫など、人に忌みきらわれるものも結構多い。人を罵って「この蛆虫め！」と使うが、これは虫でもいやとなったら徹底的に嫌う人間の性分に由来することらしい。だいたい人は、相手の恰好で良し悪しや好ききらいを判断する。同じ虫でも、四つ足はいいが、蛇のような長い物は大嫌いという。これはどうも万人共通の習性らしい。

さて、その蛇だが、「蛇の道は蛇」。大蛇の通る道は、蛇ならばおおよそ見当がつく。つまり同類の仲間のことは、その道の者にはすぐわかるという諺だ。同じ字を書いても上のほうは「じゃ」下のほうは「へび」と読む。蛇は大蛇で、蛇より大きいものに言う。ほかに「おろち」「蟒」などいう語もあるが、これも大蛇だ。「へび」はもと「へみ」と言ったらしく、上代の文献にこの形が見える。ほかに「くちなわ」という語もあるが、朽ちた縄の連想からついた名か。二尺程度のさほど大きくないものを言ったらしいから、「へび」と同じと考えていい。今日「へび」というと、ヘビ類の総称で、サイズに関係なく使われるが、「おろち」と「へび」、「じゃ」と「へび」とではスケールが違う。そう言えば英語でも serpent（大蛇）と snake（蛇）と語を使い分けている。

ところで、蛇も含めてトカゲ、蛙、ヒル、ミミズなどは、昆虫と一括して「虫」と呼んでいた。今日も蛇のことを「ながむし」（長虫）というのがそれだ。「へび」というとわが国では、『古事記』に出てくる八俣の大蛇をはじめ、『雨月物語』の「蛇性の婬」、『今昔物語集』や『宇治拾遺物語』など説話物語に登場する蛇(くちなわ)の話など、多くはないが散見する。中国では何といっても『白蛇伝(はくじゃでん)』だろう。蛇は何かの化身であったり、魔性を発揮したり、そうでなくとも不思議な霊力があって恐れられ崇められている。大蛇(おろち)の棲(す)む池は〝池の主〟がいるとして祭られ、神格化される。

一方、蛙は現在「かえる」と言っているが、古代は「かへる」より「かはづ」のほうが好まれたらしく、歌語としてしばしば和歌にも登場する。現代では、「井の中の蛙(かわず)大海を知らず」というあの『荘子(そうじ)』の「井底(せいてい)の蛙(あ)」に由来する諺ぐらいだろう。もともと「かわず」は「かじか」つまり「かじか蛙」を指したらしいが、特に声の美しい河鹿(かじか)蛙でなくとも、蛙一般に用いられた。言語学でいう、意味の拡大である。古代からずっと例が見られるが、有名な、

古池や蛙飛びこむ水の音

芭蕉の句も「かわず」であって、「かえる」ではない。「かわず」と言うと優雅さが出るが、「かえる」の平凡な響きから生まれる親近感は湧いてこない。

だいたい蛙自体は「蛙の子は蛙」や「井の中の蛙(かわず)」や「蛙の面に水」というように、平凡な、世間知らずの、取り柄のない人物の代名詞といったところで、蛇ほどの神通力も神

秘さも持ち合わせていない俗物なのだ。だからこそ小野道風(おののとうふう)が見たという「柳の枝に飛びつく蛙」も、努力に努力を重ねなければ、枝一本に飛びつくことさえ出来なかったというわけだ。

このように蛙は凡人くさいところが多いから、古来、子供たちに親しまれて、「蛙が鳴くから帰ろ」と口の端(は)にものる。「かえる」と「かえろ」の語呂(ごろ)合わせ、「から」も含めてカ、カ、カの韻をそろえた口調のよさが、いかにも蛙の庶民性を表しているようで面白い。鳥羽僧正の鳥獣戯画に描かれた蛙、あの楽しさと滑稽(こっけい)みこそ、蛙の本領と言えるのではないだろうか。

魚――もののあわれの味をさせ

うろくず／酒菜／肴／勇魚／鯨／漁り／漁火／すなどり

たのしみはまれに魚烹て児等皆がうましうましといひて食ふ時

これは江戸末期の歌人橘曙覧の歌だ。たまに家族がそろって取るご馳走が一家の幸せにつながることは今も昔も変わりないが、子供たちに煮魚を食わすことで家族が満ち足りた気持ちになるとは、何と安上がりな喜びであろうか。

もっともこれは江戸時代のことであるから、庶民が魚を食うなどということは、これは大変な贅沢で、本当に稀にしか味わえない珍味であったのだろう。今ならさしずめ一家そろって一流のレストランにでも食事しに行く気分だ。飽食に慣れた現代の食生活ではちょっと味わえない経験で、世の父親たるもの、その点では江戸時代の親父の喜びが追体験できなくて、残念である。

ところで、この歌で詠まれている「魚」は「うお」と読むのが正しい。魚はもともと「うお」であって、生きて泳いでいても、魚屋の店先に並べてあっても、「うお」には違いない。今日「うお」と言うと、「魚の目に水見えず」「魚心あれば水心」など諺の中に顔を出すし、「魚河岸、活け魚」さらには「魚の目」など、「うお」を使った語はかなりあって、まだまだ「うお」の座はそうかんたんに明け渡されそうにもない。芭蕉は奥の細道に旅立つに当たって、

行春や鳥啼き魚の目は泪

と離別の情を句に詠んでいるが、これも「魚の目は泪」だ。その昔、在原業平は『伊勢物語』の中で、かの有名な東下りの旅で、隅田川のほとりに立って、都鳥が水中の魚をしきりと食うさまに見とれて渡し舟に乗るのさえ忘れているときの様子を、

白き鳥の嘴と脚と赤き、鴫の大きさなる、水のうへに遊びつつ魚をくふ。京には見えぬ鳥なれば、皆人見知らず。

と叙している。ここで言う「いを」は「うを」の俗語で、この時代にはけっこう文章の中に現れる。どうやら魚は旅のあわれと連動しているようで、風流人には同じ魚でも違って見えたのかもしれない。釣り人が垂れる糸に集まる魚、『雨月物語』の「夢応の鯉魚」、僧・興義が夢の中で鯉になり変わったという話などが連想されるが、旅との結びつきは筆

者にはない。

魚の鱗(うろこ)は「うろくず」と言い、転じて魚そのものを指すようになる。島木赤彦(しまきあかひこ)の、

冬の日の光とほれる池の底に泥をかうむりて動かぬうろくづ

がそれだ。「赤帽」が赤い帽子をかぶったポーターを指すように、鱗が魚を表すとは面白い。

「さかな」は「酒菜」で、酒を飲むときに添えて食う下物(したもの)だ。今日でも酒の肴(さかな)という、あれである。だから特に魚類に限ったことではなく、何でもよい。いや、時には食い物でなくとも、酒席の興を添える歌舞などの催しにも「さかな」と言った。今日「女房を肴(さかな)に一杯やる」などと言うが、あながち間違ってはいない。酒菜の「菜(な)」は野菜とは限らず、魚や鳥獣の肉など、要するに副食物の総称で、古代には「な」(肴)一語でも使われている。それが魚が肴の代表となり、「うお」のみを指すようになる。これも意味変化の一つと言ってよかろう。

「な」はほかにも「勇魚(いさな)」つまり今日の「くじら」(鯨)の古称として現れるが、これはもともと「な」を付けずに、「いさ」の形で使っていたらしい。記紀の歌謡や『萬葉集』などに、海や浜などの枕詞として「いさなとり」と出てくるが、鯨を捕ることが海・浜の

形容としてぴったりだったのだろう。

当時は遠洋捕鯨など行われていなかった。鯨を「いさ」と呼ぶのと、漁を行う「漁(いさ)り」とは関係なかった。漁火(いさりび)などの語でずっと使われているが、他に「すなどり」という語もあり、どちらも捨て難い味のあることばである。

Ⅳ　時間・位置

闇——道理も失う魔力のように

ぬば玉（たま）／宵闇（よいやみ）／五月闇（さつきやみ）／昔（いにしえ）／夜陰（やいん）／雲隠（くもがく）れ／つぶて／文目（あやめ）／盲（めしい）／心（こころ）の闇（やみ）／闇（やみ）雲（くも）

戦後「闇」ということばくらいよく使われた語はない。「闇市（やみいち）、闇屋、闇値、闇取引」はては「闇の女」まで、およそこれはと思う物は何でも彼（か）でも闇ルートに乗って公然と市場に出回っていたのだから、はたしてこれが闇と言えるかどうかさえ疑わしい。闇とは〝正規の手続きによらない取引き〟と辞書にはある。そういう内緒の取引きは蔭（かげ）でこっそり行われるわけだから、ひそかに始末する「闇から闇に葬る」などの〝闇〟と同じで、人目についていては意味がない。それが白昼堂々と売買されていたのだから、当時はよほど社会の感覚が麻痺（まひ）していたのだろう。いや、そうして闇の品を買わなければ、生きてはいけない時代だったのだ。

それに引きかえ、現代はどうだろう。物は街にあふれ、新しい流行商品がつぎつぎと現れては消えていく。闇でなければ物が手に入らない時代など、遠い夢となってしまった。そして、闇に代わって偽ブランド商品が幅をきかせ、裏口入学が行われ、裏取引きがなされる。時代が変われば社会の様相も一変し、それにつれてことばも動いていく。まさにことばとは時代の産物だ。

古代文学では「ぬば玉の闇」などとよく言う。ぬば玉は黒い珠で、〝黒い〟つまり〝暗い〟夜のたとえとして用いた枕詞である。その昔、インドネシアの田舎を夜、バスで旅したことがあったが、月のないころで、村の灯一つないあたりは一寸先も見えない真の暗闇で、夜の照明に慣れっこになっている筆者には、とてもこの世のものとも思えなかった。これぞぬば玉の闇よとの感を深くしたものである。今の日本では、よほど人里を離れない限り、こんなすばらしい闇にはお目にかかれない。闇商品の闇も消えたが、ぬば玉の闇もまた消えてしまった。

もともと闇とは、夜、月や星がなくて暗い状態を言った。陰暦では月の出や満ち欠けはカレンダーと一致していたから、その月の十九日ごろを境にして、宵のうちは月が出ない。宵になって月もなく暗いので「宵闇」と称した。今日、梅雨の季節のころ、雲が垂れこめて夜になるといつもよりひときわ暗い。これを五月闇というが、いにしえ（昔）の宵闇にも似た、なかなか味のある呼び名だ。

闇は月明かりのない、何一つ物の見えぬ夜、つまり夜陰だ。「夜陰に乗じて雲隠れする」など、暗闇に紛れて遁走することだが、とにかく闇夜は何一つ物が見えない。そこで、石を投げても物に当たるはずがない。「闇夜のつぶて」と言って、当たらないことのたとえに使うが、「つぶて」とは投げた小石のことだ。「梨のつぶて」などという言葉もある。あれは「梨」を「無し」にかけて、投げたつぶてが戻って来ない、つまりいっこうに返事が来ないことを指している。行ったきり帰って来ない「鉄砲玉の使い」と混同している人がいるが、これらは意味が違う。話は脱線したが、「闇夜のつぶて」に似た比喩に「闇夜に鉄砲」もしくは「闇に鉄砲」というのもある。これは関西のいろはがるたにも入っているが、これも当たらないこと、当てのないこと、効果のないことなどのたとえである。危険は避けようがないことにも転用されているようだ。

とにかく闇は文目もわかぬ（模様や色合いもそれと定かにはわからぬ）ほど人の目を盲にする。

高浜虚子の句に、

金亀子擲つ闇の深さかな

というのがある。闇は暗黒で奥行きがどれほどあるのかわからない。だから「闇が深い」とか「深い闇」というふうに表現する。ちょうど霧が濃いとその先が見えないから「霧が深い」と言うのと同じだ。「闇が深まる」と動詞で表すこともできる。

川端康成（かわばたやすなり）は名作『雪国（ゆきぐに）』の冒頭で、

国境（くにざかい）の長いトンネルを抜けると雪国であった。夜の底が白くなった。

と「夜の底」という言葉を使っているが、これも闇を言っているのかもしれない。深い闇のその先に遥（はる）かに底らしき白さが見えてきたことか。この少し先に、

鉄道の官舎らしいバラックが山裾（やますそ）に寒々と散らばっているだけで、雪の色はそこまで行かぬうちに闇に呑まれていた。

と叙しているが、闇にはあたりを呑（の）み込んでしまうほど巨大な力が感じられる。

闇は人に物を見えなくさせる。物の道理もわからぬほど思慮・分別（ふんべつ）を失わせる状態は「心の闇」である。とにかく闇は、何もかもわからなくさせる魔力がある。ただ闇雲（やみくも）に突っ走っても成果は上がらないようだ。

光——天に満ち天より差しくるもの

薄日(うすび)／木漏れ日(こもれび)／残照(ざんしょう)／残(のこ)んの日(ひ)／夕映(ゆうば)え／夕焼(ゆうや)け／かげ／影法師(かげぼうし)／影武者(かげむしゃ)／緑陰(りょくいん)／片陰道(かたかげみち)／虹(にじ)の架(か)け橋(はし)

闇の反対は光だ。「蛍の光、窓の雪」と言うが、光は屋内の照明だけではない。人の心に光明を与え、万物を明るく照らす。「久方の光」などと「天(あめ)、空、月」などに懸る枕詞を伴って古代の和歌に歌われるように、もともと〝光〟とは天空に満ち、天空から差してくるもの、自然光のことだ。今日のような人工の照明は、光とは言えぬお粗末なものにすぎぬ。科学の発達した現在、光というと「光ファイバー」だとか「レーザー光線」など最先端の科学と技術を連想し、さらに可視光線の枠を超えて電磁波として眺めるところまで来ているが、それではあまりにも夢がない。物みなを照らすだけでなく、人の心に明るさを与えるもの、「平和の光」「理想の光」を掲げたい。功利的な威光、「親の七光」だけではあまりにも寂しかろう。

さて光は〝日の光〟で、太陽光で代表されるから、朝日や夕日、西日など「日(ひ)」で表される。「朝日が差す」とか「日差しが秋めいてきた」などの例がそれだ。その他、「薄日(うすび)」「木漏れ日(こもれび)」など、同じ光や日差しに対して、なかなか味のあることばの使い分けをしてきたものだが、最近あまり聞かれなくなったのは残念だ。漢語の使用が増え、日光とか太陽光、光線といった類の語を耳にする機会が多いが、この手の語にはどうも細かいひだのあるものが少ない。暗くなってなお山の頂などに照り映える夕日を「残照」というが、「残んの日」をさす漢語があるのはうれしい。夕日が照り映えるさまを「夕映え」と言う。「夕焼け」ほどの強烈さがないところが良い。語彙を豊かにして、同じ日光や光線でもさまざまに言い分ける工夫がほしいものである。

光は同時に影である。月影、星影などみな光によってできる月や星の姿であるが、光がうつし出す像は、明暗どちらにも「かげ」と言った。影と陰である。「影法師」の「かげ」がまさにこれだ。「影絵、影踏み」など、いろいろ言葉はある。「影」は本物の実体ではなく、その写し、輪郭などを指すから、「影武者」のような本物に似せた偽物という意味も出てくる。

「かげ」は陰影であり、日の差さない部分でもある。「緑陰」と言えば木陰であるが、青々と茂った緑を通して差す光が目に心地よい。「片陰道」ということばもあるが、並木によって作られる片側だけの日陰の道だ。日差しの強い外国では、よく並木が両側からトンネルのように道路を覆っている街を見かけるが、日本のように電線に懸かるといって切ることもせず、なかなか風情があっていいものだ。実用も兼ねて絵になる風景だ。

谷崎潤一郎ではないが、日本人は陰を礼讃する文化を育ててきたのだから、光と陰を日常の言語生活の中にも巧みに取り込む工夫がほしい。日当たりあれば陰もあるで、光の織りなすさまざまな状態にもっと目を向け、適切なことばで表したいものである。

光といえば、虹も光の生み出す現象の一つだ。よく「虹の架け橋」などと言う。虹が半円状の弧を描いて二つの地点を結ぶさまが、太鼓橋などに似ているところから「橋」と呼ぶわけだが、なかなかロマンチックな連想だ。そこから、異なる立場の両者を互いに結びつけ合うものといった解釈も出てくる。「七色の虹」と言えば美しい夢と理想を人々に与え、虹は人間に味方をする善玉と考えられよう。西洋には、虹が立ったら、その虹の立ち上がっている場所を掘れば宝物が出てくるとの迷信さえある。ところがわが国では、その昔、たとえば『日本書紀』などには、何年何月何日に虹が立った。これは凶事の前兆だといったような記述さえあるように、虹は決して好まれてはいなかった。縁起の悪い現象と考えていたのだから、ずいぶんと虹の評価も変わったものだ。

日月——太陽の女神と月の男神と

御祖(みおや)／日子(ひこ)／日女(ひめ)／木霊(こだま)／山彦(やまびこ)／日輪(にちりん)／天道(てんとう)／旭日(きょくじつ)／初日(はつひ)／落日(らくじつ)／入り日(いりひ)／斜陽(しゃよう)／日の目(ひのめ)／硯北(けんぼく)／机下(きか)／侍史(じし)／御前(おまえ)に／御許(おんもと)に／脇(わき)づけ／北枕(きたまくら)／月読(つくよみ)／男(おとこ)／朔日(ついたち)／三十日(みそか)／晦日(つごもり)／大晦日(おおつごもり)／月齢(げつれい)／望月(もちづき)／十六夜(いさよい)／立待月(たちまちのつき)／居待月(いまちのつき)／寝待月(ねまちのつき)／こぞ／さきおととい／しあさって／やのあさって

日は古来、太陽として万物を生みはぐくんだ御祖(みおや)と崇(あが)められてきた。だから日は神であり、人間は日の神の産み給うた子供たちで、男は「日子」(彦)、女は「日女(ひめ)」(姫)と言ったわけである。『古事記』などに出てくる神の名に、彦や姫が多い理由もこれでわかる。こだま(「木霊(こだま)」で、木に宿る精霊の意)のことを「山彦(やまびこ)」と呼ぶのも、山の神が答える声と考えてのことだ。

日は丸いから、太陽のことを「日輪(にちりん)」と称し、お日様、お天道(てんとう)様などとも言う。「天道」とは天の神様のことを意味する。また時間によって、朝日、夕日、旭日(きょくじつ)(朝日。「旭日昇天の勢い」などと、比喩として用いる)、初日(はつひ)(元日の朝日)、状態によって落日(らくじつ)、入り日(西に沈んで行く太陽)、斜陽(西に傾いた太陽)と、太陽に関する語彙はなかなか豊かだ。

日ごろの業績などが世の中に知られるようになることを「日の目を見る」と言う。「日の目」は太陽の光だ。光の当たる状態を晴れがましい表立った状況にあるととらえる発想は、「日の当たらぬ職業」「日陰者」などの語に通じ、さらに幸・不幸、成功・不成功など「明暗を分ける」というときの明と暗に相通じる。

日本人のように中緯度の四季のある地域に位置する国に住む者は、太陽志向の在り方が赤道地帯に住む民族とは違っている。平安時代の寝殿造りもそうだが、日本家屋は古来南向きを良しとした。屋内では、光の差し込む南側に向かって座卓を据えて座るのがよいと考えられてきた。だから手紙文の中で、先方の宛名の下に「何々様硯北（けんぽく）」と書き添えることのあるあの「硯北」とは、「机下」とか「侍史」、女性の手紙なら「御前（おまえ）に」「御許（おんもと）に」などと同じ脇づけのことばで、机を南向きに据えて主人はその机上の硯（すずり）の北側に座るところから、〝この便りをあなたのおそばに置いてください〟という気持ちを表しているわけである。太陽の側に向かうということは、明るさの関係だけでなく、日の神に向くという意味も込められている。寝るとき北枕にして足を南のほうへ向けて休むことを極度にきらう習慣も、根は共通であろう。

日月と称するように、月は常に日に対する存在であった。太陽が女神であるのと対照的に、月は「月読男（つくよみおとこ）」とも呼ばれ、男の神である。「月読み」の「読み」は数えるの意で、古来、年間の暦は月の満ち欠けで数えられていた。大陰暦である。したがって一ヵ月は、ちょうど月の全く見えない夜から次に巡ってくる月の無い夜までの期間で、だいたい三十日間となる。上旬、特に最初の日を一日（ついたち）（朔日）と言うのも「月立ち」の意だし（「立つ」とは新しい時が出発するの意。立春を「春立つ」と言うのと全く同じ）、月末の三十日（みそか）を「晦日（つごもり）」と呼ぶのも「月隠（ご）もり」つまり月の隠れて見えない日のことだ。十二月の大晦日（みそか）を「おおつごもり」というのも同じことで、一年をしめくくる「つごもり」だから「大」がつくと思えばよい。

月は次第に満ちて満月となり、やがて欠けて見えなくなる。それとともに月の出もだんだん遅れていく。これを月齢と呼ぶが、「満月」を望月（もちづき）というのは、十五夜の月は「満（み）ち月」で、この「みち」が母音の転訛で「もち」と変わった。藤原道長の有名な、

　此（こ）の世をば我世（わがよ）とぞ思ふ望月の欠けたることもなしと思へば

のあの望月である。

十五夜を過ぎると夜ごとに月の出は遅くなる。十六日になると、少し遅れて、さっさと出て来ない。そこで「十六夜（いさよい）の月」と呼ぶ。「いさよう」とはぐずぐずして逡巡（しゅんじゅん）している様である。十七日は「立待月（たちまちのつき）」。立って待っているとやがて出て来る月で、たちまち現れるという意味ではない。十八日は「居待月（いまちのつき）」。立ったままでは待ち切れず、座って待つこ

としばし。やがて顔を出す月だ。昔は「居る」とは〝座る〟ことで、今日でも「いても立ってもいられない」というときの「いても」がそれだ。座っても立ってもいられぬほど落ち着かない状態を指す。十九日になるともう座っていても間があるので、いっそ寝て待とうということで「寝待月（ねまちのつき）」と称する。同じ月でも、その出方でずいぶんと気のきいた名がいろいろ付いたものだ。

月と言えば、すぐ思い出すことわざが「月とすっぽん」。両者が違いすぎることのたとえだ。「提灯（ちょうちん）に釣鐘（つりがね）」というのがよく似ているが、こちらは組み合わせの不釣り合いを言うので、ほんの僅（わず）か意味が違う。「先輩と僕とは月とすっぽんです」これを「提灯に釣鐘です」と置き換えることはできない。

さて、日は太陽であり、その見える時間でもあった。ここから「日」が毎日を数える単位に、同じように「月」が、月の見える期間（月のころ）を指すところから一ヵ月を単位とする助数詞となった。一ヵ月や一年は現在を基準にして、「今月」「今年（ことし）」に対して「先々月、先月、来月、再来月（さらいげつ）」「去年、来年、再来年、一昨年、昨年、明年（みょうねん）、明後年（みょうごねん）」と言い分けることができる。しかし、これは「ことし」を除いて、あとはみな音読みの漢語だ。去年だけは特例として「こぞ」という和語があるが、昨夜のことも昔は「こぞ」と言ったから、特に去年だけの専用語ではない。だが日に関しては、「さきおととい、おととい、きのう、きょう、あす、あさって、しあさって、やのあさって」と、実に綺麗（きれい）に和語系の語がそろっている。もちろん漢語系「昨日、本日、明日（みょうにち）」もあるが、これだと月や年の場合と同じで、せいぜい「一昨昨日」か、「明後日」までの範囲だ。伝統的な和語、やまとことばはその点、射程距離が長い。

ところで、「やのあさって」は「やなあさって」と母音の転訛形も見られるが、皆さんはどちらを使っておられるか。「やの」は「彌の」で、「いや栄え」の「いや」などと同じく〝いよいよ〟〝その上〟〝さらに〟の意味を添える。〝さらにその上のあさって〟という意味だ。東京人は「しあさって」の次の日に据えるが、他の地方では「あさって」の次の日に据える。だから「しあさって」と同じということになる。同じ日本語でも、「やの」の理解が地域によってずいぶんと違ってくるものだ。

昼夜――日の出・日の入を境にして

夜中／日中／夜長／日長／夜通し／夜すがら／日暮らし／終日／午の刻／お八つ／夜半／夜の帳

「昼夜兼行」という言葉がある。夜も休まず、昼間の仕事をそのまま続けて行うことである。これじゃ働き蜂以上だが、仕事だけではない。人間は夢中になると夜も昼も忘れてその事に没入するものらしい。『更級日記』の作者、菅原孝標の女は、かねがね読みたいと思っていた『源氏物語』を人から贈られて、もう無我夢中でそれを読み耽るさまを、

　昼は日ぐらし、夜は目のさめたるかぎり、火を近くともして、これを見るよりほかの事なければ……

と叙している。昼間は一日中、夜も眠たくなるまでずっとむさぼり読んでいたわけである。

いやはや、あきれたものだが、どうも「昼」とは正午や十二時前後のひとときのみを指していたのではないらしい。朝、日が昇って明るくなってから夕方日が沈むまでの時間は、ずっと〝昼〟なのである。日が沈んで暗くなっている間は〝夜〟だから、昼は夜と反対の

関係にあると見ていい。そう言えば「ひる」は「よる」と対応して用いられることが多い。「夜昼休みなく」とか「昼と夜とを取り違える」など。なお、「夜」を「よ」と読めば、対応する相手は「昼」でなく「日」だ。これも「夜を日に継いで働きつづける」とか「夜も日も明けない」のように対の形で用いられる。

「夜」の漢字に出会うと、「よ」か「よる」か、あるいは「や」と読むのか、迷うことが多い。「や」は音だから「深夜、夜行」のような漢語に付くのでさして問題ないが、「よ、よる」は読み分けに迷う。「更けゆく秋の夜……」（『旅愁』）は「秋の夜」だ。これは「秋の日」に対応する。「夜の夜中」は「ひる」「日中」の反対だ。「真っ昼間」に対する「真夜中」。「秋の夜長」は「春の日長」と対応している。対応している語はよいが、そうでない場合は困る。「夜が長い」は「よるが長い」か「よが長い」か、どちらにでも読める。複合することばはだいたい「よ」だから、「夜道、夜桜、夜鳴きそば……」は皆「よ」と読んでいれば間違いない。

さて、夜の間ずっとを表すのに「夜通し」という語がある。「夜通しの張り番」などと使うのだが、最近は「夜中じゅう」「夜じゅう」などが幅をきかせて、あまり聞かれなくなった。昔は、

名月や池をめぐりて夜もすがら　（芭蕉）

「夜もすがら」「夜すがら」が使われた。昼間のうちずっとのほうは、先の『更級日記』の「日暮らし」のほか、

春の海終日(ひねもす)のたり〳〵哉(かな)　(蕪村)

など「ひねもす」もあるが、今は使われない。「一日じゅう」というときの一日は、朝から日暮れまでの明るい間をいうのである。

時を表すのに、今は時計の観念から、何時ごろとすぐ考えたがる。いや、デジタル時計の普及で、若い人は「何時何分」ときには「何秒」まで考える。平安時代の「午(うま)の刻(こく)」(昼の十二時。「正午」とか「午前・午後」の名称もここから出た)とか、江戸時代の「九(ここの)ツ」などの把握もかなりデジタル的だが、一日を十二支で区切ったり、午前・午後を九ツから始まって四ツに至る六分法でとらえる方法は、現在の二時間単位にあたる大ざっぱな感覚だ。もちろん、三時の間食を「お八つ」というのも(正確には八ツ時は午後二時に当たるが)、これもこの時代の六分法の名残りだ。「さあ、お八つにしましょう」を、わざわざ「お三時にしましょう」などと言い換える必要がはたしてあるのだろうか。

夜、夜中(よなか)を表す語に「夜半」がある。これは「よわ」「やはん」両方の読み方がある。

も、「いま荒城の夜半(よわ)の月　かわらぬ光誰(た)がためぞ」と歌ったあの土井晩翠の『荒城の月』も、荒れはてた城を夜通し照らす月の光から、人事・歴史のはかなさと悠久の自然とを対比的にとらえ歌ったものであろう。「よは」は「夜半(よわ)」である。夜のなかばごろではない。〝夜〟〝夜ふけ〟という意味だ。

夜になることを比喩的に「夜(よる)のとばりがおりる」という。「とばり」は帳で、部屋を仕切る垂れ幕のことである。黒い垂れ幕が下りて遠くを見えなくさせるとは、なかなか凝った発想ではないか。

朝夕——昼と夜が始まり終わるとき

あした／ゆうべ／宵／暁／かわたれ／たそかれ／黄昏／夕まぐれ／火ともしごろ／有明／曙／東雲／入相

朝夕は、夜と日の境、昼間の始まりとしめくくりの時間だ。つまり一日の活動の二つの節目となるところだ。昔は「あさ・ゆう」の代わりに「あした・ゆうべ」と言った。あの林古渓の『浜辺の歌』にも「あした浜辺をさまよえば」「ゆうべ浜辺を　もとおれば」と歌われている。第一聯は「明日、浜辺をさまよったならば……」と解釈したら大間違いである。第二聯の「ゆうべ」も〝昨晩〟と早とちりしてはならない（なお「もとおる」とは、ひとまわりすること）。

だいたい「あした」や「ゆうべ」は、夜を基準にしてその始まりを「ゆうべ」、終わりを「あした」ととらえたことばである。だから、夜の初めのころ「あした」はまだ翌日のことで、その夜が明けたときという意識が強いらしい。一方、夜が進行すれば、今度は「ゆうべ」は昨晩のこととなる。そこから今日の前後に意味が固定したのであるが、昼間を基準にしたその始まりと終わり、「朝・夕」とは事実上重なるわけである。「あした」を朝、あるいは早朝、「ゆうべ」を暮れ方と取れば、明け六ツの鐘、暮六ツの鐘（六ツは現在の六時）を、あしたの鐘・ゆうべの鐘と呼ぶのもうなずける。

夜を基準にした古代の時間観念では、「夕(ゆうべ)、宵(よい)、夜中(よなか)、暁(あかつき)、朝(あした)」の五段階であった。暁は「春眠暁を覚えず」で、夜(よ)明けやらぬまだ暗さの残るうち。古代は「あかとき」つまり〝明か時〟であった。薄暗くて人の顔もおぼろにしか見えぬところから「かわたれ時」略して「かわたれ」（彼は誰）とも言った。これに対して夕暮れのころは語順が逆の「たそかれ」（誰そ彼。あれは誰かの意）で、「黄昏」と書く。現在では「たそがれ」と濁って言うが、夕暮れ時のことよりも、動詞化して「たそがれている」などと俗語的に使うようだ。みすぼらしい様、景気の悪さなどを指すらしいが、これは「斜陽族」などと一脈通じる転用だ。

とかく夕暮れ時というのは、何かうらわびしい悲しい情趣がつきまとう。夕暮れの、物の見分けも定かでないころを「夕まぐれ」ともいうが、あの楠木正成(くすのきまさしげ)・正行(まさつら)父子の決別を歌った、「青葉茂れる桜井の　里のわたりの夕まぐれ」も、別れは夕方だ。どうも昔は、夕方、夕暮れ時を、何か人生の悲哀、もののあわれを誘うしめっぽい時間帯に仕立てたがる傾向があったようだ。西洋のように、夜想曲の調べに恋人とのデートを夢みる甘い楽しい夜へのいざない、そんな夕べは近代的な思想の産物だ。だが日本でも燈火が普及するにつれて、夜は活気ある生活の場と変わり、もはや夕暮れ時は寂しく別れを思う沈んだイメージではなくなった。「火ともしごろ」は明るく楽しい一家団らんの始まる時間だ。

さて、夜が去って明るい朝がやってくる。その始まりがまず「暁（あかつき）」だ。

有明（ありあけ）のつれなく見えし別れより暁ばかり憂きものはなし　（壬生忠岑（みぶのただみね））

月が空に残っていながら、ほのぼのと夜が明けかけるころ、つまり陰暦の二十日過ぎ、下旬だが、そのころの夜明けを「有明」という（そのとき見える月が「有明の月」だ）。月が空に有るのに夜が明けるところからの命名だが、なかなか面白い。

さて、その昔、通い婚の時代、暁は、宵に女のもとに通って来た男が女のもとを辞する刻限でもあった。その暁のころを少し過ぎて、あたりがほのぼのと明るくなって、次第に物の見分けもつくほど白んでくると、もう人目につく。そのころを「曙（あけぼの）」と言った。暁と違って空の明るみが美しいころだ。清少納言も『枕草子』に、

春はあけぼの。やうやうしろくなり行く、山ぎはすこしあかりて、むらさきだちたる雲のほそくたなびきたる。

と、その美しさを讃美（さんび）している。その、夜明けの東の空がわずかに白むころあいが「東雲（しののめ）」だ。以前はこうした夜から朝へ、夕べから夜への時を表す微妙なことばが、実に豊富

であった。それにくらべると今は、さほどそのような語を珍重しない。明るかろうと暗かろうと、昼夜関係なく人間活動がエネルギッシュに営まれる不夜城にあっては、人工の照明が朝や夕べの光をかき消してしまう。入相（いりあい）（暮れ方）の鐘の音（ね）を数えるなど、そんな感傷に浸っている時代はもう遠い過去のこととなってしまった。

方位——昔の生活が脈打つ名づけ

辰巳／十二支／家相／子午線／四方／四海／ぐるり／東宮／春宮／馬手／弓手／しりえ／先／崎

「玄関が辰巳にある家は栄える」などと言う。本当か嘘か知らないが、家の辰巳に玄関があるということと、家に玄関があるということとは全く違う。辰巳（東南）で方向と位置を示しているからである。「子、丑、寅……」で始まる十二支は、時刻の場合と同じように、方角にも利用され、今でも家相を考えるときなどに使う。そんなの古いよと言われそうだが、たとえば地図の南北に引かれた子午線、あれも真北が「子」、真南が「午」だから、その南北を結ぶ線という意味で子午線というわけで、やはり十二支に由来している。案外気のつかぬところに、このような昔のことばが脈を引いて残っているものだ。

　現在では専ら「東西南北」を使う。天気予報では「西寄りの風」などと、絶対に欠かせぬ大事な言葉だ。方向に特に上下など無いはずだが、「台風が北上する」とか、「敵の一隊が南下を開始した」など、おのずと決まっている。これは地図を見れば察しがつこう。まわり全体は何も東西南北の四方向だけとは限らないが、「四方」で代表させ、四方と言えば天下諸国を指すようになる。これは「四海」などと通じる発想だ。さらに、東西二方向でもって全域を代表させてしまう。「東奔西走」（用事で忙しくあちこち駆けまわる）もそうだし、相撲など興行の折、「東西々々」と行司さんが述べるあの口上も、四方ぐるりの客をしずめるための言葉だ。

東といえば、皇太子のことを、「東宮（とうぐう）」と言った。東宮御所といえば、ははんとおわかりの向きも多いのではないか。昔から皇太子の御座所は御所の東と相場が決まっていたからそう呼んだのだが、その官舎は「春宮」。そこで春宮（とうぐう）とも書くようになった。一年は春から始まり、方位は東から始まる。

ところで、東西で四方ぐるりを指すように、左右も四周を表す。「右や左の旦那（だんな）様」と言う場合、当然まわりの人々全体を言っている。右と左はご当人の両サイドだから、これは正反対の方向だ。正か否か、イエスかノーか、プラスかマイナスか、対立する両方向のどちらに傾いて行くか、これぞ「左右」の基本義だ。「言（げん）を左右にする」あいまいさから、「運命を左右する」神の思（おぼ）し召しに至るまで、この世の中の理の拠（よ）り所は、右と左に大分けされる。その区別ができなければ「右も左もわからない」（さっぱりわからない）ことだ。「右派・左派」「右寄り・左寄り」から「右利き・左利き」「右巻き・左巻き」となると、かなり俗語っぽくなってくる。

その昔、武士が乗馬の際、右手は馬の手綱（たづな）を取り、左手で弓を持ったから、右手を「馬手（めて）」、左手を「弓手（ゆんで）」と称した。手は後、「右手に見えるのが二重橋（にじゅうばし）でございまあす」のように〝……のほう〟の意味でも用いたから、右方向を馬手、左方向を弓手とも言うようになった。武士の実生活の中から生まれた用語だが、当時としてはさぞ生き生きとした実感があったことだろう。馬に代わって車社会となった現在、これに相当する名称としていったい何と言ったらよいだろうか。ハンドル手とギヤ手？　考えただけでも面白いではないか。

ただ、左右は当人中心の両側方向だから、極めて自己中心的な方向観念と言える。だから、写真説明などで「向かって右から何人目」などと説明しなくてはならない。困った問題である。

左右に対するもう一つの方向は前後だ。「前」は〝目方（まへ）〟、目の向く方向だ。視線の向きを方向に転用するなど、まことに人間（自己）中心的な見方と言えよう。そう言えば、うしろ方向は「しりえ」、〝尻方（しりへ）〟だから、これも全く同じ発想と言える。

もっとも、この語はもう中世ごろになると「あと」「うしろ」に座を譲る。前後の関係は方向だけでなくて、時の順序にも使うから、ちょっと複雑だ。

方向や位置は「まえ・うしろ」、順番は「まえ・あと」、時間は「さき・あと」、これはかなり混乱しそうだ。「お風呂（ふろ）は先にしよう」と言ったら、いったい食事前に入浴するのか、まず食事をして入浴は先に延ばすことなのか、定かでない。

「先」は「崎」だ。突き出ている先端だから、伸びていく前のほう、時間だったら〝前途・将来〟ということになる。だから、これは未来のことで、時間的には今後の話だ。前途が今後に通じる（?）。話が混乱してきそうだから、やめよう。

序列——価値観を伴う主従イメージ

上／下／肩衣／袴／裃／脇／横綱／太刀持ち／露払い／脇付け／机下／御許／に／傍ら／側

「上・下」はかなり客観的な方向のように思える。もちろん序列の優劣にも転用されるから、上が価値を持ち、優れているという判断が伴ってしまう。「天は人の上に人をつくらず、人の下に人をつくらず」と福沢諭吉のことばにあるが、どうも人間社会はいつの代にも、上下の区別をしたがるものらしい。「上には上があるものだ」「上を見たらきりがない」など、人間は上方志向の気が抜け切れない。無くなったら仙人か何かだ。

　対立している離れた「うえ・した」の関係に対し、それが連続しているものの初めと末の部分の場合には「かみ・しも」を使う。川上と川下、和歌の上の句・下の句、上半期・下半期、武士の着る肩衣と袴の裃など、みなセットで一繋がりの全体だ。それが何と人間社会にまで侵入して、お上と下の人間、「お上のお達しだから、下々のわれわれのあずかり知らぬこと」などと、下のはずの庶民が進んでこんな差別語を使うのだから救われない。座る位置にまで上座と下座を設ける、何とも日本は窮屈だ。風も吹いて来る方向が上で、吹いて行く先が下だ。そこで比喩的な「風上にも置けない奴」（下劣・卑劣な奴。罵りことば）とか、「人の風下に立つ」（下の格づけに甘んじる）などの言い方も生まれるというもので、どうも上下関係のことばは、そこに価値観が伴うだけに、いやなイメージのものが多すぎる。

では、水平関係なら横の間柄だから、人間臭さはないか。そうでもない。たとえば「わきによけておく」などと言うときの「脇（わき）」がそうだ。これは腋（わき）の下などの「わき」と同じ語源で、脇腹のように、胴体の両側面を指すようになったが、さらに両サイドの位置も「わき」と言うに至る。

だから「わき」にはどうしても〝主たるものの近く〟という添え物的感覚が伴ってしまう。横綱のわきに太刀（たち）持ちと露払いが従うのであって、太刀持ちのわきに横綱がいるのではない。「僕のわきに先生が座っている」など、少々抵抗を感じる表現だ。

話がわき（わき道）にそれるなども、本筋からはずれることだから、基準になる側が本筋（正統派）との前提がある。脇役、脇道、手紙の脇付け（「机下（きか）」「御許（おんもと）に」など宛名（あてな）の脇に添えることば）など、みな添え物、補助的存在、二番手・三番手だ。

このニュアンスを少し弱めたのが「傍（かたわ）ら」。「道の傍らに咲くタンポポ」など、脇に近いが、「塾へ通うかたわら、家庭教師にも見てもらっているんです」となると、兼業、二本立て、二また掛ける意識が強い。どちらが主とは言いにくい。

「側（そば）」になると、全く対等の二者関係だ。「駅のそばに銀行がある」は、語を入れ替えて

「銀行のそばに駅がある」としてもおかしくない。

「覚えるそばから忘れる」は、いったいどっちが主になるのだろう。筆者などは「忘れる」ほうが主かもしれない。

部分――ものの多様性を見極めて

際（きわ）／出（で）しな／水際（みずぎわ）／縁（へり）／汀（みぎわ）／渚（なぎさ）／端（はし）／隅（すみ）／角（かど）／表（おもて）／裏（うら）／裏年（うらどし）／実り年（なりどし）／内（うち）／輪（わ）／奥（おく）／きり／奥向（おくむ）き／奥義（おうぎ）／底（そこ）

「際（きわ）」は、接し合う二つのものの境すれすれの所だ。AからBに移るその寸前ぎりぎりの箇所にいう。「いまわのきわ」は死の直前だし、「帰りぎわに連絡が入った」は、「出しな」（出掛けるやさき。出掛けようとしたその時）を指す。「水際（みずぎわ）」は水面に接する岸の縁（へり）の部分。「ず」の音が落ちて「汀（みぎわ）」と言う。「渚（なぎさ）」という語もあるが、これは波打ち際。汀が池など静かな水面を連想するのに対し、渚は海など波の寄せる岸辺を想像する。

面の境が「きわ」なら、面や空間の端（はし）は「隅（すみ）」だ。これは明らかに〝中央からはずれたところ〟という差別のニュアンスが伴う。「隅のほうで小さくなっている」「重箱の隅をつつく」、末端、些末（さまつ）、些細（ささい）なことといった軽視意識だ。

ところが、隅は英語に訳せば **corner** だ。日本語でコーナーというと、ボクシングなどのリングの四隅を連想するが、コーナーは隅であり、角（かど）でもある。「隅」というと内側から眺めて、空間のどん詰まり、端（はじ）っこ、狭（せば）まったところを考えるが、「角」だと、外側から見て突き出した曲がりめを想像する。だから机の角に腰をぶつけたり、角に丸みをつけて危くないように工夫するわけだ。角はとかく邪魔になり、円滑な動きの障害になる。物は言いようで角が立つし、人は円熟すれば角が取れる。同じコーナーも内から見るか外から見るかでイメージが変わる。眺める人間中心のいかにも日本語らしいことばだが、隅といい角といい、語感はどうもいただけない。

　そこへ行くと「表・裏」「表・奥」の関係は、遥かに深みがあり好ましい。表は〝面(おも)の手〟つまり顔の方向、正面だ。世の中に向ける正式の顔、よそ行き、晴れがましい表立つ状態をいう。時には「表沙汰(おもてざた)」のように社会そのもの、〝公(おおやけ)〟を表すことすらある。とにかく人の目につく表面に顔を出すということは、悪いものではない。だから「人の表に立つ」とか「人生の表街道を行く」など、日の当たる結構な身分と羨(うらやま)しがられるわけである。

　それに比べると「裏」は確かに、正式でない、表立たない、一般大衆からは見えにくいといった陰(かげ)りが感じられる。「裏方の仕事」「人生の裏街道」など、何となく人目につかぬうらぶれた恵まれぬ立場のように見えるし、裏作だとか、裏芸、裏声、裏年（果物の「実(な)り年」に対して）などには、主（表）に対して副次的に付け加わった臨時のもの、だから本来の姿ではないんだという二番手イメージが付きまとう。これは致し方ない。もっとも、十円硬貨のように、やれ表だ裏だといっても、それは人間が勝手に決めたことで、本当のところ、どっちの面を表と決めるか必然性は乏しい。お月様など、われわれに見える側を表と思い込んでいるのだから、いい気なものだ。

表を外づら、人様に見せるための顔だとすると、裏は他人に見せたくない内々の顔、応接間に対するお勝手だ。だから、「表の顔」は〝よそ行きの顔〟で仮の姿、裏の顔こそふだんの飾らぬ本当の素顔かもしれない。「表向きの理由」など、明らかに嘘の塊だ。「何か裏があるにちがいない」など、本音を見せぬところに〝表〟があるとすれば、悲しいことだ。一般には知られぬ裏話（秘話）こそ、本当の内輪（うちわ）の姿なのであろう。

そこへ行くと、「表・奥」の関係は、ずっと奥行があって好ましい。だいたい裏のほうは、他人が見ようと思えば見られる面だが、隠しておきたい側だ。手を回せば、裏を知ることはそんなに難しくない。一方、奥はどうだろう。表はそれとはっきりわかるが、奥はここと決まった所ではない。はっきり言って、きりがない。奥行だから、反対側に回って見るわけにもいかないだろう。奥は自ら入って行って知るものだ。「奥向きのことは私どもにはわかりかねます」で、とても外面からは見通せない神秘さを含んでいる。ちょっとやそっとじゃ理解できないところだから、奥は秘伝〝奥義（おうぎ）〟だ。努力して究（きわ）める対象だ。で、「奥深い」「奥床（おくゆか）しい」など、プラス評価の状態となるのだろう。「裏を知る」と「奥を知る」とでは大違いだ。奥はとにかく探って行かなければ行き着かないし、はたしてそこが奥なのかどうかさえもわからない。いやはや、つかみ所のないことばである。

それに比べると「底」は遥かに御（ぎょ）しやすい。裏のように向こう側に回ってみなくてもいい。奥だと思って探って行って、行き止まりになった所が〝底〟だ。だから、底には常に限界意識が付きまとう。「底が知れている」とか「底が浅い」などが比喩的に内容の深みの無さを表しているのも、そのためだろう。心の底を打ちあけたり、底を割って話したりするのは、本心を包み隠さず話すのだから、これはかなり〝奥〟に近づく。底もここまで来ると、浅薄に表に現さないそのものの本当のところ、内に秘めたるところのもので、良い意味になる。底力を発揮するのは追い詰められたいよいよの時だ。そうやたらと底は安売りして人に見せるものではない。ダムの水ではないが、底が見えたらもう能力の限界だ。

V　思考・人生

数

——潔癖なまでのかぞえ分け

百（もも）／千（ち）／万（よろず）／九十九髪（つくもがみ）／白寿（はくじゅ）／船一隻（ふねいっせき）／小舟一艘（こぶねいっそう）／箪笥一棹（たんすひとさお）／兎一羽（うさぎいちわ）／反物（たんもの）
一匹（いっぴき）／舟一杯（ふねいっぱい）／烏賊蛸一杯（いかたこいっぱい）

数は思考の基本だ。人間と動物との違う点の第一は、数の概念を身につけているか否かだろう。数学的な数の関係は、もちろん普遍的なものだ。万国共通、国や言語によって違いの生ずるはずはない。ところがことばとしての数（かず）に関する語彙（ごい）となると、これはもう実にさまざまだ。私たちはいつごろ数のことばを身につけるのかつまびらかでないが、ごく幼いうちにだろう。そして、いったん身につけたとなると、まず一生その母語の魔力から逃れられない。相当外国語に堪能（たんのう）な人でも、数計算になると、どうしても母語の観念が先行してしまう。「外国語に上手になろうとするなら、その外国語で考えろ」とよく言うが、数に関してはそうたやすく異国のことばに順応できない。語学の不得手な筆者など、外国文の中で算用数字で書かれている文字のところへ来ると、どうしても日本語で読んでしまう。これは致し方のないことだろう。

日本語は数に関する語彙に二つの系列がある。「ひ、ふ、み、よ、い、む、な……」の和語系と、「いち、に、さん、し……」の漢語系だ。数のような、言語の中でも最も基本的な語彙に外来のことばが入っているとは心外だが、これが事実なのだから、そうと納得するしかない。「三」などは中国語と全く同じ「サン」だし、「二」も「イ」に近い。和語系の数は「ひ、ふ、み、よ……」と来て、「ここの、とお」で、その先が無い。「とお余りひとつ」（十一）とか、「百足らず八十」（枕詞）などというのは昔のことだ。あとは「百、千、万」などがあるが、これらはむしろ数の多いことを表すことばで、具体的には「三十」「八十」「五百」「八百」などを使ったようだ。今日でも「三十日」「八百屋」「千歳飴」「八百万神」など、この古代の数の読み方が生き残っている。人名には、西條八十だとか、山本五十六など、この手の読み方が見られるが、最近はあまりはやらない。なお「九十九」は「クソク」ではない。「つくも」と読む。「九十九髪」とは老人の白髪のことだ。九十九は百から一を引いた数だから、九十九歳の賀「白寿」と同じ発想だ。「白」を表すのだろう。

和語系が一から十までなのに比べると、漢語系はその点便利だ。伝統的な和語系が不備だから、外来の漢語系がのさばったとも言える。そこで、この二つの系列が入り交じって、私たちの数語彙を複雑怪奇なものに仕立て上げている。たとえば、人を数える場合だと、「ひとり、ふたり」までが和語系で、三人から先は漢語系だ。四人を「シ」を使わず「よにん」と言うのは、シでは「シニン」になってまずい。「よったり」と言う人もいるが、和語の読み方に引かれたもので合理的だ。こんな和漢が混合して使われる例はむしろ珍しいのであって（ほかに「ひと瓶(びん)、ふた瓶……」「ひと晩、ふた晩……」などがある）、普通はどちらかの系列で統一しているから、さして心配するに当たらない。「ひ、ふ、み、よ……」の和語系は、数をかぞえる「ひとつ、ふたつ……」と、日付の「ついたち」を除いた「ふつか、みっか、よっか……」、あとは「一棟(むね)、一間(ま)、一粒(つぶ)、一皿(さら)、一山(やま)、一房(ふさ)、一切(き)れ、一匙(さじ)、一組(くみ)」ぐらいなもの。そんなに多くない。もっとも「一棟」は「ひとむね」とも「イットウ」とも読めるし、同じように「一間(ひとま)・一間(いっけん)」「一組(ひとくみ)・一組(いちくみ)」だ。どう読むかで部屋数と長さ、セット数とクラスナンバーの違いが生ずる。

　読み方は何を数えるかで決まっているのだが、最近はこれもだいぶ乱れてきた。「僕、もう一切(いっき)れ欲しい」「一(いち)パック三切(さんき)れ入った鮭(さけ)がいいわ」などと耳にする。「三切(さんき)れ」などはだいぶ一般に通用するようになった。困るのは箱詰めの物を勘定するときだ。「三箱(みはこ)、四(よ)箱、五(いつ)箱、六(む)箱……」か「三箱(さんぱこ)、四箱(よんぱこ)、五箱(ごはこ)、六箱(ろっぱこ)……」か、どちらも通用しているのではないか。日本語も多様性を持ってきた。それだけ難しくなったとも言える。「二泊三日」は「ふたはくみっか」か、「にはくみっか」か。「みっか」に合わせれば「ふたはく」だし、「一泊、三泊……」に合わせれば「にはく」がそろう。「にはく」は「みはく」と聞き違えやすい。

日本語をさらに難しくしているのが、数えるものによって言い分ける助数詞だ。同じ乗り物でも自動車なら「台」だが、電車だと「両」を使う。「八両編成の列車」のように、繋がるものに使うのだが、編成された全体なら「本」になる。「上り列車は一時間に三本です」のように。これが飛行機だと「一機、二機……十機編隊」で「飛行機一台いくら」などとは言わない。船舶なら「隻」だが、小さいボートやヨットは「艘」だ。同じ「台」でも、乗り物とは限らぬ。ピアノやタイプライター、カメラも「一台、二台」で数える。机、椅子はピアノと同じように脚があるが、こちらは「一脚、二脚……」。脚のない箪笥は「一棹」。これは昔、輿入れなどのとき、箪笥や長持を棹で担いで運んだことからそう呼ぶようになった。このように例外もあるにはあるが、物を数えるときどんな助数詞を使うかは、基本となるものを心得ていて、あとは類推でいくしかない。テレビや電話はそんなに大昔からあったわけではないから、社会に登場してからそれにふさわしい数え方が後で決まる。機器類だから「台」に落ち着くわけだけれども、電話も口数ならば「うちの事務所は電話を二本引いている」のように別の語を用いることになる。いや、実に厄介なことだ。

だいたい同類のものは同じ語で統一されてはいるが、時に例外があるので曲者だ。これは日本語の歴史の中で培われた言い方なので仕方がないが、だんだん慣習もくずれて、そのうち例外も淘汰されていくかもしれない。

特例を二、三紹介しよう。「羽」は鳥を数える助数詞だが、「兎が三羽いる」のように使われる。「匹」は獣や魚、それに虫などに使う語だが、反物も「匹」だ。

……今日会場の染織館でみごとな結城つむぎを発見して高価だが思い切って一匹買約したと自慢されたが、あいにく私は男のきものは紺がすりより知らないような野暮だった。（吉屋信子『私の見た人』）

「一匹買約した」などと聞くと、若い人は何か動物でも買うことにしたのかと早合点するかもしれない。右の文章を正しく理解できる世代は減ってきたのではないか。

さて、「杯」は〝さかずき〟だから、「乾杯」などのように、杯についだ酒の量だが、食器や容器で物を計れば、これも「一杯、二杯……」だ。「駆けつけ三杯」など。さらに、容器に似たものというところで、舟も「杯」で数えることがある。もっと面白いのは烏賊や蛸も「杯」だ。だが、杯そのものはどう数えたらいいのだろう。「お姉さん、杯あと三つちょうだい！」とでも言うしかない。徳利なら酒が入っているから「お銚子三つ！」も自然だ。皿に盛った料理は「一皿、二皿……」と数えるが、皿そのものは、それではおかしい。番町皿屋敷ではないが、「一枚、二枚、三枚……」と独自の助数詞があるのだから。

とにかく日本語は助数詞が極端に発達している。これほど数多くの助数詞を用いる言語はそうざらにはあるまい。日本人は物を数えるとき、それが何であるかを潔癖なほど区別する性質があるらしい。

言葉——言事一体の原始思想

言霊（ことだま）／忌（い）みことば／浪の華（なみのはな）／あたり鉢（ばち）／お開（ひら）き／葦（よし）／撞拾撞拾（さんばらさんばら）／お手洗（てあら）い／ご不浄（ふじょう）／はばかり／杓文字（しゃもじ）／かもじ／すもじ／みどりご／言の葉（ことのは）／文（ふみ）／書（ふみ）／緘（かん）／封（ふう）／〆（しめ）／玉章（たまずさ）／玉梓（たまあずさ）／水茎（みずくき）／消息（しょうそく）／便り（たより）／往来（おうらい）／歌垣（うたがき）／嬥歌（かがい）

よく営業用の電話番号を、客に覚えやすいように、四一二六（ヨイフロ）とか、三七一一（ミナイイ）とか、あるいは四三四一（ヨミヨイ）のように、意味のある言葉に言い換えて宣伝する。小・中学時代、歴史上の事件の紀元年や西暦年を、やはりこの手の方法で暗記したことを思い出される読者も多いだろう。こうした便利な記憶法が可能なのは、日本語は数を読むのに一音節ですむという有利さ、それと、単語の発音がみな同じような単純な音節の羅列だから、適当に数を一音節ずつ読んでいけば、何かしら意味のある言葉になりやすいという、願ってもない特徴を備えているからである。そして一方、言語によっては逆立ちしても出来そうにないこのような芸当を、いとも簡単にやってのける日本語の特異性が、実は大昔から受け継いだ言霊（ことだま）思想に裏打ちされているという点も、見逃すわけにはいかないだろう。〝言霊〟とは、ことばに魂が潜む、そのことばを口に出すと、ことばに潜む霊力によって吉凶両様にことばが働くという信仰だ。だから、全く意味のないただの数の羅列「三七一一」も、「みないい」

い」と読むことによって本当に商品がみな良いのだという観念が生まれ、客もその店を利用する。まことに結構なことではないか。

忌みことばと言って、縁起をかついで不吉なことばを避ける。四十二は「シニ」と読めるから〝死〟に通じる。「四」は〝死〟だからと忌みきらわれる。病院などで四号室を欠番にするのもそのためだし、塩も「シ」の音が入るから避けて「浪の華」と美しく言う。「擦る」は、やれ「金をする」(無駄に消費する)だ、「元手をする」だで、好ましくない。だから「する」の反対に縁起のいい「当たる」を使って、すり鉢を「あたり鉢」、ひげをするを「ひげを当たる」と言い換える。とにかくこうして、不吉な音だ、意味が縁起でもない、好ましくない、と言って避けるのだから窮屈だ。結婚式の挨拶では「別れる」とか「離れる」「切る」などを使わぬようにする。うっかり口にするとそれが事実となって現れるという言霊思想からだ。「切る」の代わりには「鋏を入れる」で間接に表現する。閉会をきらって「お開きにします」と反対語を使う。葦は「悪し」に通ずるから「葦」(善し)と呼ぶ。例を挙げればきりがない。これでは思うように口に出して物言うこともままならぬ。まことに物言えば唇寒しで、うっかりことばを使うこともできなくなる。嘘から出た真で、いったんことばに出せば、ことばが一人歩きして現実にならぬとも限らない。呪文やまじないことばが科学の進んだ現代でも通用しているのも、ことばの持つ不思議な霊力に頼りたい人間の弱みがあるからだろう。子供時代、物にぶつけて痛くしたところを、

「ちちんぷいぷいのぱあ」とか何とかお母さんにまじないことばを唱えてもらって、急に痛みが引いたような気になった経験のおありの方も多いだろう。その昔、修験(しゅげん)の僧が用いたという「㨖抬㨖抬(さんばらさんばら)」(「じゃっこうじゃっかく」とも言う)の四文字は、身に着けていれば災難よけの霊験があるという。これもことばの霊力だ。信心深い方は試してみてはいかがだろう。案外、交通事故などに遭(あ)わずにすむかもしれない。

とにかく外国人が聞いたらさぞびっくりするようなことが、はなはだ多い。どうも日本人は直接表現を避けて間接に物を言うことが好きらしい。便所の代わりに「お手洗い」とか、「ご不浄」とか、はばかり(言うをはばかる場所)と言うのもその一例だ。その昔、女房詞(にょうぼうことば)で、やたらと「文字」をつけて、杓文字(しゃもじ)(杓(しゃく)の字のつく物という意)とか、「かもじ」(髪)、「すもじ」(すし)など言ったのも、考えは同じことだ。

言霊思想がなくとも、ことばをできるだけ美しく綺麗(きれい)な意味に仕立てたいという、これは万人共通だ。女の子の名前に、美とか麗とか、優とか幸とかの字をつけたいと思うのも、そのような願わしい状態に、できればわが子もあやかりたいという親心の現れだろう。赤子のことを「みどりご」というのも、新芽のように若々しくみずみずしい児(こ)という好ましい意味への志向がなせるわざだ。

ことばはもともと呪文や歌と同じで、口で唱え歌うことから始まったらしい。「本を読む」などという「よむ」は、リズムを取ることが原義だし、一、二、三……とリズムを取ることは踊ったり歌ったりすることだ。指を折り曲げて五、七、五とやるのも歌のリズムを創造することだし（そこから「句を詠む」などが生まれる）、一、二、三、四、五、六、七……と数えるのも、指を折り曲げるリズム取りだ。「よむ」が数えることを表すようになって「入場者の数を読む」などと使われる。魚屋の兄さんが「いっちょ、にちょ、さんちょ……」と数えるのも、リズムを取りながら数を読む行為だし、さらに、七五調などリズムのよい語りを朗吟するのも、数を基調にしたことばの駆使だ。

読むことは内容理解につながるから、相手の出方を読んだり、顔色を読んだりすることにもなる。ことばも、歌も、踊りも、さらには数えたり、歩調を合わせて労働に勤しんだり、形勢をさぐったり、あらゆる人間らしい知的な行為は根を共通にしていると言っていいのではないか。だから、ことばは決して他の諸行為から切り離された単独の存在ではなかったとみてよい。

もともと「ことば」は〝言の葉〟で、言語を使った表現の意だ。「言」は「事」に通じ、種々の事柄や出来事、つまり人間社会におけるさまざまなかかわり合いを指す。そうした人間活動のもろもろは即「こと」であって、言も人事現象全般にかかわっていた。このように言は事と特に区別はなく、ただ言を口に出せばそれが事として実現していく。そこに言霊思想の芽生える素地があるのだが、言と事とが連続していると考えていたことは確かである。

口に出すことばが「言(こと)」なら、書いたものは「文(ふみ)」である。だから文は、文字であったり書物であったり、時に手紙であったりする。「ほたるのひかり、まどのゆき　書(ふみ)よむつき日、かさねつつ」(『蛍の光』)の「ふみ」は書物だし、いろはがるたの「文(ふみ)はやりたし書く手は持たぬ」は手紙のことだ。手紙を出したくても字を知らないということを嘆いてのことばだ。「文武両道」というときの文はもちろん学問のことだが、文字は書物を生み、書物は学問を進展させた。と同時に、文字も「ことば」の一つの形態だから、やはり言霊が宿っている。封筒の封をした上から「緘(かん)」とか「封」とか「〆(しめ)」とかを書くのも割印と同じ効果をねらってのものだが、そう書くことによって文字に宿る魂が封緘効果を発揮すると信ずるからであろう。

手紙はその昔「玉章(たまずさ)」とも言った。玉梓(たまあずさ)の略で、「玉」は美称。文字のない古代にあっては口頭でメッセージを述べる伝言者が梓の杖(つえ)を持っていたからと言われている。また平安時代ごろには、筆を「水茎(みずくき)」と称し、筆で書かれた筆跡を、さらに手紙を指すようになった。今日でも達筆の文字を「水茎の跡うるわしく」と形容し、さらに、あなたの手紙ということで、特に達筆でなくとも、このように儀礼的に形容することがよくある。手紙は消息(動静、様子)を伝えるものゆえ「消息」とか「便(たよ)り」と言った。郵便の「便」である。また、手紙は往信・来信と行き来するから「往来」とも称した。これは今日使われない名称だ。往来というと道路を指すが、これも最近とんと聞かなくなった。

言葉は「言（こと）」として、まじないや歌から始まり、文字を得ることによって書物や手紙、つまり「ふみ」へと発達した。その昔、古代社会では、歌垣（うたがき）と称して、苗代（なわしろ）への種播（たねま）きや稲の取り入れの後に、たとえば筑波山のような神のいます山において、神のお許しのもとに若い男女の集団が集まり、互いに歌をうたって目ざす相手に呼び掛け、一夜結ばれるという行事があった。これはわれわれの祖先が農耕民族であったからだが、別名「嬥歌（かがい）」と称するこの行事は、やがて祭りを離れて一種の集団見合い的な求婚行為へと発展していく。その時、やはり歌によって相手の心を引き、確かめ合うというやり方を踏襲するわけだが、歌（つまり言葉）は、神聖な人間行為にとって切り離せない重要な役割を演じている。

誓いのことば、宣誓など、結婚式、競技会、裁判、そうした嘘偽（うそいつわ）りを退ける厳粛な場面につきものなのも、ことばとして口に出すことによって動かし難い事柄となる、言（こと）と事とが一つになるという原始思想の現れだ。

祭——神への祈りと幸せの確かめと

生贄（いけにえ）／五穀豊穣（ごこくほうじょう）／宴（うたげ）／祝い（いわい）／呪い（まじない）／五節句（ごせっく）／七草粥（ななくさがゆ）／人日（じんじつ）／若菜の節（わかなのせち）／上巳（じょうし）／桃の節句（もものせっく）／端午（たんご）／菖蒲の節句（しょうぶのせっく）／七夕（たなばた）／乞巧奠（きこうでん）／重陽（ちょうよう）／菊の節句（きくのせっく）／粟飯（あわめし）／雛祭り（ひなまつり）

祭りとは、文字を分解すれば、神様に肉を捧（ささ）げる行事ということだ。「祭」の字の左上の「月」は〃にくづき〃つまり肉、右上の「又」は手。下の「示」は神を表す。神に関係のある漢字は皆、示偏（しめすへん）（ネ）が付いていることでもわかろう。古代社会にあっては神に生（いけ）贄（にえ）を供えて五穀豊穣（ごこくほうじょう）を願ったり、航海の安全を祈ったりする、これが祭りの始まりであった。それがいつしか一種の年中行事と化し、春、農耕開始時の豊作への祈念と、秋の取り入れ後の感謝とを部族ぐるみの行事として行う。春祭りと秋祭りだ。祭りには、神への奉納として歌と踊りと酒が付きものだ。そして、やがて慰安と交歓の場へと変わっていく。信仰は後退して、人間本位の交歓会へと移るのだ。祭りの意味も変わったものだ。学園祭を覗（のぞ）くと、まじめな日ごろの研究発表は申しわけ程度に行われ、多くは歌と踊りと、それに模擬店。まさに食と娯楽の一大競演会場である。

古代にあっては、賑（にぎ）やかに交歓する酒盛りを「宴（うたげ）」と称した。今日の宴会もうたげの一種だ。祭りがいつしか宴となり、宴の果てには取り散らかされたゴミの山が残るだけだ。何ともやりきれない情けない光景となるわけだが、このような行為が本道からはずれていることは言うまでもない。

祭りと似た行事に「祝い」がある。祭りが神への祈念と感謝から始まったのに対し、祝いは吉事の祝賀と、さらなる幸せを求めて、それをことばで述べ確認しあう、昔の呪いに発した行事であった。個人の家でも、先祖の祭りに対して誕生祝いがある。

今日、祝祭日と一まとめにして言うが、祝日と祭日とは本来別物であったはずだ。その原義の意図が薄れて、一種の安息日として一日仕事や勉強を休み、家でごろ寝をするか、家族でどこかへ遊びに出掛けるかする。全く、ことばというものは、時代とともに中身や実質がどんどん変わっていく。

農耕社会から近代経済の社会へと移った結果、祭りや祝いは主として商売繁盛の感謝と宣伝を兼ねて、商業行為と密着してきた。年中行事に事よせた記念感謝セールや五節句（万病を除くため七草粥を食べる「人日」。これは一月七日の「若菜の節」である。つづいて、「上巳」の「桃の節句」。「端午」の「菖蒲の節句」。「七夕」の七月七日。この日は牽牛・織女の二星を祭り、物事の上達を乞うところから「乞巧奠」と言う。最後が「重陽」。九月九日の「菊の節句」。昔は寿命を延ばすために酒に菊の花びらを浮かべて飲み、粟飯を食べる習慣があった。節句は昔は節供と書いた）。この中では特に上巳（女子の節句、三月三日の雛(ひな)祭り）と端午（男子の節句、五月五日のこどもの日）が今日も行われ、さらには七五三と、特に子供の祝いにかこつけて庶民をあおり立てる。そのうえクリスマスその他海外の諸行事まで加わって、祭りや祝いもずいぶんと多彩になってきたものだ。

業——日々の暮らしを立てるもの

商い（あきない）／生業（なりわい）／わざ／店（たな）／店子（たなこ）／銭（ぜに）／銭差し（ぜにさし）／お足（あし）／守銭奴（しゅせんど）／金子（きんす）／黄金（こがね）／銀（しろがね）

商い（あきない）も含めて、人々が生活を立てていくためのそれぞれの仕事を生業（なりわい）と言った。もともとは、庶民の仕事は農作であったから、生産の業（わざ）という意味である。今のことばに換えれば、家業もしくは職業。筆者のような教師生活だと、職業ということになろう。比喩（ひゆ）的に、

「お宅、商売なに？」

「いやあ、しがない教師生活をしてるのさ」

とか、「文筆稼業」などというように、必ずしも売買を業としなくともよい。商いは店舗を構えなくともよいが、店を開けばそれを「店（たな）」と称する。もとは商品を陳列する棚から来ている。だから小売店だが、現在でも時代劇などで「大店（おおだな）の旦那（だんな）」などという語をよく耳にする。店構えの大きい商いの旦那様である。店（たな）は後、貸家の意味にも用いられ、その借家人を店子（たなこ）と言った。もともとは商売のできる通りに面した貸家だからそう呼んだわけだ。

商いについて回るのが金銭だが、大判・小判のような高額貨幣でなく、今日のコインに

当たるのを銭と言った。近世なら一文銭だ。現在でも「小銭入れ」などという名詞に残っている。金そのものを指すわけではないが、銭亀や銭苔も銭の形に似ているところから付いた名称だろう。銭は、寛永通宝などを見てもわかるように、みな穴あき銭で、その穴に棕櫚縄を通して一束にし（この縄を銭差しという）、それをまた何本か束ねたものだ。昔、筆者の田舎の土蔵の中にもそれがあったのを見たことがある。あれは今どこへ行ってしまったのだろうか。

「金は天下の回り物」と言う。世間を人手から人手へと巡りめぐって行くから、いずれはまた自分の手もとに返ってくるというわけだが、このように足早やに動き回るので、金のことを「お足」とも言う。流通してこそ金の意味があるわけで、守銭奴（けちな人のこと）になって溜め込んでばかりいては、貨幣経済は成り立たない。お足は小回りよく天下を動き回るのだから、高額の場合に使ったらおかしい。金を昔、金子とも言った。金貨、つまり大判を指したものらしいが、単に〝お金〟の意味でも使ったようだ。今もしゃれて「金子の工面、よろしくお願いつかまつります」などと書いたりする。もっと昔は、黄金。銀と対になる高額の貨幣である。

　金を手に入れるのは才覚によるが、それは当人の腕次第だ。腕は仕事をする（つまり金を生み出す）主要な身体部分だから、腕でもって技術や生業の能力を表した。

旅──道・人生とつながる味な関係

旅枕／行脚／膝栗毛／徒歩／草枕／渡し／白河夜船／旅籠／褥／衾／産
褥／同衾／共寝／轍／輪／箍／軸／轂／輻／唱道／道破／言語道断／他
生／前世／因縁／めぐり合い／縁

交通機関が発達し、新幹線や航空機での移動が当たり前となった現在、旅は旅行に様変わりした。「旅」と「旅行」では明らかに語感が異なる。それでも「旅」は日本語として、「旅の疲れ」だの「旅の土産」だの、旅路、旅の空……と定着している。

西行や芭蕉のような、旅をすみかとするような生活をした者は、もちろん行脚（僧が諸国をめぐり歩いて修行することから転じて、徒歩でほうぼうを旅すること）の旅であるが、そうでなくとも江戸庶民のお伊勢参りなどは膝栗毛であった。栗毛の馬に揺られる代わりに、自分の膝を馬に見立てて、徒歩の旅をしようというわけである。泉鏡花の『高野聖』にあるような一人旅なら、野宿をすることも度々だろう。これは草枕だ。草を枕とする旅の仮寝ということだが、「旅」に懸る枕詞となり、旅そのものを指すようになる。夏目漱石の『草枕』もそうだ。

川や海ばかりは歩いて渡るわけにはいかないから、やむを得ず舟に乗る。渡し舟、あるいは渡しで、その場所が渡し場だ。その昔、偽って京を旅して来たと嘘をついた者が、「では白川はいかがでしたか」と聞かれて、京都の白川とは知らないで、川とばかり思い込み、「いやあ、白河は夜船で渡ったから、全然知らないんですよ」と答えたという。何が起こっても気がつかぬほど深く寝入っていることを、白河夜船という。これも旅にまつわる日本語だ。

今は夜になればホテルに泊るか、夜行列車に揺られるかだが、当時は旅籠に泊ったものだ。旅籠とは読んで字の通り、旅の身の回り品や食糧を入れた籠で、その籠を置く宿屋のことを指すわけだ。

現在はホテル、旅館、宿屋といった語が並用されるが、ホテルというと洋風の高級なイメージが、旅館だと温泉旅館街を連想し、宿屋というと何となく野暮ったく低級な宿を想像する。何々ホテルと宣伝しても、実質は旅館と変わらない宿もたくさんある。名づけとは摩訶不思議なものである。

旅で休むのも、ホテルならベッドだが、旅館や宿屋だと畳に布団を敷く和式だろう。座ったり寝たりするときの敷物、布団を「しとね」（褥）と言った。草枕をしゃれて、「草をしとねに寝る」などと言うと何か高雅な感じがして、一流ホテルに泊るより高級な旅寝を楽しむ気持ちになる。これも言葉の魔術だ。

敷布団が「しとね」なら、掛布団は「ふすま」（衾）。これを障子や襖の建具と混同してはいけない。もっとも、こうした和語はすっかり忘れられて、音読みの「産褥につく」（出産で寝る）だとか、「同衾」（男女の共寝）などという難しい漢語が生き残るのだから、皮肉なものである。

旅というと「道」が付いて回る。街道、松や杉の並木道、安藤広重の浮世絵『東海道五拾三次』の道の様などが目に浮かぶ。もっとも東海道などというときの「道」は、今の北海道などと同じく行政上の区画で、道路ではない。道は獣道のような動物が通行する道筋から、畦道、山道、そして現代の高速道路に至るまで、さまざまだ。鉄道も鉄路などと称して、これも道の一種と見る。

泥道を荷馬車などが通ったあと、車輪が食い込んで出来たへこみの線を「轍」と言ったが、このような車の跡は現在ではあまり見られなくなった。せいぜいタイヤの跡ぐらいなものか。轍に雨水が溜まって小さな水溜まりとなり、水すましが泳いだり青空を流れる白雲を映したり、昔は自然がいっぱいあったものだ。

今日はことばとして「古人の轍を踏む」（先例に従う）などと難しい表現で残っているが、先を行く車のわだちについて進んで同じ道を行くことからきた比喩だ。砂漠や雪原だったらそうせざるを得まい。

「同じ轍を踏むな」なら、先人と同じ過ちを繰り返すなということになる。とにかく轍は車輪がつけた跡のことで、よく一般に誤解されている車輪の輪（自転車ならタイヤのはまっている所）もしくは輪を締めるたが（箍。桶や樽などの周囲に巻いて堅く締める輪のこと）ではない。だから、「わだちの跡」という言い方は誤りである。

なお、「たがが緩む」というのは、緊張がゆるんでいることの比喩である。車輪の話が出たから、ついでに触れるが、中心の心棒（これを軸、もしくは車軸という）がはまっている丸い軸受けの部分を「こしき」（轂）、そこから放射状に出て周囲の輪を支える棒（スポーク）のことを「や」（輻）と呼んだ。このような語はもう死語となってしまったが、「車軸を流す」（大雨の形容）といったような表現で、まだ細々と生き残っている。

さて、道は人の通るべき所だから、意味が抽象化して、人が踏みはずしてはならぬ人生の在り方や生き方、さらに道徳となる。「人としてあるべき道」「道にはずれた行為」、さては「転業こそ農家の生きる道だ」など、取るべき方向の意味にまで広がる。

「道」は〝言う〟という意味が一方にある。報道だとか、唱道（自分から先に立って言う）、「論敵を道破する」（言い負かす）などからも想像できるが、「言語道断」これも〝ことばで言うことを断つ〟、つまり口で言い表せないほどの深い仏道の究極の真理。それが転化してマイナスの事柄に限られ、もってのほかのこと（論外）を指すようになった。

ところで、「旅は道づれ、世は情」と言う。この世は一人で渡るものではない。「袖すり合うも他生の縁」で、人との繋がり、関係、そしてこの世のすべては前世からの因縁（約束事）で、偶然の結果ではないという（「他生」とは前世のことで「多少」ではない）。人生の旅も人とのめぐり合い、人様の助け、そして人間同士の縁（えにし）がなければ道を踏みはずすことにもなりかねない。

旅、道、人生、さらに人の幸せというものは、共通の根を持つ不思議な関係にあるようだ。

縁——因果の糸を引く目に見えぬ力

えにし／ゆかり／よすが／よるべ／たより／掟(おきて)／理(ことわり)／由(よし)／故(ゆえ)／訳(わけ)／いわれ

「縁は異なもの味なもの」と言う。これは男女の縁の思いがけなさを言ったものだが、縁とは、この世で因果関係を起こさせている何かの事情だ。多くは人間同士の関係だから、そうした関係を起こすよう仕組む自然の意志とも言える。

「縁があったらまた会いましょうや」

縁がなければ永久に会えないかもしれない。二人が結婚するようになったのも、ある先輩と知り合いになれたのも、師弟の間柄となれたのも、ある会社に奉職するようになったのも、すべて縁があったればこそと考える。「縁組み、縁談、縁結びの神……」。この語を使ったことばは多い。何と他力的な思想だろうか。

縁は昔「えにし」とも言った。「えにしあらば」（縁があったら）といった表現は和歌などでよく登場する。未来における事柄は縁のあるなしに左右されているのだから、もし幸いにも自分にその縁があれば、というわけである。

縁に似たことばに「ゆかり」がある。「縁もゆかりもない」などと使うが、両語に意味の差はほとんどない。多少の繋がりを持つ関係という気分の語で、「漱石にゆかりの地を文学散歩する」などと使う。「よすが」も繋がりを持つ関係という点で同類だ。現在では「いただいた記念のお写真を思い出のよすがとして、大切にしたいと存じます」など、あることを持続するため、それと関係のある事柄を手掛かりにすることである。ただ人間関係という意味で「よすがを求めて郷里を出る」など、今日ではあまり使われなくなった用法だ。「よすが」とよく似た「よるべ」は「よるべない身」(頼りとして身を寄せるべき所のない身)など、よく言う。「頼りになる」などの「たより」も、関係がとれて好都合な状態という意味で「よるべ」に近い。便宜という点では「便り」に通ずるわけである。「お便り有難う」の手紙も、相手との関係を取り持つ手段という意味で同じ発想である。

このような〝関係〟を表す言葉が、日本語にはやたらと多い。人間関係、それを蔭(かげ)で支配している運命のようなものを認め、もろもろの事は目に見えぬところで糸を引いて繋がっているという思想、これがこの手のことばを数多く生み出す原因となっているようだ。

自然の中の掟(おきて)は一種の「理(ことわり)」である。「事を割って話す」など言うときの「事を割る」は、事の筋道をつけて、理路を整えて説明することである。つまり物事の筋道、道理の関係が「ことわり」だ。このような論理的な語も古来、日本語には存在したのである。もちろん、それを理屈としてでなく、〝事を割る〟と考えるところに、いかにも日本的な即物的発想があるのだが、このような論理の因果関係は、また別に「由(よし)」とか「故(ゆえ)」「訳(わけ)」のような抽象語を生んだ。

「由」は物事の事情を事の本質に結びつけ、事寄せて理解することばだ。「近々ご外遊の由、同君の前途を祝してここに一席を設けたく存じます」「お元気の由、何よりです」など、手紙文でよく見掛ける語だ。人から聞いた話など、外から入った情報が、ある事柄の理由づけや手掛かりとなっているのである。これが「知る由もない」などの例になると、「いわれ」「わけ」と近づく。理由、正当な事情という意味だ。「いわれなき事」「いわれのない話」だと〝根拠のないこと〟になる。いずれも、話し手の主観的な解釈、とらえ方による事の関係づけだ。

それに対し「故」は、同じ理由・根拠にしても、このような口実やかこつけ意識は消えて、もっと客観的な原因や理由を目ざしている。「故なきこと」とか「故なきにしもあらず」のような、やや文語的な言い方もあるが、「寒暖の激しい季節ゆえ、健康にはじゅうぶんご注意ください」など、助詞の「から」に相当する使い方がむしろ普通になった。

日本語は論理性に乏しいとか情的だとか言われるが、結構このような論理を表すことばが発達していて、はっと目をみはるような場合が多い。要は、これらの語を上手に使いこなすことだろう。

命——草の葉に宿る露のように

気(き)／心(こころ)／心変(こころが)わり／病(やまい)／心根(こころね)／根無(ねな)し草(ぐさ)／魂(たましい)／たま／肝(きも)っ玉(たま)／御魂(みたま)／霊屋(たまや)／陵(みささぎ)／奥津城(おくつき)／露(つゆ)の命(いのち)／たまゆら／年波(としなみ)／いたつき

「気(き)は心(こころ)」と言う。確かに、感謝など自分の気持ちを表すどんなささやかな行為であっても、それは当人の本当の心を物語っているものだ。だから人間関係の円滑さを願う者ならば、だれしもお礼や感謝の念を心に抱いて、それを気持ちや行為に表そうとする。〝気〟は気分・気持ちで、精神や感情のなびいていく傾向だし、〝心〟はもっと理性的な頭脳の働き、考えたり判断したりする精神活動だ。

もともと空気のように立ちこめ満たしている活力のもとが〝気〟で、われわれの心は、状況によって気が入ったり、気が抜けたりする。気は時に軽くなり、また重くなる。気は変幻自在だから、急に変わることも度々(たびたび)だが、それは多分に気分屋だ。それに比べると心はもっと安定している。心が変わる（心変わり）ことがあったら、それは人を裏切ることになる。他人のことを気にしたり、周りが気になったり、また逆に全く気がつかなかったり、とにかく気まぐれで揺れ動くのが気だ。気に入ったり、気が向いたり、お天気屋の〝気〟に身を任せるよりは、もっと自分本来の身についた〝心〟でもって責任ある言動を心掛けることが肝要だ。「忘れないよう気をつけておこう」などと軽っぽく言うよりは、「忘れないよう心に留めておきましょう」と言ったほうが遥かに信頼感が高まる。水溜まり程度なら「気を取られてハンドルを切り損ねる」こともあろうが、心が奪われるほどではない。「宇宙の神秘に心が奪われて、一生を天文研究に捧げたのであった」なら、おかしくない。別のことに気が行くことがあっても、本業は忘れていない。心を取られたらそれこそ百年め、身の破滅だ。身も心も奪われるのが通常だから。

病は気からと言うが、気が自分を離れて勝手に偽の病気を作ってしまう。まことに御し難い気紛れ屋だ。心は〝心の病〟にはなっても、気ままに振舞うことはない。そのかわり、心が病気になったら、その人は病人だ。

心は時に「心根」となる。心の根本にあるもの、心情だ。「彼女の優しい心根に彼は再び生きる力を取り戻した」などと使うから、心の中心には愛情が住みついているらしい。裏を返せば、情を含まぬ精神など、日本語では「心」に値しない。根無し草のような、あてにならない存在だから。

心に似たものに魂がある。大和魂などというあの魂だ。魂は古代にあっては「たま」で、今日でも「肝っ玉の据わった男」とか「人魂」などの語に残っている。霊の力だ。体に宿って、われわれの心の働きをつかさどっているから、これが無ければ「魂の抜けた人」になってしまう。生命はあっても精神が欠けてしまっては人間ではない。魂の抜け殻だ。肝っ玉はその精神のふるい立つ原動力となる。胆力・勇気である。「肝試し」のように、「肝」一字ですますこともある。

魂は御魂、その人の霊である。その霊をしずめるための廟が御霊屋もしくは霊屋。遺体安置の場所だ。葬ってしまえば墓だが、天皇・皇后など皇族のは特に「陵」と呼んだ。御陵である。神道では墓という語を使わずに「奥津城」と言う。どこかの城の名前と勘違いせぬように心に留めておきたい。

死は命の終焉を意味するが、人の一生などは悠久の自然に比べたらまことに短いもので、草の葉に宿る露の玉がじき消えて無くなるようなはかないものだ。そこで「露の命」とか「露命をつなぐ」（細々と暮らすこと）などの言い方を生む。この露のように〝ほんのしばらく〟のことを「たまゆら」と言った。「たまゆらの命」である。まことに「いのち短し恋せよ乙女　朱き唇あせぬ間に」（吉井勇『ゴンドラの唄』）である。

時を経れば老いていくのは致し方ないが、何とか長生きをしたいものだと願うのは、昔も今も変わらない。不老不死の薬を空想したり、不老長寿の秘訣を求めてやまぬ涙ぐましい努力が、幾たびも繰り返されてきた。年寄ることを昔から波にたとえて「寄る年波には勝てない」などと表現したが、味のある言い方だ。老衰と病気は命の敵だが、「病」は「やまい」、「病に伏す」とか「病の床につく」などと言った。病気になることは「病む」で、両語は源を等しくする。

「いたつき」という語もあるが、恐らく痛みがつく、痛みが加わることから、〝病気〟ないしは「いたつく」で〝病気になる〟ことを言うようになったのだろう。今日、骨折り・苦労という意味でもこの語を使うことがある。

もともと日本には細かい病名を言い分けることばが無かった。ただ痛みを持つとか、「病む」で一括してしまう。年取ったり体の具合が悪くなったりするのは自然の理で、誰しも避け難い宿命と考える。そこに来世に希望をかける夢も生まれてくるのであろう。

夢――つかのまのこの世に幸多かれと

夢現／現身／虚ろ／幻／水泡／泡沫／淀み／あぶく銭／仮初／性／仕合わせ／為合わせ／幸い／幸／言霊の幸う国

「夢か、現か、幻か」。いったいこれは本当に現実のことなのだろうか、と信じられないとき発することばだ。よほど意外な事が起こったのだろう。夢は、夜見る夢だが、夢の中の出来事という意味で現実と対照させる。現実は「うつつ」。「夢うつつ」というのは、夢か現実か定かに区別しにくいもうろうとした意識状態を言っている。「うつせみ」（現身）などの「うつ」と同じで、現実の〝この世〟を言うらしい。「うつせみ」（「うつそみ」とも言う）も〝この世の人〟の意から、〝この世〟つまり「うつつ」と同じような意味になってくる。なお、空虚なことを「虚ろ」、「うつろな眼」などのように用いるが、これは語源が違う。

さて、現が真の姿ならば、幻は仮の姿だ。無いものが在るように見える幻影だ。だから、ふっとすぐ消えてしまう。はかないことのたとえに夢や幻が使われるのもそのためで、現実になりそうでならなかった事柄や、本当にあるのかどうか誰も見たことのない物など、たとえば「会社再建の夢も幻に終わった」「幻の陶製硬貨」などは幻と考える。

はかないものは何も夢や幻だけとは限らない。生まれてすぐ消えるものといえば、水の泡もはかない。「水泡に帰する」（努力のかいなく、無駄骨折りに終わってしまうこと）とか、「せっかくの努力も水の泡だ」と、よく使う。泡は「みなわ」（「水の泡」の略）とか、「うたかた」（泡沫）とも言う。「うたかたの恋」（はかない恋）などと聞くと、何となく素敵に響く。

淀みに浮かぶ泡はかつ消えかつ結びて、久しく留まりたるためしなし。

という『方丈記』の文章はあまりにも有名だ。淀みの泡などそんな綺麗なものではないが、「うたかた」などと聞くと美しく思えてくるから、変なものだ。佐藤春夫は、

身をうたかたとおもふとも
うたかたならじわが思ひ。（「水辺月夜の歌」）

と美しく歌っている。同じ泡でも、現代風に「あぶく」などと言うと、「あぶく銭」（不当な方法で手に入れた金。働かずに得たぼろ儲けの金）を連想して、どうも汚らしい。この世の中を仮の世（無常な世の中）と見立て、夢・幻・水泡といった見立ても生じてくる。

いずれにしても、はかないことは「かりそめ」（仮初）の世で、本式ではないほんの一時的な身の寄せ所と考えるのである。「かりそめにもそんなことを言うもんじゃない」などと言う「かりそめ」もここから来た語で、「仮にも」と同じ意味で用いている。〝本心からではないにしても〟である。

この人世がかりそめの世なら、せめてその短い期間でも楽しく幸せに生きたいと願うのが、人の情というものであろう。人間の性（生まれつきの性質）として、これは当然のことだ。そうでなかったら、人間臭さが無くなってしまう。第一、面白くない。人の一生をどう生きるかは、もちろん本人の意思と努力にもよるだろうが、昔から、それは一つのめぐり合わせとして、個人を超えた力に支配されていると考えた。仕合わせである。今日「仕合わせ」を「幸せ」とも書くが、本来「しあわせ」とは、幸・不幸に関係なく、一つの〝めぐり合わせ〟である。運・不運は結果的に決まることだ。善悪いずれにおいても、ある状況や世の中に必ずめぐり合わせる、それが、「仕合わせ」（「為合わせ」とも書いた）というものだ。

時代は下って、時代劇で、お殿様から仰せを賜わって「は、は、有難きしあわせ」と、その内容のよしあしにかかわりなく頭を下げる。あれは目上に対する礼儀から、何でも有難い喜びとして受け止めなければならなかった悲しい性だ。時代が下ると、めぐり合わせのうち特に幸運のほうのみを意味するように変わって、幸福と同義になっていく。

今日、幸福を意味することばは結構多い。「仕合わせ、幸い、幸福、幸」どれを取っても似たようなことだが、「幸い」は「幸う」から来た名詞。「幸う」は「言霊の幸う国」のように、〝盛んな〟とか〝栄える〟の意味だ。これは主として草木が盛んに繁茂し、五穀豊穣で栄えゆくところから生まれた語で、人々に仕合わせを与える様を実生活に写してとらえている。「幸」は「海の幸、山の幸」、これは原義は猟や漁を表したといわれる。その獲物を豊かに手に入れる幸せが人々に幸福をもたらすと見るのだから、これも実生活に密着した喜びだ。食糧の豊かさが即幸福を意味するとは、何と物質主義なことよと思われるかもしれないが、万事乏しかった古代社会にあっては、食の不安がなく常に満たされているということが、最大の幸福であったろう。精神主義と言われるかもしれないが、食糧や物が自由にいつでも手に入る現代の日本、このような有難い御世にめぐり合わせた仕合わせ、〝幸福〟とは物質とは別の、もっと違った面にあるのではないか。時代が移ろい、幸せに対する内容も価値観もすっかり変わってしまった今日、なお言葉としては物質志向の「幸い」や「幸」が使われる。

言語とは何と面白いものではないか。

動詞篇

I　知覚・判断

する――根源をなす行為と現象

なる

シェークスピアはハムレットの口を借りて、「生きるか死ぬか、それが問題だ」とあの有名な台詞（せりふ）を語らせているが、物事に思い余ったとき、人々は誰でもどうしようかと思い悩む。あなたならどうする？　たいがいは人の意見を参考にするものだが、兼好法師は『徒然草』の中で、明禅（みようぜん）法印の、

しやせまし、せずやあらましと思ふ事は、おほやうは、せぬはよきなり。

という言葉を紹介して、まことに同感の至りだと、思いとどまるほうに軍配を挙げている。

これは『一言芳談(いちごんほうだん)』という本の中に出てくる法語の一つで、原典とは少々表現が異なっているが、そんなことはどうでもいい。しようか、しないでおこうかと思うことは、たいがいはしない方がよいのだというその思慮のほどが実に面白い。明禅は石橋をたたいて渡らぬ慎重派だが、いったいここで何のためらいを想定していたのだろう。

日本語の「する」ほどあいまいではっきりしない動詞は、そう例が多くない。「したいことは山ほどある」「するもしないもないじゃないか」「早くしなさい」……日常しばしば口にする言葉だが、考えてみると、これらから具体的な行動は何一つ浮かんでこない。言ってみれば行為行動なら何でもいいということになる。もともと言葉は具体的な事柄を指して「降る」とか「登る」とか「食う」とかいう語をいろいろ用意しているのだから、フロベールの一語説ではないが、あらゆる事柄や概念の一つ一つに、それぞれぴったりな言葉がまんべんなく用意されていれば、何もわざわざ「する」のような漠然とした語を使う必要はないはずだ。だが、たとえば、

すまじきものは宮仕え

と言ったとき、この「す」に当たる行為は、宮仕えするといった特定の事だけを指しているのではない。人生の中で考えられるもろもろの行為を頭に置いて、その中でも特にする

べきでないものは何か？　と考えているのだから、実にスケールの大きな内容と言わなければならない。

これが具体的な事柄なら、なるべくそれに当たる的確な語でもって表現するのがいいに決まっている。たとえば相撲なら「取る」、将棋なら「指す」、碁なら「打つ」と、それぞれ都合よくそれに見合う動詞が用意されている。だから何も「する」で十把一からげに表現する必要は全くない。ところが、テニスにはどんな動詞がある？　と考えてもうまい語が思い当たらない。英語式に「遊ぶ」とか、いっそ外来語で「プレイする」（これも「する」の仲間だが）とでも言いたいところだが、これは自動詞だから「何々を遊ぶ」とはならない。結局「する」を使って「テニスをしよう」と表すしか方法がないのだ。だが、考えてみると、この「する」はなかなか便利な方法で、適当な動詞が無いときには皆「する」で間に合わせておけばよいのだから、実に楽でいい。「野球をする」「ダンスをする」「アルバイトをする」「くしゃみをする」と、いくらでも例は作れる。

日本語の動詞は数から言うと約五千語ほどで、そのうち「歩く、話す、起きる、送る」などの単純動詞は全体の四割五分程度。残りは「飛び歩く、起き上がる、青ざめる、秋めく」のような複合動詞だ。単純動詞だけではいかにも語数が足りなくて、まともな表現一つ出来ないから、「春めく」や「汗ばむ」のような複合語が造られたのだが、それにしても五千やそこらでは動きが取れない。そこで「する」のお出ましとなったというわけだ。

これなら漢語や外来語、いろいろな名詞を受けて自由に作文ができて何とも都合がよろしい。「マフラーをする」「指輪をする」「マニキュアをする」「首輪をする」「目隠しをする」……体だけではない。「相手をする」「世話をする」「商売をする」「いたずらをする」「電話をする」……さらには「鵜呑みにする」「おしゃかにする」「言を左右にする」「首を長くする」（「鶴首する」とも）「蓋をする」……いや、実にさまざまな使われ方で「する」が愛用されている。

その結果、やれ「青春する」だの「女子大生する」だのと何でもお構いなくやたらと「する」を付けて動詞化させる流行を生み出すのだが、これでは今に現代語の動詞は「する」に征服されてしまうのではないかとの危惧さえ抱かせる。専門語として「特定する」など、今日では普通の使われ方となってしまった。新語・流行語とまでは行かなくとも、「幸せする」や「科学する」などは罪が軽いほうかもしれない。

ところで、古典の教科書に必ずと言ってよいほど登場する『土左日記』の冒頭文、

をとこもすなる日記といふものを、をむなもしてみんとてするなり。

というあの文章はどうだろう。これをそのまま直訳すると「男がするとかいう日記というものを、女の私もしてみようと思ってするのです」と、まあこんなふうに直せるだろう。

だが、ここに三度出てくる「する」の使い方がどうも現代語として落ち着かない。ここはやはり「男がつける日記というものを、女の私も試してみようと思って書くのです」と具体的な動詞を当てていったほうが日本語らしくなる（もっとも中間の「する」は、そのまま「してみよう」あるいは「やってみよう」でも悪くはないが）。ということは、平安時代の和文のほうが現代の言葉より遥かに「する」を愛用していたということになるのだが、どうだろう。まさか紀貫之は、女性に扮して『土左日記』を書くことにしたから、それでいかにも女性の日記らしく語彙不足の文章を物したわけでもあるまい。いや、それどころか、『蜻蛉日記』などを見てもわかるように、当時の教養ある女性の文章は、そんな舌足らずの文章では全くない。

　千年もの時の流れが「する」の使用範囲を狭めていったことはまちがいないが、替わって昔なかったさまざまな事柄が新たに「する」の対象として仲間入りしたから、今日あいかわらず「する」の仕事場は花盛りだ。

　だいたい平安時代の和文はきめ細かな優れた描写にたけているが、実際に使われている言葉の数はそう多くはない。国語学者の宮島達夫氏の調査によれば、『源氏物語』に用いられている単語の総数は一万一千四百二十三語だという。僅か一万一千数百種類の単語であの膨大な源氏五十四帖が書かれたのだ。一万語というといかにも多いようだが、現在なら九歳児ぐらいの語彙量だ。成人なら五万語ぐらいが常識だから、現代人の感覚でいくと

『源氏物語』が一万一千数百の単語で書かれたと聞くと意外な気がする。ちなみに『土左日記』はただの九百八十四語。これは現代の三歳児に相当する。

もちろん、だからといって平安朝の傑作が幼稚な文章だとか、子供にもわかるなどとは、もうとう思っていない。たとえば同じ「あはれなり」でも、現代語に訳せば文脈によってさまざまに変わる。一つの単語の意味の幅がけた違いに広い。だから、円地源氏や谷崎源氏の言葉の数は、とても一万やそこらではないだろう。

言葉の網の目が狭く細かくなった現代語では、貫之や紫式部が聞いたらさぞ目を回すであろうような数々の単語が次から次へと加わってきた。概念の増加と細分化が語彙を爆発的に増やしたわけだが、増えたのは主として名詞で、動詞や形容詞はその割には増えていかない。代わりに「する」でもって動作を何でも表し、名詞に直接付けて「噂する」「よそ見する」「運転する」「電話する」「アルバイトする」「ハッスルする」と、どんどん動詞の仲間に引きずり込んでしまった。次の文章は、柳田国男（やなぎたくにお）の娘婿に当たる堀一郎氏が昭和十二年に書いた日記の一節だが、

午後母上、三千子（みちこ）柳田へお茶をしに行く。予（よ）は書斎に籠（こも）る。（堀三千『父との散歩』）

の「お茶をしに行く」という言い方も、現在では少々抵抗を感じるのではないだろうか。

といって「お茶を立てに行く」では意味が狭くなってぐあいが悪い。どうもうまい言い方が見当たらない。適当な表現がない以上「する」で代行するしか方法がないということになる。今日「お茶にしよう」という言葉はあるが、これは「お八つにしよう」の意味だから内容が違う。「……にする」は「……になる」と対になって、「足を棒にする」「足が棒になる」と、その状態に変わっていくことだから、心を鬼にして子供を叱ったり、目を皿のようにして捜したりするといった表現が生まれる。

艱難汝を玉にす

も、玉のような立派な人物に変えることを言っている。この「す」(「する」の古形)などは、結果として玉のようになすことで、意図的な行為ではない。

実は「する」は自然にそうなる状態を表す例が案外と多くて、「噂を耳にする」とか、「顔を赤くする」「目のあたりにする」、さては「額に汗して働く」、もっと精神的・生理的なものとして、寒気や息切れ、動悸、目まい、悪寒、吐き気、頭痛、胸さわぎ、いやな予感なども皆「寒気がする」のように「する」でもって表現する。いずれも碌でもないことばかりだが、どうもこのような現象には適当な動詞がないようだ。

五感では聴覚・嗅覚・味覚に「する」を使う。

五月待つ花橘の香をかげば昔のひとの袖の香ぞする　（『古今和歌集』）

ざん切り頭をたたいてみれば文明開化の音がする

「人声がする」「魚を焼く匂いがする」「しょっぱい味がする」と「する」が一般だが、どういうわけか視覚と色覚には使わない。なぜ「赤い色がする」と言わないのか不思議だ。それが物の状態形容なら、「赤い色をした瓦屋根」とか「青い眼をしたお人形」のように立派に成り立つのだから、言葉の機微は実に奥が深い。

かつて小生の教え子の外国人留学生が、胸はどきどきと自然にそうなるのに、なぜ「どきどきする」と「する」を使うのか、どうも日本人の感じ方は理解し難いと嘆いていたことがある。そう言えば、気にするまいと思っても、つい気になることを「つい気にする」と言い換えてもちっともおかしくない。生理現象や精神現象の生起に「する」が用いられることをこの留学生は知らなかったので無理もないが、「する」というと、とかく「仕事をする」とか「食事をする」、あるいは「散歩する」「努力する」など当人の積極的な意志的行為ばかりを考えがちだ。だが「地響きがする」「雨漏りがする」のような外界の現象をキャッチする場合も、「悪寒がする」「動悸がする」など内発的な感覚も、みな自動詞

「する」が請け負っていることを忘れてはなるまい。

日本語は〝するの言語〟より〝なるの言語〟だと言った学者もいるが、このような「なる」に当たる「する」が実は相当に多くて、成り行きとしてそうなることを専ら(もっぱ)「する」で表す。

「大金を手にする」や「人を愛する」など、意識してそうしたのか結果としてそうなってしまったのか、どうもその境がさだかではない。行為と結果とが一つになって区別しない、これこそ「する」の論理で、日本人の発想の基盤ともなっている。だからこそ具体的な行為はもちろん、心や体で感じ取る未分化の現象も、あまねく「する」で表してきた日本語。いわば諸事の根源をなす働きとして「する」が動詞を支えてきたとも言える。

和語・漢語・外来語、さまざまな言葉を引き受けて日本語を豊かにし、日本語の発想を肥(こや)してきた功労者「する」。それが今、かえってあだとなって、やたらと突飛(とっぴ)な新語造りの張本人のように睨(にら)まれる。だが、むしろ、そのような新語を流布させたわれわれの側こそ責められるべきではないだろうか。

孝行をするが第一竹細工

(「親孝行をする」に「駿河(するが)」、今の静岡県を懸(か)けて、駿河での第一の産物は竹細工だとしゃれた一種の言葉遊び)

ではないが、さまざまな動詞的言い方を生み出した「する」。このへんで、新語造りの生みの親「する」に、恩返しの親孝行をしてもいいのではないだろうか。

できる――物の発生が原点となって

出で来(いでく)／調う(ととのう)

「君は英会話ができるか」とか、「あの生徒はできる子だ」とか、現代社会はやたらと人の能力ばかりを査定し評価の基準にすえようとする。能力主義もここまで来れば、できないほうが何か劣等で役立たずの人間のように思われがちだが、人間の評価は〝できること〟だけで測れるものではなかろう。

どうも「できる」が現在〝可能〟とか〝能力〟といった意味を表す動詞となったために、できる人間には好ましい語だが、筆者のように、運転はできない、パソコンも使えない、外国語も苦手といった者にとっては、実に恨めしい響きを持った、何かエリートの特権といった、そんな手の届かぬ動詞になり変わってしまった。

可能といえば、中学校の国語で習った「れる・られる」の助動詞や、五段活用なら「読める」「話せる」「泳げる」のような可能の動詞があって、「パソコンが使える」「外国語が話せる」「将棋が指せる」と、それぞれの事柄に見合った表現がそれこそできるようになっている。それをわざわざ「パソコンができる」「外国語ができる」「将棋ができる」と十把一からげに「できる」ですまそうと横着(おうちゃく)を決めこむ。

先の「する」といい、この「できる」といい、その使われ方は甚だ大まかで意味の幅が広いから、可能なことには何でも「できる」一語で間に合ってしまう。なぜこのようになってしまったのか。

将棋や囲碁なら「指せる」「打てる」と言えるのは、それに見合った動詞があるからで、マージャンやテニスには適当な受ける動詞がない。だから「マージャンをする」とか「テニスをする」ですますしか方法がない。いろいろな新しい事柄が次から次へと日本に入ってきて、いちいちそれに合った動詞や可能の表現を造っていた日には、いくら語彙があっても追いつかない。先の「する」といい、この「できる」といい、万能とはいかないまでも、手持ちの駒で表現を埋め合わせるうまい日本人の知恵ではないか。その意味で「できる」は「する」の可能形として足並みをそろえていると言ってよいだろう。

「できる」はもともと「出で来」だから、この世に出て来る、現れ生ずるという意味だ。漢字で「出来る」と書くのもそのためだが、音読みにすれば「シュッタイ」。今日、何か事が持ち上がることによく用いる。和語「出で来」（「デデク」と読んではいけない）は、あの『伊勢物語』の有名な「筒井筒」の話の中に、

河内の国、高安の郡に、いきかよふ所出できにけり。

とあるように、通って行く女の所ができたことを「出で来にけり」と言っている。新たに生ずることだ。『源氏物語』絵合(えあわせ)の巻にも、

物語のいできはじめの親なる竹取の翁(おきな)……

という文があるが、これも、この世の中に物語というものが初めて現れたことを指している。この「いでき」の母音「い」が落ちて今日の「できる」が生まれたが、語形は変わっても意味のほうは変わっていない。

ついふらふらと起こった悪い考えを「出来心」と言ったり、「にきびのできる年ごろ」など、無の状態に新たに何か現れることだ。腫(は)れ物を「おでき」とか「できもの」とか呼ぶのは、まさにそのものずばりの呼称ではないか。米のできぐあいも、二人ができたらしいのも、具体・抽象の差こそあれ、無から有が生ずる点では全く同じ。食事の支度ができるまで待てと言えば「出来上がる」つまり「調(ととの)う」わけだが、支度が食卓の上に現れる点では基本は同じことだ。ただ、準備段階から完了段階へと移るから、完成意識が強まって、

ああ、やっと宿題ができた。

と仕上がりの意味が強調される。問題は、こうした「できる」が皆、どこか内側の奥のほうから自分の眼前に現れ生ずるという出現生起の発想だということである。自分の意志を超えた外なる力によって発生が支配される。だから自然の力の働くままに黙って受け入れていればよいのだという無抵抗の、悪く言えば無責任の姿勢がどうしても「できる」には付きまとってしまう。「できてしまったものは仕方がない」など、まさしくこの自己放棄の、責任転嫁の現れと言えるのではないだろうか。

ではもし「できる」を、現象の生起と取らないで、進んで自らのこととして受け止めたとすればどうなるか。答えは簡単だ。食事の支度ができたことも〝私〟のこととして述べるのだから、

私は食事の支度ができる。
私にも食事の支度ができた。

と、自分を主体にした表現に変えればよい。そうすると不思議なことに、能力所有の可能表現に文が変わってしまうのだから、ちょっと狐にでもつままれたような気になる。何のことはない。能力などというものは、たとえ自分自身のことであっても、それは外なる力によって与えられた、自然と出て来る力にすぎないのだ。あるいは、自分を取り巻く外部

の条件が認めるか否（いな）かの問題で、当方はただそれに何も考えずに従っていればそれでよろしい。「できない相談」だとか「できることなら私もそうしたいのですが」など、全く他力本願の思想だが、これこそ日本語の「できる」の発想と厳粛（げんしゅく）に受け止めるしかない。「彼は英会話ができる」とか、「うちの犬は芸ができる」とか、さては特定の能力所有がついには全人的な優秀さへとすり替わって「彼はできる」にまでエスカレートする。だが、いくら優秀だとか能力があるとか胸を張っても、しょせん日本語の「できる」は外なる力によって賦与（ふよ）された偶然の産物にすぎないことを悟るべきである。現れ生まれる現象こそ能力の原点で、それは当人の手柄でないとしたら、むしろ自分の持ち合わせた能力に素直に感謝する気持ちが大切なのではあるまいか。

無(な)くなる――自己を超えた無常の支配

亡(な)くなる

生あるものは必ず死し、形あるものは必ず滅するという。この世に在(あ)るものは、いつかは無(な)くなる。現れては消えていくこの世の中を昔の人は無常ととらえたが、確かに消えたり無くなったりするものを人の力で引き止めるわけにはいかない。人の死を「亡くなる」と言うが、「亡くなる」は「無くなる」に通じる。死は、今まで生存していた人が居なくなるのだから、〝なくなる〟ことだ。それを「死んだ」と単刀直入に述べるのを忌(い)みきらって、遠回しに言う。

ところで、親が亡くなったことをわが身に結びつけて、

つい先ごろ親を亡くしましてね。

のように言うことが多い。親の死はなにも子供の意志でも責任でも何でもないのだが、「私は……亡くした」と他動詞で表すことによって、親の死が自分とかかわりを持った身近な現象との気持ちを強め、親に死なれた寂しさを匂わせることになるのだろう。他動詞

を使ったからといって、決して親が死ぬよう積極的に手を加えたわけではないし、そんなことをするなど、まず有り得ないことだ。だから極端な場合は「殺す」を使って、

　親の私の不注意で、大事な一粒種(ひとつぶだね)を殺してしまいました。

と涙を流したりする（「一粒種」は、たった一人の子供）。「殺す」を使ったからといって殺人罪に問われるわけではもうとうない。そんな物騒な話ではなく、むしろ最愛のひとり子を亡くしたことを自らの責任と感じているからこそ発想される用語と解するべきだろう。どうも日本語は、文字通りに読むと、とんでもない意味になることが案外多い。

「子供が亡くなった」と言ったり「子供を亡くした」と言ったり、どちらも使う。このような二つの表現の対立は、自分にかかわりの深い事柄であればあるほど意味が似てくる。子供が亡くなったことを、私は亡くしたのだと、まるで財布でも無くしたと同じように、他動詞で言う。それで、掌中(しょうちゅう)の珠(たま)を無くしたような失望感を生む効果を上げているのかもしれない。

　もともと親や子供は自分とは別の存在だ。だから「風が止(や)んだ」とか「雨が上がった」「日が沈んだ」と同じように、「親が亡くなった」と事実を事実としてそのまま表現しても事はすむ。ところが、自分の所有や、責任範囲での物の消失・破壊などを表すとなると、

話は違ってくる。私の責任でそれを無くしたりだめにしたりしたのだから、理屈から言えば〝私〟の立場で徹底すべきところだ。だが、現実は必ずしもそうはなっていない。卵を不注意から割ってしまったときなど、どう言うだろう。

卵を二つ割っちゃった。

とも言えなくはないが、何か計画的にやっているようなニュアンスがつきまとう。そこで、

ごめんなさい、卵が二つ割れちゃったわ。今度から気をつけるから許してね。

のように、たぶん言うだろう。

あ、危い！　花瓶を倒す……

とはまず言わない。

あ、危い！　花瓶が倒れる……

と、目に映る現象面で述べるのが日本語だ。特に緊急の反射的な叫びなど、皆この手の言い方だし、そうでなくても例を探せばきりがない。「ほら、袖がペンキに触れるよ」「あ、鼻汁(はな)が垂れる」「おなかの皮が背中にくっ付きそうだ」（空腹のこと）……。

「天井が低いので頭がぶつかりそうだ」のほうが「頭をぶつけそうだ」より受身的な臨場感がある。「欲の皮が突っ張っている」のであって「突っ張らせている」のではない。「眼鏡のレンズがはずれちゃった」「ボタンがとれちゃった」「胸の名札が無くなっちゃった」「化けの皮が剝(は)がれてしまった」……。

諸外国語の中には、このような場合、主体の人間の側に立って、

I have lost……

と、「私」や「彼」などを主語に立てなければ様(さま)にならない言語も結構多い。そこで、日本語は人間排除の客体的立場で物を言う極めて客観的な言語だとお考えの向きもあるかと思うが、実はそうではない。「私は胸の名札を無くした」ではなく「名札が無くなった」と表す気持ちの底には、自分の意志や力を超えた自然の支配が働いて、そうした現象が起こったのだ。ただそれを在(あ)るがままに受け止めるだけという受けの態度が存在する。自分

と外界とをはっきり区別して、外の現象を自分の目に映った事象として述べる言語なのだ。その点、前に話した「できる」と全く同じ発想で、〝私〟の手の届かぬ外なる力を私の目で眺めているわけだ。日本語では「私は……何々した」と、いちいち文に主語「私は」を立てないのは、実はこうした思考の型に起因する。だから仮に「私は……」と出すと、〝他の人はともかく、この私はこうなのだ〟と極めて自己強調の意識が表面化してしまう。日本語が、いや日本人が、自己を売り込まず万事控えめだというのも、あるいはこうした動詞の発想に由来するのかもしれない。

ある――主観によって変わる存在の有無

いる／居る（い）／座る（すわ）／立つ（た）／おる

日本語の特徴の一つに、生き物とそうでない物とを区別するという点が挙げられるかもしれない。難しい言葉で言えば、有情（うじょう）と非情（ひじょう）との違いだ。非情の受身などと言って、「窓が開け（あ）られた」式の言い方は日本語的でないという。自分の目に映った窓の様子をありていに述べているのだから、先に述べた「花瓶が倒れた」ふうの自然な日本語と受け取られがちだが、何かによって窓が開けられたという現象のとらえ方は、どうも自然な日本的発想ではないらしい。偶然の現象なら、むしろ「(風で) 窓が開いちゃった」と表すべきだし、もし、意志をもって開けたのなら、「窓を開けた」と言うべきだろう。ここにも有情と非情の使い分けが見られるのだが、人間中心の「賞（ほ）められた」や「殴られた」が自然でも、非情の「窓が開けられた」はおかしい。これが現代日本語の一つの特徴となっているのである。

このような区別を最もよく行っている語に「いる」と「ある」がある。人や動物なら「いる」で、物なら「ある」と使い分けるような言語は、世界の外国語を見渡してもそう多くはない。ところが「僕には家族がある」とか「妻のある身」という言い方が一方にあって、それで、私たち妻や子供を物扱いするとは怪しからんなどといきり立っている人もいるかもしれない。子供のころよく聞かされたおとぎばなしに、

昔々、おじいさんとおばあさんがありました。

とあるのを見て、なぜ「いました」と言わないのか、いぶかった向きも多いだろう。「むかし、男ありけり」で始まる『伊勢物語』は、あまりにも有名だ。もともと古代の日本語は、人や物の存在には区別なしに「あり」（「ある」の古い形）を用いた。『源氏物語』に、桐壺の更衣の死後、女房たちが「なくてぞ」（亡くなって、はじめてその人が偲ばれてくるものだ）と言い合ったという話が出てくるので、ご存じの向きも多い、

ある時はありのすさみに憎かりき無くてぞ人は恋しかりける

という歌も、「ある時は……」と「あり」が使われている。そう言えば今日でも「この世にある内は……」とか、「いつまでも元気でありたい」と、けっこう人間に「ある」を使っている。日清戦争を歌ったという山田美妙斎の「敵は幾万ありとても……」も、幾万人いたとてもの意味だ。「敵は本能寺にあり」など、人間も物も抽象名詞も区別がない。

楽あれば苦あり
能ある鷹（たか）は爪を隠す

といった古いことわざをはじめ、「あるべき姿」とか、「あるがままに」「ありし日の姿」、あるいは「お金はあるに越したことはない」など、「ある」は広く事物や人の存在に使われていた。

「ありきたり」「ありふれる」「ありていに申せば」などの「あり」も、実は動詞の「あり」に由来していると聞いたら驚かれるだろうか。

では、いったい「いる」のほうは何をしていたのだろうか。「いる」は「ゐる」（居る）で、昔は座っているという動作を表した。存在ではない。だから『竹取物語』の翁（おきな）（おじいさん）が竹を切りに行って、竹の中から〝かぐや姫〟を見つける例の有名なくだり、

その竹の中に、もと光る竹なむ一筋ありける。あやしがりて寄りて見るに、筒の中光りたり。それを見れば、三寸ばかりなる人の、いとうつくしうてゐたり。

も、「大層かわいらしい恰好（かっこう）で座っていた」ということなのだ。「座る」の反対語は「立

つ」だから、「居る」は「立つ」と対になって、

　立ち居振舞い
　居ても立ってもいられない

のような表現が生まれる。立ったり座ったりする動作、つまり日常の動作一般を指すし(これは甚だ日本的な動作だ)、もう一方は、座っても立ってもいられない、じっとしていられぬ落ち着かない状態を表した言葉だ。「立つ」と対応させていることからも、この「いる」が〝座っている〟の意味であることは想像がつこう。

　座っている人は、その場に腰をすえて動かない。「いる」が後、人の存在を表すようになって、「ある」と競合するようになったが、「いる」を使うと、ある定位置を占めてそこに存在するといったニュアンスがつきまとうのも、実はこのためだ。「家族がある」には、ただこの世に存在する、つまり家族持ちだという甚だ概念的な意味しか持たないが(「家族を持っている」とは普通言わない)、「家族がいる」となると、どうしても場所の観念が伴って、具体的な状況を想定しがちだ。

　「いる」は「おる」(「おります」の「おり」の終止形)と共通するが、例の文語文法のラ変動詞「有り、居り、侍り」の「をり」は、座りつづけていることから転じた、居ること

を継続する意だ。だいたい座るような低い姿勢を取ることは、今日で言う低姿勢の態度、つまり謙遜（けんそん）や蔑視（べっし）の意識があるからで、「ある」に比べると「いる」のほうが、さらに「おる」が、同じ居るの状態でも蔑視や卑下の心は順に強まっていくのが史的な実状だった。現在でも「はい、ここにいます」よりは「ここにおります」のほうが謙譲の表現になるだろう。だから他人に対して「社長おりますか」などと使うのは言語道断（ごんごどうだん）だ。

「ある」は「ない」と対をなしていることは「あるかなきかの微風（そよかぜ）」とか、「あるかなしの金をはたく」（ともに極（ご）く僅（わず）かなことを表す）、あるいは「あること無いこと言いふらす」などの例を見ても明らかだ。

もっとも、日本語の「ある」や「無い」は、ただ存在・非存在を表す外国語とは、ちょっとわけが違う。日本語の「ある」は「ない」の否定ではないし、「ない」は「ある」の否定とは限らない。その点、二者択一の矛盾関係とはなりにくい。というのは、たとえば、

「日本には地下資源がありますか」

「はい、少しあります」

とも言えるし、

「いいえ、あまり無いんです」

とも答えられる。同じ僅少（きんしょう）な状態に「ある」とも「無い」とも言えるとは、論理的に見ればおかしな話だが、こうした例から考えて、どうも日本人の頭には、「ある」はただの存

在、「ない」は非存在を描いているのではないようだ。「相当ある／かなりある／大分あ(だいぶ)る／結構ある／少しある／幾分(いくぶん)ある」とか、「あまり無い／ほとんど無い／全然無い」のように、あったり無かったりすることに程度を設けて、あることは同時に無いともとらえ得る芸当をやってのける。「ある所にはあるものだ」「あるわ、あるわ」など、ただの存在ではあるまい。たくさんあるといった意味を表すように、同じ「ある」にも段階を設けて考える。明らかに、対象そのものの存在の有無といった客観的なとらえ方ではない。そうした外の世界の状態を眺める人間が、その対象の量をどの程度のものとしてとらえるか、受け取る側の主観的な問題なのだ。だから、予想や期待、あるいは必要とする量に足りなければ「ない」と言うだろうし、十分と思えば「ある」で表すだろう。話者の判断次第、日本語とはそういう言語なのだ。

II　生活

集(あつ)まる――集団への欲望

寄(よ)る／集(つど)う／群(むら)がる／屯(たむろ)する／散(さん)じる／散(ち)る

利は利を生むと言って、金のあるところには金が集まる。甘い物には蟻(あり)が集まり、騒ぎのある所には野次馬が集まる。人の場合は多分に群集心理が働くが、何も集まるのは人間や動物とはかぎらない。ある箇所に集中して一つになるのは、自然の自(おのず)からなる流れと言える。

芭蕉の句に、

五月雨(さみだれ)をあつめて早し最上(もがみ)川

というのがある。本来なら五月雨水が集まって水かさが増したのだから、「集まりて早し」と言うべきところだ。だが「集まりて」では成り行きとして当然そうなっただけのことで、句に力がない。みなぎりあふれた奔流がとうとうと音を立てて流れるあのすさまじさが出て来ない。だから芭蕉は「集めて」とことさら他動詞で述べることによって、自然の趨勢を支配する底力をそこに打ち出したのだろう。「人が集まる」「非難が集まる」「類を以て集まる」（「類は友を呼ぶ」と同じ。『易経』にある言葉）と、結果として集まってくる様子は自動詞「集まる」を使うほうが自然な日本語で、五月雨の句などは文学的効果に引かれた特別の技巧だ。他動詞は、

　衆知を集める（多くの人に意見を求める）

のように、そこに意志が働いているが、人は、

　三人寄れば文殊の知恵

で、どうも「集まる」は「寄る」と意味が近づいてくる。「寄り集まる」という語もあるし、「寄ると触ると」（人が集まれば同じことを話題にする）などの慣用句もある。もとも

と「近寄る」「吸い寄せる」「客寄せ」などでもわかるように、人や心・物などが自然と引きつけられ近づいて行く現象だ。だから、特にたくさんのものが集中しなくてもよい。

もっとも「寄り合い」などと聞くとかなりの人数を想定したくなるが、「寄り合い所帯」から連想する姿は、どうもまとまりのない集まりで、「烏合の衆」（統一・規律のない集団）にかなり接近してくる。現在は「集会」や「会合」といった漢語を使って、もっと統制のとれた共同体、同じ目的で集まった人々との印象を強めている。「寄り合い」から「集合」「会合」へ、さらに外来語「ミーティング」へと、言葉も時とともに動いていく。

統一のとれた集まりを表す言葉として、昔は「つどう」（集う）が使われていた。今日でも名詞形「つどい」はなじみ深い語で、「若人のつどい」とか「音楽のつどい」など、よく耳にする。これはかなり古い語で、

ももしきの大宮人は暇あれや梅を挿頭してここに集へる

と『萬葉集』にも現れる。

もともとこれは数多くの珠を緒（芯になる糸）に貫き通したものを言い、「白玉の五百箇集」（真珠をたくさん通したネックレスのようなもの）などという言葉が、これも『萬葉集』に見られるくらいだから、何か一つの目的からばらばらの物が集まって一つに

まとまることだろう。しかし、それにしても、このような古い言葉がよくも現在まで脈々と生き続けてきたものだ。それだけに雅語的な味のある語だ。

それに比べると「群(むら)がる」や「たむろする」(屯する)などはどうも語感が落ちる。これらは鳥や獣・植物などが仲間ごとに一かたまりの集団をなしていることだから、なおさら品格が下がるのだろう。「群衆」「群集」もやはり収拾のいかない多数の集団だ。「たむろ」も人の集まりには変わりないが、これは「駐屯(ちゅうとん)」(軍隊がその地に長くとどまること)や「屯田兵(とんでんへい)」(辺境の地に配して農業をやらせ、非常の時には従事させられる兵士)の「屯」の字を当てる。だから「屯する」も、何となくある一所に集まってしばらく居る様子なのだが、どうせそのような時間の浪費をする連中は目的もなくそのへんにただ群れて遊んでいるのだから、何ともうさんくさい。「屯する」は一箇所に集まっていることで、うろうろ動き回るわけでは全くない。

さて、集まったものはいつかは別れる。「散(さん)じる」「散(ち)る」だ。早稲田大学の校歌に「集(あつま)り散じて人は変れど……」というくだりがあるように、別れて散らばることは人の世の習いだ。群集はやがて散り散りになるし、追いたてられれば〝蜘蛛(くも)の子を散らす〟ように四方に散っていく。これは、蜘蛛の子が袋を破ると一気に四方に走り出るところから来た比喩(ひゆ)だ。このような自然観察の中から生まれた実感的な言い回しがだんだん忘れられてきたことは本当に残念だ。

働く（はたらく）——そのものの機能が動き出す

遊ぶ（あそぶ）／戯れる（たわむれる）／たわける

昔の人は「働かざる者食うべからず」と言って、労働を尊いこととした。筆者の少年時代も「一日働かざれば一日食わず」とか聞かされて、働かない者は食事をとる資格さえもないような思想を植えつけられたものだ。

その裏には、遊んで暮らしていることは悪であり、無為徒食（むいとしょく）（何もしないで無益な生活をむさぼっていること）は最もさげすむべきことという思想が根強く潜（ひそ）んでいた。

ところが、今日は、日本人は働き蜂（ばち）とか言われて、むしろ働きすぎが非難されるご時世となり、遊びを知らない昭和一けた世代は、ヤング世代から哀れまれる。

筆者の母や祖母の世代は、とにかく暇さえあれば何かしら手を動かしていたものだ。働くことは人間の特権だが、その裏返しの遊ぶこともなかなか進んでいて、最近はこちらのほうが人間生活の中の主流になりつつある。どちらに重きを置くかは本人の意志次第だが、そのバランスの取り方が難しい。

ところで、日本語の「働く」は、それほど意志的な行為の動詞ではもともとなかった。今日でも「頭が働かない」とか「勘が働く」のような精神活動の例もあるし、もっと物理的な、引力が働いたり、列車でＡＴＳ装置が働いたりする。そのものの兼ね備えた機能が動き出すことだから、特に労働や仕事をすることとは限らない。盗みを働いたりするのも働く行為の一つなのだから、

遊んでばかりいないで、少しは働きなさい。

とは、かんたんには言えないわけだ。古代の日本語では、体が動くことを言ったらしく、死んだはずの人が柩（ひつぎ）の中で働いたり、手や足が働いたりするといった叙述に出くわすと、現代語の感覚では奇異に感じる。

　とにかく体を動かすことが「働く」で、今日でも比喩的に「不精（ぶしょう）しないで、体を動かしなさい」と言ったりする。体を動かし体を使うことが労働の基本だからこそ「身を粉（こ）にして働く」とか「なりふり（身なり様子のこと）構わず働く」のような言い方も生まれるというわけだ。

　労働は仕事だから、職業的な活動も働きの一種となる。石川啄木の、

はたらけど
はたらけど猶（なお）わが生活（くらし）楽にならざり

ぢっと手を見る

など、まさにその見本だろう。今日、飯の種となる労働を特に「働く」と限定する。仕事に就いて報酬を得る、それが生きる手立てであり、働くことは食うことと一つになる。歌人の土岐善麿は、なかば自嘲的に、

働くために生けるにやあらむ、
生くるために働けるにや、
わからなくなれり。

と、われわれ庶民の心を代弁してくれる。〃生きる・食う・働く〃が一つになって連動する。どれか一つ欠けても人間として立ち行かない。そこに遊びの入る余地さえ無くなる。せちがらい世の中となったものだ。

「遊ぶ」を「働く」と対照させて考えるのも、「働く」が仕事への従事を意味することから起こっている。

「手が遊んでいる」のように、労働に携わっていないことを「遊ぶ」ととらえるわけであるが、手だけでなく、人間そのものが何もしないでぶらぶらしていることが「働く」と対

照的な行為として取り沙汰される。

会社をやめて家にいるのも、進学もせずに浪人しているのも、共に、〝遊んで暮らしている〟との烙印をおされてしまうのだ。これは働くことが善で、遊ぶことは悪との思想が根底にあるからで、要するに生活の資を稼がなければ、たとえ家庭婦人のように家事に専念しても、〝遊ぶ〟ことになってしまう。

だが、「遊ぶ」は本来、日ごろの生活から精神的に解放されて、現在とは異なる世界に陶酔することだ。芸道に遊んだり、文学に遊んだり、ヨーロッパに遊んだりするのが、まさにそれだ。

その道の魅力に取りつかれ熱中することは決して悪いことではない。その昔、神楽は神遊びと言われたし、古代なら狩猟が遊びだ。音楽を奏し歌をうたうことが典型的な貴族の遊びだった時代もある。だから管絃の演奏は〝遊び〟そのものだったというわけだ。

遊びは時代や世代で内容も変わってくる。

子供の遊び、遊戯も一昔前とはだいぶ変わってきた。大人も交えた正月の遊びも昔と今とはすっかり異なる。だいたい屋外の遊びが減って、テレビゲームなど体を使わぬ遊びが盛んになってしまった。

後白河法皇が愛好したという今様（平安時代に生まれた歌謡）を集めた『梁塵秘抄』に、

遊びをせんとや生まれけむ、戯れせんとや生まれけん、遊ぶ子供の声聞けば、我が身さへこそ動がるれ、

というのがあるが、これはまさしく屋外での遊びだ（なお「梁塵」とは「梁塵を動かす」との中国の故事から来た言葉で、梁の上に積もった塵をも動かすほど優れた歌声。転じて歌謡や音楽を表す）。

子供は全身全霊罪のない遊びに打ち込む。〝遊ぶ〟とは現実からの解放であって、本来善なるものだ。「息子が悪い遊びを覚えた」とか「夜遊び」など、遊びにとってははなはだ不名誉なことだが、「遊蕩」だとか「遊人」だとかいった語があって、遊びの価値を下げてしまったのは残念なことだ。「芸に遊びがある」など、技にゆとりがあって芸道の真髄を楽しむ名人の域だ。「遊び」や「遊ぶ」はもっと良い意味の言葉として使えなかったものか。

そこへいくと「戯れる」は、常軌にはずれるふざけた行いという対照的な意味を持つ。「たはぶれ」（たわぶれ）の変化したものだが、これとは別に「たわける」という動詞もある。どちらにしてもあまり感心できる内容のものではない。いたずらや、ふざけ心といった不まじめの精神に発しているのだから、遊びとはだいぶ毛並みが違う。もっとも、冗談の意味で、

お戯れでしょう。

お戯れになってはいけません。

というのを耳にするが、これはなかなか上手な言い方だ。

渡る(わた)――広漠とした海を行き進む

処す(しょ)

「渡る世間に鬼はない」という。世渡りの術つまり処世術にたけている者はよいが、なかなか思うように人様の中で上手に身を処していくことは難しい。だが、鬼はこの世にいないらしく（？）、万事はお互い助け合いで世の中はうまく保たれている、とまあ、そのような次第だ。人のいいことわざだが、そうでも信じていなければ、長い人生、身が持たぬだろう。

世の中を生きていく人生コースは、しばしば旅にたとえられる。人の誕生は人生の旅立ちであり、死は旅の終着点だ（もっとも、あの世への新たな旅立ち、死出(しで)の旅でもあるのだが）。そして、この人生の旅は〝世の中〟という大きな海を渡って行く人生航路と考えられる。

というのは、日本語の「渡る」は本来、海を表す「わた」と語源を共通にしているからだ。『萬葉集』などで「わたつみの豊旗雲(とよはたくも)に入日(いりひ)さし……」などと出てくる「わたつみ」は海の神様のことだが、その「わた」は〝海〟を指している。百人一首にも採られている『古今和歌集』の、

わたのはら八十嶋かけて漕出ぬと人には告げよあまの釣舟

の「わたのはら」は〝大海〟のことだ。とにかく「渡る」は、海をこちらからあちらの岸へと行き着く行為に由来する。それが、語源意識が失われて、対岸へと間を横切る移動なら何でも渡ることとなり、「手を挙げて横断歩道を渡ろうよ」とか、「渡り廊下」のような使い方が現れた。

さらに場所から離れて、物が人手に渡ったり、細部にわたって目を光らせたりするのも「渡る」から派生した言い方だ。それで、海のような広漠とした中を行き進むことばかりではなしに、あちこち次々とたどって行くことにも使われるようになり、転々と職場を渡り歩いたり、渡り稼ぎや渡り奉公といった面白い言葉も造られていった。

こう見ると、どうも「渡る」というのは、周囲の条件に押し流されながら、一箇所に落ち着けずにあちこちとさまよい進む不安定な移動だ。だから、世渡りとは、世の中の渦にもまれながら、とにかく溺れずに身過ぎ世過ぎをしていく（暮らしを立てて生活していく）ことだろう。で、世渡り上手とは、そこをうまく避けながら巧みに泳いでいく達人のことだ。

世の中を海にたとえ、生きていくとは海を渡ることだと考えた私たちの先祖は、恐らく海の彼方（かなた）からはるばるやって来た渡来人だったのだろう。四面を海に囲まれた日本は、海を渡ることがたつき（生活を支える手段。「たずき」とも言った）だったのかもしれない。

それにしても海はあまりにも大きく、人間の力に余る対象だ。そこを渡って生きる手立てを求めるとは、世渡りも並大抵のことではない。「世間様を向うに回す」などと威張ってみても、しょせんは無力な個人にすぎない。ままならぬは世の中で、わが身を取り巻く大海のような量（はか）り知れないこの世の中を、絶対的なものとして、ただそれに合わせて生きていけば間違いない。それが世渡りであり、人生であると考える。いかにも日本的な生活の知恵ではないか。そこから「処世」とか「身を処す」とかいった言い方も生まれてくるのだ。

世の中を自分らの手によって作られたもの、自分もその構成員の一人だなどと考える素地は日本語にはない。でなければ何で〝世渡り〟などという発想が生まれよう。人の世の荒波を渡って進む旅の道行きこそ、とりもなおさず日本人の人生なのだ。だから、

旅は道づれ世は情（なさけ）

で、互いに助け合い、いたわり合いながら生きてゆかねば、この大海を乗り切れないとの思想も生まれる。義理や人情の芽生える素地は十分にあったと見ていいだろう。

困る（こま）――世の中の掟に従って

時めく（とき）／たそがれる／落ちぶれる（お）／うらぶれる

大自然や世の中は、自分らの手で産み出した対象でも作り変え得る対象でもない、との思想が、古来、日本人にはあった。自然や社会という大きな流れの中にあって、身を任せながら人生を渡って行く。その時に当たって幸いにも良い結果が得られれば、うまく時流に乗ったわけであり、声望を得て「時めく」ことになる。

しかし、日本語の動詞にはなぜかこのような成功を表す言葉が少ない。世に出る、つまり出世といった間接的な表現で間に合わせ、そのものずばりの語が見当たらない。古い和語の造られた時代には身分制度が固定していて、分不相応な出世栄達など考えられなかったのかもしれない。「身をたて　名をあげ、やよはげめよ」と歌われた（『あおげば尊し』）のは明治十七年のことだから、やはり「立身出世」などという漢語が幅をきかせ出したのは近代に入ってからだ。福沢諭吉の『学問のすゝめ』とか、中村正直訳の『西国立志編（さいこくりっしへん）』などがもてはやされたこともむべなるかな（「もっともなことだ」の意）と納得できるのである。

栄達がままならぬことは、現代のわれわれが身にしみて感じているところだが、「雌伏（しふく）

十年」（将来の活躍を期して十年も他の者の下に忍従すること）とか、「頭角を現す」（才や技が人より目立ってくること）とかいった言葉が生まれ、ついには「雄飛する」（勇ましく盛んに活動する）ことになる。しかし、これらの語はいずれも漢語だ。

ところが、だめなほうに目を向けると実に和語が豊富なのには驚くばかり。「鳴かず飛ばず」だ、「うだつが上がらない」だ、「下積み」だ、「落ちめ」だと、どうも不景気な言い回しが多いのだが、昔は「微禄(びろく)する」といって、落ちぶれることに使った。「微禄」は武士のわずかな俸給のことで、「禄」は「禄高(ろくだか)」や「禄を食(は)む」などで聞き覚えのある語だ。戦後、太宰治(だざいおさむ)の小説『斜陽(しゃよう)』から「斜陽族」（没落階級のこと）なる語がはやったが、「成り上がり」「成り金」などとは対照的な言葉だ。身分・地位や生活状態の急激な低下を落日にたとえるあたり、なかなかに文学的だが、日入り果てて薄闇迫る黄昏時(たそがれ)を動詞化した「たそがれる」（不景気な状態に悪化する）などいう流行語が一時もてはやされたが、最近は聞かなくなった。雅語的な「たそがれ」も流行語化するといかにも品位がさがる。

さて、身分や生活状態が悪化して何ともみじめな状態に零落することを「落ちぶれる」と称したが、その結果みすぼらしい姿になれば「うらぶれる」。室生犀星の有名な、

　　うらぶれて異土の乞食(かたい)となるとても　（『小景異情』）

の、あの「うらぶれる」だ。このような語は、生活水準の向上した、一億総中流意識の現在では、すっかり忘却の彼方(かなた)に押し流されてしまった感がある。だが、その日の食にも事欠いた戦後の苦難の時期を忘れてはならないだろう。

衣に困り、住に困った当時としては、日常生活は困ることだらけで、むしろそれが当たり前となっていた。道に迷ったり金策がつかないで困ることもあるだろうけれど、生活苦そのものが「困る」の意味だった時代だ。

あの人、困っているのよ。

と聞いて、「何が？」と聞き返す時代にめぐり合わせたことは幸せというべきだろう。貧乏暮らしをださいこととして、借金して景気よく暮らす現代の若者気質には、「困る」は耳遠い言葉となってしまった。

古来、日本人は、

苦しいときの神頼み

と、困ったり苦しいめに遭(あ)ったりすると極めて他力本願的な思想になる。虫がいいと言えばそれまでだが、生きてゆくことは世の中の掟に従うことだから、不幸にして神の思し召しに合わなければ、苦しいめに遭ったり困ったりすることになる。困るからといって分を超えた領域にまで踏み込んで事態の解決を図ろうとは考えない。困ったときは困ったこととして堪えしのぶか、神仏にすがるしかない。だから「明日は明日の風が吹く」と考えて現在のささやかな幸せに充足するか、それとも「人事を尽くして天命を待つ」とか、「溺れる者は藁をもつかむ」心境で、現実に立ち向かうということになるのだろう。

食(く)う――自然の恵みを謙虚に受ける

嚙(か)む／銜(くわ)える／食(しょく)する／食(く)らう／食(は)む／食(た)べる／賜(た)ぶ／いただく／飲(の)む

「会社をやめるって、これからどうやって食っていくんだ」

「しばらくは細々と商(あきな)いでもして食いつなぐつもりです」

「真面目にがんばらないと、今に食えなくなるぞ」

と、「食う」は〝生活する〟〝生きていく〟の意味で使われる。

人間、食わずに生きていくことは不可能だし、他の何よりも命に直結しているだけに、食うこと即生きることに違いない。仙人だって霞(かすみ)を食って生きているというではないか。生きる喜びとして、食う喜びに優るものはない。「食うや食わずの生活」（苦しい生計）とか、「食うには困らない」（一応の生計は保てる）など、食うことで生活費・家計を表す例は枚挙にいとまがない。「食う」は、もと、物が口に触れてそれに歯を立てることだった。だから、「嚙(か)む」や「銜(くわ)える」行為とははなはだ近かった。今日でも、食いつく意味で「糸を垂らすと、すぐに魚が食う」だとか、「楔(くさび)を食わせる」（楔を打ち込んで固定させる）などの例がある。後のは「楔を嚙ませる」とも言うから、ほとんど意味に差がないと見てよかろう。

歯で挟んだものは自ずとのみ込むことになるから、「食う」は「食する」ことになるわけだ。だが、どうも日本語の「食う」には、自分から積極的に餌や食べ物をあさって喉にほうり込むといった能動性はなかったようだ。と言うと、がつがつと飢えたところがないようで、いかにも上品に聞こえるが、そうではない。食うという作用自体が受身的な、外から蒙る外因性を秘めていたということである。

確かに「食うか食われるか」（相手をやっつけるか逆にやられるか）など能動的な例もあるが、これとて結果として相手を食ったことになるだけだ。口に入れる行為でなくとも、「強いパンチを食う」だとか「お目玉を食う」（叱られる。「大目玉」とも言う）、「割りを食う」（損な立場を蒙る）、「一杯食う」（だまされる）など、慣用的な言い方がみな受動的な「食う」だ。

その手は桑名の焼はまぐり

「その手は食わぬ」と言うところを、地名の「桑名」とうまく懸けて、桑名の名物焼蛤と結ぶ洒落ことばの一つだが、その策略にまんまとはまったりはしないぞという意味を表している。この「食わぬ」もまさに受身的な「食う」だ。

飲食の場合も同じで、当てがわれた糧を受け入れ食するとの意識が強かったようだ。

「食わず嫌い」や「臭い飯を食う」（刑務所に入れられる）もそうだし、「夫婦喧嘩は犬も食わぬ」も、何でもよく食う犬でさえ、食わせようとしても食おうとしないというのだから、これも受動的だ（なお、これは、夫婦げんかは内輪もめゆえ、すぐ仲直りする、仲裁に入ることもないの意）。

「食う」を卑しめた「食らう」は飲食両方に使えるが、これも受動的な点は同じことだ。びんたを食らったり、風を食らって逃げたりする（悪事が見つかって大あわてで逃げる）のもそうだ。本当の飲み食いの例では「酒でも食らって寝ちまおう」など能動的とも見えるが、受身姿勢の「食らう」を使うことによって、やけ酒をあおる気分が強まるようだ。

このように日本語の食うことが受けの姿勢で、自然の成り行きだとは、まことに不思議なことであるが、自然の恵みを受け入れて、あるだけのものを「食む」という狩猟・農耕民族の習性によるのかもしれない。それに、食物は海の幸・山の幸として自然に属する物と考え、食うことはそれを人間が頂戴する行為と見たらしい。「食う」の丁寧語「食べる」は、昔の「賜ぶ」（「賜う」の意）に由来する語だが、まさに自然からの賜わり物をいただく行為そのものだ。今日「食う」を「いただく」と言い、「いただきます」と挨拶する。ここにも賜わり物を受ける発想が生きつづけている。

これは遊牧民族には考えられない思想だが、そこから「食う」は〝消費する〟との思いがつのる。生きるために略奪するのではなくて、やむを得ず消費するのだ。比喩的な「金を食う」や「時間を食う」あるいは、手間や場所を食うのも成り行きとしてやむを得ぬ結果だ。

　古来、日本語「食う」には、授かり物を頂戴する謙虚さがあった。必要の限りで消費するつつましさが込められていたのだが、万事贅沢で消費を美徳とする現代感覚が、食う文化を一変してしまった。一考を要するのではないか。

　ところで、「飲む」は、「今夜飲まないか」などと酒を飲むことに限定した使い方さえするほど親しまれている動詞だが、飲むものは何も酒と限ったことではない。現代語では液体を飲む場合と丸薬などを呑み込む場合とに分かれるが、「食う」との境は必ずしも明瞭ではない。古代語では薬を食うという例が見られるし、最近では氷水（現在では「かき氷」と言う人が多くなった）を飲むと言わずに「食べる」を用いる若い世代が増えてきた。あるいは「氷水」と言わなくなったことと関係して、飲み物感覚が無くなったのかもしれない。

「飲む」も受動的・自発的である点は「食う」と共通している。もともと液体・固体に限らず嚥下（飲み下す）して腹の中に納めることだから、「溺れかけて、いやというほど塩水を飲んでしまった」のように、好むと好まざるとにかかわらず、喉に通してしまう現象だ。だから慣用的な「涙をのむ」（無念さを我慢する）も、「恨みをのむ」も、「固唾をのむ」（緊張のあまり息をつめて思わず唾をのみ込む）も、みな自ずとそうなってしまう

「のむ」だ。相手の要求をのんだり、のみ込みが早かったりするのも、突きつけられた事柄を一方的に了解理解することだ。

こう見てくると、どうも自主性がないでくの坊みたいだが、受けの構えを正しく保つことこそ世の中にあって自己を保持する大事な心掛けなのだ。こちらから仕掛けなくとも、「敵をのむ」心境、相手をのんでかかることが結果として人に勝つ早道となる。いかにも日本的考え方だが、日本語の「飲む」には、受け止め受け入れるという意味合いが根底にあって、ただ、そこに自身の良識や判断というフィルターが設けてあるかどうかが問題なのだ。

もっとも世の中が競争社会となり、人を押しのけ蹴落(けお)としてもという修羅場(しゅらば)と化した現在では、こんな悠長な態度では、いつか人に煮え湯を飲まされることにもなりかねない。それでも、喉もと過ぎれば熱さを忘れるとかで、適当に身を処していかなければ、それこそ世の荒波に呑(の)み込まれかねないだろう。

焼く——人類が覚えた最高の加工

焼ける／燃やす／燃える／炊く／沸く

人類が火を使うことを覚えて食料を加工するようになったのは太古のことだが、焼けたり燃えたりするのは、火山噴火や山火事などで、それ以前から見て知っていた。

「焼く」は物を火や熱に直接あてて中まで熱くし、中身を変化させる行為だ。そもそも熱くなって内側が平常でなくなる状態はひとしなみに「焼ける」であった。「胸が焼ける」や嫉妬心で「焼けるナア」など言うのは、まさしくこれだ。中身が乱れるのである。手が焼けたり世話が焼けるのも、通常と異なる手間のかかりようで、いつものリズムが乱されるから「焼ける」を使う。とにかく物を焼く場合は、中まで火が通って質が変わり、食料なら柔らかく味も良くなる。いわば人類が覚えた最高の加工と言えよう。

食料でなくとも、枯草を焼いたり、山を焼いたり、ついには屍まで焼いて（火葬）、人々の生活にかかわるあらゆる末端の部分にまで焼く行為が広がっていく。

春日野は今日はな焼きそ若草の妻もこもれり我もこもれり

と『古今和歌集』に歌われている「焼く」は、まさにそれだ。そして、ここまで来ると、「焼く」と「燃やす」とがほとんど同じになって使い分けがむずかしくなる。

もっとも、燃えたり燃やしたりするのは炎が立って、やがて灰になり、無くなってしまうことだ。ちらちら燃えたり、ぼうぼう燃えたりするのは、炎の立つさまを形容しているのであって、「焼ける」にはこのような副詞が付かない。火でなくとも、「かげろうもえて野は晴れわたる」などとあるように、かげろうなどのゆらゆら立つさまも「燃える」ことだ。とにかく内に秘めたエネルギーが高まり発露して、炎となって外に現れる、これが「燃える」の基本だ。だから「向学心に燃える」のように、激しい情熱の湧き返るさまにも使う。

ところで、石炭や薪の燃えている様子を形容して「火が燃える」と言う。燃えた結果として火になっているのであって、火そのものを燃焼させているわけではない。他動詞も「火を燃やす」と言って別段奇異に感じない。が、考えてみると実に不思議だ。「焼く」も、「魚を焼く」のような言い方がある一方、「茶碗を焼く」とも言う。だから「パンを焼く」と聞いた場合、パンを焼いてトーストにするのか、小麦粉をこねてパンを造るのか思案に暮れる。

日本語の動詞には、このような、結果を志向する語が実に多い。米を煮て、粥を煮る。お湯を沸かし、ご飯を炊く。「炊く」では、『東海道中膝栗毛』に、喜多八が弥次郎兵衛の

「今飯をたく様子だ」という言葉をなじって、「飯をたいたら、粥になってしまうわな。米をたくと言えばいいに」と茶々を入れるくだりがあるが（小田原の宿）、これなど論理を超えた動詞表現の面白さを巧みにとらえていると言えよう。

十返舎一九はこのあと、弥次さんの「湯が沸いたら入りやしょう」という表現を取り上げて、喜多八に、「湯が沸いたら熱くて入れるものか。水が沸いたら入りやしょう」と、実に理にかなった変な（？）日本語を語らせている。日本語では「水が沸いた」と言わないで「お湯が沸いた」、さらには「風呂が沸いた」と言う。ここで言う「風呂」とは何を指しているのだろうか。

人間の心理には、強く志向すればするほどそれが意識の前面に出て来て、現在の中心題目になりやすいものだ。「沸いた」と聞けば、〝水が〟と考えるよりは、結果として到達した〝湯〟を頭に描くのが自然だろう。さらには、その湯を内にたたえた全体、〝風呂〟が「沸く」の対象として意識にのぼる。表現とは心理の反映であって、理屈ではない。だから日本語を知るには、日本語の心理をつかむことが肝要だ。

あたためる——生活にこくとうまみを

あたたまる／冷える／冷やす／ぬるむ／ぬくまる／ぬくめる／ぬくもる／さます／ぬるめる／ぬるまる／さめる／戻す／解かす

火を使うことは、煮たり焼いたりするだけではなく、食物の温度を上げれば味が良くなることを発見させた。また、屋内温度を暖かく保つ工夫にも役立った。「あたためる」ことは、文化的生活を保証する絶対条件と言えよう。

物を暖めれば暖かくなる。それを自動詞「あたたまる」でもって表す。これらの動詞はいずれも形容詞「あたたかい」を転成させたものだ。「あたたかい」の語基「あた」は、熱い・暑いの「あつ」と語源は共通で、温度のやや高いことを表している。だから「あたためる」や「あたたまる」は温度をやや高めに変えることだ。

日本語は温度に関する言葉が実に発達していて、形容詞なら「あつい／あたたかい／ぬるい／すずしい／つめたい／さむい」、動詞はやや単語が少ないが、それでも「あたたまる／あたためる」「冷える／冷やす」が使われる。ふだんはあまり用いないが、「水ぬるむ春」などと言うときの「ぬるむ」。「ぬくい」から来た「ぬくまる／ぬくめる／ぬくもる」など含めると、なかなか多彩だ。

しかも、諸外国の言葉と違って、同じ低温でも「寒い」と「冷たい」とを言い分ける潔癖な言語だ。これが「あたためる」にも「暖」と「温」とを書き分けるといった表記の面にまで影響を及ぼしている。といっても、もともと「あたたかい」や「あたためる」は、対象のいかんに関係なく同じ一つの和語なのであって、やれ暖だ温だと区別するようになったのは、漢字を使用するようになってからのことだ。

ところで、暖かい物に触れたり体が温まったりすることは、何といっても人生の快楽だ。寒い冬の夜、暖かい部屋で温めた飲み物でもすすって体がほっと温まる。思わず快哉(かいさい)を叫びたくなるではないか。白楽天(はくらくてん)は、もみじした美しい枝で酒を温めることにいたく詩を感じたのか、

林間煖酒焼紅葉（林間に酒をあたためて紅葉をたく）

と歌って悦に入(い)っている。紅葉を惜しがって冷や酒をあおってみたところで面白くも何ともない。そんな野暮なまねをしないところに白楽天の天性の詩人たるゆえんがあるのだが、この話は『平家物語』にも取り上げられて、高倉(たかくら)天皇の幼少時の逸話としてしるされている。

酒の燗(かん)も適度に温めることで醍醐味(だいごみ)が得られるのであって、熱くしすぎては台無しだ。

その昔、秀吉は、木下藤吉郎の時代、主君織田信長の草履を懐に入れて暖め、出世のいとぐちをつかんだという話はあまりにも有名だ。これも暖かい草履のはき心地が信長の心をつかんだというわけだ。何でも中庸が大切であるが、熱からずぬるからず、暖かい感覚は神経を穏やかにし、心をなごませる。現代はガスや電気で一挙に暖めてしまう忙しい世の中だが、藤吉郎のように懐の中でゆっくり暖めてみるのも悪くはないだろう。

　われわれに似合っているのは、せいぜいへそくりを暖めるぐらいのものなのだろうか。だが、長いことじっと胸に抱いておくのも暖める方法だ。

　小説の筋や人生のプランを暖めてみてはいかがなものか。長いこと寝かせておいて蓋を開けてみると芳醇なえも言えぬ香りに包まれる、長く暖めておくことによって、かえってすぐには得られぬこくとうまみが生ずるものだ。久しく音信のない旧友と旧交を温めてみるのもいいかもしれない。

　温めるとは熱を加えて温度を上がらせることだ。ぬるいスープでも、水でも、冷凍食品でも、何でもかまわない。スタート時の温度は全く関係ない。ところが、いったん温まったものの温度を再びもとに戻す段になると、「さます」ぐらいしか言葉が見当たらない。「ぬるめる／ぬるまる」という語も無いことはないが、「ぬるめる」を使うと水でうめたりして温度を下げるという感じになる。自然に放置しておいて常温に戻るのはやはり「さめる」だ。

イソップ寓話（ぐうわ）の「森の神と旅人」の話ではないが、熱いスープは息を吹いて「さます」だし、煮立ったそばつゆなどを器ごと水に浸（つ）けるのも「さます」ことなのだろう。「さめる／さます」は状況や程度の高まりが消えて元に戻ることだから、気持ちの高ぶりも、恋心も、酔いも、夢や眠りも、さらには濃い色合いも、さめる対象だ。熱い物だけとは限らない。いずれも自然にそうなる現象で、あまり人為的ではない。

一方、冷えた物の温度が戻るのには、どんな動詞を当てるのだろう。「ぬるむ」「ぬるくなる」は水などにしか使えないから、寒さや冷たさが消えてきたとか弱まったとでも言うしかない。これも自然の成り行きの温度変化だ。冷たくするには、「冷やす」があるが、逆方向の動詞が無いのは、昔はそのような状況が実生活の中では現実に起こらなかったからにちがいない。

現在では冷凍食品や冷蔵庫の普及で、冷えた物どころか、凍った物まで満ちあふれているから、それらに見合う動詞が無いということは何としても不便だ。高温の物には「さます」があるが、低温の物には使えない。凍った物には「戻す」があるが、どうもこれは温度を問題にしているというより、固体化したものを柔らかく戻す（つまり「解かす」）ことのようだ。お宅では、台所の会話としてどんな日本語を使っているのか、ひとつ聞かせてもらいたい。

温めたり冷やしたりすることはできるが、いったん温度を上げ下げしたら、あとは自然任せ。適当な単語に欠けている。

生活の合理化・機械化は日進月歩だが、それに見合う言葉のほうが伴わない。何かうまい手だてはないものであろうか。

着る——自他の間に垣を設ける

穿く／被る／佩く／まとう／帯びる／負う／つくろう

裸体であった人間がいつの時期か物で体表を覆うようになる。温度変化の厳しい地域での防寒目的もさることながら、下半身を隠すことによって、動物とは違う社会性と文化性とを生み出したのだ。初め、その土地土地の風土気候に合った衣類としてスタートしたものも、やがては実用性から装飾性へと発展する。そして、それによって民族特有の衣装へと変身するのが常だ。季節により、場所により、生活の場面に合わせて服を替える。さまざまな意匠を施した民族の衣装は、まさに〝衣の文化〟の華と称してよいだろう。

古代の日本語では衣類は等し並みに「着る」を用いた。現代では、袴やスカート、ズボンなどは「穿く」だし、帽子や頭巾は「被る」と言っているが、古代にあっては、袴も、また、笠・烏帽子など頭に載せるものまでも、「着る」が使われていた（袴は「はく」の例も見える）。

「はく」はどちらかというと、足先など細身の本体に物を取りつける行為だ。だから靴や足袋などは「はく」だし、太刀も腰に着けるから「佩く」のほうだ。要するに、その他衣類一般を身につける行為はみな「着る」で間に合ったのだ。そこで、着るものを「着物」

と呼んだが、当時の着物は現在の和服だから、「着物」に対して「洋服」という関係が起こったわけだ。

日本語本来の「着る」は、上半身・下半身に関係ない。とにかく身に「まとう」ことだから、自身がまとい「帯びる」のが着ることなのだ。そこから抽象的な、恩に着たり、罪を着たりする発想も生まれてくる。身に「負う」ことなのだが、このようなプラスやマイナスの精神作用を身に受けることを「着る」で表すところが面白い。決して能動的ではない。他者との関係や状況・成り行きで身に蒙ることになる受けの姿勢だ。

着ることとは、対人関係のうえで相手を立てるために行う自己犠牲の行為だ。表面的な人間関係を恰好(かっこう)よく「つくろう」。波風を立てないために身にまとう余所(よそ)行きの服装みたいなものだ。だから、本当の腹を割って話し合える付き合いには、〝裸の付き合い〟が大切だ。地金に金を着せたら素顔は見えない。うわべをカムフラージュして互いに腹の探り合いをする。そんなイミテーションの付き合いより、歯に衣(きぬ)着せずに（思ったままを和(やわ)らげずにそのまま口に出すこと）物の言える関係こそ理想的な間柄ではないか。

着ることは人間関係に垣を設けることだ。晴れがましい席や気の張る相手に対しては、着ることに細心の気配りをしなければ、世間様がうるさい。着物や服を取っ替えひっ替え着ることとは、他人を意識しての余所行きのしぐさだ。普段着の姿で、いや、できれば何も着ないでいられれば、それに越したことはないではないか。

夕すゞみよくぞ男に生まれける　（榎本其角）

身にまとわずに夕涼みを楽しむ、これ以上の快楽があろうか。裸のお相撲さんを見て、えも言われぬめでたさを感じ、何も着ない肉体の美に見惚れる。まさか自分も裸になるわけにはいかないが、〝着る〟は人間に虚飾の心を植えつける。そう考えると、着た切り雀（今着ている服しか持っていない人。「舌切り雀」に懸けたしゃれ）もあながち悪いものではないなどと、下手な強がりを言って悦に入る。庶民の哀しい繰り言だろうか。

住（す）む——一つ所に鎮まり落ち着く

澄（す）む／済（す）む／棲（す）む／暮（く）らす／泊（とま）る／宿（やど）る／止（と）まる／留（と）まる

この世に生まれたからには、持ち家とは言わずとも、人並みに居所を定めて安楽に日を送りたいものである。風来坊のように地下道などをねぐら（鳥が寝る所の意）とする住所不定の生活は、人間としての住の権利を放棄していることになる。

「住む」は「澄む」や「済む」と語源が同じで、あちこち動いていたものが鎮まり落ち着くことである。「澄む」なら浮遊していた濁（にご）りが底に沈んで静止することだし、「済む」ならあれこれ生じていた用事が順次片付き心が落ち着くことだ。

「住む」も、生活の場が決まり、方々渡り動いていた者が一つ所に居を定め安定することを言う。だから、年中飛び回っている蝿（はえ）や蚊（か）などは、生涯「棲（す）む」ことはないだろう（もっとも、ある地域を限って、その範囲内でのみある類（たぐい）が棲息（せいそく）するような場合なら、「この山には珍しい蝶（ちょう）が棲んでいる」のように言うだろう）。魚類の中にも、ウツボのように居所を決めているものも多いし、蝙蝠（こうもり）や自分の穴を持っている兎（うさぎ）その他の獣類もすみかがある。天狗（てんぐ）や鬼でも棲む権利を持っているのだ。「すみか」は「住処」と字を当てるように、住んでいる所のことだが、「悪魔のすみか」とか「泥棒のすみかを突き止める」など、どうもあまりイメージがよくない。

とにかく「狭いながらも楽しいわが家」で、住む場所が保証されているということは有難いことだ。砂漠の民のように、年中家畜を追って移動して回る遊牧民は特定のすまいがないし、芭蕉も『奥の細道』で、

舟の上に生涯をうかべ、馬の口とらへて老いをむかふる者は、日々旅にして旅を栖（すみか）とす。

と言っている。旅がすみかとは何とも落ち着かないことで、自分の住が定まっている幸せは、何物にも代えがたい幸福と考えなければばちが当たる。だから「住めば都」で、住み慣れればどんな土地でも愛着が湧き、都と同じように住み心地がよくなるものだ。もっとも最近は、都は決して住みよい土地ではなくなってきたようだが。むしろ「地獄（じごく）も住処（すみか）」で、音に聞く（うわさの高いこと）恐ろしい土地でも、住んでみれば案外と良い所だというたとえのほうが現実みを帯びてきた。

「住む」に似た言葉に「暮らす」がある。この語はもともと日の暮れるまで時を過ごすという意味で、「住む」のような一定の場所に定着する意識より、そこで日々を送るといった生活意識が強い。だから「京都に住む」「京都で暮らす」と、助詞を使い分ける。格助

詞「で」は、どちらかと言うと行為遂行の気分だ。「一人住まい」「一人暮らし」にもこの差があるのだろう。

暮らすことは生活すること、つまり生計を立てていかねばならぬ。「暮らし向きが楽じゃない」とか「暮らしを立てる」、みな経済的な基盤の上に成り立つ人間活動だ。「住みよい土地」は生活環境のよさを問題にしているが、「暮らしやすい土地」となると、どうも経済的な匂いが立ち込めてくる。現代のわれわれは、住みよさより暮らしやすさを優先しなければならないのだろうか。

寝泊りに関係した語としては、このほかに「泊る」「宿る」がある。どちらも一時的によそに宿を取ることだが、「健全なる精神は健全なる身体に宿る」のように、「宿る」はどちらかというと抽象的な事柄か、「子が宿る」（妊娠する）「草の葉に宿る露」のような特定の事柄に関する表現にしか用いない。「京都に宿った」などとはまず言わない。「宿を取る」のである。

「泊る」「止まる」「留まる」はみな共通で、それまで続いていた動作を打ち切って、その場所からしばし動かないことだ。だから、これも定住することではない。「外泊」などという語もあるように、泊るの意識は〝外〟（家以外）に臨時に身を置いて夜を越すことだ。旅行でホテルに宿を取っても、宿で寝ないで友人の家に泊ることだって有り得る。宿は本来〝泊る家〟の意味であったが、今の日本語ではだいたい宿屋のことになってしまったようだ。だから「宿を取る」は、宿賃を払って泊ることだが、「泊る」には本来、料金の意識は伴わない。翌朝までそこで寝さえすればよろしい。

その昔、平忠度(たいらのただのり)は、桜の木の下(もと)で夜を過ごして、

行(ゆき)くれて木(こ)の下かげをやどとせば花やこよひのあるじならまし

と詠んだ(『平家物語』)。旅に出て日が暮れたから花の下で休もう。花(桜の花)はきっと今夜の宿の主(あるじ)となって風雅なもてなしをしてくれることだろうからと、実に風流を楽しむゆとりの心境だ。万事せちがらくなった今日、「宿」は忠度の時代と違って宿泊料を取る所と相場が決まってしまったようだ。「旅先では叔父(おじ)の家を宿にしている」などと言ったら、おじんと言われ、笑われてしまうだろうか。何でも「泊る」一語ですます合理化の時代なのだ。

III　心情・感情

喜(よろこ)ぶ——控えめな感情流露

悲(かな)しむ／愛(いと)しがる／嘆(なげ)く／むせぶ／暮(く)れる／しおたれる／したたる／さしぐむ／涙(なみだ)ぐむ／くずおれる／棹(さお)さす

人は感情の動物などと言われるが、そのトップの座を占めるのは、「喜怒哀楽」と言うから、やはり「喜ぶ」だろう。相手の自分に対する行いを、うれしいこと有難いことと受け止め、その気持ちを態度や言葉・しぐさなどに表す行為だ。

だが、「喜ぶ」は、「喜んでお引き受け致します」とか、「ますます御健勝の段お喜び申し上げます」とか、あるいは「合格を喜ぶ」のように、外から舞い込んで来た情報や働き掛けに対して反応する点では、極めて受身的な精神活動と言えるだろう。だから、すなおには喜べなかったり、喜んでばかりもいられないのが日本語「喜ぶ」の実状だ。喜んだのも束の間、実はとんだ落とし穴が待っていたなどということも日常茶飯事だから。

そういうわけで、どうも「喜ぶ」は奥歯に物の挟まったような歯切れの悪さが付きまとう。で、我を忘れるほどの歓喜の情を表したくとも、なかなかうまい日本語が見当たらないのが実状だ。語彙としては一応「うれしい、うれしさ、喜ぶ、喜ばしい、喜び」と一通りはそろっているようだが、しかし、よく見ると「うれしい」「喜ぶ」の二種で、あとはその派生語だ。

間接的に喜びの情を表す表現としては「胸が高鳴る」だとか「小躍りする」「ご機嫌斜めならず」のような言い方もあるにはあるが、概して語彙に乏しい。「小躍りする」の「こ」は体を小刻みに動かす様子の「小」で、躍らんばかりに喜ぶ様子だから、大喜びをしている状態だ。「ご機嫌斜めならず」は普通一通りでない上機嫌を言うのであって、「…ならず」と打ち消してあるからといって不機嫌なわけではない。最近は誤解している向きも多いようだ。この言い方を逆に利用して、「ご機嫌が斜めだ」つまり不機嫌だという言い方もよく耳にするようになった。

それにしても、〝喜〟の感情は、「楽しい」を加えてもさして表現の数は多くない。どうも、日本語にはプラス評価の感情を表す言い方があまり発達しなかったのではなかろうか。

元来、日本人は感情を表すことの下手な民族だと言われているし、第一、あまりオーバーに表現することは教養の低さを露呈することになりかねないから、差しひかえたほうがよろしいとの考えも根強くはびこっていた。そんなわけで、喜びがどんなに大きくても「大いなる喜びあり」とか、「大いに喜ぶ」「飛び上がるほど喜ぶ」という程度で、何とも表現不足に欲求不満の高ずる思いが再々なのは、ひとり筆者のみではないだろう。

「喜ぶ」の反対が「悲しむ」であることは、「悲喜こもごも」（「こもごも」は交互に起こること）や「喜びも悲しみも幾歳月」などの語句があることからもわかるが、日本語の「悲しい」「悲しむ」は必ずしも「喜ぶ」の裏返しではなかったようだ。

もともと「かなし」は、自身の力でコントロールしようと思っても力の及びかねる心の切なさを表す言葉だったから、必ずしもマイナス状態の事柄とは限らない。今風に言えば、死ぬほど愛したり、骨まで愛したりするような心境も、言ってみれば自分の感情を律し切れなくなっているのだから、「かなし」（「愛し」と書く）だ。『萬葉集』には、恋人やいとしいわが子をたまらなくかないしと詠んだ歌が幾首も残っているが、後世この意味は失われてしまった。これと似た例に、「愛（いと）しい」「愛（いと）しがる」がある。これも昔は〝かわいい〟〝かわいがる〟と、〝かわいそうだ〟〝気の毒がる〟の二つの意味が含まれていたが、今はかわいがるほうだけになって、気の毒のほうはほとんど忘れられてしまったのではないか。

「かなしむ」は今日、「喜ぶ」の反対語としてマイナス状態のことに限られてしまったが、自身では抑え切れない感情の切なさは、プラス・マイナスどちらの場合にも有り得るわけだ。ひどく辛（つら）い気分に落ち込んでどうしようもない心の屈託は、どうも突き詰めてみると、プラスだマイナスだとそう単純な生やさしいものではなさそうだ。理屈抜きの悲しさだっていくらも有るものだ。島崎藤村の有名な『千曲川旅情の歌』に、

小諸なる古城のほとり
雲白く遊子悲しむ

というのがある。これなど苔むす古城趾を目のあたりにして、悠久の時の流れと歴史の重みに圧倒され、今さらのように人生のはかなさを思い知らされる遊子（旅人のこと）の、心をゆするあの切ない感情、それを「悲しむ」と表現したものだ。だから、せめて心の切なさやるせなさを幾分かでも和らげられるものならと、「濁り酒濁れる飲みて、草枕しばし慰む」というわけである。

悲しむとは、そう単純な行為ではなさそうだ。井伏鱒二は、頭が大きくなり過ぎて岩屋から出られなくなってしまった山椒魚の心を代弁して、

山椒魚は悲しんだ。（『山椒魚』の冒頭）

で始まる小説を綴ったが、このような不幸な状態も、作家の手に掛かると何とも皮肉な滑

稽(けい)ささえ漂ってくるのだから不思議だ。詩人のように奥ゆかしく悲しむことができたら、むしろ幸せかもしれない。

悲しみが増圧するとこらえ切れなくなって、ひとりでに泣けてくる。「嘆き悲しむ」と言うが、「嘆く」は「長息」で、ため息をつくことだ。悲しみに堪えられずため息をつき、涙を流す。これを「涙が込み上げる」とか「涙にむせぶ」(「むせぶ」は息のつまる状態)「涙に暮れる」(「暮れる」は暗い気持ちにとざされること)「涙を落とす」などいろいろに叙述してきた。昔は「しおたれる」(しほたる)という言葉があって、泣くことを意味した。しずくが垂れて着物がぐっしょり濡(ぬ)れる様子を海水が「したたる」〃潮垂(しおた)る〃に見立てたものだが、それにしてもずいぶんとオーバーで凝った比喩(ひゆ)だ。

上田敏(うえだびん)の有名な訳詩集『海潮音(かいちょうおん)』の中の「山のあなた」(カアル・ブッセ)に、

噫(ああ)、われひとと尋(と)めゆきて、
涙さしぐみかへりきぬ。

というのがある。「さしぐむ」とは〃さし含む〃、つまり涙がひとりでに湧いて、まぶたにたまることだから「涙ぐむ」と同じ意味だ。今日では使われない語だけに、せっかくの名訳も理解しがたくなってきた。

わからなくなってきたと言えば、がっかりして張りつめていた気持ちが抜け、その場に倒れるようにへたり込んでしまう「くずおれる」も、最近はあまり聞かない。これなど平安時代の「くづほる」だから由緒ある語だ。「喜ぶ」にくらべるとはるかに多彩な、悲しみ愁（うれ）いを表す日本語も最近はとんとはやらなくなってしまった。泣いたり悲しんだりするウェットな行為は、現代人の精神生活には無用な縁遠いものとなってしまったのかもしれない。

情に棹（さお）さして（人情に流されること。「棹さす」は流れに従うことで、逆らうことではない）ばかりいては忙しい現代生活について行けない、そんなドライな世の中になってしまったのが筆者には悲しい。

怒(いか)る——内にこもったエネルギーの爆発

憤(いきどお)る／腹立(はらだ)つ／恨(うら)む

「怒(いか)り心頭に発す」などという恐ろしい言葉がある。激しく怒ることの形容だが、何か許し難い事態に直面して忿懣(ふんまん)やるかたない思いに駆られれば、よほど出来た人物でないかぎり、つい態度や表情・行為に表してしまう。「怒(いか)る」とは、内にこもった激しいエネルギーが盛り上がり爆発して、体を角張らせて表に現す行為だ。似た言葉に「憤(いきどお)る」があるが、こちらは息通りで、胸につかえていた怒りが込み上げてくる、つまり憤慨することだ。胸にひっかかって通りが悪いということは、それだけ怒りをこらえているわけで、すなおには発散できない恨みの心が含まれている。いや、何とも恐ろしい限りだが、どうも日本語にはこうした陰険な精神状態の言葉が多過ぎる。

　もともと怒りの心は、原因が外にあって、それを胸の内に収めておくのだが、抑えきれずに表面に現してしまう精神的内圧に屈する現象だ。力関係で敗者の側に回るわけで、そう考えると、怒ることは決して強者の意地でもおごりでもない。腹の中にじっと抑えていた不満の種が燃え上がり活動しだすと、もう自制がきかなくなる。「腹立(はらだ)つ」とか「腹立ち」とはまさにそれで、「立つ」とは〝目立つ〟状態になる、つまり活発化することだ。

その「腹立つ」を漢語に変えれば「立腹」。目立つほど腹の虫が活動を起こす。これこそ「怒る」であり、腹の虫が治まらないことだ。額に青筋を立てるのも、静脈が目立つほど激怒している証拠だろう。

怒りに関する表現は実に豊富だ。「虫酸が走る」（胃酸が出てくるように不快なたまらぬ気持ちになる）ところから始まって、やがて「はらわたが煮えくり返る」（がまんならぬほど激しい怒りを覚える）。その原因はいずれも他人や世間のしうち、言動などだが、時として「煮え湯を飲まされる」（信用していた人に裏切られ、ひどい目に遭わされる。「飼い犬に手を嚙まれる」とも）ような目にも遭い、地団太踏んでくやしがる。「地団太」とは「地たたら」が転じたものと言われ、足で踏むふいごの「たたら」のことだ。それを踏むようなしぐさで、足を踏み鳴らしてひどく悔しがることをいう。

いずれにしても、原因を作った側から見れば、相手の「忌諱に触れる」（目上の人の忌み嫌っていることをやって機嫌を損ねる。「忌諱」は「きき」が正しい）、あるいは「逆鱗に触れる」ことになるわけだ。上位者の怒りを買ったり、怒りに触れたり、とにかくこの世は人間関係がむずかしい。相手にお目玉を食い（叱られること）、小気味よくやり返せば発散もするが、そこは上下関係の厳しい縦社会のこと、「鱓の歯ぎしり」で、いくらいきり立ってみても無駄なこと、せいぜい自分の無力さを思い知らされるだけだ。

で、反発できなければ次第に内攻する。「恨む」とは、何か痛い目いやな目に遭わされても、その仕打ちに対して表立って反発や仕返しができない結果、鬱屈する感情だ。だから、心理的に敗者の側に立たされるわけで、こんな精神状態が長く続くと、赤信号の灯ることになりかねない。それこそ「うらめしや」と化してでも出ないかぎり解決の道はない。

中国では「怨に報ずるに徳を以てす」（『老子』）などと恰好のいいことを並べているが、「罪を悪んで人を悪まず」（孔子の言葉）式の道徳観の盛んなお国柄なればこそで（それだけモラルの低下していた証しかもしれないが）、「恨み骨髄に徹する」（深く人を恨む）とか、「恨みを買う」「恨みを晴らす」式の慣用句が愛用されている社会では、かんたんに殺人に走る素地が大ありだ。そのような種を作らぬよう心すべきで、そこから「見て見ぬふり」とか、「触らぬ神に祟りなし」（かかわりを持たなければ災いは招かない）とかいった消極的姿勢が、もっともらしくまかり通ることになるのかもしれない。

驚く——不意の目覚めと発見

びっくりする／たまげる／呆れる

秋来ぬと目にはさやかに見えねども風の音にぞ驚かれぬる

立秋の日の風の音を詠んだ右の歌はあまりにも有名だ。これは『古今和歌集』にある藤原敏行朝臣の作で、暦の上では確かに秋になったが、目にはそれとはっきり秋の気配はわからない、しかし耳を澄ますと、吹く風の音には昨日までとは違った秋の響きが聞こえてくることよと感じ入っている歌である。作者は風の音の中に秋の到来を感じて驚いているのだが、「驚く」と言っても、別にびっくりたまげたわけではない。はっと気づいて心を打たれるぐらいの気分だ。

日本語の「驚く」は、もともと物音を感じてわれに返る、何かをはっと意識することで、平安時代のころは、はっと目が覚めることも驚くことだった。今日「耳目を驚かす」など と使うが、思いもよらぬニュースが世間の人々の関心を強く引き寄せることだ。人々が「ほう！」とそのニュースに注目することは、まさに驚くの基本義だった。それが世間に衝撃を与えるわけだから、「驚く」は意外なことにびっくりする精神現象を意味することになってしまう。不意に気づいて目を見張り、目を丸くし、ついには目を回してしまう。どうも、はなはだ受身的・自発的な精神反応、それが日本語の「驚く」だった。

驚く対象や原因も、時代とともに結構変わってきている。その昔、源平(げんぺい)の時代、平家の軍勢が富士川の陣で水鳥の羽音に驚いて、われ先にと逃げ落ちた話はつとによく知られているし(『平家物語』「富士川」)、幕末のペリー率いるところの艦隊、黒船の出現に、当時の日本人は驚きあわてて、たった四隻(せき)に夜も寝られぬほど興奮した話も有名である。

今日、驚くことと言えば、もっと個人的な狭い話題や印象、

驚いたねえ……あの腕白小僧が、今じゃいっぱしの技術者だぜ。

真近(まぢか)で見ましたところ、そのあまりにも巨大なのに驚いた次第でございます。


あるいは、爆発音や激しい突然の地震など、不意に襲う強烈な体感や予期せぬ事態の現出で受ける精神的ショック、こうしたよほど刺激的な事でない限り、ちょっとやそっとでは驚かなくなってしまった。会話ことばの「びっくりする」や「たまげる」を見れば、衝撃の強さのエスカレートぶりがわかるというものだ。「びっくり仰天」驚きのあまり天を仰ぐとは、自分を見失って呆然(ぼうぜん)とすることだし、「たまげる」は〝魂消(たまげ)る〟で、まさに魂が消えて抜け殻みたいな状態になってしまうことだ。なかなかオーバーな表現だが、「気も

心も動転する」（動顚するとも）という言い方も、魂がひっくり返るほど度を失うことだろう。「驚きあきれる」とか「あっけにとられる」といった表現もあるが、みな、茫然とするとか、途方に暮れるとかと同じ〝茫然自失〟、われを失う状態だ。

その昔、はっとわれに返り何かに気づく「風の音にぞ驚かれぬる」ことこそ「驚く」の本義だったものが、いつの間にか、われを見失う「呆れる」と結託して一つの言葉を造る。「驚く」も変われば変わったものだ。

もともと「呆る」（「あきれる」の古形）には驚きの心などは全く無かったのだ。それが、世の中の変化につれて次第に日本人の感覚が麻痺し、より刺激的でなければ驚かなくなる。だから強いショックを求めて社会がますます強烈さを加えていく。悪循環だが、それを近代化・現代化現象と履き違え、ついには不感症に陥り、驚くことさえ見失う無気力人間を量産することにもなりかねない。これこそまさに〝魂消る〟ことだ。まことに「驚き、桃の木、山椒の木」（「驚き」の「き」を「木」に懸けて語呂合わせにした言葉のしゃれ）である。

信（しん）じる――人間関係を反映して

そねむ／疎（うと）む／厭（いと）う／忌（い）む／媚（こ）びる／諂（へつら）う／おもねる

「気は心」という。たとえ気持ちだけでも（ほんのわずかでも）行為で示すことは、当人の心を相手に伝えることに繋（つな）がるという意味だ。誠意を示そうとするその心根が大切なのであって、金額の多寡（たか）（多い少ないこと）ではない。とは言うものの、やはり「とかくこの世は色と金」で、欲が物をいう世の中だから、「貧者の一灯」（たとえわずかな金額でも、真心のこもっているほうが、多額の寄付よりも尊い）などと言って、のんきに構えているわけにもいくまい。

どうも世の中で人間関係ほど厄介なものはないようだ。特にわが国は縦の人間関係だから、絶えず相手を上下関係で位置づけなければならない面倒くささがある。その上、心の疎通がうまく行く相手かどうかも気になるところだ。気の置けない相手とか、気を許した仲間とかいって、人間を自分との心の関係で選別する。いったいわが身は他人にどう選別評価されているのか気になるところだが、願わくば人に疎（うと）まれない（きらわれない）とか、遠ざけられないという意味）人間になりたいものだ。「気の置けない」とは遠慮がない打ちとけた間柄だ。だから反対の「気が置ける」は、心に敷居（しきい）を設けねばならぬ警戒の必要

な人間関係を意味する。これが一般には逆に解釈されて、

　奴はなかなか気の置けない相手だから、うっかり出来ない。

などと、〝油断のならぬ相手〟の意味に使われる。誤用も甚(はなは)だしいと言うべきだ。

「気」の付く慣用句はやたらと多い。「気に食わない」「気に入らない」「気に染(そ)まない」「気に掛ける」「気になる」「気に病(や)む」と、いや、いずれも神経がよほど太くなくては身が持たぬほど気疲れのする言葉ばかりだ。いっそ心の垣根をすべて取っ払って、どんな物でも快く受け入れて、いちいち文句を言わないようにしたらどんなにか心が和(なご)むことであろう。そう楽天的になれないところが人間の弱さなのだが、人好(よ)く構えて相手を「信じる」と、とんだ失敗を被り、泥をかぶる（他人の負うべき責任までも引き受けて背負わされる）ことにもなりかねない。〝生き馬の目を抜く〟（他人を出し抜いて自分の利益を得ようとする）抜け目のない世の中なのだ。

そこで、自分は自分、人は人と、利己的な自己防衛の垣で自身を囲って、これでまず一安心と気を許す。何と不幸な世の中だろう。独立独歩「わが道を行く」と達観すれば、他人を「そねむ」（優れた相手を羨(うらや)みねたむ）こともないし、世を「疎(うと)む」ことも「厭(いと)う」こともないだろう。（「うとむ」「いとう」共に、いやだと思って嫌うこと）。「忌(い)む」べき

相手がいなくなれば、何かにこだわったり、人と比べてひがんだり、いじけたりすることも無くなるというわけだ。どうも日本語はこうしたつまらぬ心理を表す語がやたらと豊富で、反対の、おおらかな心を表す語に欠けている。

人間関係が上下の縦関係となると、どうしても上の者に媚びたり、諂ったりする。「媚びる」はご機嫌を取ることだし、「諂う」はお世辞を言うことだ。要するに〝追従する〟ことで、「こびへつらう」と重ねて言う語さえあるのだから呆れるではないか。似た語に「おもねる」（気に入られるように振る舞う）というのもあるという具合で、実に多彩だ。

下の者のお追従に対して、上の者は騙され信じ込む。日本人は自己宣伝は下手なほうだが、嫌みにならぬ程度に自分を売り込むこともまた世渡りの術の一つだろう。人を実力以上に評価すれば相手を買いかぶることになるわけだが、猫を被っていてもいずれは化けの皮が剝がれることになるだろう。本性（正体のこと）を包み隠してそ知らぬふりをすることが「猫かぶり」だが、そんなことはそう長くは持たない。化けの皮の剝がれることも、時代が変われば「メッキが剝げる」とか「地金が出る」などと言い換えられる。どちらも、人前を取り繕い切れなくなって中身が現れてしまうことのたとえだ。

それにしても、世の中とは、心を致さねばならぬことが何と多いことか。上に立つ者も下にいる者も、情けは人のためならずと、大いに他人には恩義を施しておくものだ。因果応報ではないが、日ごろの人への親切な振る舞いが良い報いとして必ず自分に戻ってくる、とまあ、そうした意味の言葉だ。これを「人のためならず」の言葉じりに引かれて〝情けを掛けるのは相手のためにならない〟などと解するのは誤解も甚だしい。「徳孤ならず」とは『論語』の言葉だが、人格優れたる者は必ず人にも親しまれ、孤立することがないとの教えだ。東洋にはこうした思想がいろいろあって、やれ人徳だ、やれ人には情けを施せと、なかなかうるさい。特に自分の心の内をおいそれとは人に見せないわが国では、対人関係をうまく保つことはひときわ難しい。それが言葉にも反映して、これまで述べてきたようなさまざまの微妙な動詞や慣用句が私たちを取り巻く。

　つまらぬ日本語があるばかりに気を遣う事柄がやたらと増えるのだが、言葉は社会の鏡だから、日本語を通して世の中を学ぶことも決して間違ってはいない。文は人なり、言葉は社会なり。日本語は時として人々のお目付け役ともなる。桑原桑原（恐ろしいことを避けようとして唱えるまじない言葉）。言葉にはじゅうぶん気をつけることにしよう。

恐れる——人知を超えた力への尊崇

敬う／怯える／怖じける／戦く／わななく／よだつ／たじろぐ

「恐れおののく」などと言うと、よほどの恐怖心に陥っているようだが、「恐れる」も最近はあまりはやらなくなってきた。

いにしえの純朴な人々なら、死に直面することはすなわち恐れを抱くことであり、神に対するときも同じように恐懼（ひじょうに恐れかしこまること）した。

人知を超えた世界や力に面と向かうことは平常心では不可能との思想があったからで、到底太刀打ちできない絶対的上位者（死や神）への尊崇の念から、恐れの気持ちは恐怖心から敬い謹む尊敬の念へと転じていく。

「大君を恐れ畏み……」といった詩句は上代ではしばしば登場するが、今日の「おそれおおい」（「もったいない」に近い崇めの気持ちをいう）もこれと全く同じだ。

書簡文（手紙文）の結語に用いる「恐々謹言」も、相手への尊敬の念を〝おそるおそる謹んで申し上げます〟といった極度の低姿勢の言葉で示したものだ。

「恐れる」が「敬う」と根を共通にしているところなどいかにも日本的だが、現代語の「恐れ入ります」や「恐れながら」（「恐縮ですが」の意）が恐怖心からではなく、頭を下げる下位者の論理に基づいている表現であることからも理解できるだろう。

　恐れる心境や行為の言葉は案外と日本語に多い。恐ろしさを表す感情の「怯える」「怖じける」、恐怖で震える状態の「戦く」「わななく」、さては「身の毛もよだつ」などという、あの怪談によく出るようなぞくぞくする恐ろしさも、ちゃんと言葉があるのだ。「よだつ」は「彌立つ」で、いよいよますます体の毛が立つこと、つまり恐ろしさや寒さで鳥肌立つことだ（「彌」は「彌栄え」などと同じ副詞）。

「おびえる」は怖がって平常心を失った落ち着かぬ様子。「何におびえたのか犬がしきりと吠えたてる」「恐ろしい夢を見ておびえきっている」などは、恐怖心に駆り立てられて、人間なら顔面蒼白といったところだ。

　それにくらべると「怖じける」は「怖じけが付く」「怖じけ立つ」、みな直面する前に何となく恐ろしくなって、怖さに「たじろぐ」心理状態である。案外「案ずるより生むが易い」で、取り越し苦労することもないかもしれない。勇気が無いだけで、思い切ってぶつかってみれば、怖じけ心など吹き飛んでしまうことだろう。だから「もの怖じしない」ということは、その人にとって大変な利点だと言ってよい。

　さて、心配事が解決すれば一安心というところだが、難しい言葉に「眉を開く」とか「愁眉を開く」というのがある。ほっと安心して晴れやかな顔になる様だ。このような言葉は今ではほとんど見掛けなくなってしまった。だいたい心配しても始まらないので、現代人はあまり物事にこだわらなくなってしまったのかもしれない。一難去ってまた一難で、いちいち不安がったり怖じ気づいたりしていた日には、いくつ体があっても身が持たぬというのが現代人の本音だろう。

望む（のぞむ）――他力本願の消極性

願う（ねがう）／眺める（ながめる）／映る（うつる）／見やる（みやる）／叶う（かなう）／労う（ねぎらう）

「望みなきにしもあらず」という。誰しも多かれ少なかれ何かを求めて期待するものだ。「望みは大きく持て」とか、「いかなる時にも望みを捨ててはならぬ」とかいった格言めいた言葉も作られる。

ここでいう「望む」とは〝希望する〟ことだ。自分の将来や他の人の事について良かれと思う状態の実現を「願う」ことは、悪いことではない。だが、ひたすら心でそう待ち望むだけでは運を天に任せる態度で、いかにも消極的と言われても致し方あるまい。自分から積極的に働き掛け努力して運命を切り開く、〝人事を尽くして天命を待つ〟精神に欠けている。

そう言えば、人に望むのも、当方の期待だけで結果は相手任せだ。望まれて輿（こし）入れすると言う。結婚の申し込みを受けたのだから積極的働き掛けがあったにちがいないが、それを〝相手が望むから〟と期待の実現の形で表現するところが面白い。「高望み」（身分不相応の望み）とか「望むべくもない」（いくら望んでも無理）などのような表現が存在するのも、やはり能力や身分格差といった縦関係に、一縷（いちる）の望み（わずかの望み）すらも無理だとの通念が土台にあるからだ。これも、〝望む〟ことが消極的な一方通行でしかないことを示していると言えよう。

どうして「望む」がこのように消極的な受身姿勢なのかというと、もともとの意味が「海を望む高台」とか「遠く富士を望む」の例でもわかるように、これは視覚的に遠景がとらえられるという状況の動詞だからだ。「眺める」のように積極的に対象を見つづけるのではない（「ながめ」とは長目で、〝長く見る〟という意味だ）。自然と目に入り、目に「映る」だけのことだ。心で望むのも、理想とする姿が自然と心の鏡に映り、それが実現するまで大事に抱きつづける麗しき心根の現れにほかならない。実に純情なことである。近ごろの若者なら、欲しい物は買えば手に入るといったドライな考え方だが、これはそうではない。遠くから「見やる」ように、ひたすら心に描きつづけてそうなることを切に願う。だからうまくそれが実現したときは、「望みがかなう」というわけだ。

「叶う」は、「思いがかなう」とか「願いがかなう」と使うように、心に抱き続けている事柄の成就することだ。その点では「望む」と「願う」とは極めて意味が近いことになる。「願ったり叶ったり」（希望どおりに願いが満たされること）、「願ってもない話」（願ってもなかなかこうはいくまいと思われるほどの都合の良い話）、みな良い結果が得られるよう心で期待する願いだ。

元来「願ふ」（「願う」の古形）とは、「ねぐ＋ふ」で、「ねぐ」は「祈」や「労」の字が当てられるように、神仏に祈ったり、神仏の心を慰め和(やわ)らげる行為を表す。「労をねぎらう」などと言うときの「労(ねぎら)う」も同じ語源だ。要するに神や仏にすがり、自分の望みが叶うことを期待することなのだが、「願ふ」の「ふ」が継続を表す助動詞だから、心に期待しつづけることにちがいない。だから、神様にお願いしようということは、神に配慮を促すよう祈って頼むことだ。功利的と言えば確かにそうだが、誰でも神社に参拝するときは、何かしら頼みごとの一つや二つは胸の内で唱えるはずだ。願うことが実は神仏に頼ることだったとは、いかにも他力本願であるが、「よしなに願います」「媒酌を部長にお願いしてみよう」など、もともと他者に頼む行為なのだから、当然のことと言えよう。

IV 行為

待（ま）つ——到来実現を夢みて

焦（じ）らす

「果報は寝て待て」という。幸運は焦（あせ）らずに気長に待っていれば、そのうちやって来るということだが、同じようなことわざに、「待てば海路の日和（ひより）あり」とか「甘露（かんろ）の日和あり」というのもある。航海に適したいい天気や、甘露のような恵みの雨はいつか必ず訪れるものであるから、時機の到来するまで焦らず待て、とまあ、こういう意味だろう。

とにかく、われわれにとって好都合なことや幸運は、そうおいそれとは実現しない。「棚から牡丹餅（ぼたもち）」式に幸運を手にすることなど、そう何度もあることではない。

「待つ」ことは日常生活では再々だが、待つ内容は時代とともに変わってきた。古代にあっては、潮（しお）を待つといったことがしばしば登場するが、これは満ち潮になる時刻をひたす

ら待つことだ。額田王の有名な、

熟田津に船乗りせむと月待てば潮もかなひぬ今はこぎ出でな

も、満月になって満ち潮の具合も良くなってきた。さあ新羅へ向けて出発進行という、待ったかいあって時機到来の勇み立つ気持ちが歌のリズムに現れた名歌だ。これも潮のさし具合を心待ちにする「待つ」だろう。

平安貴族になるとさすがに優雅で、同じ月を待つにしても、月の出を待つ観賞の精神だ。立待の月（陰暦十七日の夜の月）、居待の月（十八日の夜の月）、寝待の月（十九日の夜の月）と、同じ待つにしても、月の出の遅くなるにしたがって立って待っていたものが座って待つようになり（「居る」は〝座る〟の意味）、ついには寝て待つほどに時間がずれ込む。寝てまで月の出を待つとは悠長な話だ。万事忙しくなった現代では、とても古代人の真似はできまい。第一、それほど月に対して風流心を抱かなくなってしまった（「風流」のことを「雪月花」と言った）。

竹久夢二は、

待てど暮らせど

こぬひとを
宵待草(よいまちぐさ)の
やるせなさ
こよいは月も
出ぬそうな

と歌ったが、人を待つ気持ちと、月の出を心待ちにする心境とは、奇態と重なるらしい。来そうで来ない、人を「焦(じ)らす」ところ、いざ現れればその美しさに待つ身の辛(つら)さは忘れて心が明るくなるが、来なければ来ないで心が暗い。どうも心理的に共通点があるのかもしれない。恋人を待つ心は古今東西を問わないが、

君待つとわが恋ひ居(お)ればわが屋戸(やど)の簾(すだれ)動かし秋の風吹く

と詠んだ先の額田王の歌といい、人待つ心が風や雨に結びついてムードをかきたてる（一説には、風が吹くと恋人が訪れるとの俗信がその昔あったと言われる）。

恋人を待つのなら「待つ間(ま)が花」（待っているうちが楽しいので、実現してみればそれはそれでどうでもないという意味）で、それもまた楽しからずやだが、電車やバスを待っ

たり、合否の発表通知を待つのでは、いらいらするばかりで、詩にもならない。それほど現代は味のない世の中になってしまったのだろうか。せめて、そばやすしの出前を待つことで憂さを晴らすぐらいのことだろう。

歌人の俵万智は、

誰を待つ何を吾は待つ〈待つ〉という言葉すっくと自動詞になる

と歌ったが（『サラダ記念日』）、待つことはどうも相手とは関係のないこちらの勝手な行動らしい。何かを心待ちにする気持ちがいつの間にか一人歩きを始めて、対象もさだかでないのに漠然と何かを待っているような気分、そんな気持ちになることもよくある。

そう言えば「待つ」という動詞はちょっと変わった語だ。ふつう使役の助動詞「せる」を付けると「立たせる」「食べさせる」のように、その相手に働き掛けて否応なしにそうするように仕向ける使役行為を表す。ところが「待たせる」は「ちょっと待ってね」と頼んで待たせることも、もちろんあるが、別段待たせるつもりでなく、こちらも約束の時間通りに行ったにもかかわらず、相手が勝手に早く来すぎて（あるいは、早くからまだかまだかと急いて）それで、

「だいぶ待ったよ」

などと平気で言う。こちらも人がいいから、

「やあ、待たせてご免」

などと詫びる。人を待たせるのは、特に命じたり頼んだりして待たせるわけではない。結果にすぎないのだ。

そう言えばバスを停留所で待ったとしても、別段バスは遅れて来たわけでもなく、定刻通りに来ているのだ。待つようにしたこちらのほうが勝手に待っているだけなのだ。だが、やはり「待つ身に辛き置き炬燵」で、待たれる身より待つ身は辛いものだ。そこで「待たるるとも待つ身になるな」などという身勝手な考えも生ずる。ま、いくら待っても実現することなら、待ったかいがあったというものだが、待ちぼうけを食う（待っていた相手がついに来ないで、待ったことが無駄になる）ことにでもなったら、それこそ浮かばれない。

「待ち人来たらず」とはよくも言ったものだ。

そこへ行くと、中国人はさすがに気が長い。人の来訪などといった、たかが数十分、数時間という細かい単位ではない。

百年河清を俟つ（『左伝』襄公）
（百年間も黄河の水が澄むのを待っていても澄むことは有り得ない。いくら待ち望んでも不可能なことのたとえ）

などと達観して平気でいる。何とのんびりしている悟りの境地であろう。そこへ行くと、たかが恋人が訪ねて来るとはっきりしているその日の朝さえ、

君を待つ朝なり四時と五時半と六時に目覚まし時計確かむ（『サラダ記念日』）

と、そわそわ落ち着かずに待ちあぐむ。万事こせこせと忙しい今の日本人、少しは中国のことわざを見習ってみたらいかがなものであろう。だが、

約束のない一日を過ごすため一人で遊ぶ「待ち人ごっこ」（『同』）

何でもない一日ですら〝待つ〟ことで時を送る、日本人はよほど待つことが好きな国民らしい。

作る(つく)——自然に手を加え姿を変える

ごまかす／つくろう／誂(あつら)える／こしらえる

作り話、絵空事(えそらごと)（空想や誇張・嘘を交えた事柄）、作り声（変えた声音(こわね)）、作り物、作り事、作り笑い（おかしくもないのに、わざとお愛想笑いをする）……「作る」はイミテーションの文化だ。

素顔や地声を覆い隠してうわべを飾る。作為が加わることによって真実をゆがめた不実さが表に現れる。いかにも本当らしく見せるフィクションは、それはそれなりに一つの芸術性を持っているのだが、どうも日本語で「作る」と言うと、創造性よりも加工による変形、他人の目を「ごまかす」虚飾文化の匂いが漂ってくるのだから不思議だ。

古来、人類は自然に手を加えることによって生活を豊かにし、特有の文化を育ててきた。自然を変えることが人類の進歩につながるとの過信もそこから生まれるのだが、それを陰(かげ)で支える科学の力こそ万能だとの思い上がりも根は共通だろう。しかし、〝作ること〟つまり自然に手を加え自然を変えることは、それほど人類に幸福をもたらしただろうか。

詩を作るより田を作れ

風流事にうつつを抜かす暇があるなら、もっと実利のある仕事をするべきだとの現実主義者の格言だ。実生活に直接役に立つか否かは別として、人為の産物を生み出す点では大差はなかろう。

日本語の「作る」は、対象に手を加えてまとまった別の姿や形に変えることだ。

「そのお魚、作ってちょうだい」

三枚におろしたり（魚を開きにして切り離す）、さしみにしたりすることだが、まさに〝作る行為〟の見本みたいな使い方だ。

人為によって在るがままの姿を変える。その点から言えば、「作る」は加工の原点だが、自然を善や美とする思想が強ければ強いほど、作ることは不徳・不善となる。女が男に媚（こ）びるような様子をわざとすることは「しなを作る」（「しな」は〝嬌態（きょうたい）〟）だし、男を化かすための化粧は「顔を作る」。「若作り」も根は似たりよったりで、どうも好感が持てない。人をごまかすような話を作ったり、さては愛人を作ったりで、作ることが人の道に反したり他人の目を偽ったりする場合が何と多いことか。

これと似た語に「つくろう」がある。もともとは「作る」に「ふ」という継続のことばが付いた語（「つくろふ」）だから元は一つで、意味もあまり差がない。うわべや体裁をつくろったり、うまく世間態（てい）をつくろったりするのがそうだ。

課長にはうまくつくろっておいたから心配ないよ。

失敗などを隠すよう上手にとりなす行為だ。手を加えて表面をカムフラージュするなど、最近やらないが、靴下を繕(つくろ)ったり、身なりをつくろったりすることでもある。料理屋などで、

適当に見つくろって出してくれ給え。

と言う「見つくろう」も、品物を適当に見はからって選び出し、うわべが整ってさえいればよいという、人任せで無責任な行為だ。そこへ行くと、同じ、人に頼んでも、自分の思い通りの物を注文する「誂(あつら)える」は罪がない。

さて、日本語には同じ意味を表すことばが実に多くて、「作る」にも「こしらえる」という類義語がある。出来すぎている話はたいていこしらえものだし、身なりや顔は〝こしらえる〟絶好の対象だ。だいたい「こしらえる」とは、自分に出来上がりのイメージがあって、それに合うよう対象に手を加えることだ。だから、こしらえすぎると、わざとらしさが露骨となり、嫌味になる。あまり派手にこしらえすぎるのも考えものだが、おとなし

すぎるのも目立たない。

　そこで中庸ということになるのだが、さて、そのようにさりげなく穏やかに体裁を整えることは、何と表現したらよいのであろうか。適当な日本語が見当たらない。言葉というものは極端を好むものなのだろうか。

飾る——意識される他人の目

装う／しつらえる／扮する／やつす／めかす／塗る／掃く／描く／引く／注す／梳る／梳く／とかす／挿す／束ねる／欺く

どうも人間は、自然の姿に手を加えたがる動物らしい。〝素〟の状態（そのものの、そのままの状態）、たとえば素顔、素足、素っ裸といった本然の姿をきらって、化粧をしたり、美しい衣類を身にまとったりする。いくら気どってしなを作ったとしても（「しなを作る」とは、女性があだっぽい媚びる様子をすること）たかが知れている。第一、粗末な身なりでは、せっかくの仕ぐさや表情も台なしで、引き立たぬというものだ。

そこで、次第にエスカレートして、より美しく見せようと凝った身ごしらえ（服装を整えること）へと走っていく。「こしらえすぎ」とはまさにこのことだが、実用を超えて「飾る」ことは、〝美しさ〟を強調することだから決して悪いことではない。孔雀のような天然の美を授からなかった不幸せを、せめても人工的に補って満足しようというのだから、いじらしい限りである。

古来、服装や室内などを美しくきちんとすることを「装う」と言った。もとは整え準備することを指したらしいが、外観を正式な形に「しつらえる」（美しく整え設ける）ことは、服装なら正装だし、物や場面なら特別に飾りたてることだ。今日では「平気を装う」など〝ふりをする〟意味で「装う」が使われるが、これではいかにも誠が無くて不実だ。「役者に扮する」「旅芸人に扮する」などいう「扮する」も装うことだが、これも〝扮装する〟、つまりある者に見せかけようとして化粧や衣装を施す作為的な飾りたてだ。どうも意図がいま一つすっきりしないが、日本語にはわざと変装するこの手の動詞が多いようだ。「乞食に身をやつす」の「やつす」。これは「恋に浮き身をやつす」などと比喩的にも使われるが、みすぼらしい姿に変装することだ。もう少しましな言葉はないものか。「めかす」というのもあるが、派手におしゃれをするという軽っぽさが伴う。「めかし込む」など、柄にもなく身なりを飾りたてて滑稽な感じがしないでもない。どうも安っぽい感じで上品さに欠けるが、「身を飾る」ぐらいで満足しなければならないのだろうか。

化粧となると細かい言葉がいろいろと用意されている。お白粉やクリームは「塗る」だが、同じ塗る行為でも、眉墨などは刷毛を使うところから眉を「掃く」と言うし、「眉を描く」とも言う。眉毛は線状に延びているから、墨を着けていく行為は「眉を引く」。同じ塗りつけるにしても口紅や頬紅なら「紅をさす」。これは「注す」で、〝色をつける〟意味だ。

顔を作ることは化粧の根本だが、髪を飾ることもまた重要だ。昔は髪に櫛を当てることは「梳る」と言ったが、今は「梳く」だろう。もっとも、若い世代は髪を「とかす」で、だんだん「すく」が使われなくなってきている。「とかす」は「解く」と同じで、もつれた髪に櫛を当てて分けはなつという意味だから、髪の間を透かしていく「梳く」と基本は同じ発想だ。昔は簪（かんざし）を「挿（さ）す」ことをしたものだが、今はせいぜいリボンで飾るぐらいのものだろう。パーマネントが普及した今日、髪を上げたり「束（つか）ねる」こと（束（たば）ねること）は、はやらなくなった。

「飾る」は何も髪や胸元とは限らないが、リボンや造花、ブローチ、ネックレス、イヤリング、ピアス、指輪といった装身具類は、時代とともに変わっていく。だが、身を飾るという嗜好（しこう）は（特に女性は）古代社会も今も変わりはない。よく見せたい美しくなりたい願いは、人間共通の願望であろうけれども、社会が発達するにつれて、体面を重んずる風習から儀礼的に飾りたてる画一的な作法へと堕していく。祝祭にかかわる場面・服装がまさにそうだ。

それがさらに客や相手に対する見てくれの良さをねらって上辺（うわべ）を飾るところまで進むと、実質の伴わぬカムフラージュと差がなくなる。人の目をごまかしさえすればよいのだ。見かけを良く取りつくろって中身までいいように思わせる、一種の詐欺行為と言われてもしかたがなかろう。

だから「飾る」には、反道徳的な匂いが何となく付きまとう。言葉を飾れば「巧言令色鮮（すくな）し仁（じん）」（『論語』）とか言われて、言葉たくみな話や、つくろって好（よ）い顔をしている者に限って誠の心に乏しいと排斥される。どうも日本語の「飾る」には、体裁を整えて人によく見られさえすればいいといった気分が何がなし漂ってくるのは、いかんともなし難い現実だ。

萩原朔太郎の『腕のある寝台』という詩に、

綺麗なびらうどで飾られたひとつの寝台
ふつくりとしてあつたかい寝台

というくだりがある。また『荒寥地方』という詩の中には、

青や緑や赤やの旗がびらびらして
むかしの出窓に鉄葉の帽子が飾つてある

という一節もある。この二つの詩にある「飾る」が、くしくも日本語の「飾る」が持つ二面性を表しているのだから面白い。初めの「飾る」は、これは明らかに美しく綺麗に見せるための装飾効果だ。ビロードで飾った寝台など筆者の好みに合わないが、いかにも朔太郎らしいハイカラ趣味だ。ところが後の例のほうは、別段ブリキの帽子で出窓を美しく見

せているわけではない。他人に見せるために置いてあるだけの話だ。テーブルに花を飾るのなら装飾性もあるが、ショーウィンドウに商品を飾ってみても客が見やすくなるだけのことだ。

どうも日本人の頭には、世間の大勢の人目に触れさせて良いイメージを与えることが〝飾ること〟であるらしい。良さそうに見せて人の目をごまかす、だから同じ並べるにしても恰好よく展示する。人間や文章なら、うわべや言葉づかいを飾って良く見られるよう演技する。こうした人目を迷わし「欺く」手管は、どうやら棚に人形を置いたり店先にただ品物を並べたりすることを「飾る」とオーバーに考える、日本人独特の発想に由来するらしい。

多分に他人の目を意識して良く思わせようとする下心、そうした不純な気持ちが影のように付きまとう。「飾る」は、人様の目の上に成り立つ見せびらかしの心理に支えられている。

立(た)つ――目立ちの実現から

留(と)まる／触(ふ)れる

万葉歌人山上憶良(やまのうえのおくら)は、男子たるもの大志を抱いて、末代までも名が消えぬよう立派に仕事を残して行くべきだと、

　士(おのこ)やも空(むな)しくあるべき万代(よろずよ)に語り継(つ)ぐべき名は立てずして

と高らかに歌った。まことに自信にあふれた力強いしらべだが、本気でそう考えていたのなら、実に羨(うらや)ましい限りである。人の口の端(は)にものぼらぬほど無名の存在で一生を朽ち果てるなど空しいことではないかと、そういうわけだが、世の中の大部分の人々がひっそり生きてひっそり死んで行くことを考えると、この歌は社会の表街道を胸を張って生きていく勝者の声だ。

名を立てることは、出来れば誰しも願わしいことにはちがいないが、そう簡単にはいかない。ところが、名が「立つ」ことは案外とやさしい。小倉百人一首にもある壬生忠見(みぶのただみ)の歌、

恋すてふ我が名はまだき立ちにけり人知れずこそ思ひそめしか

も、人知れずこっそり胸の内に秘めていたはずなのに、恋をしているという評判が早くも立ってしまったという純真な歌声だが、名が立つほうは自然と噂が広がるから、あれよという間に人の口端にのぼってしまう。名を立てたり、名が立ったり、現代語なら、噂が立ったり、人目に立ったり、どうも「立つ」ことは他人様の存在を無視しては成り立たないようだ。

もともと「立つ」は、静なるもの、無の状態から何かが発してはっきり目に留まるほどの動きや程度が高まることだ。それが人目につけば〝目立つ〟ことだし、波が立つのも、目立つほどうねりが高まる状態に言う。あの美しい『早春賦』の歌にも、谷の鶯が「声も立てず」という一節がある。「声を立てる」もまったく同じ発想だ。

「立つ」は起立したり、「茶柱が立つ」のように垂直になることにも使われるが、もともとは、

火の無い所に煙は立たない

煙が目立つほど上がるところを見ると、まんざら火の気が無いわけでもあるまい。つまり、事実がなければ噂の起こるはずがないということわざだが、ここでも「立つ」は目立つことだ。気が立ったり腹が立ったりするのも状態が目立って激化するからだし、目算が立つや大義名分が立つのは、確かなもの、はっきりした状態として定着することから「立つ」と言う。とげや矢に「立つ」を用いるのも、その箇所にしっかり定着するからだ。で、「立つ」が「薹が立つ」（〝盛りを過ぎる〟ことを表す）や「席を立つ」のように、ふつう直立・起立を表すのも、静止していたものが上へ向けてはっきり目に留まるほどの動きを現すから、目立つ現象として同じように「立つ」ととらえたわけである。

「虹が立つ」「表立つ」「鳥が飛び立つ」……いろいろな現象や動作を、はっきり目に「留まる」ほど程度が表面化するという一点で、同じ「立つ」で理解する。人の目に「触れる」ことが言葉を決める重要な鍵となっているとは、何と面白いことではないか。

それにしても日本語は、「飾る」といい「立つ」といい、人目を気にせずには成り立たないとは何と因果な言葉であろうか。

見る（み）——感覚の目への世界の投影

見える（み）／映る（うつ）

「百聞は一見にしかず」と言う（『漢書（かんじょ）』にある言葉）。何度聞くよりも一度でも見るほうがはるかによく理解するとのことわざだが、自分の目で確かめなければ人はなかなか安心できない。

「聞くと見るとは大違い」とか「聞いて極楽（ごくらく）、見て地獄（じごく）」などと言って、話と実際とが違うことも大ありだから、人の話というものはあまり当てにできない。

とかく見るまでは安心できないのが世の中だから、われわれは何よりもまず見ることに重きを置いて物事を判断しようとする。裏返せば、年中だれかに見られて絶えず人目を気にしなければならない環境を作ってしまっているのだ。そこで見てくれを良くし、上辺（うわべ）を飾って評価を高めるといった作為をしたり、目立つ存在になりたがったりすることにきゅうきゅうとなっている次第だ。

ところで、日本人が考える「見る」は、意外と底が深い。物の姿形を視覚的にとらえることも確かに見ることには違いないが、「眼光紙背に徹す」と言って、書いてある事の言外の意味まで読み取ってしまう。決して文字づらだけを眺めているのではない。評論家の小林秀雄は『徒然草』を書いた兼好法師を評して、「目が冴えかえって、いよいよ物が見え過ぎ、物が解り過ぎる辛さを『怪しうこそ物狂ほしけれ』と言ったのである」と述べている（小林秀雄『徒然草』）。物が見え過ぎ、人間が見えきってしまうと、かえって人の世の裏表が手に取るようにわかってきて苦しくなるものだ。それを見え過ぎる辛さと言ったのだろう。以前、あるテレビコマーシャルの言葉に「見え過ぎちゃって困るの」というのがあった。肌の透けて見える服装の若い女性が大映しになっていたから、人にはっきり見られる辛さを言ったのだろうが、小林秀雄流に、対象があまりわかり過ぎてしまうのも困りものと取っても悪くはない。いずれにしても、「見る」が対象の真実を把握したり理解したりすることを意味している点は重要である。

そう言えば、日本語の「見る」は必ずしも視覚とは限らない。味見をしたり、脈を見たり、風呂の湯加減を見たり、さてはアルバイトで受験生の英語を見たりで、「見る」は感覚的に探り取る行為から、さらに探り取って適切に対処をする（つまり世話をする）ことにもなる。自身が受け手側に回れば、ばかを見たり、いやな目を見たりするわけだ。先の「……見て地獄」も、経験するという意味だろう。「それ見たことか」と人をからかい、「ざまを見ろ」と相手をあざける。さらに進めば、物事をいい傾向と見て取ったり、勝ち戦と見たりで、様子から事態の流れを読み取り解することまで「見る」ととらえる。いや、実に幅の広い語と言うべきだろう。「幽霊の正体見たり枯れ尾花」という句がある。枯れ尾花（枯れすすきのこと）を見て幽霊の正体が何だかわかったというのだから、この「見たり」は、現実に見ることと解することとが重なった言葉だ。

どうも日本人の考え方には、物事の把握を、やれ視覚だ、触覚だ、味覚だと分析していくのではなく、総合的・全人的な感覚として受け止めていく傾向があるようだ。「病人は今が峠と見る」のように、心の働きまでも一括するほど「見る」はスケールが大きい。これは自動詞「見える」も全く同じ。先生がおやじに見えたり、未来がばら色に見えたりで、おのずと思われる心の自発現象が「見る」「見える」の内容だ。「幽霊の正体見たり」も、見ようと意図した能動的行為などでは全くない。いやでもひとりでに目に「映る」、ああそうかとわかってしまう受身的な了解だろう。

自分のまわりにある世の中が自身の感覚の目に投影する。それを受け止めるのが日本人の〝見る〟行為だ。だから何事もまずよく見ることから始めなければならない。

V　自然

咲く——人の世の命運をなぞらえて

散る／裂く／萌える／芽ぐむ／角ぐむ

「花咲かじじい」の話といい、「一花咲かせる」（今まで沈滞していた者が、花が咲いたように華やかに活躍して名声を博する）といった慣用句のあることといい、日本人は花の「咲く」ことに特別の意義を感じているらしい。

　桜の花のように、枯れて見える木の枝に一時にぱっと花開く。それも木全体、いや、在るかぎりの木全部がだ。花見をするというのも、耳目を引く（人々の注目を集める。「耳目を聳動する」とも言う）ことに繋がり、花咲くことが人目を奪う華やかさと、世人の注目を浴びる社会の檜舞台（能力を示す晴れの場所）に躍り出ることを表すわけである。

〝花〟に対する日本人のイメージも、花開くことへのあこがれも、桜の存在を無視しては有り得ない。中国では「百花繚乱（ひゃっかりょうらん）」とか「百花斉放（せいほう）」（共に、たくさんの花が一時に咲き乱れ、咲きそろう様）とかの言葉があるが、これは多くの花がいっしょになって作り出す爆発的な総合力の華やかさだ。いかにも大衆によって盛り上がる華麗な運動の成果といった感じで、日本のような一本（ひともと）の花、一種類の木による穏やかで楚々（そそ）とした（清らかな可憐（かれん）な美しさの形容）静かな美とは対照的だ。比喩的な、

長いこと努力したかいあって、ようやく花が開いた。

などもそうだし、先の「一花咲かせる」も、いかにも日本的な控えめな咲きようで、とても〝百花〟などとは太刀打ちできない。いかに景気よくとも、せいぜい桜の花程度で、薄ピンク一色といったおとなしさで、それも時期が過ぎればさっと散って身を引く淡白な華やかさだ。入れ替わり立ち替わり色とりどりの花が咲き競う、脂ぎったしつこいエネルギーはどこにも無い。たとえて見れば、中華料理と日本料理の味の違いだろう。言葉にも民族性が反映して、実にあっさりしたものである。それが日本語の「咲く」のイメージだ。

さて、咲いた花はいつかは「散る」。「咲いた花なら散るのは覚悟」で、身を引くのも美の一つと考える。「引き際（ぎわ）が肝心」とか「掉尾（ちょうび）を飾る」（物事の仕上げを立派にして終わること。「とうびを飾る」とも言う）などの句もあるように、散り際（ぎわ）をいさぎよく振る舞う

ことが日本人の美の哲学だ。その点でも、桜は日本人好みのぴったりな花で、いつまでもいじ汚くへばり付いていないで、さっさと散っていく。「戦運利あらず、遂に土俵に散る」とか「力士生活に花と散った名横綱」など、比喩の真髄とも言えるこうした表現に接すると、思わずじーんと来るのが日本人の心意気なのだろう。

「咲く」は、「裂く」から来ていると言われる。花の蕾が裂けて開くという意味だから、「花開く」と同じことだ。比喩的に「花笑い、鳥歌う」などと詩歌で使うが、笑いは口をほころばせ開くことだから「咲く」に通ずる。古く中国の楽府（漢詩の一種）などに例が見られるところを見ると、昔から使われていた言い方なのだろう。

植物の生育に関する動詞を少し見ていこう。春になって草が芽を出し、木々の枝から緑が顔を出すのは「萌える」だ。「芽ぐむ」ことで、「萌え出る」とも言う。旧「第三高等学校逍遥の歌」に、「紅萌ゆる岡の花／早緑匂ふ岸の色」とある。男子校の歌にしては珍しく美しい清らかな歌い出しだ。花芽が顔を出し、やがて紅く岡辺を彩っていく春の景物は、また何物にもたとえようのない美しい自然の恵みであろう。草木の芽が力強く萌え立つさまは「角ぐむ」と言うが、今日ではあまり聞かれなくなった。『早春賦』に、「氷解け去り葦は角ぐむ」とあるが、他にあまり例を見ない。古くは、

雪消えて今は木の芽も春風につのぐむ野べの萩のやけ原　（『続後拾遺和歌集』）

み島江につのぐみ渡る芦の根の一よの程に春めきにけり　（『後拾遺和歌集』）

など歌にしばしば詠まれる。葦の芽吹く様によく用いられる語である。もともと角が生え出るように真直ぐ上へと伸びる様子から生まれた語ゆえ、葦などの固い鋭い芽が地面を突き破って現れ出るといったイメージが伴うのであろう。

草木の芽が萌え出る様は、固い殻から抜け出して外に顔を出す明るさ、伸長の可能性を暗示する。「雌伏十年、やっと芽が出た」（将来の活躍を期して他の下に忍従すること十年、やっと運が向いて来て、不遇な状態から抜け出し、実力を発揮できるまでになった）。まかり間違えば、一生「芽が出ない」ことだって有り得る。まこと人生とは些細なことが命運を分けるが、芽が出て、花が咲き、実を結んで、人生の花道を颯爽と引き上げることができる者は、幸運の宝くじを引き当てたようなものである。

人の一生を花にたとえ、花の生涯を送る者もあれば、一生日蔭の花で終わる者もいる。いや、「花の咲かない枯れ芒」（『船頭小唄』）だってあるのだ。何と人の世は皮肉なものであろうか。

鳴(な)く——発露する動物の自己主張

嘶(いなな)く／吠(ほ)える／囀(さえず)る／すだく

花の命の発露が「咲く」ことなら、動物は「鳴く」ことだ。「鳴く猫は鼠(ねずみ)を捕らぬ」などと悪口を言うが、これは、おしゃべりな人は口ほどにもなく実行力に欠けることを揶揄(やゆ)した（からかうこと）ことわざだから、「鳴く」を軽っぽい口達者なたとえとして用いている。

こうしたマイナスイメージの「鳴く」も有(あ)るには有るが、むしろ本来は、動物が自分の存在を仲間に知らせる大切な自己主張の雄(お)たけび（勇ましい叫び声）だ。

「鳴かず飛ばず」でいることは、仲間に自分を認めてもらえない屈辱の日々にほかならない。何一つ取り立てて人目をひくような活躍もせず、世の中から忘れられている存在のたとえとして用いられるのもそのためだ。もっとも、これは、活躍の日の来るを期してじっと機会を待っていることをいうのが本来の意味だから、「雌伏(しふく)十年」などという雌伏に近い。人間の「泣く」が、泣き言(ごと)（ぐち）を言ったり、「泣きを入れる」（泣きついて詫(わ)びる）、「泣きを見る」（つらい思いをなめる）ような敗者の弁であるのにくらべれば、さすが動物は鳴いて自己を誇示する、勝者の貫禄(かんろく)だ。

しかし、その鳴く行為が動物によって語を使い分けているので、ちょっと厄介だ。最も一般的な「鳴く」が広く獣・鳥・虫に使えるのに対し、特定の対象だけにしか言わない動詞がいくつかある。

まず「嘶（いなな）く」。これはもと馬の鳴き声が「ひんひん」と表せなかった時代、「いんいん」、つまり「いん」（ン音が表せなかったころは、ただの「い」）であった。その「いん」に「鳴く」の付いたものと言われる。だから馬が鳴くことを表す動詞だ。奈良時代のころ馬の声を「い」と表したという話は、橋本進吉（はしもとしんきち）博士の「こまのいななき」という論文で有名だ。「いななく」は、馬が声高く元気で鳴くといった感じで、島崎藤村も「労働雑詠（ぞうえい）」という詩で、

　野に出でよ野に出でよ／稲の穂は黄にみのりたり／草鞋（わらじ）とく結（ゆ）へ鎌（かま）も執（と）れ／風に嘶く
　馬もやれ

と、力強く軽快に歌っている（『落梅集（らくばいしゅう）』）。まさに「いななく」がぴったりな情景で、イナナクという音（おん）の響きが「ひひーん」と鳴く馬の叫びと一つに合って、いっそうこの詩を引き立てている。身内が活気で引きしまる思いのムードではないか。

それに比べると、「吠（ほ）える」はどうもいただけない。猛獣が敵を威嚇（いかく）して発する叫びだ

から、これは穏やかでない。犬などが盛んに鳴くのも「吠える」「吠えたてる」。よく比喩的に相手が口汚くどなり散らすのを、「何を吠えくさる」「奴（やつ）め盛んに吠えている」などと使うが、これは俗な言い方だ。泣くことにも用いるが、とにかく元の吠える行為そのものが決して賞（ほ）められるべきものでないのだから、転用もそれなりの低レベルの叫びでしかない。

鳥は、「鳥啼（な）く声す夢覚ませ」で始まる有名な『とりなの歌』（いろは歌に代わるものとして登場した明治の歌。アイウエオの五十音を一回ずつ用いて歌が詠まれている）に描かれた、美しい早朝の情景にぴったりな「鳴く」がふさわしい。夜明けにいち早く鳴き出す野鳥の声は、仕事に疲れ果てた現代の都会人たちの心をなごませる。だが、極度に市街化された町中の高層住宅では、もはや鳥の歌も耳にできない。すこし郊外の木々のある庭先でなら、まだ鳴き声を楽しむこともできよう。

雀や小鳥などがしきりと鳴き続ける様は「囀（さえず）る」だ。さすが鷲（わし）や鷹（たか）など大物はでんと構えていて、さえずったりはしない。そこから、子供などがべちゃくちゃと何やらやかましくおしゃべりしている様子にも「さえずる」と使うが、これはやや軽卑（けいひ）の意識が働いている。差別語になりかねないから、あまり使わぬほうがよいだろう。ひばりのような小さな鳥なら、「ぴいぴいぴいと　さえずるひばり」で、実感のこもった小鳥の賑（にぎ）やかさが出て悪くない。虫は、「あきの夜長を鳴き通す」で、「鳴く」が一般だが、「草むらにすだく秋の虫」というように、「すだく」とも言う。たくさんの虫が一緒になって鳴きしきる（しきりと鳴くこと）様を形容した言い方だが、もともとは〝集まる〟とか〝群がる〟、あるいは〝集まりさわぐ〟ぐらいの意味だ。古典文学では虫とは限らず、鳥や蛙などにも使われている。

こうして見ると、いや、なかなか日本語の「鳴く」に当たる言葉は多彩だ。しかも、その一つ一つがみなそれぞれに違った味を持っていて、対象の動物にも使い分けがある。その点、馬と虫とが優遇されすぎているようだが、これは日本の自然と人々の生活との深いかかわりから生じたことで、それが言葉に反映していると考えれば、日本語もまた楽しからずやである。

晴れる——立ち籠めが消えた爽やかさ

曇る／たなぐもる／降る／止む／上がる／光る／轟く／落ちる／置く／降りる／吹く／そよぐ

最近は気象情報が発達していて、明日の天気具合を知ることは当然のことと考えるようになってしまった。晴雨はいつの時代でも気になるもので、時代により人により目的は違うが、雨や曇り日の多いわが国では、いい天気（好天）といえば晴れの日と相場が決まっている。砂漠がほとんどの国々では、晴天など決していい天気とは考えないだろう。

好天は〝晴れ〟であるが、これは「晴れる」が名詞化したものだ。以前は「霽れる」とも書いたが、もともと立ち籠め覆っていたものが消えて、見通しのよいすっきりとした状態に変わることだ。だから何も雨が止むことだけに限ったわけではなく、一面に充満していたための障害が取れてはっきりすることなら何でも「はれる」だ。「霧が晴れる」もそうだし、心や気分、疑い、罪など、もやもや引っ掛かって未解決だったものが無くなって清々とした気持ちになるのも、やはり晴れるということだ。「天下晴れて」（世間が認め、何一つはばかることがなくなる状態）とか、「晴れの身」（疑いのすっかり消えた身）も、その点では全く同じ使い方と言える。

天気の「晴れる」も、そう考えると、それまでの雨や曇り空が消え去るということだから、どうやらこれは降ったり曇ったりしている状態が未来の姿なのだと言えそうだ。いかにも雨天の多い日本の風土を映した言葉と言えるのではないだろうか。

「晴れる」が塞ぎ覆っていた何かが消えて広々と見通しの利く状態となることなら、その反対は「曇る」だ。だから湯気でガラス窓が曇るだし、息で鏡が曇る。心が曇るのも、心配や悲しみで暗い気持ちとなるから、心の中がすっきりとしなくなるわけだ。

曇り日の多いのは多少季節とも関係するから、春、桜の咲くころの薄曇りを特に「花曇り」と呼んだりする。

花曇品川駅の人出かな　（高浜虚子）

などという句もある。さして来る潮の水気で曇ることがある。これは潮曇りだ。その他、

梨咲くと葛飾の野はとのぐもり　（水原秋櫻子）

に見られる「との曇り」。もと「棚曇り」で、音の転訛したものだが、雲が棚引いて一面に曇ることだ。これは『萬葉集』あたりでは「たなぐもる」（「とのぐもる」）と動詞で現

れる。今は言わないようだ。俳句など文芸の世界ではこうした雅趣豊かな語が使われていて心を引くが、同じ曇り空でも呼びようでいかようにも美しくなるものだ。そこへ行くと、「一天にわかにかき曇り」など、まさに青天の霹靂（へきれき）（青空の上天気に突然雷が起こるように、予期せぬ変動が急に起こること）といった感じで、穏やかでない。

さて、曇れば次は雨が「降る」というのが順序だろう。有名な、

坂は照る照る　鈴鹿（すずか）は曇る　間（あい）の土山（つちやま）雨が降る

は、坂下（さかのした）・鈴鹿・土山（いずれも宿（しゅく）のある地名）とあるから、伊勢から近江へと鈴鹿の峠越えのあたりだが、今で言えば三重・滋賀両県の県境と思えばよい。安藤広重『東海道五拾三次』でも、土山は「春之雨（はるのあめ）」を描いている。

日本人は雨に対しては敏感で、土砂（どしゃ）降りだとか、本降り、小降り、横降り……と、いろいろ言葉を用意している。「降りみ降らずみ」（降ったり降らなかったりの定まらぬ空模様にいう）の天候から、激しい滝のような雨まで、要するに雨天の様子が多彩なわけだ。だから、少しぐらい雨が降っても勤勉に定刻通り出勤するのが日本人の習性で、晴雨に合わせて時間をずらすなどという芸当はとても出来そうにない。だから〝雨が降ろうと槍（やり）が降ろうと〟どんなことが起ころうと、いったん決意したことはやりおおせるという敢闘精神

が養われる。これも日本の気候風土のなせるわざか。「雨ニモマケズ／風ニモマケズ」は何も宮沢賢治に限ったことではない。「雨降って地固まる」（ごたごたが起こって、かえって以前にも増して安定するということわざ）とか言って、雨の降ることを災い転じて福となす精神は、まさに見上げたものだ。

雨には「止む」が、また、ひとしきり降り続いた雨がすっかり止んで、もうぐずつかない完了状態のときには「上がる」も使える。これは双六の「上がり」と同じだ。

雨の次は雷様のお出ましと行きたいところだが、どうも雷に関する動詞は、それほど多くない。「光る」やら「轟く」やら、「落ちる」やら、ただ恐ろしいばかりで優雅さがないからだろうか。だから「地震・雷・火事・おやじ」と敬遠されるばかりだ。「露が置く」とか「霜が置く」「霜が降る」「霜が降りる」のような、すてきな表現が欲しいが、どうも見当たらない。

風は「風吹けば沖つ白波たつた山」（『伊勢物語』）で、「吹く」と相場が決まっている。「そよぐ」風などと聞くと、いかにも風の吹くさまみたいだが、これは「風にそよぐ葦」など言うように、風に吹かれてそよそよ揺れる静かな風情だ。

「吹く」は、「風が吹けば桶屋が儲かる」と三段論法のたとえにもよく引かれるが、これは、この世の因果はめぐりめぐって思わぬ結末を招くものだとの因果律を伝えたものだ。どうも現在の身の不運やうだつが上がらぬ原因は、それなりにあるにちがいない。別段、思い当たる節があるわけではないが、どうも風の吹き回しか、運命の糸がある日を境に悪(あ)しきほうへと進んで行く。運命などというものを、どこ吹く風と受け流せる人はいい。が、やはりそこは弱者の悲しさ、溺(おぼ)れる者は藁(わら)をもつかむ（危急の際には何でも頼ろうとするものだの意）思いで、力ある者に頼ろうとする。

どうも風の吹くことを日本人は、庶民の力を超えた恐るべき天の差(さ)し金(がね)と考える。だから分をわきまえず背のびして出世でもしようなどと欲心を起こすと、「大木は風に折らる」（「喬木(きょうぼく)は……」とも言う。「出る杭(くい)は打たれる」とほぼ同じ意味）で、批判・攻撃の的となりやすい。風が吹けば桶屋が儲かるどころか、

　吹くからに秋の草木のしをるればむべ山風をあらしと言ふらむ　（『小倉百人一首』）

吹くとすぐ秋の草木も萎(しお)れて枯れてしまう。なるほど山から吹く風は嵐(あらし)と言って、やくざみたいに自然を荒らしまわる恐るべき存在だ。とても神風が吹くような恩恵は望めそうにない。せめて「明日(あした)は明日(あした)の風が吹く」と考えて、先々のことにくよくよせず、のんびり気楽に生きようではないか。それが庶民の知恵というものだろうか。

流れる――状況につられた自然の移動

垂れる／滴る／込み上げる／溢れる／こぼれる／落ちる／たぎる／逆巻く／渦巻く／ほとばしる／沈む／湛える

流れ弾、流れ者（定職もなく転々と渡り歩く者。または、他所からの渡り者）、流れ歩く、質流れ、さては、

河童の川流れ

達人も時にしくじることがあるということわざだが、どうも「流れる」の付く言葉はろくでもない事柄ばかりしかないようだ。

だいたい「流れる」は、水や汚物が低きに向かって動いて行くか押しやられる現象だ。その決まった位置に定着できずに、だんだんと勢いに押されて、そこからずれて行くことだから、〝常軌を逸する〟〝時の状勢や成り行きに負けて自己を失う〟といったマイナス意識がどうしても伴う。比喩的な「怠惰に流れる」とか、欲や奢侈に流れる、欲望に流されるといった表現もここから来ている。テレビの画面が流れるのも、打ち上げたボールが風

に流されるのも、正しい方向からはずれる歪みやずれの現象だ。ある範囲の内に納まらずに外へと漏れ出てしまうことも「流れる」だから、涙が流れたり、汗が流れたりするわけだ。さらにデマが流れたり流されたりと、いや、実にいろいろな使われ方が「流れる」にはあるものだ。

涙や汗は自ずと体内から噴き出て、やがて肌を伝って流れ落ちる。液体が物を伝って動くのが「流れる」なら、空間を落ちて行くのは「垂れる」「滴る」。涙はその状況に応じて「込み上げる／溢れる／こぼれる／流れる／垂れる／滴る／落ちる」と、いろいろに使い分けるから面白い。それによって悲しみの深さや泣き具合も異なってくる。だから、動詞の使いようも心遣いが肝要だ。

頰につたふ
なみだのごはず
一握の砂を示しし人を忘れず　（石川啄木）

わがこころはつめたくして／花びらの散りておつるにも涙こぼるるのみ（萩原朔太郎『桜』）

懺悔（ざんげ）の涙したたりて／遠夜の空にしも白ろき　（同『天上縊死（いし）』）

わたしは魚のやうにつめたくなって／目からさうめんの涙をたらし　（同『鴉（からす）』）

と、だんだん涙の出方が激しくなっていく。それにしても、どうして詩人はこうも泣きたがるのか。「こぼれる」は、溢れてその分が落ちてしまうことだが、「滴る」となると、〝下垂る〟で、ぽたぽたと垂れて落ちるのだが、これはかなり量が多い。室生犀星の詩に、

したたり止まぬ日のひかり
うつうつまはる水ぐるま　（『寂しき春』）

とあるが、これは、さんさんと降りそそぐ陽光を比喩的に「したたる」と言ったものだ。絶え間なく身に浴びる光の放射を、あたかも雨の雫（しずく）が身に降りかかってくるかのようにとらえたのだから、詩人の感覚は並み一通りでない。

液体に関する動詞としては、ほかに「たぎる」「逆（さか）巻く」「渦（うず）巻く」「ほとばしる」などが考えられるが、いずれも激しいものばかりだ。「たぎる」は水が波立ち激しく流れる様子だ。「煮えたぎる」などと沸騰したときの湯のわきたつ様にもたとえられるように、と

にかく逆巻く急流のあの水の盛り上がり崩れる動的な力感あふれる現象をさす動詞だ。情熱などの激しくわき上がることにも「たぎる思い」などと使えるが、これは相当の激しさだ。島崎藤村の「椰子(やし)の実」に、

海の日の沈むを見れば
激(たぎ)り落つ異郷の涙

とある。望郷の念と流離(流浪(るろう)する身)の憂(うれ)いとが重なって、抑えても抑えきれずにわき上がりあふれ落ちる涙を「たぎり落つ」と述べたものだが、落涙の激しさと感情の起伏の激しさとを懸けたものだろう。

「ほとばしる」は、

ほとばしる喞筒(ポンプ)の水の
心地よさよ
しばしは若きこころもて見る　(石川啄木)

水などが勢いよく噴き出し飛び散るさまを述べる語だ。「血潮がほとばしる」など恐ろ

しい例もあるが、水や温泉など液体だけでなく、情熱の激しく起こる様にも使える。
どうも日本人は、感情を液体的にとらえる癖があるらしく、「情熱がほとばしる」とか「たぎる思い」とか、「はらわたが煮えくり返る」「悲しみが込み上げる」……と、挙げればきりがない。これは「深い悲しみに沈む」とか「笑みを湛える」などと共通の発想なのだろう。言語学者の国広哲弥氏もこの点に関して、「日本語では、心・気持ちは容器に喩えられ、心の内容（心理状態）は液体に喩えられている」と述べ、次の例を挙げている。

「愛情をそそぐ」「好意に溢れる」「激情に押し流される」「嬉しさで胸が一杯になる」以下略。（「認知と言語表現」）

確かに感情は、堰を切って落としたように、にわかに湧き立ち、煮えたぎり、そして、いつしか波が引くようにさっと治まっていく。まさに湯や水の様態そのものだが、感情や精神をこのように捉えどころのない対象として液体的に述べるところが面白い。「満ち足りた心」といい、「意識の流れ」といい、精神活動は常に静と動とが隣り合っているようだ。
古代の中国人は、心を「方寸」と言ったが、（『列子』にある言葉）、これは心の臓が一寸四方（約三センチ四方）の大きさで、その中にすべての心が納まっていると考えたからだ。方寸の小さな器に起伏の多い心を押し込むなど並大抵のことではないだろうが、「思いを方寸に納める」（深い思いを心の中に仕舞い込む）など今は流行らない。感情の赴くままに身を任せ流されていく。そこに喜怒哀楽の情も起こるというものだろう。

のぼる——上方志向の実現

くだる／あがる／おりる／あげる／おろす／さげる／さがる

与謝(よさ)蕪村の句に、

愁ひつゝ岡にのぼれば花いばら

というのがある。ひとり感傷的な気分になって登り行く岡には、一面白い花いばらが咲いていたよという、いかにも清純で素朴な若者の憂愁であるが、ここで花いばらが、登り行く道々咲き乱れていたものか、それとも頂(いただき)に咲いていたのか、句からだけでは判断がつかない。石川啄木もこれと似た構想で、

愁ひ来て
丘にのぼれば
名も知らぬ鳥啄(ついば)めり赤き茨(ばら)の実

と歌っている。まさに本歌取りとも言うべき名歌だが、ここでも茨の実をどこで目にしたかは定かではない。

「のぼる」は「くだる」とともに、「頂上にのぼる／麓(ふもと)にくだる」「坂をのぼる／坂をくだる」と(助詞「に」「を」の使い分けをして)、到達点にも経路にも用いるが、「岡」のような登り始めから頂までですべての範囲を指す例では、たとえ「に」を用いても、道々のことか頂上かは区別できない。要するに、「頂上にのぼる」とか「屋根にのぼる」とか言っても、それは〝その地点に向かってのぼって行く〟という経過を意味しているにすぎないのだ。その点、至極(しごく)あいまいな言葉と言っていいだろう。

日本語は、上下の移動に関する動詞が実に発達している。右の「のぼり・くだり」のほかに、「のぼり・おり」の組み合わせがあり、さらに「あがり・おり」「あがり・さがり」のコンビがあって、それがまた他動詞「あげ・おろし」「あげ・さげ」も伴うというのだから、いや、目の回る忙しさだ。いったい、それぞれどう違うのか。

まず「あがる・おりる」「あげる・おろす」だが、これは演壇の上に上がって、話がすんだら演壇から下りる。荷物を網棚に上げて、下車するときに網棚から下ろす。つまり、いったん高い所に位置を変えたものを、再び元の場所に戻ったり戻したりする行為だ。つまり原状回復の動作だが、上がる目標の地点は初めから決まっていて、その位置に移れば万事終了。そして、元に返るためにそこから離れれば今度は「おりる」だ。

だから、「上がる」には目的の行為をなしとげるという達成完了の意識が、「下りる」にはその位置・立場から離れるという、これも止め退く終わりの意識が生まれる。双六の上がりもそうだし、雨や梅雨が上がるのも、風呂から上がるのも、「出来上がる」のもそうだ。さらに「顎が干上がる」（生計が全く立たなくなる）のように〝完全にそうなる〟といった極限到達の意味にもなっていく。一方、「下りる」は、ゲームを途中で下りたり、会長の任から下りたり、あるいはバスを下りるという具合で、そこから「身を引く」ことに転用される。

船の貨物を埠頭に移す「荷揚げ」行為を「荷下ろし」とも言う。一見変な気もするが、あれは何も上から下へと降ろすことではなく、積荷を船から引き離し移すことを言ったものだ。議長を無理に引きずりおろすのと、基本は同じ発想と見ていい。いや、どうも日本語はなかなか難しい。

帆の揚げ下ろしは、マストのてっぺんまで揚げて、そこから甲板まで引き下ろすことだ。端から端へと上下に移動することが「あげおろし」なら、「あげさげ」（「あげる・さげる」）「あがりさがり」（「あがる・さがる」）は、音階の上げ下げ、声の上げ下げ、気温の上がり下がり、株価の上がり下がり、そして点数を少々上げたり下げたりと、程度を上か下かの方向へ幾分強めたり弱めたりすることだ。だから上げ幅や下げ幅が問題になるのであって、そこに手心の加わる余地が生ずる。作為の及ばぬ円やドルの値段なら、上がり下がりの幅が気になり、一喜一憂するところだ。とにかくプラスかマイナスの方向に、ある不特定の割合で上下する、それが「あげさげ」「あがりさがり」の基本だ。

それに比べると「のぼりくだり」は、どうもとらえ所のない言葉だ。坂道を見て「上り坂だ」「いや、下り坂だ」と議論しても始まらない。どちらも正しい。なぜなら、坂の下から見れば確かに〝のぼり〟だが、上から見れば〝くだり〟に決まっているのだから。要するに視点の相違で、坂そのものは同じ一つの傾斜した面だ。鉄道の上り線と下り線、川の上りと川下り、東京や川上の方向が〝のぼり〟で、反対方向が〝くだり〟だ。進む方向の違いだけで、鉄道や川のルートはどちらにしても同じ道筋だ。

「のぼる」や「くだる」が、ただ進行の方向性だけを問題にしているということは、裏を返せば、その方向に進むという意味だけで、どこまでと行き着く先を問題にしていない。到達点は意識の外、無限の彼方(かなた)へと続いているわけだ。「鯉(こい)の滝登り」と言う。のぼる以上は滝の果てまで達しなければ意味がない。距離に制限はないからだ。そう考えると、のぼったりくだったりすることは、よほど慎重に行わなければ後が辛(つら)くなる。

春のうららの隅田川を歌った『花』の歌詞に「のぼりくだりの船人が」という言葉がある。まことにのどかな眺めであるが、のぼりくだりの船は、いったいどこまで行くのだろうか。

「人生の上り坂」と言う。順風満帆(じゅんぷうまんぱん)（物事が順調に進むことのたとえ）すべてが「上り調子」だ。旭日昇天の勢いで（朝日が天高く昇るように、どんどん一気に）、ついには出世街道を「上り詰める」（最高の位まで出世する）ことになるのだが、昔と違って「帝王の位に昇る」ことなど有り得ない。ともあれ人間の限りない上方志向は、まるで鯉の滝登りのように、絶えず自らを叱咤（大声をあげて励ますこと）して、少しでも上流へのぼろうと人をかき分ける。

昔、中国では、竜門の急流を登ることのできた鯉は竜になるとの故事があって、それで出世のための狭き門を登竜門と言うようになった。日本でも「芥川賞は文壇の登竜門」などと使う。だから、これは「登 - 竜門」（〝竜門を登る〟の意味）であって、「登竜 - 門」（登竜という名の門）ではない。それにしても、やれ大学入試だ、国家試験だ、オリンピック選考会だ、何々賞だと、この世には人間に試練を与え、われわれを選別する制度の何と多いことか。これでは、まるで鮭の川のぼりのように、先を争って人生競争を川上へ川上へとのぼって行かなければ子孫も満足に残せないことになるのかもしれない。いつの世も、この世は住みにくい世の中だ。

落ちる――下界への流転

下りる／沈む／抜く／落とす／剝げる

芥川龍之介の名作『蜘蛛の糸』の終わりの場面に、お釈迦様の垂らした蜘蛛の糸を伝って、大泥坊の犍陀多が、地獄の血の池から「ジャックと豆の木」さながらに、上へ上へとたぐり登って行く場面がある。しかし、彼は途中で、他の罪人仲間が皆この糸を伝って登って来るのに気がついて「この蜘蛛の糸は己のものだぞ。下りろ下りろ」とどなる。すると、その途端に糸が彼のぶら下がっているところから切れてしまい、彼は奈落（地獄のこと）の底へと落ちてしまう。その情景を芥川は、

> 急に犍陀多のぶら下っている所から、ぷつりと音を立てて断れました。ですから、犍陀多もたまりません。あっという間もなく風を切って、独楽のようにくるくるまわりながら、みるみる中に暗の底へ、まっさかさまに落ちてしまいました。

と叙している。

「落ちる」は、安全圏からの転落だ。それも空間を一気に行くから、着地したとき破壊さ

れることが多い。その点「下りる」は、〝上って下りる〟意志的行為だから、そのような心配はない。階段や庇(ひさし)や木などを伝って下降して行くわけだから、実に安全だ。韋駄多も途中で下りていたら、まっさかさまに落ちずにすんだろうに。

猿も木から落ちる

ということわざがある。どんな名人・達人でもたまには失敗することがあるものだ、とのたとえだが、もしこれが「猿も木から下りる」であったら、意味は全く違ってしまう。

どうも落ちるには、「落ちこぼれ」だとか「落ち込む、落ちめ、おちぶれる」「試験に落ちる」「話が落ちる」と、ろくな言葉がないようだが、これは留(とど)まろうとしても留まりきれないで、下のほう（マイナス状況）へと一気に移るという「落ちる」の意味から来ているためだ。

だから、かなり速いスピードで下のほうへと移行するならば、特に悪い状態でなくとも、

秋の日はつるべ落とし

などと使う。秋の太陽は、まるでつ、る、べ、（井戸の水を汲(く)み上げるために吊(つ)るした桶(おけ)、つま

り釣瓶を井戸に下ろすように、急速に西の地平へ落ちて行くことからそう呼ぶわけだが、これも日輪の下降の速さから「落ちる」と見立てたものだ。

『アラビアの唄』の歌い出しも、「沙漠に日が落ちて／夜となる頃」と、やはり「落ちる」だ。ここは「沈む」でもいいところだが、「沈む」では、太陽が地平に懸かって隠れきるまでの刻々の様子に視点が向けられ、時の長さがありすぎる。速いテンポの時の進行と、日没の急速な到来は、やはり「落ちる」でなければならない。

「落ちる」には、落下して衝突するというところを強調した例と、存在していた部分からはずれて離れ去る遊離に重点を置いた例とがある。「墜落」は前者で、「落伍」は後者だ。集団について行けずに離されたり、人に後れを取る（他人に先を越される）ことも、能力の面で脱落するわけだから、後者の「落ちる」に当たる。ある得意の分野において「人後に落ちない」と胸を張れるのは、他人にひけを取らないと自信に満ちているからだろう。この「落ちない」も、後れを取らぬ後者の使い方と見てよい。

　物なら、しみや汚れが落ちたり、塗ったペンキやお白粉が落ちたり、あるいは「目から鱗が落ちる」（あるきっかけで、急に物事の道理がよく見えわかるようになる。『新約聖書』の言葉）といった場合だ。しみやあくは「抜く」で、「しみ抜き」などの言葉もある。しみを抜いて汚れを取る。塗ったお白粉は涙や汗で剝げるが、意識的に洗い流せば「落とす」だ。この場合「剝げる」は、表面を覆って良い状態にしているものが取れて地が姿を現すことだから、好ましからざる状況だ。その点「落ちる」は、汚れや錆、憑きものなどが取れるのだから、これはよろしい。

お爺さんはさも安心したという風に、「ああ、よしよし。いま狐奴がおちた。何という目をして居たのだ。おれゃほんとうに魂消たぞ。」そう言って、やっとおきんのそばへ寄って来た。（佐藤春夫『お絹とその兄弟』）

「狐奴がおちた」などという表現、現在では理解できない若い層も多いのではないか。生活や文化が進むと、次第に使われなくなり忘れ去られていく事物が生ずる。それにつれて日本語もまた一つ一つ消えていく。

トイレットペーパーを見慣れた層には「落とし紙」などと言っても何のことやらわからず、和綴じの線装本などを納める箱をとんと見掛けなくなった今日、「落とし蓋」と聞いても通じなくなってしまった。障子戸のように、上下の溝にはめ込んだ蓋を上げ下げしてはずし開ける方式の蓋だ。もっとも、ご婦人方は、豆などを煮るとき、鍋の中にすっぽり納まるように落とし込んだ丸い木の蓋を想像されるかもしれない。あれも落とし蓋という。

「落とす」は何も金を落とすこと（落とし物）や、大学で単位を落としてがっくり肩を落とす（落胆する）ことだけとは限らない。将軍様の落とし胤（「落とし子」「落胤」とも言う）は昔の話として、「高度成長の落とし子」だとか、「図に乗ると思わぬ落とし穴がある」など比喩的には結構使われるし、そうした言い方を知らないと、自分の評価を落とすことにもなりかねない。気を落とさずに今からでも覚えることだ。

VI　移動

行(い)く――話者の目でとらえた移動

逝(ゆ)く／往(い)ぬ／去(さ)る／来(きた)る／来(く)る／訪(おとず)れる／罷(まか)る／赴(おもむ)く

『伊勢物語』の終わりの段に、「むかし、おとこ、わづらひて、心地死ぬべくおぼえければ」の詞書(ことばがき)で、

つゐにゆく道とはかねてきゝしかどきのふ今日とは思はざりしを

という歌が載っている（原文は『日本古典文学大系』の仮名づかいによる）。これは在原(ありわらの)業平(なりひら)の作で『古今和歌集』にも収録されているが、死というものは誰しも避け難いことで、いずれは行かねばならぬ道とは聞いていたが、まさか昨日今日のさし迫った話とはつゆ思

わなかったよと嘆じている。

まこと「死出(しで)の旅」とはよく言ったもので、人は死ねば皆、冥土(めいど)の死出(しで)の山へと行かねばならぬ。この世を去ってあの世へと移ることは、まさに「逝(ゆ)く」ことであって、「行く」に通じる。大晦日(おおみそか)によく耳にする「行く年・来る年」、時もまた行って再び戻って来ない。


行く春を近江(おうみ)の人と惜しみける　(芭蕉)

契(ちぎ)りおきしさせもが露を命にてあはれ今年の秋もいぬめり　(『小倉百人一首』『千載和歌集』)

の「往(い)ぬ」(ああ、今年の秋も暮れていくようだの意)も、季節の去って行くことを嘆じたものだ(「往ぬ」は「行く」と同じ意味の昔の動詞)。要するに人であれ、時であれ、自分らのいる側から離れ去っていくものは、あまねく「行く」なのだ。

「去る」は今日、その場所から離れて行く意にのみ用いられ、「立ち去る」とか「世を去る」、あるいは「去る者は追わず」(自分のもとを離れて行く者は、むりに引き留めないこと。『孟子(もうし)』の中にある言葉)とか、「去る者は日々(ひび)に疎(うと)し」(死んでしまった者や、離れ去って行った者は、時が経つにつれて忘れられていくものだとの意。『文選』の中にある言葉）などと、ことわざにまでなっているが、もともとは移動して来たり行ったりすることで、特に離れて行く場合だけとは限らなかった。『小倉百人一首』にも採られている、

夕されば門田の稲葉おとづれて芦のまろ屋に秋風ぞ吹く　（『金葉和歌集』）

の「夕されば」は〝夕方になると〟と解すべきだし、

夕されば野辺の秋風身にしみて鶉鳴くなり深草の里　（『千載和歌集』）

も全く同じだ。

時に用いられる「去る」は、〝移ってその時になる〟ことだった。この用法は現代語には無い。「さる三月三日」とか「きたる五月五日」のような連体詞は、もとはこの「去る」と、それから「来る」であった。だから、この「さる」は〝とある〟の意味ではなく〝過ぎ去った〟の「去る三月三日」である。ついでながら「きたる」も、「待ち人来たらず」など言う「来たる」と同じで、〝ほどなくやって来る〟つまり〝次に来る〟ことを表す。

「去る／来たる」は、現代語ではほぼ「行く／来る」に対応する。「行く」が自分側から去るのに対し、自分のほうへと近づくことは「来る」。話者側への接近だ。だから「行く」と「来る」は話し手中心の判断ということになる。

家から学校への同じ移動でも、「あしたも学校へ行く?」と言うか、「あしたも学校へ来る?」と聞くかで、話し手の現在位置に差が出てくるのは当然のことだ。ただ地域によっては(たとえば熊本県など)必ずしも東京語の使い方と一致しないこともあるので注意する必要がある。英語でも go と come、take、bring などで使い分けに多少のゆれがあるようだが、日本語も「行く・来る」の使い分けはかなり微妙だ。

電話で「今、君の所に田中君が行くからね」と言うか「来るからね」と言うかは、その時の状況でどちらにも転ぶ。強いて言えば、話し手の気持ちが相手側の場所にいるような気分になっているかいないかの相違だ。聞き手側の場所だから必ず「来る」とは限っていない。その点から言えば「行く・来る」に関しては、極めて話し手の意識中心の判断ということになる。

過去や未来のことを話題にする場合も、自分側への移動なら、

きのう映画館へ行ったら、先生も来ていた。

と「来る」が使われる。時の到来となると、「春が来た／春が来た」とか、「夏がくれば／思いだす」あるいは、

　秋来ぬと目にはさやかに見えねども風の音にぞ驚かれぬる　（『古今和歌集』）

と、どこであろうと「来る」に決まっている。もはや話し手の位置など問題ではない。いや、話し手は話題の中の〝今〟という時点に心理的に立っているのかもしれない。

　日本人は物事の動きや状況の変化を、自分との係わりでとらえたがる癖がある。「春の訪れ」「春が訪れる」と言っても差しつかえないところを「春が来た」とわざわざ自分のもとに来るととらえる。

「訪れる」は、古語の「訪なふ」などと共通で〝音を立てる〟、つまり門前で来訪を知らせる意で、他者のもとを訪ねること、訪問だ。行くことも「訪れる」だし、来ることも「訪れる」。その点、立場が中立で便利な語だし、それだけ自分（話し手）との関係があいまいで間接的となるから、どんな相手にも使える。

　そういえば、敬語の「いらっしゃる」「おいでになる」「参る」、いずれも話し手の立場は中立だ。行くことにも来ることにも使える。話し手の視点を交じえないところに相手（聞き手）への遠慮と敬意が込められていると考えてよかろう。

昔は目上の側から退出することを「まかる」（罷る）で表した。あの、

　憶良（おくら）らは今は罷らむ子哭（な）くらむそのかの母もわを待つらむぞ　（『萬葉集』）

の「まかる」がそれだ。貴人のもとを立ち去ることだが、現在はもう使われない。「まかり越す」とか「まかり出る」「まかり通る」「まかりならぬ」あるいは「まかり間違えば……」のような形で生き残ってはいるが、意味がずれてしまっている。けっきょく「失礼します」のような間接的な言い方で間に合わせるしかないだろう。

「去る」「立ち去る」「赴（おもむ）く」など移動を表す動詞は多いが、いずれも話し手の立場は関与しない。「師のもとを去る」「立ち去り難い気分」「帰途に赴く」と結構使われるが、概念的でどうも具体的な臨場感に乏しい。これを「師のもとを去って行った」とすると、がぜん状況が生き生きとしてくるのはなぜだろうか。「……て行く」を添えることによって、話し手の視点が加わるからだ。話し手の目を通して立ち去る弟子の姿を読者も一緒に見送る、といった状況設定が整うからだろう。まるでテレビの画像でも見るかのように。〝私のもとからあちらへと去って行くのだ〟という後ろ姿を見送る姿勢が、「行く」によって表されるのである。

日本語は英語などと違って、あまり動詞を生（なま）の形で使わない。「子供があちらへ走る」

などとは決して言わない。「走って行く」「駆けて来る」と「行く」や「来る」を添えて、話し手の視点や位置を表現の中に織り込むのだ。移動だけではない。「見えてきた」「わかりかけてきた」「消えてゆく」「寒くなってきた」「だんだん暗くなっていく」「どんどんスピードを増していく」と、ざっとこんな次第だ。

補助動詞の「いく」「くる」と言われるのがこれで、これを動詞に添えることによって話し手の立場が表現に関与し、その折々の話者の目でとらえた状況として話材を追いかけていく映画的手法、これが日本語の表現の姿勢と言っていい。そう考えると、客観的に事柄や事態の在りようを眺め説明する言語というよりも、具体的に事柄や事態が成立していく過程として筋書きを追っていく言語と言えるだろう。それが私たちの日本語なのだ。

過（す）ぎる――何かが遠く離れ去って

いとおしむ／よぎる／横切（よこぎ）る／遮（さえぎ）る／かすめる／かする／霞（かす）む

「喉元（のどもと）過ぎれば熱さを忘れる」と言う。「江戸いろはがるた」にある言葉だが、人はどんな有難い他人の恩も、どんなに苦しい経験も、後になるとけろりと忘れて、その時の教訓を生かそうとはしない。あの熱い湯も喉を通るときには焼けるように苦しいが、腹に納まってしまえば別にどうということもない。その意味で「過ぎる」は、自分に印象を与える何かが遠く離れ去って行くことだ。

上田敏の名訳詩集『海潮音（かいちょうおん）』の、有名なヴェルレエヌの詩「落葉（らくよう）」に、

鐘のおとに／胸ふたぎ／色かへて／涙ぐむ／過ぎし日の／おもひでや。

とある。まさにため息の出そうな胸迫る過ぎし日の思い出だが、過ぎた過去はそっと胸の内にしまっておいてこそ美しい。時折り心の中から取り出してひとり涙ぐむのも悪くない。過ぎた時間は思い出として取り戻すこともできるが、まさに過ぎ行く現在の時間は、ひたすら観照するしかない。北原白秋ではないが、

時は逝く、何時しらず、柔らかに陰影してぞゆく。
時は逝く、赤き蒸汽の船腹の過ぎゆくごとく。（『時は逝く』）

ただ指をくわえて見送るばかりだ。女帝、持統天皇の、

春すぎて夏きたるらし白妙の衣ほしたり天の香具山（『萬葉集』）

も、天日に当てて干してある衣更えの衣裳から、春から夏への時の動きを読み取っているわけだが、過ぎゆくもののあわれは、いつの代にも変わりはない。それが時に思い出となって現れ、時に移り行くものを「いとおしむ」（惜しいこととして大事に扱う）気持ちとなる。いずれも感傷的な抒情だが、過ぎるからこそ大切にしたいという共通観念に変わりはない。その点で「去る」とはなはだ近い関係にあると言えそうだ。だが、「去る」は前にも引いた「去る者は日々に疎し」で、どうもいただけない。その点「過ぎる」には、遥かに詩がある。

もっとも、時や物の過ぎ行く様は、いかにも美しい波紋を私たちの脳裏に残して行くが、基準を超える「過ぎる」となると、これはまた何と味気ないことか。

過ぎたるは猶、及ばざるがごとし
（程度を超えてしまっては、それに足りない場合と、目的に合わない点では同じことだとの意。『論語』にある言葉）

だとか、「自分には過ぎた嫁です」「言葉が過ぎるよ」など、過度、過多、基準オーバー、釣り合わぬ等のマイナスイメージとなってしまう。言葉の持つ語感というものは、使いようでどちらにも転ぶものだ。

「過ぎる」に似た語に「よぎる」がある。ある場面をかすめて通り抜けるといった状況によく用いられる動詞で、「さっと眼前をツバメがよぎった」などと言う。抽象的な「記憶がよぎる」「本当に大丈夫かしらとの思いが脳裏をよぎった」のように、意識の片隅にふと現れて消える様もやはり「よぎる」だ。だが、「道をよぎる」とか「畑を東西によぎる鉄道」などとなると、これはどうも本来の使い方とは言えない。誤用と見るべきだろう。

「よぎる」は通り過ぎることだから、〝横切る〟意味に使いたくなるのはわかる。しかし、「横切る」のように、道や川・平地などを、こちらからあちら側へと横断する意味では、ふつう用いない。視界の一部を切り取るように通り過ぎる様子だ。その意味では、見通しの良い〝無〟の場面を一瞬「遮る」〝物の通過〟だ。それが恐らく、澄んだ意識を瞬時ためらわす雑念の現れに比喩的に転用されたのだろう。

「かすめる」も似た状況によく用いる。「ふと心をかすめる妄想」だとか、「侮蔑の念が頭をかすめる」など。もともと「かすめる」は、他人の目をごまかして何か悪いことをひそかに行うマイナス評価の動詞だ。金をかすめ取ったり、親の目をかすめたりするわけだが、人目につくかつかぬすれすれの線で事を行うことは、「ピストルの弾が体をかすめる」といった現象にも用いる。すれすれの所を飛ぶ、ツバメが地面をかすめるようにして飛んだりする例は、まさに「かすめる」の好例だ。

「かすり傷」など言うときの「かする」も、僅かに触れる程度の際どさを表す語だ。「字がかすれる」のは、筆先の紙面への触れ方がかする程度の運筆だから、墨が十分に乗らないわけだ。

「声がかすれる」のもここから来た表現。「かすめる」「かする」「かすれる」それに霞の「霞む」、いずれも元は同じ語源で、微かで（この「かすか」も元は同じだ）はっきりと表に現れないため、人目につきにくい様子を言うわけだ。

われわれ日ごろの行動も、精一杯がんばらぬと、霞んで人目に立たぬ存在となりかねない。ぼんやりと目につきにくいところに美があるなどと、悠長なことは言っていられない。

走る（はしる）——電光石火の移行

逃げる（にげる）／先走る（さきばしる）／先駆ける（さきがける）／駆ける（かける）／歩く（あるく）／歩む（あゆむ）／馳せる（はせる）

太宰治は『走れメロス』の中で、日没までに戻らなければ身代わりに磔（はりつけ）の刑に処せられてしまう自分の親友を裏切らないために、一心不乱にただ、ひた走りに走るメロスの姿を次のように叙している。

私は今宵（こよい）殺される。殺される為（ため）に走るのだ。身代りの親友を救う為に走るのだ。王の奸佞邪智（かんねいじゃち）を打ち破る為に走るのだ。走らなければならぬ。そうして、私は殺される。若い時から名誉を守れ。さらば、ふるさと。若いメロスは、つらかった。幾度か、立ちどまりそうになった。えい、えいと大声を挙げて自身を叱りながら走った。

今日、このような純粋な気持ちから走るということは、ほとんど無くなった。マラソンや長距離で選手が一生懸命走ることぐらいしか思いつかない。それだけに、そのひたむきな走りざまには頭が下がる。ふだんは、電車やバスに乗り遅れないために、会社や学校に遅刻しないために、あるいは健康に良いからといって走る。メロスに比べたらいかにも不純だ。

だいたい、人間の走ること自体が自然の姿とは言い難い。感情に走った行為、悪いことについ走りやすいタイプ、刑事の手を恐れて愛人のもとに走る男、不注意から筆の走ってしまう執筆ミス、中正な行き方から外(はず)れて、どんどんマイナス状態へと片寄っていくことが〝走る〟ことだ。

これらの例は、足で走ることではないが、動詞「走る」には、もともと、本来の状態から それて勢いよく飛び出したり、内に秘めた力の勢いで激しく突き進む、といった意味がある。それが、

石走(いわばし)る垂水(たるみ)の上のさわらびのもえいづる春になりにけるかも　（『萬葉集』）

の「いわばしる」（石の上を激しく流れること。全体で枕詞(まくらことば)となっている）などの表現となっているわけだ。今日でも、「電光が走る」だとか「痛みが走る」、さては「虫酸(むしず)が走る」（不快でたまらない気分となる）といった表現に同じ例が見られる。

「走る」は、素早い勢いで何かが動くのだ。決して普通の状態ではない。地上を移動する例でも、正常な落ち着きが許されず、速いスピードで鉄砲玉のように進み行くということだ。

あちこち忙しく駆け回ることを「東奔西走」という。奔は「奔流」の奔で、急いで勢いよく走る意だ。奔と走が対になっている点も面白い。とにかく走り回らなければ仕事が片付かない。とても尋常とは思われない。また、悪い行為は隠していてもすぐ世間に知れ渡ってしまうものだということを、「悪事千里を走る」という。悪いうわさは直ちに伝わるものだ。まさに走るにたとえられる速さだろう。

どうも走ることは、並々ならぬ異常さがどれにも付きまとう。「走り書き」は丁寧に書いている暇が無いからの乱雑さが感じられるし、「走り使い」や「使い走り」は、手先になって走り回る小者の軽さが伴う。大物はでんと構えて、そうやたらと走ったりはしない。

中国の故事に、

死せる孔明生ける仲達を走らす（『資治通鑑』）

というのがある。軍略家の諸葛孔明が死んでしまったにもかかわらず、対戦した司馬仲達は、死のうわささは敵の戦略と早合点し、恐れて退却したという話だ。

「遁走」とか「逃走」という語もあるように、「走る」にはあわてて「逃げる」という意味もある。これも普通でない状況だ。

「走る」は理性のブレーキが利かなくなって突っ走るというわけだ。だから、「先走る」

というと、何か人を出し抜こうとするあまり、さっさと軽はずみな行動に出たり、上の者をさしおいて、でしゃばったことをする差し出がましさが感じられる。

それに比べると「先駆ける」には、他の者がまだ始められないでいるうちに、進んで真っ先に事を始めるとか、なし遂(と)げるといった見上げた振舞い、立派さが伴う。

これは「走る」と「駆ける」の違いだ。「駆ける」は自分の足で精一杯速く進もうと努力する行為だ。だから、「走る」と違って、ある限られた場面・状況で懸命に急いで走るという真摯(しんし)さ（まじめで、ひたむきな様子）がある。駆けっこや駆けくらべ、「急報にすぐ駆けつける」とか、「駆け込み乗車」「駆けつけ三杯」（急いでやって来たため、喉(のど)の渇きをうるおすのにまず三杯飲むこと）など、みな精一杯の急ぎ足だ。

芭蕉の辞世の句、

旅に病(や)んで夢は枯野(かれの)をかけ廻(めぐ)る

この末尾の部分を「走りけり」とでも直したら、句意はどう変わってしまうだろうか。ここはやはり「かける」を用いなければ、死生の間にありながら、なお、行手(ゆくて)に待っているであろう枯野の寂しさ（風雅の道）を求めてさまよう、芭蕉のひたむきな詩精神は出て来ない。

「走る」は、あちら側へと一気に突っ切るスピードだ。列車やオートバイでもかまわない。感情の無い機械でも、走ることは可能だ。その点「駆ける」は馬や人が一生懸命速く走ろうと前進する。極めて人間的だ。

ゆっくり進めば「歩く」ことになる。「帰りは歩きだ」など、現代語では乗り物を利用せず足で行く行為、いわゆる徒歩だが、昔は牛車（ぎっしゃ）などでほうぼう出かけて回ることも「歩く」であった（当時は「歩（あり）く」と言った）。この使い方は現在でも「出歩く」などに生き残っている。要するに、あちこち動き回りさえすれば、交通機関を利用してもいっこうに構わない。

そこへ行くと、言葉は少し古いが「歩（あゆ）む」は、一歩一歩足を進めて行くことだ。「牛の歩み」などとたとえるように、ゆっくりしたテンポでの歩行だ。「はいしいはいしい　あゆめよ小馬」のあのリズム、小馬の歩みが実感としてよく写されている。

一歩ずつ歩を進める手順が、今日比喩的な用法として「労使双方の歩み寄り」とか「歩み合い」（主張を一致させようと互いに意見をゆずりあっていくこと）といった語を生み出した。

これも今日単独では用いにくくなったが、「馳（は）せる」も〝走る〟意味の動詞だ。「馳せ参ずる」（目上の者の所へ大急ぎで行く）と複合語で用いる以外は、「故国に思いを馳せる」とか、「文壇に名を馳せたかつての新人」など、むしろ遠くまであまねく行きわたらせるといった抽象的な意味で用いられるようだ。

シャボンが使われなくなっても「シャボン玉」が残るように、その語本来の意味での使い方が廃(すた)れても、他の語と複合したり、別の意味に転用されて生き残る。そこに元の意味の基本のところが脈打っていることに気づくことがままあるものだが、そう考えると、古い言葉もまた楽しからずやである。

進む（すすむ）——前方への漸進から無限の向上へ

捗る（はかど）／滞る（とどこお）／つかえる／たまる／止まる（と）／さすらう／いさよう／さまよう／うろつく／たゆとう／戻る（もど）／退く（しりぞ）／すさる／しさる／遅れる（おく）

「前へ進め！」だとか、「前進あるのみ」などと聞くと、何とも名状し難い複雑な気持ちになる方も多いのではないか。遠い戦争中を思い出す方もあろう。学生時代を懐しむ人もいよう。進むばかりで退くことを知らない者は、上げ潮の時はよいが、いったん挫折すると、そこに悲劇が待ち受ける。目隠しされて前方しか見えない馬のように、ひたすら進むばかりの人生には、何か悲壮感さえただよう。

「進む」は〝進歩〟に通じるから、本来、プラスの評価の語だ。現在の位置よりいくばくなりとも前方へ動いて行くことで、進むことによって、より完成へ近いほうへと一歩近付くわけだ。双六（すごろく）で「五へ進む」などとあるのは、それだけ「上がり」への隔（へだ）たりが縮まることを意味する。

が、前進はあくまで前へひたすら動くただそれだけで、上がりへ到達するという約束は別段取りつけられているわけではない。そこから「進む」は、「捗る（はかど）」などと極めて近い意味を持つようになる。「工事が進む」「交渉が進む」みな順調に事が進捗（しんちょく）することだが、終わりはいつのことかわからない。場合によっては途中で中止したり決裂したりすることだって有り得るわけだ。「食が進む」となると、旺盛になるばかりで、終わりなどは初めから存在しない。

「はかどる」は〝はかが行く〟こと。「はか」とは仕事など過程を持つ物事の進み具合・程度で、それがどんどん行く意味だから、やはり進むことだ。進まなければ足ぶみ状態で、仕事なら「滞る」。進み具合が遅れたり、ストップしたりして、交渉なら「つかえる」、仕事なら「たまる」ことになるわけだ。家賃なども「滞る」と言うが、月々順当に払っていくのが当然だから、家賃が進むとは言わないのだろう。

地理的な移動も「進む」だが、進み具合が低下してストップすれば「止まる」か「立ち止まる」。はっきりせぬ移動には「さすらう」「いさよう」「さまよう」「うろつく」など似た語がいろいろあるが、かなり歴史の古い語ばかりだ。

「さすらう」は〝流離ふ〟で、頼る所や定住する場所がなく、特にあてもなくさまよい歩くことだ。「流浪の民」などというあの流浪することが「さすらう」だ。「漂泊」という語もある。「さすらいの旅」などと言うと、なかなか良い響きだが、あてなくさまよう旅だから、そんないいものではなかろう。

「いさよう」は、進もうとする力を抑えるような動き。だから、進もうとしてなかなか進まないことだ。「十六夜の月」などというのも、月の出がはかばかしくなく、ゆっくりと昇るから付いた名だ。

佐藤春夫の『望郷五月歌（ぼうきょうごがつか）』に、

朝ぎりか若かりし日の／わが夢ぞ／そこに狭霧（さぎ）らふ／朝雲か望郷の／わが心／そこにいさよふ

というくだりがある。故郷で過ごした青春の懐しい思い出がつぎつぎと湧き出て、まるで朝霧のようにほのかに漂ってくる。抑え難い望郷の思いが朝雲のように私の心を彷徨（ほうこう）し（さまようこと）、私の心は望郷の念にたゆとう（物がゆらゆらと揺れるように、心が定まらず絶えずゆらめき迷うこと）のである。と、まあ、こんな意味の一節だ。「彷徨（ほうこう）」といい、「たゆとう」（たゆたふ）といい、「いさよう」といい、実に日本語には逡巡（しゅんじゅん）する様を表す雅語的な語が多いものだ。

「さまよう」は、あてなく歩き回り、あたりを行きつ戻りつすること。これも佐藤春夫の詩に、

さまよひくれば秋ぐさの／一つのこりて咲きにけり

という例が見られる（『断章』という詩の前半）。春夫の詩が日本人の抒情を刺激し、たまらなくさせるのは、あるいはこのような〝ためらいの心〟が詩の根底にあるからかもしれない。

村上春樹（むらかみはるき）『カンガルー日和』の中には、北海道に出た同級生と、東京で作家稼業に勤（いそ）しむ自分との二人の過去をふり返り、

　人生とはそういうものだ。植物の種子が気紛れな風に運ばれるように、我々もまた偶然の大地をあてもなく彷徨（さまよ）う。

と叙述するくだりがある（「彼女の町と、彼女の緬羊（めんよう）」の章）。「さまよう」姿をみごとにとらえているが、「さまよう」とは、目的の場所があっての移動ではない。「さ迷う」と書いても、場所がわからず迷うわけではない。

これらの語にくらべると、「うろつく」はどうもいただけない。何か良からぬ目的から近所をうろうろ歩き回る、「徘徊（はいかい）する」といった語感が伴うからだろう。詩にならない言葉だ。

話を「進む」に戻して、進みが止まって後戻りすれば「戻る」だが、本来の位置から後方にさがれば「退（しりぞ）く」だ。「後（あと）ずさり」（「あとじさり」とも言う）という動詞もあるが、

「すさる」「しさる」つまり〝うしろへさがる〟というのが元々の語だ。前方を向いたままバックすることで、自動車ならともかく、人はよほど恐ろしい場面にでも直面しなければ、後方へさがったりはしない。子供なら這い這いしながら後ずさりすることはあるだろう。

とにかく人間というものは常に前方志向の習性が身についているようだ。時計の針もその点では極めて似ている。前へ向かって正しい速さで絶えず時を刻んで行かなければならない宿命を背負わされている。

だから、少しでも進み具合がのろければ「遅れる」。遅れるといっても、針そのものは動いている。動いてはいても規定の速度に達しなければ「遅れる」のレッテルを貼られてしまう。針は前へ進みながら「進む」とは決して考えない。いや、進んだらそれは規定のスピード違反で、使いものにならなくなる。「進む」とは、平常の前進が加速することで、その点、われわれ人間社会は、時計の針に比べたら遥かに幸せだ。社会や文化・学問・生活が進むことは、何はともあれ好ましいことなのだから。

前進に終わりはない。絶えず前へ向かって動いている存在には、人間社会であれ時計の針であれ、しばらくの休止も後戻りも許されない。現状維持など、向上心のない怠け者の考えることだ。現在の向上スピードを上回って、はじめて「進む」と認める厳しさと、終わりなき永遠の彼方へ向けて絶えず前へ前へと動いていく、それが日本語の「進む」の論理というものだ。

出る——内部から外部領域への現象

現れる／生まれる／はいる／入る

「立つ」のところでご紹介した壬生忠見の「恋すてふ我が名はまだき立ちにけり」の歌と、内裏で歌合をしてみごと勝ちを収めた、

しのぶれど色にいでにけりわが恋はものや思ふと人のとふまで

という平兼盛の歌は、『小倉百人一首』にも採られているので有名だ。ひとりこっそり胸の内に包み隠して忍んでいたのに、人にとがめられるまでにわが恋心は顔色に出てしまったよという、言ってみれば在り来りの歌である。「色にいでにけり」の「出で」は「出る」の古語形「出づ」で、ここは顔色に現れてしまうことだ。「嘘が顔に出る」など、現在でもこの手の言い方はよく耳にする。

「出る」は本来、内にあって表から見えなかったものが外に現れることだ。「愚痴がつい口に出る」だとか「身から出た錆」（自分のした悪行や過失が原因で自らが苦しむ結果となること。自業自得）などは、いずれも前からその源や火種が内に在ったのだ。内側に隠

れていたものが外部に姿を現す、これが「出る」の基本義と言っていい。その点、「現れる」や「生まれる」は、無から有(ゆう)が生ずるのだから、「出る」とは根本的な差があるわけだ。

さて、内部領域から外へ飛び出すという現象あるいは行動は、それなりの意味を持っていると見られる。というのは、わけや原因もないのに、ただ出るなどということは有り得ないからだ。「出るべき所に出よう」(法廷などに出て結着をつけようの意)、「出るに出られず」(外に出たくても、何か事情があって出るわけにはいかないこと)など、出なければ事が解決しない。良い結果が期待されるから出るのだ。出ることが当人にとってプラスの状態になると、他の者にはかえって出られて迷惑となる。「出る」には、「世に出る」「名が出る」のように、当の主体にとっては好ましい立場となる出る側の表現と、出られて困惑する受け手側の表現と、二つの場合があることに注意したい。

出る杭(くい)は打たれる

他を抜いて頭角を現す実力者は、えてして人にねたまれ、邪魔立てされるものだ、との諺(ことわざ)だが、これなど明らかに後者の例だ。とかく出過ぎた振舞いは人に嫌われ、「でしゃばり」などと、さげすまれる。

はっきり出られて迷惑するのは、人の行動ばかりではない。その奥にひそんで見えない隠れた存在は、不可解なだけに、表に出られては恐ろしい。

鬼が出るか蛇(じゃ)が出るか（何が起こるか知れないどたん場の状況に際して用いる言葉）

わからぬ何かが現れる。場合によっては「藪(やぶ)をついて蛇(へび)を出す」ことにもなりかねない（余計なことをして思わぬ災難を招くことのたとえ。「やぶへび」ともいう）。

とにかく、「出る」のは嫌われものと相場が決まっているのだから、日本語は面白い。「政界のうみを出す」など、内部に広がる腐敗した関係を一気にあばいて浄化する、これも好ましくないものを出してしまうたとえだ。もっとも、本当のうみなら、時が来ればおのずと出てしまう。「出る」には、成り行き任せの「出たとこ勝負」（あらかじめ計画を立てて事に当たらず、場当たり的に事を運ぶやり方）もあって、それが無責任な「出任(でまか)せ」や、偶然の「出会いがしら」（外へ出たとたんに会うこと）といった表現を生み出す。たまには「瓢簞(ひょうたん)から駒(こま)が出る」というぐあいに、思いがけぬ所から思いもよらぬものが現れることだってあるだろう。

「出る」は「はいる」「入(い)る」と反対関係の動詞だが、現代語では「入る」のほうは単独ではあまり用いないようだ。慣用句「気に入る」、「話はいよいよ佳境に入る」（ますます面白くなる)、「技神に入る」(技芸が優れて、とても人間技とは思われぬ冴えを見せる)、「堂に入る」(学術・技芸などが完成の域に達する)、「有卦に入る」(幸運をつかむ)や、複合語「入日」「入江」「入口」「入婿」「入母屋」「入り組んだ話」などに残っているが、いわゆる〝ある場所の中に入って行く〟意味ではあまり使わない。

代わって「はいる」が一般だが、これはもともと「這ひ入る」で、はうようにして建物の内にはいることだった。それが特に邸宅の入口とは限らず、どこでもある領域の内側へと進入することは、ひとしなみに「はいる」を使うようになった。

だいたい「はいる」といい「出る」といい、どちらにしても別の領域へと位置を移すことだ。しかし、「教室にはいる」とは言っても「廊下にはいる」とは言わない。廊下のような開かれた領域、外部へと通じる空間は、「出る」がふさわしい。では、教室はどうか。確かに閉ざされた領域へと移るのだから、これは「はいる」だ。だが、「教室にはいる」と言うと、何か「空巣が教室にはいった」とか、「父母会で子供の教室にはいる」のように、異質の者がある囲まれた領域の中へあえてはいり込むといった気分が出て来てしまう。そこの生徒でも、「生徒は直ちに教室にはいりなさい」と言うと、何かただならぬ空気が漂ってくる。本来、そこの住人、そこに席を占める者なら「戻る」や「帰る」「行く」等がふさわしい。

ところで、授業に顔を出すという意味でよく「教室に出る」と言う。〝出席する〟の

「出る」だ。授業を行っている場面へ外にいた者が顔を現すのだから「出る」と言うわけだが、同じように〝教室〟に来るのに、「はいる」と言ったり「出る」と言ったり、反対語の動詞を使い分ける。いや、日本語は実に奇妙で難しいものだ。

Ⅶ　人為

知る——対象の全き統括

気付く／わかる／領る／痴れる／存ずる

『小倉百人一首』に、蟬丸の、

これやこのゆくもかへるも別れては知るもしらぬも逢坂の関

という歌がある。『後撰和歌集』には「別れては」のところが「別れつつ」となっているが、どちらにしても、関を行き来する人々の出合いと別れを、まるで人生の縮図を見る思いで眺めて、その〝邂逅〟を関の名に懸けてひとり悦に入る、言葉遊びの歌である。

「知るも知らぬも」とは、顔見知りの人もそうでない人もということで、今日の「知りあい」とか「知らぬ仲でもあるまいし」とか、「人見知りをする」などと同じ意味の「知る」だ。対象が既知の事物か否かを判定する軽い意味だが、これが「知らぬが仏」とか「知らぬは亭主ばかりなり」となると、「気付く」段階だ。事の真相に気付いていないからこそ仏様のように穏やかでいられるのであって、妻の浮気に気付いていないのは間抜けな当の亭主ばかりだよと、あざけり笑っていることわざだ。

「知る」はさらに幾つかの段階があって、たとえば「天井知らず」では、相場や物価がどこまで高騰するか見当もつかないことだから、これは〝わかる〟段階と言える。それにしても、「壁にぶつかる」とか「天井知らず」とか家でたとえるあたり、いかにも面白い。

「知る」は「わかる」と重なる部分が多いが、その最たる例は『古今和歌集』の、

　君ならで誰にか見せむ梅の花色をも香をも知る人ぞ知る

だろう。この「知る」は、深くその良さや味わいを解することだから、理解するの段階に達している。対象を、その本質まであまねく理解し尽くすとなると、「知る」も言うは易くして行うは難しだ。われわれ何でも気やすく「知ってるよ！」とすぐ口にするが、果してそこまで真に解しているかどうか。「酒の味を知る」「成功の喜びを知る」「文学を知るの友」など、みな体験を通して身につく能力だ。おいそれとは知り尽くせないところに、

人生の張り合いもあるというものか。

なぜ「知る」が、事柄の本質を掌握するという意味にまで広がるかと言うと、もともと「知る」は「領る」で、それをすみずみまで思いのまま支配するという意味だったからだ。古代の日本語では、天皇が国を統治することは「領る」であり、もう少し身分の低い者でも、ある土地を占有していれば、やはり「領る」ことであった。領有する以上は、そこを支配し面倒を見てやらねばならぬ。そこから、世話をし面倒を見ることにも「領る」が使われ、細かく面倒を見ることは、対象や相手を認識し、じゅうぶんに理解することになるから、今日の「知る」意味も生まれてくる。

とにかく存分にほしいままにできる状態が「しる」ことなのだから、逆に、何物かに自分の心が占領され支配されて心の働きが奪われてしまえば、魂が抜けたようになってしまうだろう。「痴れ者」などという「痴れる」がこれで、「しる」の受身形だ。今では「痴れる」などと聞いてもわからぬ時代になってしまい、馬鹿とか、阿呆、愚かなどの語に取って替わられた。

「知る」に似た語に「存じております」などと言う「存ずる」がある。「知らぬ存ぜぬ」(全く知らないと言い張るときに言うことば)などと使うところを見ると、「知る」とほとんど差はないようだが、「私は存ずる」などと言い切り形で使うことはできない。「存じております」のように丁寧な文体の時に現れる点から見ても、かなりへりくだった謙譲語だ。

〝承知している〟〝わかっている〟場合にしか使えなくて、「今度はじめて知った」のような例では、「存ずる」は役に立たない。一般的な話として述べる「少しは人に知られた顔」「知る権利」など、もちろん「存ずる」では表しようがなかろう。

情報過多の時代となると、知ることもたやすいが、知られることも多くなる。他人のプライバシーを覗(のぞ)き見しながら、そ知らぬ顔を装う。たとえ知られて追及されても、知らぬ顔(かお)の半兵衛(はんべえ)を決め込んでいればよい（知っていながら全く知らないふうをして澄ましている様子をいう）。まことに無責任な時代となったものだ。

忘（わす）れる――自己の喪失

思（おも）い出（だ）す

「雨霽（は）れて笠（かさ）を忘れる」ということわざがある。受けた恩義も時が経てばすぐ忘れがちなものだとの戒（いまし）めだが、似たようなものに「暑さ忘れて陰（かげ）忘る」とか、「喉元（のどもと）過ぎれば熱さを忘れる」といったのもある。人はとかく物忘れをするが、「忘れる」対象にも、傘や釣り銭のような〝物〟もあれば、英単語や宿題のような〝事柄〟の場合もある。筆者など、人の名前はもとより、新しい知識や単語など、覚えるそばから忘れる（覚えていく一方で、またどんどん忘れていくこと）のだから、話にならない。もっとも、若いころの記憶だけは不思議と忘れない。

室町（むろまち）時代の小歌（こうた）集『閑吟集（かんぎんしゅう）』に、

思ひだすとは、忘るゝか、おもひださずや、忘れねば。

というのがある。あなたを恋しく思い出しましたなどと体（てい）のいいことをおっしゃるが、「思い出す」と言う以上、普段忘れているからで、いつも忘れずに私のことを心に思ってくださっているのなら、思い出すなどということは、ないはずでしょうという、なかなかの卓見だ。確かに常に心にあれば、今さら思い出すなどということは有り得ない。思い出すは忘れるの裏返しだ。

夏目漱石の『草枕』に、

　春は眠くなる。猫は鼠を捕(と)る事を忘れ、人間は借金のある事を忘れる。時には自分の魂の居所さえ忘れて正体なくなる。

というくだりがある。対句(ついく)の形をなして、いかにも漱石らしいウィットに富んだ意見だが、戦後一時はやった言葉「B足らん」（ビタミンB不足）による眠気ではなく、それこそ「春眠暁(あかつき)を覚えず」（孟浩然(もうこうぜん)の詩）の延長で、季節の快感が眠気を誘うようならば、物忘れもまた楽しからずやであろう。

忘れることを表す語としては「失念」「忘却」といった漢語もあるが、「失念」は〝度忘れ〟といった感が強く、うっかりミスになりやすい。運転士が停車駅を忘れたりするのがそれだ。筆者など、まだまだ年のせいではなかろうに、教場で人物名など肝心の固有名詞を失念し、チャイムが鳴って教室を一歩出たところで、はっと思い出すなどという経験はしばしばだ。

「物忘れ」が激しくなれば老化の始まりだが、意識的に過去を忘れ去ろうと努力する場合だってあろう。「忘却の彼方(かなた)に去る」などと文学的に表現するあの「忘却」は、時の遥かな隔たりが過去を消し去り、記憶の底から姿が消えてしまうか、意識的に消してしまう場合だ。日本人には「過去を水に流す」などと言って、具合の悪い過去のことは互いに忘れて無かったことにするという悪いしきたりがある。世の中には忘れていい事と悪い事とがあろう。「喉元(のど)過ぎれば熱さを忘れる」であってはならない。自分は忘れても、恩を与えたり、損害や迷惑を被ったりした相手は決して忘れたりはしないものだ。「忘恩の徒」(受けた恩も忘れるようなやから)と言われぬよう。「唄(うた)を忘れた金糸雀(かなりや)は、後(うしろ)の山に棄てましょか」という童謡の一節がふと口をついて出る。

読む——リズムを取る基本

数える／詠む／解する／話す／放す／離す／述べる／語る／喋る／語らう／物語る／罵る／わめく／争う／論う／腐す／口ずさむ／唱える／つぶやく／ささやく／うそぶく／嘲る／そしる／まぜ返す／息巻く／はしゃぐ／はやす／かこつ／ぼやく／こぼす／ぐちる／聞く／聴く

学問のことを「読み書き」という。今日、文章を読んだり書いたりできるだけでは、とても進んだ社会に適応できる十分な能力とは言い難いが、外国語も含めて読んだり書いたりできる素養は、学問の基本であることに間違いはない。昔「読み書き算盤」、今「語学力と数学力」。いや、パソコンに取って代わられて、次第に人間の能力は機械に肩代わりされていく。しかし、そうした便利な時代になっても、人間が自分の言語を失うことは絶対にないし、言語活動が営まれる以上、話し聞きと合わせて、読み書きも消えることはあるまい。

読むことは文字あっての行動だから、口語言語一本だった古代にあっては、「読む」という動詞も存在しなかったかというと、実はそうではない。もともと「ひ、ふ、み、よ、い、む、な……」とリズムを取りながら一つ一つ数え上げていくことが、読むことであった。だから、読むは、物の数を当たりながら口にしていく行為と言ってよかろう（計算することではない。空で勘定することは指折り数える行為、つまり「数える」である）。今日では見掛けなくなったが、魚屋のお兄さんが「いっちょ、にちょ、さんちょ……」と鯖（さば）などを数える、あれはまさしく「読む」行為だ。現代語でも「入場者の数を読む」などにこの使い方は残っている。

ところで、「一、二……」と数でリズムを取る行為といったら、現代なら徒手体操と行進、それにダンスなどが思い浮かぶが、太古も同じで、数えることはリズムを取る基本だから、リズムを取る行為はみな「読む」ことだった。

たとえば歌や文章は踊りや朗吟（ろうぎん）を伴うし、今日でも手拍子よろしく口ずさむ。歌や文章が定型の詩の体裁（ていさい）を取っていたのは、あれは口唱しやすいからだ。日本語に合ったリズムを求めて「五・七」や「七・五」の調（しらべ）を生むに至ったわけだが、一つ一つ拍（はく）を整えながら五・七・五……と和歌を作ったり、文章を語部（かたりべ）が口唱したりするのも、まさに「よむ」（詠む・読む）そのものだった。「俳句を詠む」などというのも、作句・作詞行為は「よむ」ことだし、文章が散文化した現在でも、朗読は「読む」だ。

声に出さなくとも目で読む「黙読」。さらに斜め読みなど内容理解も読み取る行為となり、「相手の腹の内を読む」だとか「敵の出方を読む」と、探り解するならば皆「読む」ことになってしまう。「読書百遍、意おのずから通ず」（何度も読めば自然と意味はわかるようになるものだ）などと言って、昔は内容もわからずただ漢文の素読などを繰り返したものだが、「読む」はもともと、奥に隠れた内容を「解する」という意味があったわけだ。「読みが浅い」もここから来ている。

読み・書き・話し・聞きを言語の四技能という。この中では、読みに次いで話しが問題だ。「話す」は「放す」や「離す」と同じで、話者の頭の中にあるまとまった考えを取り出し、聞き手へ向けて放つことだ。だから、挨拶のような一言二言では、声を掛けたことにはなるが、話したことにはならない。「話し上手」とか「話し声」、名詞の「お話」「昔噺」「おとぎ噺」「噺家」、みな一続きのまとまったことを相手に聞かせることだ。似た動詞に「述べる」「語る」「喋る」、少し古いが「語らう」「物語る」等、口頭表現をまず考える動詞は実に豊富だ。

「述べる」は言葉を連ねて話を展開させることだから「話す」に近いが、延々と口で叙述するといった気分が濃い。これは、延や伸で表記される「のべる」と元は同じで、話のまとまりを延べ繰り広げていくローラーみたいな役割と思えばよい。叙述するのであるから、文章で書くことも含まれる。「語る」は、昔は『平家物語』などを琵琶法師が語るように、節をつけて述べることだった。今日でも浪曲などは「語る」だ。そういえば、「語れめでし真心」のあの歌も「歌えゆかし調べを」と、「語る」「歌う」が対になっている。現在では、「抱負を語る」「この事実、何をか語る」「語るに落ちる」（話しているうちにうっかり本当のことを口にしてしまう）「聞くも涙、語るも涙」のように、「述べる」と差が無くなってしまった。

「語らう」は「語り合う」の約まったもので、親しく話し合ったり、話し合いで意気投合したりすることだ。今はあまりはやらない言葉だ。「喋る」は、これはいただけない。「お喋り」など口軽で、ぺらぺらと調子に乗りすぎ、秘密もつい口外してしまうような軽薄さが感じられる。

その他、昔は「ののしる」という語もあって、大声を立てて騒ぐことだったが、今はもっぱら悪口を言う「罵る」になってしまった。むしろ「わめく」に近いだろう。日本語は、言葉を声に出す意味の動詞が多い。

このほかにも、相手の言葉に反対し否定してあれこれ言う「あらがふ」（争う）、さらに言い争う「あげつらふ」（論う）。今日では欠点や非を言いたてる意に用いるようだ。現代語では「言い腐す」や、ただの「腐す」、さんざん悪くけなすことだ。

声に出す行為としては「口ずさむ」「唱える」「つぶやく」「ささやく」「うそぶく」などがある。「口ずさむ」は、詩歌などの文句を軽く声に出して言う何となない行為だ。そこへ行くと「唱える」は、念仏を唱えたり万歳を唱えたりで、かなりの声を立てて述べる。「お題目を唱える」となると、口先で主張する意識が強い。「お題目を唱えるだけで何一つ実行しない」など。「つぶやく」は小声のひとりごとだ。「口ずさむ」と違って歌詞などがあるわけではない。「ささやく」となると、小声で話し掛ける相手が必要だ。ひそひそ話など、まさにささやくようにして話す。他の者には聞こえない。山村暮鳥の詩集に『風は草木にささやいた』というのがあるが、いったい風は何をささやいたのだろう。「うそぶく」は、もとは口をすぼめて息を強く吐く、さらに声を出すことだった。大声を出すだけでなく、獣の吠えることも「嘯く」と言った。それが豪語する意に広がったが、一方、「そらうそぶく」に由来する〝とぼけて知らぬふりをする〟意味で今日は使われるようになったようだ。「うそ」という音があっても嘘をつくわけではない。〝平気で嘘をつく〟などと誤解せぬことだ。

以上のほかにも、「嘲る」「そしる」「まぜ返す」「息巻く」「はしゃぐ」「はやす」「かこつ」「ぼやく」「こぼす」「ぐちる」等、いや、何と口頭表現の動詞は多いことか。これでは「口は禍の門」などということわざも生まれて来ようというものだ。

終わりに「聞く」に関して一、二。

聴覚で感じることは「聞く・聴く」だが、ただ鳥の声や音楽を聞くだけではなく、人の話を聞いて内容を理解し、さらに相手の要求を受け入れる。「言うことを聞かない」がその例だ。

一方、日本語は、相手の考えを打診する質問も「聞く」ことだから、話がややこしい。受動的な〝耳にする〟〝理解する〟〝受容する〟から、能動的な〝問うて相手の考えをただす〟ことまで含まれる。これはちょうど「つかまる」が、受動的な「刑事につかまる」と、能動的な「吊革(つりかわ)につかまる」との両方を意味するのと似ている。

行為者の主体中心に、身に受けたり身をもって行(おこな)ったりする両方が同じ一つの行為として考えられる。日本語が行為主体（自己）中心の言語だというのは、こんなところからも窺(うかが)われるようだ。

習う（なら）──真似をして慣れ親しむ

慣れる（な）／倣う（なら）／学ぶ（まな）／教わる（おそ）／授かる（さず）／預かる（あず）／ことづかる／仰せつかる（おお）

お寺の門前に住む小僧さんは、聞き覚えでお経を読むようになる。つまり、ふだん見聞きしている者は、ことさら習わなくとも、ひとりでに覚えてしまうものなのだ。この論法でいくと、年中外国語ばかり耳にしていると、知らず知らず外国語が口をつい出るという寸法か。全く学習せずに物事が身につくとは思われないが、ふだん身を置いている環境が習得速度に影響を与えることは事実だろう。

確かに、年中聞き慣れ見慣れた事柄は、何となくわかってしまい、比較的たやすく覚えてしまうものだ。慣れが学習効果を高めるためだが、実は「習う」という動詞は、もともと「慣ら・ふ」から来たもので、たびたび経験してその物事にすっかり慣れ親しむようになることを表す語だった。「慣らふ」の「ふ」は継続を表す古代の助動詞だ。「慣れる」ことが継続するわけである。だから〝習う〟という日本語のとらえ方には、繰り返しやって覚え、身につけていく〝慣れ〟を基本とする習得が本来だとの考えであったと言えよう。「習うより慣れよ」（教わり習っただけでは身につかない。繰り返しおこなって体が慣れれば、自然と自分のものになるということ）ということわざも同じ考えだし、何度も何度もやっていると「習い性となる」で、それが習慣化し、天性となっていく。もっとも、このことわざは悪い習慣が身につくと、生まれつきの性格のようになるから恐ろしいと言っているのだが。

繰り返し復習することは学習の基本だが、そこはやはり「先達はあらまほしきことなり」（肝要なことをしっかり押さえるためには、指導者はやはり必要だとの意。『徒然草』の言葉）で、良き師について学ぶに越したことはない。闇雲の独習独学では、むだが多く、道からそれる危険も多い。そこで指導者の助けを求めるわけだが、そのような「ならう」は「倣う」で、ただ他人のまねをすることだった。「前例に倣う」とか「顰に倣う」（美人西施のしかめ顔が美しいといって、皆がそのまねをしたという故事。見境なく他人のまねをするたとえ）といった表現が現在でも使われている。

「ならう」には、他を見本として、ただそれに従う「盲従」の精神があった。整列で「右へならえ！」がまさにそうだ。「お茶や生け花を習っております」などというのも、見よう見まねの学習といったイメージが強い。

「学ぶ」もその点では五十歩百歩だ。語源は、まねておこなうということだから、必ずしも手取り足取りの指導者は必要ではなかった。見習って覚えることの例として「先人に学ぶ」や「経験を通して学ぶ」などがあるが、みな自学自習の色彩が強い。『論語』の有名な一節、学びて時に之(これ)を習ふ。亦説(またよろこ)ばしからずや。

も、日本語風に解釈すれば、先輩のなすところをまねて、しばしも怠(おこた)りなく繰り返し習熟していけば、やがて道理がわかってきて、喜びの心に満ちてくるものだ、ということになろう。「よく学び、よく遊べ」も、単純に〝よく勉強し、また、よく遊ぶことだ〟と解してきたが、どうも伝統的な学ぶの精神は、まわりを手本として見習うことで、今日の偏差値優先の教育とはだいぶ趣きを異(こと)にしていたようだ。

そこへ行くと、「教わる」は、学問や情報・技能などの、対人関係を前提とした受け入れ行為だ。「教える／教わる」と、与え手・受け手の両者側からの動詞がある点も伝達を意味しているわけだが、同じ一つの現象に対して、立場や視点から、教えることと教わることとに言い分けているところが面白い。駅へ行く道を教えたことは、相手にとっては教わったことになるし、答を教われば、必ず教えた相手がいるはずだ。二つの動詞を切り離して「教わる」だけで事が成り立つなどということは有り得ない。一つの行為の表裏をなしている。そこが面白いところだ。世界に言語はいろいろあるが、「教える／教わる」のように授受の立場で語を言い分けている外国語はそう多くない。「授ける／授かる」「預ける／預かる」「ことづける／ことづかる」「仰せつける／仰せつかる」と、まだいろいろある。

「習う」は、「習わぬ経は読めぬ」で、自らが学習することを考えるが、「教わる」は相手に接して、その人から知識を授かることを意味する。「教えられる」という受身形もあるが、これだと「彼の献身的な行為には教えられる点が多い」「教えられるところの多い作品」のように、自ずと見習うべき点や手本になるところを指し、直接の師弟関係はなくともよい。

昭和十五年ごろはやった『隣組』の歌に、

ご飯の炊きかた　垣根越し／教えられたり　教えたり

というのがあった。これなど直接の伝授だから、「教わったり教えたり」でもいいところだ。もっとも、一番が「知らせられたり知らせたり」で、三番が「助けられたり助けたり」だから、これは受け手側を表す一語の動詞が無い。

もらう——みごとなほどの対人言語

求める／与える／やる／あげる／くれる／受ける／さしあげる／くださる／いただく

「求めよ、さらばあたえられん」（『新約聖書』）と言う。もしこれを話し言葉で言うとしたら、どうなるだろうか。「求める」「与える」をそのまま使って、

求めなさいよ。そうしたら与えられるでしょう。

などと訳したら、はなはだ滑稽だ。なぜ滑稽なのか。それは、このような何かを相手に求めたり相手から与えられたりする対人関係の授受には、会話では〝やりもらい〟と称して、「やる（あげる）／くれる／もらう」といった特別の動詞が用意されているからだ。で、

欲しいと言えば、きっと**くれる**でしょう。

といった具合になるのだが、これではいかにも生々しい。

というのは、もともとの意味は、自ら追求すれば必ず実現する（というより、理想の実現を目ざすなら、自ら追求しなければならぬ）ということであって、特定の個人に何かをおねだりして、それをもらうなどという低次元の話ではないからだ。

どうも日常会話では、話題が卑近になりすぎて、個人間の売った買ったとなりやすい。ということは、種々の動作がどうしても自分対相手の間でのやり取りとなり、それを話し手（私）がどのような視点でとらえていくかが重要な要素となるからだ。

それで、同じ〝物の授受〟でも、「求める」「与える」「受ける」などという概念的な、客観的行為として述べる動詞を敬遠して、話し手の立場が関与する〝やりもらい〟の動詞が愛用されることになる。

「あげる」は与え手の側に立った言い方で、同じことを受け手側に立てば「もらう」だ。だから、話し手が授受にかかわれば、必ず「私は誰かにあげる」「私は誰かにもらう」であって、反対の「誰かが私にあげる」や「誰かが私にもらう」ことは通常有り得ない。語ごとに話し手の視点がどちらか一方に決められているからだ。では「くれる」はどうか。これは「もらう」と同じく、受け手側に立って物を受け取ることだ。ただ、違う点は、「もらう」が「私はもらった」と主語に「私」が立つのに対して、一方は「誰かが私にくれた」と「誰か」のほうが主語に来る点だ。そうした文法上の違いはあるにしても、どちらも受け手側に立って述べている点は変わりない。

だから、「その喧嘩おれがもらおう」（私が引き受けようということ）とか、

朝顔に釣瓶とられてもらひ水　（千代女）

など、話し手を主体にしたものは皆「もらう」だ（「釣瓶」は、井戸の水を汲み上げるために ぶら下げてある桶。それに朝顔の蔓が巻きついてしまったので、はずすのもかわいそうで、そのままにし、水は近所にもらいに行ったという句）。

「慌てる乞食はもらいが少ない」や、「乞食が馬をもらう」（分不相応な物をもらっても、かえって迷惑をすること）も、乞食の側に立って述べているというわけだろう。

日本語は前に述べた「教わる」といい、「行く／来る」といい、また、この〝やりもらい〟の表現といい、何と〝私〟（話し手自身）を前面に押し出したがる言語なのだろう。だから、他の動詞に付いて補助的に「教えてあげる」とか、「買ってもらう」「払ってくれる」、さては、

「うちの娘もらってくれないか」

「そうだな。もらってやってもいいよ」

などと、外国人が聞いたら目を回しそうな問答が平気で交わされる。

筆者の知っているある外国人が、「なんで日本人は、単刀直入に『教える』と言わず、

『教えてあげる』のように持って回った言い方をするのか」と質問して来たことがあった。この外国人は、話し手の視点を通して述べてこそ日本語が日本語らしくなることに、全く心が及ばなかったというわけだ。「駅へ行く道を私に教えなさい」では様にならない。失礼もいいところだ。ここは低姿勢に「教えてください」と言うべきだろう。

その上、「さしあげる／くださる／いただく」といった敬語まで用意されていて、語を使い分ける。みごとなほど対人関係に合わせた、表現体系の整っている言語だ。

買(か)う——売り手との表裏一体

売(う)る／ひさぐ／購(あがな)う／贖(あがな)う／稼(かせ)ぐ／儲(もう)ける

「売り言葉に買い言葉」という。相手の言いがかりに対して、こちらも喧嘩(けんか)調で言葉を返すことだが、たとえ相手が喧嘩を売ってきても、こちらがそれに乗らなければいい。相手は一人相撲(ずもう)（自分だけが勢い込んでいるが、周りの者が誰も相手になってこないこと）に終わってしまう。

「自分を売り込む」という言葉がある。自分を実際以上に良く宣伝して、相手の信用を得ようとすることだが、「売り言葉」といい「売り込む」といい、相手がその誘いに引っ掛からなければ、一方だけの行動にすぎない。「恩を売る」（相手に感謝されることを期待して一方的に恩恵行為を押しつける）、「名を売る」（意図的に有名になるよう努める）、みなそうだ。特に「買う」ことが期待されている行為ではない。

ところが、商取引の場合はどうかというに、「持ち家売ります」と言っても、買い手がつかなければ売ったことにはならない。「売る」は買い手がついて、始めて売買が成立する。「売る」と「買う」は、ここでは表裏一体だ。一つの行為を売り手側から見るか、買い手側から見るかで、動詞を使い分けているとも言える。その点、前にも述べた「教える／教わる」などと酷似している。

「売る」が比喩的に、喧嘩を売ったり名を売ったりで、はなはだ意図的な行為なのに対し（それゆえ、極めて反道徳的なマイナス評価の行為となるのだが）、一方、「買う」の比喩的用法は、人に恨みを買ったり、非難を買ったり、あるいは冷笑や顰蹙を買う（世間の人から眉をひそめられるような思いで見られ、軽蔑される）というわけで、どうやらこれは当人の意図など全く無い、成り行きの結果と言えそうだ。しかも、いずれも好ましくないマイナス状態を招くのだから、それだけに不本意なことで、当人は気の毒な立場に置かれているわけだ。誰も好き好んで人から笑われたり嫌がられたりすることを行うはずがない。

もっとも、「買う」には、意図的に行う場合も無いわけではない。たとえば「人の歓心を買う」（「関心」と書くのは誤り）は、人に気に入られようと努めることだから、これは意識的だ。それゆえ、結果としては、わざとらしい醜さが表に出すぎてマイナスとなる。当人にしてみれば精一杯の努力なのだろう。憐れと言えば憐れである。

売り買いに関する比喩的用法はいずれも一癖あるものばかりで、マイナス評価の句が多い。他人や国家を売ったり、売名行為と、碌でもないことばかりのようだが、人の才や能力を買ったり、実力を買って起用するといったプラスの評価もある点は、いささかの救いだ。

商いに関する動詞には、古いところで「ひさぐ」と「あがなう」がある。

「ひさぐ」は〝売る〟ことだが、だいたい身分の賤(いや)しい者の商売に使ったらしい。現代語では「春をひさぐ」（売春行為）などの例が少し古いところで見られる程度で、今は市井(しせい)（町のこと）から姿を消した言葉だ。

「あがなう」は「購う」で〝買う〟ことだが、代償として金を払って品物を手に入れるとの意識が強い。つまり、それなりの代金を払って買い求めることだ。とは言っても、今日では「購買力」のような漢語は使われても、和語の「あがなう」はまず用いない。が、それ相当の代償を払って相手に損を与えないという点を強調した、「犯した罪をあがなう」のような用い方は、今でも使われる。「贖(あがな)う」、つまり罪ほろぼしに埋め合わせとして償いをすることだ。贖罪(しょくざい)である。

「稼(かせ)ぐ」といい「儲(もう)ける」といい、今述べた売買を表す一連の動詞といい、どうも商いに関する語は、みな何かしらマイナスイメージを伴う言葉だ。商売を低く見下す、これまでの日本社会の態度の反映かもしれない。

持（も）つ――人間的な、あまりに人間的な

保（たも）つ／もたれる／支（ささ）える／堪（た）える

「持てる者の悩み」という。何もなければ悩まずにすむものを、なまじ財産があるばかりに余計な心配をせねばならぬというわけだ。

そう言えば兼好法師も『徒然草』の中で、人間というものは物質生活をできるだけ排して、倹約を旨（むね）とし、財宝も持たず、この世の利欲にむやみと執着しないのが立派でよろしいと、わざわざ中国の文（もん）無し男の例まで引いて、まことしやかに説いている（十八段「人は己（おのれ）をつづまやかにし」）。

使い捨ての時代だとか、便利な物を調（ととの）えて生活を合理化するのが文化的だとか言って、やたらと物を買いあさる。これではどんな広い家でも、たちまち物で満たされてしまう。ましな物や本なら小道具屋や古本屋に売ることもできようが、がらくたばかりを増やしたのでは、物の洪水にあっぷあっぷするばかりだ。どうも今の日本は、物を安易にかき集めすぎる。

「持つ」ものは品物ばかりとはかぎらない。人に恨みを持ったり、人の肩を持ったりで、どうも持つことは反道徳的な事柄となりやすい。それだけ人間くさい動詞なのだろう。前

節の「売る」「買う」といい、この「持つ」といい、人間の特権とも思える行為は、人間的ゆえに欲望と切っても切れない関係にあると言えそうだ。

「持つ」は、いつまでもそのものの本来の状態を変えずに自身のもとで続かせる行為だ。つまり維持することで、「保つ」も「持つ」の一種と見ていい。ということは、もともと維持したり持続させたりすることが難しいから、いかに永くそのものを保たせるかに腐心するというわけだ。金持ちは、今の財産を減らさぬよう頭を悩まし、貧乏人は苦しいやりくりの中で金や食糧をできる限り持たせようとあくせくする。私有物が多かろうと少なかろうと関係ない。

とにかく〝持つ〟ことは〝持ちこたえる〟ことに繋がり、それが難しいから他力に頼ることとなる。「持ちつ持たれつ」とは、互いに支え合っていて、一方が駄目になれば他方も駄目になってしまう共存共栄の相互関係だ。お互いさまの関係とは、〝持つ〟ことが自力のみでは成り立ちにくいことの証拠だろう。

尾張名古屋は城で持つ。

伊勢は津で持つ、津は伊勢で持つ。

大黒柱に頼ったり、互いに依存し合ったりして何とか名誉を保つとは、けなげな話ではないか。

日本語の「持つ」は、単なる所持や所有ではない。車を持つのも、妻子を持つのも、自分の勢力圏の中でそれを無事にいつまでも長らえさせていく責任と義務の連続だ。だから、「持つべきものは良き女房」とか言って、できるだけ自分の任務を軽くし、あわよくば女房に寄り掛かって一家の安泰と体面を保たせようと算段する。「そうしないと、とても体が持たない」などと脅かして、何事も持たせることに全精力を傾ける。国家レベルの社会も、家単位の人生も、〝持つこと〟〝持たせること〟がそのすべてと言っていい。

だから、あまり荷が重すぎると、他に「もたれる」かして、とにかく「支(ささ)える」ことだ。倒れたり荷を投げ出したりしては元も子もない。寄り掛かる相手がなければ自力で支えるしかないが、「堪(た)える」ことは〝胃にもたれる〟ように負担が大きい。「持つ」は時に「もたれる」ことにもなりかねない。この二つの動詞が、日本語では根が同じだということも、興味深いではないか。

Ⅷ　終末

変わる——無常こそ世の姿

生まれる／育つ／おとなびる／人めく／老ける／老いる／年取る／年寄る／老い込む／老いぼれる／老いさらばえる／ぼける／更ける／病む／患う／悩む／いたつく／損ねる／害する／伏す／煩う／怠る／こじれる／厭う

物事をいつまでも同じ状態に保たせたいと思うのは人間共通の願いだが、そうは問屋が卸さない（そううまくは物事が運ぶものではないということ）のが世の習いだ。花の美しさをずっと保たせたいと思っても花はじきに凋み、やがて散ってしまう。いつまでも若く元気でいたいと思ってもすぐ年寄っていく。それが自然の理だ。小野小町も、

花の色はうつりにけりないたづらにわが身世にふるながめせしまに　（『古今和歌集』）

と嘆いていたではないか。権勢をほしいままにしても、財産を少々貯えたにしても、そんなものがいつまで持つかは保証の限りではない。

古来わが国には、仏教的な無常観があって、

天上影は替らねど
栄枯は移る世の姿　（『荒城の月』）
（月の光は昔も今も変わらないが、栄枯盛衰は移る世、つまり人世の姿そのものだとの意）

世の中はなにか常なるあすか川昨日の淵ぞ今日は瀬になる　（『古今和歌集』）

などと、人の世の変わりやすさを何か美化するように芸術に歌い上げている。確かに「変わる」ことは再生であり、時には美の復活にもつながるのだから、必ずしもプラスがマイナスに移行するわけではない。その逆だって有り得るわけだ。

人生の変化は生育成長と老化の二つだ。社会的には栄進出世と零落・没落とまでは行かなくとも、平行線を辿ってやがて社会の第一線から消えて行く運命にある。だから、前半

はプラスの上り坂で、後半はマイナスの下り坂だ。これを山道にたとえて「人生の峠を越える」と言ったりするが、伸び盛り・働き盛りを過ぎて初老（老人の域にさしかかった年ごろ。もとは四十歳を言ったが、今はもっと年配を指すだろう）に入り、やがて社会のエスカレーターから降ろされる。

身体的には「生まれる」「育つ」はいいとして、前半の上り坂を表す動詞は意外と少ない。「おとなになる」「おとなびる」ぐらいで、あとは漢語で「生育する」「成長する」「成人する」とスル動詞を使うか、「立派な青年になる」「一人前になる」「中年を迎える」式の表現で間に合わせるしかない。古語では「人めく」（一人前らしくなる）などといった語もあるが。

ところが、後半の下り坂になると、がぜん語彙が豊かになり、「老ける」「老いる」「年取る」最近は「ぼける」まで加わって、脳の働きの老化まで動詞で表せるようになった。一時はやった「恍惚の人」である。このうち「老ける」は、夜が更けたり、更けゆく秋の夜などという「更ける」と元は同じで、そのものの度合いが深まっていくことだ。

状況の深化にたまらぬ愛着と愛惜の念を抱いたのは、昔も今も変わらない。鬢（頭の両側面の、耳の上あたり）に霜をいただく（白髪になるの意）年ごろともなると、急に体力に自信を失い、老いの影に怯えるようになる。健康を保つ秘訣は、病気にかからぬ気配りと、心に張りを持ち続けることだ。

「健全なる精神は健全なる身体に宿る」と言う。健康に関する動詞はいろいろあるが、〝病気になる〟意味では「病む」「患う」、それに古語では「悩む」「いたつく」(「いたづく」とも)がある。健康を「損ねる」とか「害する」といった間接的な言い方もできる。

「病む」はまさに病気に侵されていくことを表す動詞だが、現代語では「気に病む」のような精神的悩みに多く用いられ、病んで床に「伏す」とか「肺を病む」のような言い方は少々古めかしくなってしまった。名詞「やまい」と同様、漢語の「病気」に押されて隅で小さくなっている語だ。

「患う」は「煩う」と元は同じで、肉体や精神上の問題にとらわれて、たやすく抜けられずにいる厄介な状態を指す語だった。「思い煩う」などがまさにそうだが、「胸を患う」なども「病む」と同じように、だんだん古めかしい印象が加わってきた。どうも和語は漢語に押されて次第に使われなくなっていく。寂しい限りだ。

古語の「悩む」も「煩う」と同様で、現代語では専ら精神的苦痛だ。体力が抜けて弱っていくことを言ったから、肉体的な苦痛、病気も意味したわけだ。「いたつき」は〝痛みがつく〟こと、つまり病気になることだが、これも精神的苦労や骨折りをも指した。どうもこう見てくると、肉体的な苦痛と精神的な傷みとは切り離せない表裏一体の関係にあるらしい。動詞も共通なものが多い。

病状が少しずつ治まればめでたく回復というわけだが、これには「おこたる」といった耳慣れぬ動詞が古語では使われていた。「怠る」は現代語では「練習を怠る」とか「注意を怠る」など、サボったりぼんやりしたりするマイナス状態の語だが、古語では、続いている物事の調子が落ちることで、病勢の弱まることも「怠る」だった。現代では「小康を得る」という表現が用いられるが、安定した状態を何とか保っていることが本来の意味だ。一般には重態から立ち直って、やや明るい病状に戻ったときによく使われる。

病気は早いとこ手を打ってこじらせないことだが、「こじれる」は物事がもつれて、順調に収拾できなくなることだ。「話がこじれる」がそのいい例だろう。

そこで常々体をいとうことが肝心だが、「厭う」とは、嫌って避けることだ。その昔、世をいとうて隠遁生活をした者も多かったが、あの「いとう」がこれだ。今日、手紙文などで、「どうぞお体をおいとい下さい」と書くが、体を嫌がるなどと解すると、とんだ誤解に繋がる。気候の不順など健康に好ましくないものを嫌って避け、身を守ること、つまり身をかばって大事にしてくださいという意味だ。読者諸賢も、どうか体をいとうて欲しいものだ。

死ぬ——来世への旅立ちにも格差を設け

蘇る／逝く／亡くなる／隠れる／みまかる／絶え入る／こと切れる／くたばる／へたばる／崩ずる／薨ずる／卒する／没する／入寂する／瞑する／往生する／殉ずる／横死する

いくら体をおいとい下さいと言っても、健康と寿命ばかりはままならぬ（思いのままにはゆかぬ）もので、病気にならずとも、やがては老いがしのび寄り、死が訪れる。「行く」の項目で引いたように、〝遂に行く道〟だからこそ、少しでも人生の終末を先送りにしようと、人は古来、不老長寿の薬や不死の薬を考案して飲んだり、物語に登場させたりする。あの『竹取物語』で帝が不死の山（富士山）で燃やさせたという薬の話もこれだが、しょせんは空しい絵空事（想像によって創られた架空の話）だ。

人生の終わりは〝死〟だが、昔はやれ脳死だ何だと難しいことは考えなかった。生命力の燃焼し切った終わりが〝死〟であり、現世から来世へと移行する接点にすぎなかった。だから、時には「蘇る」（黄泉から帰る。つまり、いったん死んで黄泉の国へ行った者が戻る）こともあったわけだ。黄泉の国は冥土、つまり死ぬことは冥土へと旅立つことだ。「冥土の土産に」などと言うあの世への旅立ちは、この世と違った暗い世界へ行くことだから、死者と生者とが袂を分かつという意味で「幽明境を異にする」とも言う。とにかく「死ぬ」ことに対する日本語は極めて多彩で、外国人が目を見張る。中立の「死ぬ」を筆頭に、和語では「逝く、亡くなる、隠れる」。あの世へと旅立つから逝くのであり、この世から亡くなり、隠れて見えなくなるという発想だ。消えてなくなるとは面白い。

しかも、その敬語形「お亡くなりになる」「お隠れになる」まであることは見逃せない。目上の人の死は、このように遠回しに言う心づかいが大切なのだ。少し古めかしいところでは「みまかる」、これは〝身罷る〟で、身がこの世からおさらばすることだ。間接的な言い方としては「絶え入る、こと切れる」、息が絶えるという意味で死を表す。軽卑の俗語では「くたばる」などというのもあるが、これは「へたばる、くたばる」といった汚い言葉だ。「くたばりやがれ」と罵り言葉としても用いる。

漢語ではさすがに高貴な語が多く、天皇のおかくれになる「崩ずる」、つまり「崩御する」ことだが、崩御は皇后・皇太后・太皇太后（天皇の祖父の后）の死も含む（歴史上、上皇・法皇にも用いた）。広く皇族に対しては「薨ずる」もしくは「薨去する」が使われる。もっと位を下げてわれわれ庶民に対しての敬語なら「逝去する」が最上といったところだ。やや毛色の違う語としては、ほかに「卒する」「没する」（歿する）がある。「卒する」は古語「卒す」の流れで、正しくは「卒す」と読んだ。四位・五位の人の死に用いたものだ。「没する」は「日が没する」などと同じで、地の下に隠れてしまうことだ。両語とも「何年何月没」とか「卒」と、死去の日を示すときに用いられる。

死んだ人はその名や死亡の年月日を過去帳に記して仏壇に備えるが、過去帳のことを鬼籍と呼ぶところから、人の死を「鬼籍に入る」とも言った。「入寂する」という語もあるが、これは僧の死に限られる。このほか「瞑する」という変わったものもある。〝目をとじる〟ことで、安らかに死ぬといった気分があるところから「地下に瞑する何々先生の霊よ」などと弔辞にしばしば登場する。それで満足すべきだという意味で用いる「以て瞑すべし」も同じ動詞の使い方だ。仏教的な語では「往生する」が思い浮かぶ。「極楽往生」つまり、この世を去って浄土に往って生まれ変わるという結構な思想だ。「大往生」、安らかに死ぬ、立派な死に様で、これもよく目にする。もっとも、もう駄目と観念する「往生際が悪いぞ」などと使うと、せっかくの結構な死に様も台無しだ。

さて、ある事のために自らの命を捨てる死は「殉ずる」だ。殉死・殉職・殉教といろいろあるが、国に殉じたり、職に殉じたりで、これはどうも気の毒だ。「殉教徒・殉教者」などの単語も造る。事故や殺害による変死は「横死する」ことだが（横になって死ぬことではない）、もうここまで来ると、やり切れない。そして最後に来るのが「お陀仏」。お経の阿弥陀仏を唱えることから来た語だが、死だけではなく、物事の駄目になることにも比喩的に「お陀仏になる」と言う。これは物が壊れて使いものにならなくなる「お釈迦になる」というのと共通の発想と言えるだろう。日本語には仏教的な見方が案外と多いものだ。

とにかく、〝死〟に対する言葉はあきれるばかり発達している。裏を返せば、それだけ人間に格差を設け差別しているということになる。これまでの日本社会の縮図が死を表す語彙に集約されているとは皮肉なものだ。

終わる——終極美化の思想をたくし

始まる／終える／了える／やめる／やむ／上がる／上げる／遂げる／切る／済む／澄む／全うする

物事の終わりを表す語も、日本語はなかなか多彩だ。何でまた、終わることはこうも日本人に好かれるのだろうか。「終わる」は「始めあるものは必ず終わりあり」（儒教を説いた中国の『法言』という書にある言葉）で、開始と終了はセットになっていると考えられ、「始まる」を受ける動詞だ。もっとも、ビッグバンで始まる宇宙論の現在、はたして宇宙に終わりがあるのか大問題だが、それは天文学の問題で、この世に生きるわれわれの認識では、始まれば必ずいつかは終わると考えるのが当然だ。その上、「初めよければ終わりよし」で、物事が順調に運んでめでたく終わることを誰しも願う。

〝始まって、終わり〟〝始めて、終える〟わけだが、最近は自動詞と他動詞の区別が無くなって、〝始めて、終わる〟と言う人が多くなった。「これで私の話を終えます」と言うべきところを、「これで私の話を終わります」と述べる類だ。「終わる」は「テープが切れて中途で終わってしまった」のように中断・未完了も含むが、「終える」は「了える」とも書くように、「修士の課程を終える」など、まとまりを付けて完了することだ。「終える」

を使わず「終わる」で済ましてしまう心の裏には、物事に対するけじめ意識の薄れがあるのだろうか。

　何事も中途半端は好ましくないが、適当に話を打ち切るのなら、むしろ口語的な「やめる」のほうがぴったりだ。「いい加減にやめろ」「会社をやめようと思う」など、まさに中途でピリオドを打つわけだ。「やめる」の自動詞は「やむ」だが、「雨がやむ」や、

　　灰汁桶(あくおけ)の雫(しずく)やみけりきり〴〵す　（『猿蓑』）

いつの間にか雫の落ちる音も止まってしまう断止意識が「やむ」。完了を際立たせたいなら、むしろ「上がる／上げる」が好ましい。双六(すごろく)で、ゴールに行き着くのは「上がり」だし、「梅雨が上がる」「教科を上げる」なども、課程の完了を表す。だから、原稿を全部書き終えることは「書き上げる」だ。似た言葉に「遂(と)げる」や「なし遂げる」、「対岸まで泳ぎ切る」の「切る」などもある。日本語は〝終(ジ・エンド)〟の言葉がなかなか多い。

　用事が終わることは「済む」。「すぐ済むから待ってなさい」と完了にも使うが、「安く済んだ」「ただでは済まないぞ」といった例を見ると、物事の解決を表すことが本来らしい。もともと「澄む」と語源は共通で、いったん生じた状況が元の状態に戻り、落ち着くことだ。もめ事はできるだけ穏便にすませて、事を荒立てないことが日本の社会では常識

だ。そのために根回しをしたり、事前に手を打ったり、詫びを入れたり、示談（話し合い）で済ませたりして和解の道を図る。破局を避けてひたすら堪えしのぶ。事を収め穏やかに済ませることが、日本では終わりを「全うする」前提条件だ。

「有終の美を飾る」という言葉がある。最後までし遂げて立派な成果を上げることだが、終わりをきちんとして、綺麗にしめくくりをつける。どうも日本人は始まりや途中の過程よりは、終わりを重視したがる傾向が強いようだ。「引き際が大切」だとか、「最後の花道を飾る」、さては「武士ならいさぎよく死ね」などと、未練がましさを極度に退け、去ることを美化する。マッカーサー元帥が日本を去るとき「老兵は死なず、ただ消え去るのみ」と言ったのを聞いて、たまらなくしびれる思いになるなど、いかにも日本人らしい。

どんなに立派に事を運んでも、最後が悪ければぶちこわしで、元も子もない。「終わりよければ、すべてよし」という極端な思想だ。終極重視のこうした思想が、終わりに関する動詞を発達させたのかもしれない。

フィナーレ（終幕）にたいすることさらの哀感は、仏教でいう「会者定離」、平たく言えば「会うは別れの始め」。

人は必ず死を迎える。始めがあれば終わりがあるように、出会いがあれば別離もある。

人の出会いは別れの開始という思想は、初めから終末を意識した、別れを惜しむ（裏返せば、別れを美化した）情感に裏打ちされている。

終わるからこそ物事は美しいのだ。井伏鱒二も言っている。

ハナニアラシノタトヘモアルゾ
「サヨナラ」ダケガ人生ダ（于武陵『勧酒』の訳詩）

形容詞・副詞篇

I　判断

評価——マイナスに傾く

よし／あし／よい／悪い（わるい）／よろしい／よしなに／よこしま／大それた（だいそれた）／ゆゆしい／いまわしい／いまいましい／いとわしい／すばらしい／みごと／すてき／ひどい／いみじく

『萬葉集』の第一巻に、

よき人のよしとよく見てよしと言ひし芳野よく見よよき人よく見

という天武天皇（てんむてんのう）の作が載っている。この歌の解釈は岩波の『古典文学大系』によれば〝昔のよい人がよい所だとよく見て、よいと言った吉野をよく見なさい。よい人よ、よく見なさい〟ということだそうだが、それにしても僅か三十一文字の間に七回も「よき」や「よし」が繰り返されているとは、まあよほどの技巧派か、さもなくば凝り屋だったのだろう。同じ音を五七五、七七の頭にそろえる、修辞学でいういわゆる〝頭韻〟の代表的な歌であるが、この語呂合わせ的なそれぞれの「よし」の意味を比較してみるとまた面白い。

初めの「よき人」は、昔のすぐれた人、つまり身分や教養のすぐれた上の部に属する人を指すのだが、当時、人や物事の評価を上・中・下の三等級に分けて、その上の部に属する段階を「よし」としたらしい。当然その反対の下の部を指す語もあって、それは「あし」だ。

今日、「よしあし」だとか、「よきにつけ、あしきにつけ」あるいは「よかれあしかれ」(よいにしろ悪いにしろ、結局は。事態がどうであれ、つまるところは、の意)といった言葉に受け継がれているのだが、後世この「よし」の子音「S」が落ちて「よい」になり、現在に至っているというわけだ。

だが、当時の「よき人」は大変な賞めことばで、特にすぐれた教養の誉高き人を指したわけで、現在の「いい人」では訳にならない。「私のいい人」など、それだけでも品位が落ちるではないか。一方「あし」は残念ながら「あしからず」(悪く思わないで)などの言い回しに残るのみで、そのままでは現在使われない。代わりに「悪い」が幅をきかせて、下の部は何でも「悪い」ですます。

しかし、この「悪い」はもともとは「わろし」で、評価としてはそう極端に悪くはなかったようだ。積極的に〝悪い〟と断定するときはむしろ「あし」を用い、「わろし」はどちらかというと消極的な〝よくはない。まあ悪い部類だ〟といったほどの評価であった。そして、この「わろし」に対応する語が「よろし」で、これは先の三段階の中の部〝まあよい〟〝悪くはない〟程度の評価、積極的な「よし」とはだいぶ開きがあったと言っていい。

今日の「よろしい」もその伝で行けば、まあまあの良さといったところだろう。「良い」が優良とか優秀のレッテルを胸を張って貼りつけるのに比べて、「よろしい」にはもっと控え目な、まずまずの出来ばえ、まあまあだという低めに見積もったつつましさがある。だから、相手に伺う言葉にすると、「これでよろしいでしょうか」とか、「よろしければお邪魔いたします」のように、「これでよいか！」などとは一味違うはるかに低姿勢な謙譲の美徳が現れてくる。

〝良い〟の意味を伴わない「よろしくお願いします」や「もうよろしい」（終了の許可を与える）が丁寧なニュアンスを与えるのも同じ理由だが、「よい」を使った「もうよい」が何かいばったぶっきらぼうな日本語となることを思い合わせると、実に面白い。

その昔、積極的な評価「よし／あし」と、その中間の消極的な「よろし／わろし」があって、

よし・よろし／わろし・あし

と順を追って評価が下がって行ったのが、いつのまにやら「よし」が「わろし」と手を組んで、「良い／悪い」で評価を二分するようになってしまった。評価の段階分けがそれだけ粗(あら)くなったわけだが、最低を〝良くはない〟程度の「わろし」でカバーすることは、それだけ紳士的なわけで、悪いことではないだろう。

ところで、「よき人」や「よしと言ひし」が〝すぐれている〟という評価の最上階を表す言葉であったのに、それが「よく見よ」と副詞的に用いると、〝じゅうぶんに〟という程度の強調になってしまう。それだけ意味が抽象化したわけだが、どうも同じ形容詞でも動作を修飾すると〝良好〟の意味が薄らぐようだ。

よく学び、よく遊べ。

だとか、早口ことばの、

隣の客はよく柿食う客だ。

などに〝良好〟の意味はない。これがさらに「よく行く店」のように〝しばしば〟の意味にまで発展するのだが、もともと「よし」がその事柄の最上レベルにまで達しているという意味だとわかれば別に不思議なことではないだろう。

「よし」は変形して「よしなに」のような派生語を造る。「よしなにお取り計らいください」などと言うあの「よしな」だが、当方に良いぐあいになるように取り計らう、つまり、よろしく頼むという虫のいい依頼のときに用いる言い方だ。

「あし」のほうは今日あまり用いられないが、やや文語的な「あしき心」、それと「人をあしざまに言う」などはよく使われる。よこしまな心であり、人を悪意をもって実際以上に悪くけなすことだ。そういえば「よこしま」も悪いほうの評価を下す語だが、これは心の状態にしか使えない。不正な心、邪悪な心、すなわち邪心だが、「よこざま」と言うこともある。「よこしまな人」も邪心を抱く人ということだ。

邪心ではないが、道理にはずれた、身分をわきまえぬとんでもない思い上がりや言動をすることを「大それた人」とか「大それた考え」という。「だいそれた」と発音するのだが、最近は文字に引かれて「おおそれた人」などと言うのをたまに耳にする。それを載せた辞書さえ出てきたが、道理から大きくそれたという意味にも原因があるのかもしれない。

人間側のあしき状態を表す語といえばざっとこんなものだが、一方、事柄のほうに問題があれば「ゆゆしい」事柄ということになろう。放っておく訳にはいかない深刻な事態をいうのだが、「ゆゆしき問題」のように文語形式で使われることも多い。もともと古語では、神聖なものに対して恐れはばかる気持ちや汚れや不吉なことを縁起の悪いこととして恐れ避ける畏怖心を表す語であった。それが事のただならぬ甚だしさのみを表すようになる。だから、すばらしいことにも、ひどく忌むべきことにも、どちらにも使われていた。現在は容易ならざる悪い場合しか表さないが、どうもこうしたマイナスの事態にばかり言葉が傾斜していくのはなぜだろう。

マイナスの状態を表す語に「いまわしい」「いまいましい」があるが、これはもともと「忌む」から来た語だから、避けたいほど不吉・不愉快な事柄である。「いまわしい事件」「いまわしい夢」と言うように、縁起でもない思い出すのも不吉な状態だ。それに比べると「いまいましい」「いとわしい」はやや罪の軽い形容詞と言えるだろう。たまらなく腹立たしいが、さりとてどうにもならない気分のとき「えい、いまいましい！」と言うわけだし、煩わしく、できることならかかわりたくない感情が「いとわしい」で、これは「世をいとう」などの「いとう」(厭う)と同じ語源の〝いやだから避けたい〟気分を表している。

とにかくやたらと不吉な形容詞が目について、良い場合があまり見当たらないのは何ともわびしい。せいぜい「すばらしい」「みごとだ」「すてきだ」といった程度か。どうもわれわれのご先祖様は、自分らの意志を超えた力に対しては、それを結構なこととして受け取るよりも、恐れはばかる気持ちで迎え、むしろ忌むべきこととして敬遠したようだ。これは、程度の極端な、甚だしさを「たいへん」（大いなる変事）ととらえ、「ひどい」（「非道」つまり道にはずれた振舞いや状況）と感じるのと根を共通にしていると言っていいだろう。

結構なこととして歓迎した珍しい例といえば「いみじ」だ。これも、もとは「忌む」から来た形容詞で、できることなら避けたい汚れ（けが）の甚だしいさまを述べた言葉だった。それが極度に甚だしければ良いことにも悪いことにも用いるようになり、現在ではもっぱら、

いみじくも言い当てている。

〝全くうまく適切に〟と良いほうにのみ用いられるようになった。「ゆゆしい」や「いまわしい」が悪いほうへと傾斜していったのと比べてこれは大きな違いだ。その点「いみじ」は実に幸運な道を歩んだと言ってよいだろう。言葉にも運不運はあるものだ。

賢愚――能力への畏怖と揶揄

賢い／利口／さかしい／こざかしい／さかしら／さとい／畏怖

「馬鹿は死ななきゃ治らない」とか「馬鹿につける薬はない」などと言って、古来、知能の働きの鈍い者をさげすみ差別してきた。そして、やれ「馬鹿の一つ覚え」だ「馬鹿と鋏は使いよう」だと言って揶揄（からかうこと）の対象とし、自分がまるで賢者でもあるかのような錯覚に陥っていた。人間とはいい気なものだ。

知能がそれほど発達していない動物の世界だったら、知能指数の多寡など問題にされないし、第一そのような面での差別など生まれないであろう。知能が優れているといっても特に天才ということでもなし、並みの人間が大多数のこの世の中、何も人間を知能の多少のよしあしで二つに色分けする必要もなかろう。

ところが日本語にはこの手の単語があまたあり、頭脳の良否や人生の道理に対する知恵の多少をいちいち単語に言い分けていた。「聡明、利発、怜悧、利口、暗愚、馬鹿、阿呆」、さては「凡庸、凡人、凡愚、ぼんくら」、そして「賢者と愚者」というぐあいに。筆者の両親の田舎では、方言として「だら」などという特殊な差別語があり、「お前はだらやから……」などとよく耳にしたものだ。とはいえ、以上挙げた言葉は、ほとんどが漢語で、純粋の和語（やまとことば）はそう多くはない。
漢語は、意味の面で和語の不足を補うために持ち込まれた語だし、二文字の組み合わせで多く熟語となるから、どうしても意味が細かくなりやすい。馬鹿や聡明さがどのようなぐあいなのか、いちいち区別する。そこへいくと和語はもっと大ざっぱに状態をとらえて奥が深い。わが国では、歴史の伝統のある関西のほうが和語を愛好し、関東は漢語を多用する傾向が強い。そのため、同じ聡明さに対しても関東人は「賢い」より「利口」を使いたがる。

「賢い」は「畏し」から来た語で、祝詞で神主さんが「畏み畏み申さく……」と唱えるあの尊い者に対する恐れはばかる感情が原義だ。その畏怖の念が、特に才知のすぐれている対象に向けられれば〝賢い〟に様変わりする。「あやにかしこし、すめらぎの……」などいう「かしこし」は〝尊い〟ことだ（「あやに」は「ああ」という驚きの感動詞。だから、〝ああ驚くほど尊い帝よ〟という意味になる）。

とにかく、「賢い」が畏怖の念に由来する格の正しい形容詞なのに比べると、「利口」は少し格が落ちる気がするが、どうだろう。「利口な奴だ」などと聞くと、要領がよくて抜け目のない世渡り上手、利口に立ち回る人間を連想するし、第一「小利口」などという利口ぶったなまいきなマイナス評価の語さえある。だいたい「こ」（小）がつくと、「小利口」といい、「小才がきく」といい、「人を小馬鹿にする」といい、皆いただけないマイナス面が表立つ。

そこへいくと「さかしい」（賢しい）は、「利口」よりはよほど良いのだが、やはり、「女さかしうして牛売り損なう」などと使われるように、どうも今一つイメージが良くない。小才がありすぎて、かえってしくじるというわけだが、どうも「さかしい」関係の語も「こざかしい」といい、「さかしら」といい、マイナス面が際立つ。「さかしら」は利口ぶることで、大伴旅人（おおとものたびと）が堅物（かたぶつ）の山上憶良（やまのうえのおくら）をからかって歌ったという、

あな醜く賢（さか）しらをすと酒飲まぬ人をよく見れば猿にかも似る　（『萬葉集』）

が有名だ。今日「さかしらをする」という言い方はあまり流行（はや）らないようだ。辞典類には「さかしらな人」や「さかしらをせぬこと」などの例が挙げられているが。

「賢い」に似た語にもう一つ「さとい」（聡い）がある。これは動詞の「悟る」などと源は同じで、要するに悟りが早いこと、つまり聡明なことだ。しかし、これも今日では「耳がさとい」「耳ざとい」とか、「利にさとい」（損得をすばやく見究めて、利益の挙がるほうに赴く）のように、特殊な能力の鋭さによく用いるようだ。「さとい子だねえ」などと聞くと、妙に古風な方言的感じを受けるのは筆者だけのことであろうか。

こう見てくると、古来のプラス評価の能力を表す言葉がいずれも今日、ややマイナス評

価の方向にゆがめられるか、用法が片寄って語そのものが古風な感じになってしまったか、いずれにしても皆影が薄れてきている事実は否めない。賢いことがこの世から影をひそめてしまったためなのか、それとも賢さに現代人が不感症になって、何とも思わなくなってしまったためか。何ともわびしいかぎりである。すなおに賢いことよと讃(たた)える心の広さが欲しいものだ。

筆者の幼年時代の童謡集に、確か小学児童の作として、「ユフベ　ノ　アメ　ハ、カシコイアメ　ダ。ヨル　フッテ、アサ　ヤンダ。カシコイ　アメ　ダ。」というのがあったことを記憶している。当時の子供は雨にまで賢さを感じ、素直に喜び、讃美(さんび)する。このような素朴(そぼく)な手放しの賞(ほ)めことばが退潮して、何でも理屈で批判し、これこそ知的な態度よと錯覚する。関東人の「賢い」に対する支持率が下がり、何でも「利口」「利口」の一点張りが、利口ぶった偏差値優先の、人を機械の性能でも測るように見ていく偏向を生んだのかもしれない。このへんで「利口」を排して、「賢い」の復権を声を大にして叫びたい。

愚鈍——知恵をめぐる比喩転用

愚か／間抜け／ふつつか／浅はか／うかつ／うとい／うとましい／かたくな／おこ／おこがましい

賢ければ良いかというと、世の中そうもいかない。何でも過ぎたるは及ばざるがごとしで、賢さを変に利用すれば「悪賢い」「ずる賢い」で、これはいただけない。プラス評価であるべき能力が逆にマイナスの状態へと利用されると、鼻持ちならぬ悪さへとマイナス面が増幅される。

それに比べれば、もともと駄目なのだとすなおに認める態度のほうが罪が無くて、はるかに好感が持てるではないか。日本語にはそうしたマイナス能力を表す言葉も古くから幾つも存在した。

その代表格が「愚か」だが、〝おろか〟とは「疎か」、つまり「おろそかには出来ない」などと言うときのあの「おろそか」、「ないがしろ」（粗略、軽んずること）である。だから、必ずしも知能面のおろそかだけを言うのではなく、古くは愛情の薄いさまや、配慮の足りなさなども表したようだ。現在でも「言うもおろかなこと」とか、「財産はおろか命までも奪われたのである」のような言い方にこの軽視の意味が残っているが、確かに「それは馬鹿げている」ということは、その問題の軽視、いや無視の心の現れだろう。ともかく知恵がおろそかな状態とは、なかなか面白い発想だ。

ところが近年、この由緒ある「愚か」があまり流行らず、もっぱら「馬鹿」が幅を利かせているのは、いったいどうしたわけか。恐らく喧嘩などで怒鳴るとき、「馬鹿！」「馬鹿野郎！」と感動詞として使える手勝手のよさが受けているのであろうけれども、喧嘩早い江戸っ子気質は、平和なご時世にそう賞められたものではない。「阿呆やな」の柔らかさには数段劣ると思われる。

「おろそか」に似たとらえ方に、「間抜けな面」などと言うときの「間抜け」がある。〝とんま〟なことを表すが、だいたい「奴は抜けている」とか「足りない」という注意力や知能面でのおろそかさ（欠けていること）が古来、愚かさを表す言い方として定着していた。

「ふつつか」もそうだ。「ふつつかな娘でございますが、どうぞよろしくお願い致します」などと、娘の両親が、夫となるべき男の両親に手をついてお願いする、あの「ふつつか」は「太束」から来た語と言われ、古代は太って肥えているさまを言ったが、後世、太りすぎて細かい点にまで十分に行き届かない不調法さを指すようになったらしい。「大男総身に知恵が回りかね」といったところだが、体が大きいからといって〝ふつつか〟とはかぎらない。

ともあれ、「気がきかない」「気転がきかない」、あるいは「気働きがない」などの表現

とも通ずる言い方といえよう。川端康成の、

「おいやでしたら、太田さんに先きへ帰っていただきませうか。」
「僕はかまはない。向うで帰られるなら、どうぞ。」
「そんな気働きのある人なら、お父さまもお母さまも御苦労はなかつたんですよ。」
（『千羽鶴（せんばづる）』）

などは、さしずめ「ふとつか」というところか。

考えに奥深さが足りないさまを「浅はか」という。「つい約束してしまったが、浅はかだった」というわけだが、思慮が足りなかったのである。これに似た語に「うかつ」（迂闊）がある。大事な点をうっかり見過ごしてしまったような場合、よく「いやァ、それはうかつでした」と言う。注意が足りずぼんやりしていたという意味だから、やはり事をおろそかにするという〝愚かさ〟の一種だ。「迂闊」はもと、道の回り遠いことを表す言葉で、それを比喩（ひゆ）的に注意力の回り道に転用するとは、なかなか味のある言い方だ。

一方、ある点にあまり精神的かかわりが深くないおろそかな状態を「うとい」（疎い）という。「僕は地理に疎くてね」「世事に疎い」など、要するにその方面に関しては無知蒙（もう）昧（まい）なのである。これは、

去る者は日々に疎し
（離れ去って行った者は、親しみが薄れて、日の経つにつれてどんどん忘れられていくものだとの意）

の「疎し」（「疎い」の古語）と同じ語で、「うとましい」（それがいやで、いとわしいと思うさま）などと共に、動詞の「うとむ」（忌みきらう）に源を発する。

どうも、物事にあまりこだわりを持たないことは、人間を愚かにする始まりのような気がする。ある程度の執着は必要なことか。とはいえ、その執着心が一方に片寄りすぎていると、これまた偏屈・片意地な奴ということになる。すなおに満遍（まんべん）なく心が行き届いていればよいが、なかなかそうはいかない。心が片寄りねじけているという意味を昔「かたくな」（頑）と言った。愚かで教養のないさまが「頑な奴」であるが、今日では「いくら勧めても頑に断る」など、頑固なほど一徹で、固持することに用いる。

さて、愚かさの最高は何といっても「おこ」だろう。これは「烏滸」と書いたり「尾籠」と記したりするが、要するに〝馬鹿〟のことで、『古事記』の中にも現れるから相当に古い語と見てさしつかえない。

現在でも、あまりにも馬鹿げた話に「おこの沙汰（さた）」などと使うが、呆（あき）れてものも言えない愚かしいさまを言う。しかし、用語としてはむしろ「おこがましい」がよく使われる。もと〝馬鹿らしい〟ことを指したが、一般には身分をわきまえずさしでがましいことに「おこがましい話ですが、その件は一つ私にお任せを……」「自分から名のりを上げるなんて、全くおこがましい」のように使われる。

「おこ」は「尾籠」と当て字を用いるところから「びろう」と音読みの漢語を造る。身分を超えた無礼なさまをいうのだが、今日むしろ「尾籠な話」など汚いこと、お下(しも)(便所・用便など)に関して話題が及ぶときに好んで用いられるようになった。「賢い」から始まった話も落ちる所まで落ちてしまったというわけである。

難易・巧拙――自己中心の感情表現

上手（じょうず）／下手（へた）／巧（たく）み／うまい／つたない／まずい／むつかしい／やさしい／やすい／にくい／つらい／心もとない／おぼつかない／なおざり／しいて／たって／かろうじて／あいにく／やっと／ようやく／からくも／おいそれと／ぎごちない

「猿も木から落ちる」とか「河童（かっぱ）の川流れ」といった諺（ことわざ）がある。どんな名人・達人でも失敗することだってあるという意味だが、類似のものに「弘法（こうぼう）も筆の誤り」だとか「上手（じょうず）の手から水が漏（も）る」などいろいろあって、何と人々は失敗しくじりをこうも大げさに取りたてて問題にするのだろうと、いささか呆（あき）れる。

どうも日本人は、能力ある優れた者は上手にやりおおせて当然との思想があって、失敗は不名誉なこととの考えがある一方、その道にいかに秀でた人であってもときに失敗はつきものだから、ましてわれわれ能力の劣る一般人がしくじりをしでかしても、もともとではないか、との諦（あきら）めと開き直りがあるように思える。少しの失敗も許されぬ厳しさと、何をしても失敗は常につきまとうものだとの悟りとは表裏の関係となって、日ごろの私たちを一喜一憂させる。

だいたい難しい仕事や問題が多くあり過ぎることがいけないのだが、世の中は不公平なもので、どんな難しい事柄でも難なくやりおおせる人間がいる。いわゆる名人・達人の域にある人だが、そういう人を上手（じょうず）と言った。「上手の手から水が漏る」の「上手」がそれだ。

現在では「上手」は「下手（へた）」と対応して、「上手だ」「下手だ」と形容動詞に用いるが、「下手の横好き」（下手なくせにその事が大好きで熱中するという意味）の「下手」は〝下手な者〟の意味だから、名人の「上手」と対応している。とにかく物事の巧（たく）みなことを今の日本語では何でも「上手だ」ですませてしまう。

そういえば、この「巧みだ」も「飛騨（ひだ）の匠（たくみ）」のように名詞に使う。手先を使って物を作る職人、大工や彫刻師だ。もともと「たくむ」という動詞があって、工夫したり技巧を凝（こ）らしたりする行為を言ったものだが、その技巧を手ぎわよく行うさまを「巧みだ」と形容するようになった。

「巧みな手綱（たづな）さばき」などと言うと、いかにもすばらしいが、「言葉巧みに相手をだます」となると、どうもいただけない。「上手」も「お」がついて「お上手」では世辞っぽくなって価値が下落する。同じ単語が賞め言葉ともなれば一癖あるマイナス評価の語ともなるのだから恐ろしい。

優れているほうが「上手だ」「巧みだ」「うまい」とあるように、劣っているほうにも

「下手だ」「つたない」「まずい」といちおう語がそろっている。「つたない」（拙い）は今日では「つたない文章ではございますが……」のように技術のまずさに用いるほか、「武運つたなく敗戦の憂き目を見る」（運が悪くの意）などの言い回しによく用いられる。古代においては、人品劣り愚かで下等なさまを言ったのだが、学問・芸術などで才乏しく未熟な様子にも使われ、それが今日の「下手」へと引き継がれる。

いずれにしても、「つたない」を使うことは極めて稀（まれ）になってしまった。代わって、「拙」を用いた漢語「拙劣」や「稚拙」などが幅をきかせ、自分のものを謙遜（けんそん）して「拙作、拙論、拙稿、……」など、いろいろな語を造る。謙譲語だから他人のものには使えない。

拙稿お送り申し上げます。

に対しては、

玉稿確かに拝受致しました。

のように語を使い分けなければならない点、日本語は厄介だ。

このように漢語の多用が逆に「巧みだ」「拙い」の領域を狭めてしまったのだが、今日、自分の文章を「拙作」や「拙稿」などと古めかしい語を用いて言う人はあまりいないから、このへんで「巧み」や「拙い」の復権といきたいところだが、あいにくとすっかり「うまい」「まずい」や「上手」「下手」に征服されてしまったことは、何とも惜しい。

工業技術が発達し、人間の手や頭脳に代わって機械が精密な作業を行ってくれる現在、やれ上手だ下手だといったことは問題にならなくなってしまった。せいぜい手造りの品か、文学・美術・音楽などの芸術分野にかぎられる。でなければ世渡り上手とか受験のこつなど極めて低次元の問題だ。

だいたい人間の能力を偏差値で表したり、それに基づいて問題の難易度を測るなど、相対的な難しさ易しさばかりが重視され、自分の能力に合った対象を選ぶことによって当りはずれがほとんど無くなるというわけで、試しにやってみたら上手にできたとか下手だったとかいう面白さが失われてしまった。

どうも筆者のように、これといって優れたところのない者には、何事も難しいばかりで特に易しいものが思い浮かばないのだが、そもそも「むつかし」（「むずかしい」の古形）とは、自分の意に満たぬ不快さを表す言葉だった。現在でも、「むずかしい顔をして何が不満なんだい？」のような例が見られるし、「赤ちゃんがむずかる」も〝むずかしい様子をする〟という古い意味の動詞だ。とにかく困難なことに出くわせば「むつかしい」気持ちになるのが当然で、嬉々としていられるなどはよほどの聖人君子にちがいない。

兼好法師は『徒然草』の「高名の木のぼり」の段で、木のぼり名人が、木の梢を人に切らせた折に、高い場所では何も言わなかったのに、だいぶ低く降りて来たところで「気をつけろよ」と注意したという話を紹介して、「あやまちは、やすき所に成りて、必ず仕る事に候ふ」とその名人に言わせている。失敗は、もう安心という気のゆるみから、易しいところで起こすものだというわけである。

「やすき所」とは〝易しい箇所〟という意味で、昔は、易しいことを「やすし」と言った。当時「やさし」と言えば、それは、優美なことで、現在の「やさしい」とは関係ない。今日「お安いご用」というのは、この「やすし」から来た語だし、「読みやすい字」とか「たやすい」「やすやすと」などにも古代の「やすし」が息づいている。だいたい「やすい」とは物事に困難がなく気楽に行けるさまだ。その気楽さが困難の解決や何か責任ある仕事の場合は「易い」だし、代金の支払いに対してなら「安い」で、特に両者に差があるわけではない。

どうして日本語は同じ「やすい」がたやすいことにも安価なことにも使えるのかと質問を受けることがあるが、物事の安直さという点で共通なのだと答えるしかない。だいたい日本語は主体中心の発想をする言語だから、対象中心にそれが簡単な状態であるとか廉価であるとかいう客観的な見方をしない。あくまでもそれに立ち向かう人間側に立って、気楽な状態でいられる「やすし」だとか、不快に感じる「むつかし」といったとらえ方なのだ。

「やすい」は「かたい」と対応して「堪えやすい／堪えがたい」のように使うが、「がたい」は「かたし」で、対象の事物が緻密で簡単には処理できない状態を指す。だから堅固な「かたい」も困難な「かたい」も共に歯が立たぬという同じ発想だ。「言うは易く、行うは難し」だとか、「いわく、言い難し」、さては、

　少年老い易く学成り難し。（朱熹の詩「偶成」より）

の「難し」なども簡単にはそうできない難しさを表す。

「言いがたい」は一方で「言いにくい」や「言いづらい」とも言えるが、この「にくい」（憎い）も「つらい」（辛い）も、それに対処する人間側の感情に根ざした不快さの形容詞である点が面白い。何と日本語は自己中心の、感情に視点を置く言い方を好む言葉であろう。

「憎い」と言えば、「心にくい」もやはり感情に根ざした形容詞だ。向こうのものが、わが心に憎らしく感じるほど優れて見えるということだから、これは賞め言葉である。昔は「奥ゆかしい」とか「すばらしい」と言い換えられる優れている場合に使ったが、今は「心憎いばかりの落ち着きよう」と、ややマイナスイメージがつきまとう。しゃくにさわ

るほど出来すぎているというわけだ。

「心もとない」も古くからある言葉で、自分の気持ちばかりがせいてコントロールの効かなくなる状態を言った。待ち遠しいじれったさや、気にかかる不安感などを表したらしいが、そもそも対象がはっきりした状態にないために起こる一種の精神的ストレスで、そこから〝頼りにならない〟意味も出てくる。

「おぼつかない」（覚束無し）も同じだ。はっきりしない朧ろな状態ゆえ、とても当てにならないときに使う。とにかく対象に向かう人間の対し方を表す語がやたらと多い。対象に特別な関心を払わず意に介さなければ「なおざり」だ。以前は「等閑」と書いて「なおざり」と読んだが、気にせず時を過ごす気分からか。そこから「おろそか」の意味にもなってくる。

状況のむずかしさに対処する行為として「しいて言えば」の「しいて」がある。これは〝無理に〟何かをさせる「しいる」と根は共通で、なし難いところを一押しする気分だ。「たって」も似ているが、「たっての頼み」の希望によく用いる。

さて、困難な状況にうまく対処できれば「かろうじて」の実現だし、だめな場合は「あいにく」だ。「やっと」とか「ようやく」とか、「からくも」とか、何しろすれすれのところでセーフの表現が日本語には多い。「おいそれと（……できない）」のような歯の立たぬ場合もあるし、やれたとしても甚だ「ぎごちない」例もまた多い。

「ぎごちない」は「ぎこちない」とも発音するが、もともと信念に満ちた強い精神「気骨」（「きぼね」と読むと別語となる）のないさまを言うのであるから、「きこつない」が「ぎこちない」と訛ったものだ。これも自信のない人間側の心の表れとしてとらえているわけで、いや、ともかく人間中心の形容がやたらと目につく。

正当――お人好しの便法

嘘（うそ）／本当（ほんとう）／実（じつ）に／まこと／まさしく／まさに／正（ただ）しい／ちゃんと／げに／あたりまえ

近ごろの子供は何かというと「嘘（うつそう）！」「本当（ほんとー）？」と聞き返す。そう簡単に他人がでたらめを言うはずもないのだが、一種の問答の紋切り型として「嘘」と「本当」とが容易にぽんぽんと口を突いて出る。何も知らない外国人が聞いたら本気で腹を立てるかもしれない。「本当」は「嘘」と対応するように、嘘偽りのない真実のようすだが、「本当に寒い」「本当に困った」となると「実に寒い」などと同じく〝全く〟の意味の単なる程度強調となってしまう。

そういえば「実に」も、もとはといえば、〝実際に〟〝本当に〟の意味の偽りのないことを表した言葉だった。嘘は「嘘から出た真（まこと）」で、嘘が偶然にも本当の事となることだってある。だから「まこと」は本当のことであり、事実に通ずる。

「夢か現実（うつつ）か、嘘か真（まこと）か」などと言うように、現実の話、実際にある話、つまり本当の事だ。その昔、昭憲（しょうけん）皇太后が華族女学校に贈ったという「金剛石」の歌にも、……ひとも、学びて　後にこそ、まことの徳は　あらわるれ。

とある。これも真実の徳をいう。「まこと」は「真(ま)」の「事」で、「人の話を真に受ける」(信じる)とか「真心を尽くす」などの「真(ま)」、つまり〝本当〟の意味だが、これも「まことに寒い」「まことに困り者だ」のように〝非常に〟の強調語となりやすい。

どうも日本人は昔から様子が甚だしいとき、「本当に」「実に」「真(まこと)に」とすぐ信じ込む人の好(よ)さと、それが間違いなく確かなことだと安請合いしたがる傾向があったようだ。その点は、すぐ「嘘!」「本当?」を連発する今の子供たちとは対照的だったと言えよう。

だが、あまり「まこと」を使いすぎると、「まことしやかに」といった演技的な本当らしさ、いかにも本当であるかのように見せる嘘の心がつきまとって、本来の誠(まこと)の心が失われてしまう。嘘と本当は常に背中合わせだということを忘れてはなるまい。

「真(まこと)」に近い言葉に「まさしく」がある。「正しく」と表記するように、間違いなく確かにそうであるさま、見込み通りまさにその通り、つまり予想がぴったり正しかったというわけだ。古語の「まさし」(予想通りの意)から来た語で、「まさにその通り」などの「まさに」と基本のところは同じ形容詞だ。

ただし、「正(まさ)に」は、「今まさに出発するところだった」のような例では「将に」と書いて〝今にも〟の意味で使われるが、見ての通り間違いなくそれが現実となる状態である点では、「まさしく」や「間違いなく」「確かに」などと異なるわけではない。言葉とは面白いものだ。一見全く違う語のようであっても、実は共通の根があって、その地下茎から「正夢（まさゆめ）」の「まさ」や「正（まさ）しく」「正（まさ）に」「将（まさ）に」などが次々と筍（たけのこ）のように芽を出してくる。いずれも「正しい」という意味があるわけだ。

物事が思った通り間違いなくその状態になっているさまやきちんと正しく行われている様子を少しくだけた言葉で言ったのが「ちゃんと」だ。「机の上にちゃんとあったよ」「帳簿の計算と残高とがちゃんと合った」のようにくだけた会話で使われ、「しっかりちゃんとやるんですよ」「最後までちゃんとやり抜く」と、物事のぬかりなさ完全な状態を表すわけだが、たとえば、

そんな或る日、私たちは、偶然、遂にちゃんと起きている人のいる、店の開いた牛乳屋の前をさしかかった。（曽野綾子「新らしい牛乳屋」）

のような、まともな文章の中では、どうも「ちゃんと」の座りが悪く落ち着かない。その点、格の正しい「まさしく」とは正反対の言葉だ。

雅語的なやや古めかしい言葉に「げに」がある。「まことに」「実に」と意味では同じだが、これは歴史の古い言葉で、古典の中にもしばしば見かける。だが、何といっても謡曲

「老松」の、

げに治まれる四方の国、げに治まれる四方の国、関の戸ささで、通はん。

が有名だ。現実にそうであるさまを言うのだが、現実の事ゆえ「ほんに、そうだ」（本当にその通りだ）の意味となり、さらに〝なるほど〟の一人合点となっていく。状況が理屈や常識から考えてそうあってしかるべき事を「あたりまえ」という。

「僕が行かなきゃいけませんか。」

「当たり前だ。」

などと日常よく用いるが、これは漢語の「当然」を「当前」と当て字を書いたことから、それを訓読みして「あたりまえ」となった。普通、「ものさわがしい」が「物騒」となり、「かえりごと」が「返事」となるように、和語に漢字を当てることからそれの音読み言葉が生まれるものだが、「当たり前」はその反対だ。「あたりまえ」が当たり前の話ではないところが、何とも面白い。

II　人間性

性格——母性にたくす永遠の理想

おっとり／あどけない／がんぜない／たわいない／うぶ／しとやか／あでやか／なまめかしい／おおらか／おとなしい／奥(おく)ゆかしい／やさし

『源氏物語』にはさまざまの人物が登場し、多彩な人物像が描かれているが、その登場人物の一人一人が個性あふれる性格の持主だ。次に紹介する「夕顔」の巻には、夕顔という薄幸な女性が登場するが、彼女は八月十五日の夜（十五夜）、光源氏と夕顔の宿で語らい合い、その後、連れ出された〝なにがしの院〟で不慮の死を遂げるという悲しくも恐ろしい結果となる。夕顔の性格は各所に描かれているのだが、夕顔の宿での様子を、国文学者の佐成謙太郎は次のように訳している。

……この人は、おっとりとしていて、つらいことも、情ないことも、またわき目には恥かしいことでも、あまり気にかけるようすでなくて、自分の態度や容姿は、まことに気品があってあどけなくて、この上もなく騒騒しい隣り近所のたしなみのない有様をも、別段どういうこととも気にかけて聞いていないようすなので、なまじいに恥かしがって顔を赤くするよりは、かえって罪がないように思われた。

もともと原文が綿々と続く長文なので、口訳がどうしても長くなるのは致し方ないが、夕顔の女の性格を「おっとりとしていて」「あまり気にかける様子でなく」「気品があってあどけなく」と叙している。なかなか穏やかで上品なご婦人だ。そもそも人間にはそれぞれ備わった性格や人柄があり、「三つ子の魂、百まで」で、幼少の折の性質は一生変わらず続くらしい。

一般に人の性格は「明るい性質」とか「人間が暗い」のような明暗や、やれ「陽気だ、陰気だ」「外交的だ、引っ込み思案だ」「のんびりだ、せっかちだ」と対照的に両極の言葉で表すのが普通である。もちろん、暗い性質よりは明るいタイプのほうが好まれるには違いないが、「彼は底抜けに明るい」と言ったとき、明るいことがはたして暗いより優っているかは一概には決められない。何事も極端すぎるとマイナス評価の状態となってしまうものだが、どうも過去の日本語を見ると、ある一方に片寄っていることがむしろ好ましいプラス評価の状態となっている例が多い。

先ほどの源氏の訳でも、「おっとり」とか「あどけない」には、それなりに素敵な良いイメージが伴っている。もっとも、ここは、原文では「おっとり」の所は「のどかに」となっているし、「あどけない」は「児めかしくて」とあるが、現代語では人の性格には「のどか」は使わない。日和や毎日の送り方を表す言葉だが、どちらも穏やかで良いイメージを伴う。「児めかし」は子供のようにおっとりとした様子だが、文字通り「子供っぽい」とすると、どうも年齢のわりには幼稚で好ましくない。

だいたい「ぽい」のつく言葉には碌な語がない。「幼稚っぽい」だとか「怒りっぽい」「厭きっぽい」「あわてっぽい」「愚痴っぽい」など。そこで「あどけない」の登場というわけだが、これだと無邪気でかわいらしさが出てくるから至極よい。

石川啄木も、

原稿紙にでなくては、
字を書かぬものと、
かたく信ずる我が児のあどけなさ！　（『悲しき玩具』）

と歌っている。子供の憎めぬ幼さだ。だが、こうした年少者にしか使われない形容詞も、成人に用いると少々精神的成長が遅れているような印象を与えてしまって都合が悪い。

そして、日本語にはこうした子供専用の語が案外と多いのも一つの特徴だ。たとえば「がんぜない」などもその例だし、「やんちゃ」とか「おてんば」「腕白」なども「やんちゃ坊主」とか「おてんば娘」ともっぱら子供を対象に用いる。

「がんぜない」（頑是無い）は〝ききわけがない〟まだ年端のいかない子に使うが、これは物の是非の判断もつかない幼少な子の純粋さだ。全く幼い子は思い悩むこともない天真爛漫さが取柄だろう。そして、その様子を表すには「たわいない」がぴったりだ。「たわいなく眠るわが子」など実に罪が無くていい。もっとも、まだ思慮分別に欠けるから、難なく人に欺されたりするのも「たわいなく欺される」わけで、こうなると必ずしも手放しでは喜べない。「たわいない冗談」なども、子供の言動のように軽っぽい感じがしないでもない。

「たわいない」よりはもう少し大人に近づく年ごろなのに、まだいっこうに世間ずれのしない状態が、「うぶ」。これは「産湯」などの「うぶ」と同じで、生まれたときの状態を指す語で、生まれたころのまま少しも世間の汚れに染まっていない、要するに世間知らずの状態をいう。箱入娘によくあることで、賞めるよりはむしろマイナスの評価として現在は用いることが多いようだ。

娘といえば、女性専用の形容語もまた多い。「しとやか」とか「あでやか」「なまめかしい」など、さすがに上品で美しい言葉が多く、古くは「おほどか」（おっとりとしているさま）などもあって多彩だ。こせこせしないゆったりとした性格の「おおらか」などは男にも使うが、概して女性に対しては、のんびりしたタイプを良しとしたようだ。

ところで、「しとやか」は女性の態度・物腰に、「あでやか」は外見の華やかななまめかしさを形容したものだ。古典文学などでは「あてやか」と言って、姿だけではなく、その声音（こわね）や書いた文字の品の良さまでも指した。もともと〃あてなるさま〃のことで、「あて」とは「卑し」の反対の、高い身分ないしは身分相応の品位・上品さを言ったようだ。だから現代語でも、たとえば萩原朔太郎の、

ああ　この春夜のやうになまぬるく
べにいろのあでやかな着物をきてさまよふひとよ　（「艶（なま）めかしい墓場」）

とか、

あでやかな忘扇（わすれおうぎ）でありにける　（秀好）

など、「あでやか」以外にちょっと適当な語が見当たらない。

古くからある形容詞を見ると、全般に、ゆったりとのんびりした人柄を上品で良しとしたようだ。どちらかと言えばつつましく、あまり前面に出ようとしないタイプが好まれたらしい。現代語なら「おとなしい」だが、昔は「おとなし」で大人びている、年を取って物慣れているさまを言った。その落ち着いた態度物腰のさまだけが現代語に引き継がれて、小さな子供にまで「おとなしい」と言うようになったのだから面白い。

上品さという点では現代語の「奥ゆかしい」がぴったりだが、これは古語の「ゆかし」から来たもので、『枕草子』の「にくきもの」にも「つゆちりのこともゆかしがり」とあるように、もともとは、どのようなことか知りたい見たいという願望の情を表していた。その奥行きに心が引かれるほど、魅力があり上品さを感ずるというわけである。松尾芭蕉の、

山路来てなにやらゆかしすみれ草

の「ゆかし」は〝懐かしい〟で、ふだんは目にもとまらぬ菫にまで何となく懐かしさを感ずるというわけだが、心を引きつけられるという点では懐かしみの感情も上品さも根は共通だろう。

さて、女性に対して、特に母親に求められる人柄の代表は優しさだろう。優しさこそは

すべての人間共通の永遠の恋人と言っていい。ところが、この「やさし」がその昔は、他に対して引け目を感ずるほど身の置き所のない気持ちの言葉で、あの山上憶良(やまのうえのおくら)が歌った有名な「貧窮問答の歌」の反歌(かえしうた)、

世間(よのなか)を憂(ゆ)しとやさしと思へども飛び立ちかねつ鳥にしあらねば　(『萬葉集』)

の「憂しとやさしと」も〝辛(つら)いものよ、そして何と恥ずかしいことよ〟という意味だ。その肩身の狭い思いが遠慮がちな控え目の気持ちに転じて、やがて相手を思いやる暖かさへと発展する。だから、あくまで人間専用の形容詞だったのだが、

特別に三つだけついてくれたその鐘の音は、その大きさから想像するよりは優しい音であった。(香取正彦「巨鐘と対面、思わずうなる」日経新聞)

と、音のトーンの柔和さにたとえたり、

駅の東口へ出ると桜並木が優しくつづいて、その正面に豊島師範付属小学校がなでしこの花のマークをかかげてそびえていた。(西條嫩子(ふたばこ)『父西條八十』)

見る者の心に情景が与える和やかさ、そして、

寄せ返す波のしぐさの優しさにいつ言われてもいいさようなら（俵万智『サラダ記念日』）

自然界の動きにまで優しさを感ずるようになる。近ごろ流行りのコマーシャル「お肌に優しいクリーム」の例を引くまでもなく、現代人は何でも彼でも優しさを求め、優しさを最上の喜びと感じているらしい。それだけ現代人の生活には何か機械的な、ひんやりとした冷たさばかりが充満しているのかもしれない。もっと人間的な〝優しさ〟が欲求される、この世がそれほどうるおいのない世界だとしたら、実に悲しいことだ。

生活――怠惰な暮らしをいましめる

まめ／こまやか／よんどころない／さもしい／いやしい／あさましい／みすぼらしい／しがない／のらくら／ぶらぶら／しどけない／あられもない／ふしだら／みだら／はしたない／えげつない／いぎたない／いじきたない

石川啄木は『一握(いちあく)の砂』の中で、自分の毎日の生活を次のように歌っている。

何事も思ふことなく
いそがしく
暮らせし一日(ひとひ)を忘れじと思ふ

いそがしき生活(くらし)のなかの
時折のこの物おもひ
誰のためぞも

さすが生活派の詩人だけあって、日々の生業(なりわい)に追いまくられるその忙しさを歌に詠むことを忘れていない。人生多忙を極めれば、つい自分を見失いがちだ。なりふり構わず働いて、気がついてみたら年を取り過ぎていたというのが今までの日本人の生きざまだった。もっとも、今の若い世代は、もっとちゃっかりと人生をエンジョイしながら要領よく生きているのかもしれないが、年配者にはどうしても、仕事をせずにのんびり暮らすなどは何か罪悪感を伴って、気ぜわしく働きづめることに道徳的な満足感、充実した喜びを感ずるらしい。

こころよき疲れなるかな
息もつかず
仕事をしたる後(のち)のこの疲れ

啄木の歌ばかりを引いて恐縮だが、働き続けた後の疲労感にさえ快感を覚えるというのだから相当なものだ。男はせっせと事業に取り組み、女はこま鼠のように働く。悠々自適が生涯の夢もむべなるかなとうなずける。日本人は欧米人と違って、生活の中に休養やレジャーを取り込むことが下手だった。そのため、働くことに対しては良い評価の、なまけることには極めて低い見下した態度の語が目につく。それも当然のことかもしれない。

まず「まめに働く」など言うときの「まめ」は案外と古い語で、「まめやか」とか「まめまめしい」といった語を造るが、現代でも、面倒がらずにまめまめしく立ち働くさまを「小まめ」と言う。「まめ」は誠実・まじめなことだ（もと「真目（まめ）」であって、今日の「真面目（まじめ）」に当たることからも想像できよう）。その誠実さから精一杯働くという点が後に体の丈夫さ・達者なさまに「まめなり」と形容するようになり、「まめに暮らす」（達者で日を送ること）などと言ったりする。さらに苦労もいとわず精出すことを表すようになるのだが、今日では器用で些細（ささい）な仕事も億劫（おっくう）がらずに自分でどんどん片づけるタイプの人にいうようだ。まめな人は、一人暮らしになっても生活にまごつくことがなくて幸せだ。

心づかいがこまやかで何事にも愛情をこめて行うタイプの人は、人から信用される。「こまやか」も歴史の古い語で、もともと物事がきめ細かに細部にまで及んでいるさまをいう語だった。それが、細かく神経を遣って物事をそつなく（手抜かりなく）こなすさまにも言うようになったわけだが、ほかに、

松の緑こまやかに、枝葉汐風に吹きたわめて、屈曲おのづからためたるがごとし。
（『奥の細道』松嶋（まつしま））

などと松の緑の色濃いさまによく用いる。今日でも「愛情こまやか」という。あれも隅々（すみずみ）まで情が行き渡っているから「こまやか」なのだ。

心こまやかに仕事を手ぎわよく片づけるタイプはよいが、人間とは案外と怠惰なもので、できるものなら、なるべく仕事は少なめにしておきたい。だが、よんどころない用事が起これば話は別だ。この「よんどころない」は〝拠(よ)る所が無い〟、つまりほかに頼れない自らが引き受けざるを得ない用事のことだ。やむを得ないわけだが、これは外から舞い込んだ仕事で、内から込み上げてくる勤労欲ではない。やむにやまれぬ、捨ててはおけぬ気分から行う仕事こそ尊いわけで、こうした心を昔は「やむごとなし」（やんごとなし）と言った。〝止む事無し〟で、どうにも気持ちのおさまらない情熱だ。無視して捨てておくというわけにもいかぬ相手は「やんごとない」相手だから〝尊い〟とか〝第一等の〟という意味も出てくる。後世の「よんどころない」に比べるとはるかに高尚な形容詞だったわけだ。

さて、落ちぶれて生活が苦しくなると、心が汚く品性も下劣となりやすい。「さもしい」だとか「いやしい」「あさましい」といった形容がぴったりの根性だ。外見だけの問題なら「みすぼらしい」だが、どうも「貧(ひん)すれば鈍する」（貧乏になると、品性もとかく下劣となりがちなものだ）で、心も品格も劣等になっていく。そうした言葉がやたらと多いのも気になるが、どんなしがない暮らしに甘んじても、心だけは清廉(せいれん)でありたいものだ。「しがない」とは、つまらぬ取るに足りない生活や職業をいう言葉だ。

日々の行動に目を向けよう。先にも述べたように、とにかく日本語にはマイナス評価の形容が多い。「いやしい」の反対の、良い場合の言葉がないから「人品卑しからぬ」と否定の形で言うしかない。ところが、悪い場合の語となると断然多彩になる。

まず、仕事もせずに何となく日を過ごすのは「のらくら」だし、時を過ごせば「ぶらぶら」だ。なすべき用事や身の回りのこともなまけて怠るだらしのなさは「不精(ぶしょう)」。骨惜しみもいいところだが、それで身なりなどが崩れれば昔は「しどけなし」と言った。現在も、しまりなく乱れた着物姿を「しどけない」と言う。寝間着などが着崩れてだらしのない姿になったのなどによく使う。ご婦人が女性にふさわしからぬ姿や振舞いをすれば「あられもない」。「あられもない恰好(かっこう)」とか「あられもない姿」と聞くと目をそむけたくなる。「あられ」の「れ」は可能で、〝あり得ない〟〝あるべきでない〟という心を表している。だらしのない恰好は本来あるべきでない姿なのだが、どうも男に比べて女性は何かと不自由だ。男なら許される姿でも、女だと「あられもない」と身だしなみを問題にされる。さらに「ふしだら」「みだら」となると外形のだらしなさを超えて、不品行・反道徳的行為を想像する。それに比べれば「はしたない」行為などは罪の軽いほうだ。要するに不作法でつつしみの足りない行為というのだが、「女のくせにはしたない」など、どうも女性は損な立場と言うしかない。

もともと「はした」は「はした金」でもわかるように、中途半端をいうのであって、それが外見の体裁の悪さ、下品さへと発展する。品位を問題にするうちはまだよい。行為そのものがあくどい鬼のような非情なやり口となると、もはや外見も何もあったものではない。全く人情味に欠ける「えげつない」やり方だ。この語は関西の方言に由来すると言われる。それにしてもこのような語まで用意されているとは、決して日本語の名誉にならない。

人間生活は何も仕事や金銭だけとはかぎらない。寝起きも食欲も、男女の愛も、生活の中の大きなひとこまだが、ここでは寝坊と早起きについて触れておこう。

朝、時間になってもなかなか起きたくない、もう五分でもいいから寝ていたいのが人情だ。そこで、ついうつらうつらと寝床で時を過ごすのだが、朝いつまでも眠りをむさぼり、なかなか目を覚まさないさまを「いぎたない」という。〝寝穢(いぎたな)い〟で、寝ることにかけてきたない奴というわけだ。反対は「いざとい」(すぐに目を覚ますタイプ)。

「いぎたない」は発音が「いじきたない」と似ているところから混同して、誤って用いる向きがあるからご用心。それにしても、寝方がきたないとは、なかなか面白い発想だ。

「意地きたない」「口ぎたない」は当人の努力である程度おさえることも可能だが、朝起きにくいタイプの人は、これは体質的なこともあるらしく、生(なま)はんかなことでは治るものではないだろう。

身体——若さと健康への憧れ

つつがない／すこやか／たくましい／弱い／か弱い／いたいけ／いじらしい／幼い／うら若い／ふくよか／しなやか

元気でありたい、長命でありたいとは誰しも願うところだが、これがなかなかむずかしい。そこで、日ごろは何かにつけて体の具合や無事であることを口に出し、互いの健康を確かめあう。日本人は挨拶をまめに行う民族だが、季節・天候の挨拶と合わせて、相手の健康を問うたり願ったりする言葉が極めて多い。時候の挨拶もつまるところは、寒暖や晴雨にかかわらずつつがなくお過ごしかと相手の安否を問うわけであるから、広い意味の生活や健康に関する挨拶だ。

「つつがない」とは、語源はつつがむし（恙虫）病にもかからず元気でおられるかということで、要するに無病息災（身に異状がなく、無事で達者なこと）でいることを問いまた願う言葉だ。例の聖徳太子が隋の煬帝に送ったという有名な国書、

日出づる処の天子、書を日没する処の天子に致す。恙無きや。

でご存じの向きも多いだろう。今日も手紙文で、「お変わりありませんか」とか、「どうぞお健やかに」と書くのも全く同じ考えだし、パーティーなどの乾盃の音頭で「皆様のご健康を祝して、乾盃！」と言うのも、やはり〝つつがなきや〟の精神だ。

ところで、今の日本語はやたらと漢語を使って「健康だ」とか「元気だ」とか言うが、「健康」などは身体状態に転用して「健康診断」「健康管理」などの語を造る便利さが受けるのだろう。近ごろは英語を使って「ヘルスセンター」「ヘルシー」とカタカナ言葉が目立ち始めてきた。もともと「健康」の健は「すこやか」ということで、病気もせず元気でいる状態をいう語だった。石川啄木も、

すこやかに、
背丈のびゆく子を見つつ、
われの日毎にさびしきは何ぞ。（『悲しき玩具』）

と、子の健やかに育つ姿を歌っている。「すこやか」は「すくよか」といい、しっかりと堅固で他を寄せつけないさまを表す語だった。だから、特に健康に関してだけでなく、山の険しく近寄り難い様子にも、人のくそ真面目なさまにも、ときにそっけない無愛想さにまで広く用いたらしい。だから「健やか」には、体調が整っていてちょっとのことでは崩

れない健康状態との気分が含まれる。

それに比べると「たくましい」はもっと外見的な力強さで、筋骨隆々と頑丈でがっしりした体格を想像する。山村暮鳥の、

海をながめてつっ立った一人の漁夫
此のたくましさはよ
海一ぱいか
海いっぱい
否、海よりも大きい

と叙述する「老漁夫の詩」には、

此の鉄のやうな骨筋(ほねぶし)をみろ
此の赤銅(がね)のやうな胴体をみろ

と、老いたる一人のたくましい漁夫を威風堂々たる姿として描いている。同じ子供でも、「健やかに育ってほしい」には控え目な、とにかく病弱でない子供への成育を願う親の気

持ちがこめられ、「たくましく育ってほしい」にはもっと力強い、ちょっとやそっとではへこたれない強い子供へと成長する期待が表れている。だから「腕白でもいい」と来たら「たくましく育つ」がぴったりで「健やか」では合わない。

「たくましい」には、ほかに「想像をたくましくする」や「インフルエンザが猛威をたくましくする」など、行為や現象の勢いが盛んなさまにもよく使う。「たくましき食欲」などと比喩(ひゆ)的にも用いるが、これは猛烈なものすごいさまを示したものだ。

健康や体の強さを表すこうした語に比べて、弱さの形容はそう多くない。もっぱら「弱い」系統の「か弱い女の子」「ひ弱な体」、あるいは漢語を使って「虚弱体質」だとか「脆(ぜい)弱(じゃく)な体」「蒲柳(ほりゅう)の質」(弱い体質)などと言うしかない。「か弱い」は「たくましい」の反対で、頼るにはあまりに弱々しい線の細さといった感覚的イメージが伴う。「か弱い女の細腕で五人も子供を育てたのですよ」などと使うと効果的だ。

相手が幼児や小動物で、いたいたしく、何かかわいそうにさえ思える有様なら、むしろ「いたいけ」がふさわしい。「いじらしい」と似ているが、「いじらしい」には、それにもかかわらず、けなげにも立ち向かう可憐(かれん)さへの思いやりの情が濃い。

いたいけに蛙つくばふ浮き葉かな　(仙化(せんか))

小さな、それこそ吹けば飛ぶような蛙の子供のちょこなんと這いつくばう姿を「いたいけ」ととらえているのである。「幼い」者への愛着はときに憐憫の情（ふびんに思う気持ち）ともなり、「いたいけ」となるが、同じ幼さでも「子供っぽい」や「幼稚」には、未熟さに対する侮蔑の情がつきまとうから、言葉の使いようは難しい。

日本語のこうした状態形容の言葉には、無色の中立的な語も多いが、「子供っぽい」のように悪い評価の語もあれば「いじらしい」のような良い評価の語もあるというわけで、単語の選び方には特に気をつかう。語感の面で好ましい語と言えば「うら若い」などが思い浮かぶが、これは「幼い」などよりはずっと上の年齢層、そろそろ大人になっていく年ごろだが、それにしても若々しい感じの女性に用いる形容詞だ。

女性といえば、男性のごつごつした筋肉質とは違って、ふっくらした柔らかさが特徴だが、その程よいふくらみを美的にとらえた言葉に「ふくよか」がある。顔や体の形容に使うが、決して太り過ぎていない、極めて良いイメージのプラス評価の語だ。

肉体やその動作が柔軟で弾力に富む感じなら「しなやか」がぴったりだが、これは「しなやかな木の枝」や「鞭」「ゴム」というように、特に人間専用の語ではない。しかし、体が固くてスマートな動作もままならぬ年ごろともなると、「しなやかな体」に対するあこがれは誰しも持つものだ。これは男女の別なく使える便利な形容語でもある。

行為——畳語にたくす心の襞

うとうと／うつらうつら／ぐうぐう／すやすや／ぐっすり／にこにこ／にやにや／くすくす／おろおろ／すごすご／しおしお／いそいそ／たじたじ／はらはら／ひやひや／さめざめ

盛岡に向かう新幹線は、鈍い光の中に広がる見なれぬ風景をどんどん追いこしていった。あまりにも肉体が疲れきっていて、私はほとんどうとうと眠っていた。何度目覚めても目的地に近づいていないように思えた。（吉本ばなな『哀しい予感』）

なかなか実感のこもった描写である。誰しもこのようなけだるく物憂い一時（ひととき）というものがあるものだ。列車は確実に終着駅に近づいているのに何かいっこうに進んでいないような錯覚に陥るのも、極度の疲労のためか。その疲れから「うとうと眠っていた」わけだが、日本語には行為や状況の様子を述べるのに、この「うとうと」のような擬態語が甚だ多い。

眠る状態一つを考えても「うとうと」のほかに「うつらうつら、ぐうぐう、すやすや、ぐっすり」など、皆この手の副詞だ。これを他の言葉で表そうとしても「深く眠る」とか「浅い眠り」のような説明的な言い方しかできない。また、外国語に翻訳しようとしても、なかなかうまい訳語の見つからない場合が多い。「うとうと」には「うとうと」なりの独特の眠りの状態があって、われわれは感覚的にその様子を把握する。

同様に「にこにこ笑う」「にやにや笑う」「くすくす笑う」「げらげら、へらへら、にんまり、にたにた、からから、かんらからから、……」と笑い方にもいろいろあって、なかなか面白い。

それも「にこにこ」の健康的な微笑、「にやにや」の意味ありげな薄笑い、「くすくす」のおかしさをこらえる忍び笑いなど、その折々の状況や感情に即した語を使い分ける。同じ笑い方でも語感の良しあしなどは大違いだ。

眠りや笑いのほかにも、泣き方や歩き方、物の言い方などでも同じようなことがあり、

ヒデリノトキハナミダヲナガシ
サムサノナツハオロオロアルキ　（宮沢賢治「雨ニモマケズ」）

と言えば、何一つ物を言うわけでもないのに、その歩き方から賢治がどんな思いで歩いているかがすべてわかってしまう。

それにしても「おろおろ」ただ一語で、そのときの作者の気持ちがすっかり現れてしまうのだから、日本語は何と感性豊かな言語だろう。だから喜怒哀楽やその他さまざまな心

の起伏を、こうした擬態語や擬音語を上手に駆使していけば、効果的な表現となること請合いである。

日本語には擬声・擬態の言葉が多いことはすでに述べた。それも「にこにこ」とか「すごすご」といった繰り返し言葉（畳語）が圧倒的に多い。筆者の知人の某ドイツ人の先生は、日本語を習い始めたころ、日本語には何と繰り返し言葉の多いことか、これではまるで幼児の言葉みたいではないかと思ったそうである。

そういえば日本語でも、幼児語には「おめめ」（目）、「おてて」（手）、「おべべ」（着物）、「ぱいぱい」（乳）、「うまうま」（食べ物）、「わんわん」（犬）の類いが多いではないか。幼児の言葉や擬態語・擬音語に共通する点といえば、それはどちらも感性や感覚で表す言葉ということだろう。言語としては極めて原始的な姿の言葉だ。それだけにハートに訴える直覚的な語と言っていいだろう。

元禄時代の浄瑠璃の名手、近松門左衛門は「鑓の権三重帷子」の中で、

　　鑓の権三は伊達者でござる。油壺から出すやうな男。しんとんとろりと見惚れる男。
　　どうでも権三はよい男。

と実に巧みに描いているが「しんとんとろりと見惚れる」など、とろけるような気分で見

とれる権三というのは、いかに粋（いき）な、今風に言えばどんなにハンサムな男だったことだろう。これも擬態語ならではの魔術だ。

江戸時代の俳句に、

すご〳〵と摘むや摘まずやつく〴〵し　（其角）

というのがある。悄然（しょうぜん）として土筆（つくし）を摘もうか摘むまいかと躊躇（ちゅうちょ）しているさまを詠んだものだが、「すごすご」という擬態語が効いている。「つくづくし」とは「つくし」の異名である。

右のように俳諧（はいかい）の世界にまでこの手の言葉が入り込んでいるのだが、とにかく日本語には擬態語が多い。「しおしお、いそいそ、たじたじ、はらはら、ひやひや」と挙げればきりがないが、単に動作の思考の状況説明というにとどまらず、心理的な陰影の襞（ひだ）を巧みに映し出しているところに、この種の言葉の愛用されているゆえんがあろう。次のも江戸時代の俳句だが、擬態語をこうも自由に駆使されると、とても近世俳諧とは思えない。現代俳句と見まごうばかりの体裁となってしまうから不思議だ。

にこ〳〵と笑うてたゝく西瓜（すいか）かな　（玉壺）

さめぐ〵と泣いた笑顔や梅の花　（道彦）

「涙滂沱(ぼうだ)たり」（涙がとめどなくこぼれ落ちること）などと言えば古いが、「さめざめ」の擬態語なら現在でも用いる。日本人は泣き方一つにも種々の表現を用意して、「よよと泣く」（涙をこぼして激しく泣く）とか、「しくしく泣く」「わあわあと泣く」「はらはらと涙をこぼす」と、いくらでも泣き方次第で形容を変えていく。感情の動きに伴う動作や行為に特にこうした言い方が豊富なのも、喜怒哀楽の感情にきめ細かな国民性と関係があるに違いない。

思考・態度――かぎりなく内に秘める心性

つくづく／しみじみ／つらつら／とくと／じっくり／すげない／そっけない／なにげない／さりげない／ぎこちない／あからさま／ぶしつけ／はしたない／水くさい／おぞましい／雄々しい／けなげ／いさぎよい／女々しい

感情の高まりが行動を引き出すことは往々にしてあることだが、日本人は古来、そうしたときに歌を作ることによって解消してきた。と言うとすぐ思い出すのが、恒良親王のあの有名な父を恋う歌の話である。

そのころ親王はまだ八歳という幼さであったが、父の後醍醐天皇が隠岐の島に流されて寂しい毎日を送っていた。そうしたある日の夕方、たまたま遠くの寺で撞く鐘の音を耳にした宮は、感極まって歌を詠まれた。

　つくぐ〱とながめくらして入相の鐘の音にも君ぞ恋しき

昔の「眺め」は物思いに沈むことだから、悲しく物思いにふけって一日を暮らして、日暮れの鐘の音を聞くにつけても、父君のことがそぞろ恋しくてならないことよというわけだ。これは中世の歴史物語『増鏡（ますかがみ）』に出てくる話だが、同じことが『太平記』にも載っている。それによると、〝八歳の宮の御歌〟として、当時、都じゅうの人々がもてはやしたということだ。今どきの子供たちは、たとえ父親が単身赴任で親子別々の暮らしをしていたとしても、とてもこれほどまでのご執心で、父を恋い慕うようなことはしないだろう。思えば羨（うらや）ましいかぎりではある。

ところで、この歌の見所は、何といっても第一句の「つくづくと」という所だ。これは、お寺の鐘を撞（つ）くという「つく」を連想させる縁語だが、「つくづく」の二番目が「づく」と濁っているから、擬音語ではない（擬音語や擬声語なら、繰り返しの初めを濁るいわゆる〝連濁〟とはならない。その点、法師蟬（ほうしぜみ）の「つくつくほーし」や「おーしーつくつく」は擬声語だ）。とにかく物事にひたすら心が引かれて、その行為に引き込まれて行くのが「つくづく」だから、「しみじみ」や「つらつら」などと似た副詞だ。

霧雨のこまかにかかる猫柳つくづく見れば春たけにけり　（北原白秋）

生ビール買い求めいる君の手をふと見るそしてつくづくと見る　（俵万智『サラダ記念日』）

同じ物思いにふけったり物をしげしげと見つめたりする行為でも、そこに深い感情の陰影が彩色されてくるから不思議だ。「つくづくこの世がいやになった」などと聞くと穏やかでないが、それにしても長い歴史を閲(けみ)した(年月を経た)言葉というのは、それなりの厚みがあるものだ。

思ったり考えたりするさまをいろいろに形容して言い分ける日本語とは、相当に内面志向の心理型の言語といえそうだ。同じ考える行為でも、「つくづく思案する」「とくと考える」「じっくり考える」「つらつらおもんみる」(「おもんみる」は〝考えてみる〟こと)……と、ちょっとそれぞれにぴったりな訳語が思いつかないほど似通った言葉がひしめいて、改めて驚かされる。

態度に関する表現も日本語は実に豊富だ。「すげない、そっけない、つれない、よそよそしい、ぶっきらぼう、……」まだまだある。「にべもなく断る」とか「なにげないしぐさ」、そして「さりげない態度」と、いや、いずれも人間の冷淡さや思いやりのなさに由来する言葉ばかりだ。何か取りつく島もない愛想のない態度が気にかかる。

「すげない」は「素気(すげ)無い」だから、これを音読みすれば「そっけない」となる。「ない」がついていても、もう打消の意識は失(う)せている。「なにげない」が無意識なのに比べると「さりげない」は意図的だ。

わざと気づかぬふりをして、さらりとやってのける。露骨に大げさにやるよりはどれほど紳士的か。相手に対する思いやりがあるからこそ遠回しに気づかせる。これほど婉曲的な愛情ある態度は、ほかにちょっと思い当たらない。日本人の、心をそのまま表すことを極度に避けたがる〝はにかみ〟の国民性がこのような面にも表れているのだが、その「なにげない」態度や「さりげない」行いがスムーズにいかないと、一見、相手には「そっけない」ように受け取られたり、妙に芝居がかった「ぎこちない」しぐさに見えてしまう（「ぎこちない」は「ぎごちない」とも言う。「きこつなし」から転じた語）。

さりとて「あからさま」に心をぶつけるとなると、それは「ぶしつけ」な態度で、「はしたない」行いとのレッテルを貼られてしまう。それを恐れて行為や言葉に表すことをおさえると、今度は「水くさい」と他人行儀を非難される。昔から「あからさま」という言葉はあったが、今日の、包み隠さぬありのままを示す態度は後から生じた意味で、もとは〝急に〟とか、〝かりそめ〟（仮の、臨時の）とかを表す語であった。

ともあれ、このような一連の副詞や形容詞は、もとはといえば、本心を態度や言動に直結することを極度にさし控えようとする日本人の生活感情に根ざしている。だから、受け止める側にとっては、ときに相手に突き放されたような冷たさを感じるのだが、内に秘めた思いやりの暖かさを素直に表に出せないのが日本人の悲しさだ。愛情の表現において不器用なのは私たちの共通項で、心で思っていればいるほど「ぎこちない」「ぶっきらぼうな」「そっけない」態度になってしまう。

西洋映画などで見る西洋人の、一見「はしたない」と思われるほどの愛情表出にも、羨ましいと思うより先に、露骨すぎて「おぞましい」と感じてしまう。心に思って表には平静さを装う日本的美意識はそう簡単には消え去りそうにもない。だから「そっけなさ」「よそよそしさ」の奥に包み隠されている愛情をこそ心でしっかりとらえなければならない。文学などで比喩的に「そっけない建物」とか、

新しくなった我が家に越してきてもう一週間になろうとしていた。(中略)家中がまだいつも新しい塗料や白木の匂いに満ちていて、かすかによそよそしい感じがした。
(吉本ばなな『哀しい予感』)

など、人間以外の物の形容に用いることがあるが、これが高い擬人的効果を上げているのも、皆こうした心理的背景があるからだ。

表面何事もないような平静さを装っていることが、無関心で冷淡な人間であるかのような誤解を与えることがしばしばある。しかし、心の中は熱い血で燃えているのだから、それが限界点を超えれば、ときにすさまじいエネルギーで行動に移っていく。その姿を「雄々しい」態度とか「けなげな」ことよととらえ、また、「いさぎよい」行為として好感をもって迎えられる。

「雄々しい」とは、いかにも男らしい勇気ある行動を讃えた言葉だ。だから、その反対に、立ち上がるべきときにすらそれが出来なくて、いつまでもぐずぐず心で反芻して決断力に欠ける男は「女々しい」として非難される。「女々しい」といっても、女性を指すのではない。強くあるべき者が、一旦緩急あるときには勇ましく立ち上がるのが「男らしい」態度で、子供や女性のように弱い立場にある者が「かいがいしく」立ち向かうのが「けなげな」ことと評価される。ときにはわが身を棒に振ることも覚悟で未練げなく立ち向かう態度を「いさぎよい」（潔い）として最大級の賞讃を与える。多分に武士的な価値観だが、愛情を内に納めて外面に表さぬ「すげなさ」「つれなさ」と、愛情を爆発させる「雄々しさ」「いさぎよさ」とは、実は同じ線上にある心の態度と言えよう。

　それにしても日本人とは、何と因果な、欧米人には理解しにくい行動様式に律せられていることだろう。

III　心情

感情――人間関係のしがらみを超えて

おめおめ／口惜（くちお）しい／いまいましい／情（なさけ）ない／嘆（なげ）かわしい／わびしい／つまらない／うれしい／楽（たの）しい／面白（おもしろ）い／おかしい／誇（ほこ）らしい／晴（は）れがましい／うきうき

江戸時代の俳句に、

おめ〳〵と人に折られつ帰り花　（寥松）

というのがある。せっかく開いた季節はずれの狂い咲きの花を、小癪（こしゃく）にも人に「むざむざと」折られてしまったよという悔しさを詠んだものだが、当時「帰り花」には、遊女が再び勤めに戻ることも意味したから、あるいは裏に、目をつけておいた遊女を「まんまと」先取りされてしまったことを含ませているのかもしれない。それはともかくとして、同じ状況でも「残念だ」とか「悔しい」では、「おめおめ」の表す力の足りなさゆえに人の風下に立たねばならぬあの無念さ恥ずかしさは出てこない。もともと、気遅れする意味の動詞「おむ」が重なったもので、臆することが引き金となって生まれる不本意な状況だ。

日本語にはこうしたマイナスの状態をとらえた形容詞がやたらと多い。思うようにならなくて悔しい意味の「口惜しい」(口にかけて言うのも惜しい意)、忌むべきような状況を指す「いまいましい」(忌々しい)、〝人情が無い〟から転じた「情ない」、そして「嘆かわしい」「わびしい」「つまらない」と碌でもない事柄ばかりだ。

しかし、考えてみると、これらは人間関係ゆえに起こる不本意の感情だ。他人との関係がいっさい断たれてしまったら、悔しさも、いまいましさも、起こるはずがないではないか。

友のあしのつめたかりきと旅の朝わかきわが師に心なくいひぬ　(『みだれ髪』)

我だけを想う男のつまらなさ知りつつ君にそれを望めり　(『サラダ記念日』)

心ない告げ口、よその女に想いを寄せてはならない男のつまらなさ、すべてが人と人との触れ合いゆえに起こる心の痛手だ。そして、このような、人間関係を踏まえた好ましからざる心理が、一首の歌として立派に芸術としてまかり通る日本という社会は、まさに人間関係のしがらみの上に成り立っていると言ってよかろう。言葉がそれを如実に映しているのも面白い。

暗い心情にばかり目を向けるのも夢がないから、次に明るいうれしい気持ちの形容詞に目を転じてみよう。とは言っても、こちらはそれほど多くは言葉が見当たらないのが実情だ。日本人の感情は、形容詞で見るかぎり、どちらかというとブルー系統だ。明るい色合いの語としては「うれしい、楽しい、面白い、おかしい、誇らしい、晴れがましい」、あと、「うきうきと」など、ほんの僅かの副詞類しか思いつかない。

過去の日本人の大多数が、自分の思い通りにならない口惜しいことばかりの毎日、周囲に気をつかい、おめおめと生き長らえる情ない人生を送ってきたことと関連があるに違いない。だから、明るいほうの形容詞も、他人の目を気にした、人々の注目の的となることに喜びを感ずる言葉がほとんどである。「誇らしい」がそうだし、「晴れがましい」もそうだ。

もともとは〝表立っている状態〟を言うが、そのような表立つ場面に位置することによって面映ゆい（おもて、つまり顔合わせがまぶしい）気分になることは、まんざら悪いことでもないわけだ。晴れの場面にいることは窮屈でかたくるしいことだから、本来はマイナスの状態なのだが、その人目に立つきまり悪さを誇らしさに転化すればプラスとなる。だから「晴れがましい気分」には、そのどちらにも揺れる微妙さがあって、いかにも日本的だ。どうも日本的な語になればなるほど、このプラス・マイナス両評価への振幅が激しい。「おかしい」がそうだ。「面白い」もそうだ。

「おかしい」はその昔「をかし」で、風情(ふぜい)があり優れている対象に強く興趣を覚えるさまの形容詞であった。「あはれ」と共に平安時代の代表的な美の理念であったことは、ご存じの向きも多いだろう。その際立ってプラス評価の「をかし」が後世、滑稽(こっけい)なことへと用いられ、さらにいっぷう変わっているさまだとか、「いぶかしい」気分にまで使われるようになる。だから「おかしいね」と聞いて、賞(ほ)められているのか、けなされているのかは、すぐには理解がつかない。そこが日本語の面白さと言えば聞こえがよいが、誤解されやすいあいまいな言葉だ。

芭蕉は、長良川(ながら)の鵜飼(うかい)のさまを見て、

　面白うてやがて悲しき鵜舟かな

と詠んだが、面白さ（プラス評価）と悲しさ（マイナス評価）とが隣合わせになっている、

いかにも日本人好みの感覚で、そこが後世、この句を名句たらしめているゆえんかもしれない。喜ばしいプラス方向のはずの形容詞も、日本語ではどうもその逆の悲しみや暗さが影のようにつきまとう。それを陰影に富んだ感情性豊かな形容詞として珍重するところが、また日本的で面白い。

愛情――同情のバリエーション

いとおしい／かわいい／いとしい／哀（あわ）れ／いじらしい／いたわしい／いたましい／いたいけ／悲（かな）しい／愛（は）し／切（せつ）ない／やるせない／恋（こい）しい

人を愛することは元来、相手を敬い、尊重することだから、対等の関係でなければならない。「汝（なんじ）の隣人を愛せよ」などいう思想はまさにこの人間関係の上に成り立っているのだが、どうもわが国では、〝愛〟に関する形容詞で見るかぎり、対等の関係ではないようだ。

愛を表す形容詞、仮に愛情形容詞とでも呼んでおこう。日本の愛情形容詞を見ると、弱い者、劣った者に対する憐憫（れんびん）の情から愛情へと発展した言葉が実に多い。同情が愛情へと転化するのは往々にしてあることだが、形容詞で見るかぎり、同情と愛情とは紙一重、いや、感情の表裏という感じがする。「いとおしい」がそうだ。

これは古代の「いとほし」に由来する言葉だが、弱者・劣者をまともに見ていられない辛（つら）い気持ちを表す語だった。気の毒で「いたいたしい」思いが、「かわいそうだ」という同情心に変わり、それが次第に「かわいい」へと移っていく。今日「いとし子（ご）」などという「いとしい」が、やはり〝かわいい〟という意味で、だから大切にかわいがっている子が「いとし子」なのだが、これも元は不憫な気持ちを表す形容詞で、「いとほし」から出た言葉だ。

「いとしい」といい、「いとおしい」といい、共に愛する相手に心がひかれている愛情形容詞だが、同時に弱者に対する哀れみの感情の形容詞でもある。少し古いところの詩歌や文章では、だいたいが憐れみ思いやる気持ちで用いられている。

斎藤茂吉の歌に、

はや死にてゆきしか汝いとほしと命のうちに吾はいひしかな

少年の流されびとのいとほしと思ひにければこほろぎが鳴く

ことわりもなき物怨み我身にもあるが愛しく虫ききにけり（『赤光』より）

というのがあるが、ここの「いとほし」「いとし」は、やはり〝哀れみの情〟だ。第一句はお手伝いの女〝おくに〟の死を悼んだ哀惜の歌。第二句の「流されびと」とは流刑者のことで、上京したての自分の姿をたとえたものらしい。第三句の「愛しく」は、理由のない物怨みをする自身を哀れに思って歌っている。どうも茂吉は自己哀憐の情が人一倍強かったようだ。

今日「いとおしい」とか「いとしい」と聞くと、すぐ愛する相手に心ひかれる感情と考えがちだが、茂吉も歌っているように、哀れみの情を表していた。

人を哀れむということは、上位者の心情だ。もともと「哀れ」とは、感動詞「あはれ」から来た語で、「あはれ今年の秋もいぬめり」（ああ、今年の秋も暮れていくようです）という詠嘆（『小倉百人一首』）、あるいは他人に対して「あら、まあ！」と叫ぶ声だ。そのような叫びを催すのは、すてきな場合か憐れむ場合かのどちらかで、古代の日本語ではむしろ讃美する場合が多かった。それが後世、もっぱらかわいそうだという同情心に多用され、相手との間に心理的な格差を設けてしまったのだから、強者のおごりと言われても仕方がなかろう。

古い言葉では「らうたし」（ろうたし）も弱者や劣った者をいたわってやりたい気分の形容詞だった。弱いからこそ大事にしてかばう。そこから「いじらしい」、弱々しいゆえに「かわいい」という気持ちも生まれる。どうも愛情やかわいさは相手を下に見るところから生まれるらしい。ほかにも「いたわしい」「いたましい」など、他者をいたわり気の毒がる同情心の産物の語はいろいろある。

そういえば、弱い立場の者専用の形容詞が多いのも日本語の一つの特徴だろう。女性や子供が精一杯がんばっているさまを見て「いじらしい」と言い、心が痛むほど痛々しい幼児(ご)の可憐さを「いたいけな」と形容する。何か壊れ物でも扱うように大事にするといえば聞こえがよいが、実はそうした心理の背景には、婦女子を弱者として特別視する男の傲慢(ごうまん)さがあるのではないだろうか。

　では、すべての愛情が見下し意識に根ざすかというと、必ずしもそうともかぎらない。古代の代表的な愛情形容詞といえば「愛(かな)し」だが、これは相手の状況がこちらの力ではどうしようもない無力感に基づく形容詞だ。だから、愛する相手に対してなら、どうしようもないほどいとしくてならない切なさだし、ひどく悪い対象なら、何ともたまらぬ辛さ苦しさとなる。それが今日の「悲しい」へと受け継がれるのだから、せっかくの愛情形容詞もマイナス状態に偏向してしまったというわけである。

　それにしても、愛する相手が、こちらの力ではどうしようもないほどたまらなく好きだとは、何とまたすばらしい発想だろう。これはまさしく、こちらのほうが下位者の側だ。敗北者だ。

　『萬葉集』の東歌(あずま)に、

　　鳰鳥(におどり)の葛飾早稲(かつしかわせ)を饗(にえ)すともその愛(かな)しきを外(と)に立てめやも

というのがある。〝今日は葛飾（地名）早稲の新米を神様に献上する大事なお祭りの日。

だから、よその人間を家に入れるわけにはいかないのだが、だからといって愛するあの人を外に立たせっぱなしにしておけようか〟という純朴な歌だ。だが、愛する人を「かなしき」ととらえた古代人の素直な感覚は、残念ながら今日伝わっていない。

古い時代には、人を愛する形容詞が現代に比べてはるかに多彩だった。「かなし」のほかにも「うつくし」や「愛し」「らうたし」などがあって、微妙な感情の違いをそれぞれ表していた。

今日「うつくし」は「美しい」になって〝美麗〟なことに固定してしまったが、もともとは親子や夫婦が、小さい者・幼い者をかわいく思う愛情の形容詞だった。後に小さければ物に対しても、それを「かわいい」と眺める気分となり、『枕草子』の、

なにもなにも、ちひさきものはみなうつくし。（「うつくしきもの」）

の有名な叙述を生むようになる。現代の「美しい」と違って愛着の気持ちで眺めるところ、甚だ情感がこもって好もしい。ビューティフルやハンサムとは一味違う〝愛〟の心が「うつくしい」には潜んでいた。

「愛し」も今日では使われなくなって、僅かに詩歌の中などで、

我のため生ガキの殻あける指ぅすく滲める血の色よ愛し（『サラダ記念日』）

などと歌われるが、耳で聞いてはまず理解してもらえない。「いとしい」とか「慕わしい」といった愛にひかれる心の形容に使われる。これも古代からある古い言葉だ。

どうも現代語は、情感のこもる言い方がはやらないように思われる。「切ない」とか「やるせない」などと使うと、すぐ失恋を連想して、何か薄っぺらな感じを与える。「恋しい」は人に対してはあまり使われず、何でも「愛してる」「恋愛する」と動詞ですます。ウェットな形容詞より動詞でドライに表現するほうが現代の若者の感覚にマッチするのだろう。相手を下位者に置く同情の心など、はやらない。古い日本語が消えていくのは当然のことかもしれない。

恐怖・苦悩――仏教的無常観のもとに

憂(う)し／懶(ものう)い／つらい／苦(くる)しい／煩(わずら)わしい／悩(なや)ましい／こわい／すさまじい／うとましい／おぞましい

この世の中を「浮世(うきよ)」という。別に浮かれるような楽しい世界だからではなく、定めなきこの世を漢語で「浮世(ふせい)」と言ったからだ。現在でも「浮世ばなれ」といった語に残っているが、これは世間一般の在り方とあまりにもかけ離れた常識はずれの言動や生活態度に使う。

「浮世(うきよ)」の読みは「憂き世」に基づくと言われ、仏教的な無常観から、はかないこの世の中を意味していた。これが平安時代ごろの「うきよ」だった。もっとも、平安貴族にとって辛いのは男女の間柄で、憂き世が男女の仲だったりもする。もっと古い時代にあってはそんな悠長なことは言っていられない。この世の生活そのものが苦しく辛い毎日だから、生きることの苦しきこの世といった意味にしか考えられない。

山上憶良(やまのうえのおくら)の「貧窮問答の歌」の後にも、

世間(よのなか)を憂しとやさしと思へども飛び立ちかねつ鳥にしあらねば　（『萬葉集』）

と反歌（かえしうた）を添えているが、全く世の中とは辛く身も細るような思い（「やさし」は痩（や）せる思いがするほど肩身の狭いこと）のするものだ。

この「憂し」は現在でも「憂さ晴らし」や「落選の憂き目を見る」などに残っているし、「物憂し」も「懶（ものう）い」の形で今も使われる。が、今日、最も一般的な形容詞といえば、何といっても「つらい」と「苦しい」だろう。

「つらい」は、もと世間の仕打ちが堪え難いことを表したが、後に思いやりのなさに、さらに苦痛一般に対して、それに堪える苦しさを表すようになった。だから、それを我慢することを「辛抱」と言うわけだ。嫁に辛く当たったり、修業や勉学が辛かったりするうちはまだよいが、「辛い恋」ともなると、なんでそうまでして恋の灯（ひ）をともし続けなければならないのか、事態は深刻となる。

「親の顔を見るのが辛い」など、「つらい」は多分に精神的な感情だが、「苦しい」は「苦しい声の下から」「胸のあたりが苦しい」と、生理的な感覚だ。もちろん「苦学生」「生活苦」の「苦（く）」や、

苦しい時の神頼み

などは、かなり精神的な辛さだが、どちらにしても、堪え難いマイナス状態という点では変わらない。

だいたい、このような状況・気分に対して形容詞は「つらい」「苦しい」それに「煩わしい」「悩ましい」程度しかなく、あとは「苦痛、苦難、苦労、苦悩、困苦、辛苦、辛労、……」と漢語で言うか、「頭を悩ます」「骨を折る」「堪え忍ぶ」「辛酸を嘗める」「苦渋に満ちる」など、動詞による表現で処理するしかない。とはいえ、

楽は苦の種、苦は楽の種

と言うように、今の苦労はやがて楽をするための種を播いているのだと思えば、苦しみに堪えることもまた楽しからずやではないか。

苦しさ辛さは歯を食いしばって堪え忍ぶこともできよう。どうにも堪え難いものに恐ろしさ、こわさがある。恐怖に関する形容詞も意外と少ない。

だいたい古代人は、自分らの力の届かぬ対象、神や霊や、理解できない審かでない事柄に対して畏怖の念を抱いた。だから、恐怖の念を抱くことと敬いつつしむこととは紙一重で、それほど大きな差はなかったようだ。今日でも「恐れ多い」と言えば、相手に頭が上がらぬ敬いの気持ちであって、別段恐ろしがっているわけではなかろう。古代にあっても、

恐れる意味の「恐る」は、恐怖の心を抱くという場合と敬いつつしむこととの両方に用いる。

とにかく何かわからぬ不思議な力というものは恐ろしく、神の思し召しとして祭っておくのが無難だ。人知・人力でどうと出来ることではない、あるがままに従っていれば災いは起こらぬ、そんな相手を〝手ごわい〟相手として敬い遠ざける。恐ろしいことを「こわい」というのは、「強い」（堅くて他を寄せつけない）からそれを恐れるというわけだ。とすると、情のこわい人はそれだけで恐れるべき相手となるのだろうか。

恐怖心を与えるような激しさを「すさまじい」という。「すさまじい形相」「台風のすさまじいエネルギー」と、恐ろしさから程度の物凄さへと移っていくが、もともとは興ざめする状態を言ったらしい。有名な『枕草子』の「すさまじきもの」の話を引き合いに出すまでもなく、期待の気持ちが一挙に冷えきってしまうような状態が「すさまじ」だ。

今日、できれば避けたい「うとましい」いやな気分を与える状態を「おぞましい」という。これも昔は恐ろしいほどの感じに用いた形容詞である。

どうも日本語の過去を振り返ってみると、あまり芳しくない状態の言葉が優勢なようだ。しかし、恐ろしいことは同時に敬うことだし、こわいことは「強し」で堅固なことだと考えると、必ずしもマイナス評価の言葉ではなかったと言える。それをもっぱら悪いほうへとすり換えていった後世の考え方や生活態度にこそ問題があるのではなかろうか。

羞恥——他人の目から自己を隠す

恥ずかしい／きまり悪い／てれくさい／みっともない／まが悪い／ばつが悪い／後ろめたい／面映ゆい／気まずい／あつかましい／ずうずうしい／ふてぶてしい

「旅の恥は掻き捨て」などと言って、旅先で羽目をはずす日本人の悪い癖が海外で思わぬ顰蹙をかっているのは今に始まったことではない。日本人はとかく他人の目を気にする生き方が身についてしまっているので、ふだん知人や上司に囲まれて生活しているうちは極めてお行儀が良くいい子になっているのだが、いったん見ず知らずの人々の間に交じってしまうと、恥も外聞も忘れてとめどなく自分本位に振舞ってしまう。集団の社会生活の訓練を受けていないことに由来するのだが、知った仲同士の対人関係ばかりを重んずる自己中心的な生き方が大いに災いしていると言ってよかろう。

〝恥の文化〟などと聞くと、いかにも不名誉なレッテルを貼られてしまっているかのように思われ、一見、わがもの顔に振舞う日本人には、恥を知る心さえ無いかのような印象を与えている。だが、実はそうではない。「恥」や古語の「恥づかし」は、自分を他人と比較していろいろな点で及ばぬところの多いのを相手や世間がどう思うか、自分をどう思うか、いちいち気にする劣等感だ。

ときには自分は全く普通でも、相手が立派すぎるために覚える気おくれ意識や、極端な場合は、こちらが恥ずかしく思うほどの相手の立派さにまで「恥づかし」と言ったのだから、よほど人様が気になる民族らしい。

そこへいくと現代は、こちらの行為や様子などが普通と違うことに原因して人目を気にする程度だから、恥ずかしがり方はさほど重症ではない。とはいえ、対人・対社会関係に根ざした劣等感が日本の文化の基本にあるとは、若い人たちには聞き捨てならぬ由々(ゆゆ)しき問題であろう。これこそ古来の〝恥の文化〟の姿なのだとそう思って、いろいろな文化現象を見直してみると、思わぬ事実に気がつくかもしれない。

このように他人の目を気にする生活習慣は当然のことながら言葉の上にも反映して、恥にまつわる形容詞を多彩なものに仕上げている。

「恥ずかしい」を筆頭に、「きまり悪い」「てれくさい」「みっともない」そして、古語の「かたはらいたし」と逐一(ちくいち)、人様の目を気にし、さては「まが悪い」「ばつが悪い」「面映(おもは)ゆい」と、自分の状態が良くても悪くても、人が何と自分を見るか、他人と目を合わせることが何となくためらわれ、人様の顔がまぶしくてまともに見ていられない(「おもはゆい」の「映(は)ゆい」は〝まぶしい〟の意)。

見た目の様子だけではなくて、たまたま何かをしたことの折悪(あ)しさにまでやきもきするのだから、これでは肝がいくつあっても足りない。「かたはらいたし」とは、傍で見ていてもぐあいが悪くていられないという意味だが、それが見苦しい、恥ずかしい意味へと発展したものだ。

恥ずかしさや照れ臭さは本来、隔たりのある人間関係だからこそ起こる「気まずい」感情だ。夫婦や親子で恥ずかしさを感ずるとしたら、よほど相手との間がしっくりしていない間柄か、新婚早々、久し振りの対面、あるいは相手に知られていない自分の恥部をたまたま見つけられてしまうような場合だろう。

与謝野晶子は、

その歌を誦します声にさめし朝なでよの櫛の人はづかしき（『みだれ髪』）

彼の歌声に目覚めてみれば、「ほら、髪が乱れてしまっているじゃないか。この櫛でなでなさい」と手渡すその人に対して「恥ずかしい」と歌っている。何と純で初な心根であろう。これが恥ずかしさを感じなくなったら、もう二人の間に感動は生まれない。所帯ずれしてしまった夫婦といったところだろう。

吉川英治は、子息英明氏の言によると、ゴルフのショットの前に、左の掌をグローブの上からペロッとなめる癖があったらしい。奥さんにしばしば注意されても、なかなか癖は

抜けなかったようで、あるとき、

思わず口へ行きかける左手に気がついて、悪いことを見つかった子供のような目で、てれくさそうに私達の顔を見る父の姿は、なんともほほえましかった。（吉川英明『父吉川英治』）

というのである。癖や失敗を人前でさらけ出すのは照れ臭いものだ。癖や弱点、人と違う特異な点などがある場合、それを人に知られぬよう出来るだけ隠そうとするものだが、その心理の裏には、それを人に知られることによって差別を受ける社会的背景があることも見逃せない。

とかく日本人は人前で自分を隠したがる傾向が強い。そうでないと、社会のほうからその人を「あつかましい」「ずうずうしい」と烙印（らくいん）を押し、それでも平然としていれば「ふてぶてしい」態度だと非難される。

だが、真実の姿を隠しおおせたとしても、他人の目をだましたという「後ろめたい」気分は心のわだかまりとして残るだろう。そのような後ろめたさを抱き続けるなど、まさに愚の骨頂だ。

「後ろめたい」とは「後ろ目痛し」、つまり背後（将来）が気づかわしく、気がかりなことだという不安感、それが自分の行いに対して他人の見る目が気になるという今の意味に変わった。その反対の安心感を「後ろやすし」といったが、これは今日使われていない。

それにしても日本人とは何と人の目を気にする国民だろう。

Ⅳ　社会性

人間関係──親疎を測る言葉のものさし

親(した)しい／むつまじい／ねんごろ／人懐(ひとなつ)っこい／なれなれしい／うとい／うとましい／いとわしい／煩(わずら)わしい／つれない／ないがしろ

人間中心、それも自己を中心に物を眺める言い方が日本語に多いことはすでに見てきたところであるが、それでは直接人間関係そのものを表す語はどのようだろうか。

人間関係の基本となるのはお互い同士の親疎関係だが、これはたぶん万国共通のものだろう。親子・夫婦・兄弟などの家族から、親戚(しんせき)・親友・恋人・師弟・同僚・仲間・隣近所、さてはPTAなどの子供を介しての親同士のつきあい等、いや実にさまざまな人間関係があるものだ。

日本人は、同じ母校の出身者ならもちろんのこと、ただ同県人・同郷人というだけでも他の人とは何か違う一つの糸で結ばれた者同士といった一体感が生まれる。それの端的に現れた面が「わが社の者」「うちの学校の子」という、いわゆる〝身内意識〟だろう。

人間を、自分側の一員とそうでないその他もろもろとにはっきり区分けするわけだが、「遠くの親類より近くの他人」と諺にも言う通り、どうも身辺にある者がいざというとき頼れる〝親しい仲〟であるらしい。したがって「去る者は日々に疎し」で、離れてしまえば〝疎の関係〟に追いやられてしまうのだ。

親しい間柄を表す語に「親しい」「むつまじい」「ねんごろ」があり、好ましい状態としてプラスに評価する。日常生活ですぐに親しくなってくるさまが「人懐っこい」だが、これは子供や動物専用の語だ。大人なら「なれなれしい」態度で、どうもこれは下心でもありそうで、簡単には気を許すわけにはいかない。

一方、疎の関係となると、これがまた実に多彩だ。先の「……日々に疎し」の「疎し」から来た「うとい」。これは今日ではむしろ「世事にうとい」など、その方面の事情に暗いことによく用いる。「うとましい」も、うとんずることから派生した言葉だが、「顔を見るのもうとましい」ほど、いやでいやでしようがない気持ちのとき用いる。「いとわしい」も似た語だが、これは、いやで煩わしい気分だ。その「わずらわしい」も心理的に面倒でいやな気分をいう形容詞で、昔は病気など肉体的な患いにも用いた。今日も、病気になることを「わずらう」という。その他、人に対して冷たい態度の「つれない」、他人を軽んずる「ないがしろ」など、疎の人間関係はその状況に応じてさまざまに言い分ける。

人を無視したり極端な場合は異端視して村八分(はちぶ)に追い込む、いかにも島国根性(こんじょう)そのままだが、親疎の人間関係は、意外なほど日本語の世界では言葉を言い分ける重要な要因となっている。たとえば敬語がそうで、なじみのない相手や初対面の人には、たとえ自分より若年でも敬語を用いて言葉を交わす。

敬語で述べるなどいうと、いかにも相手を奉(たてまつ)って良い待遇をしているように聞こえるが、実はそうではない。相手を他人扱い、はっきり言えば他所者(よそもの)として敬遠しているのだ。日本語の敬語が、上下関係だけでなく親疎の人間関係を踏まえて成り立っているということは、実はこの両関係は表裏一体の関係で、敬語を用いる上位者扱いは心理的に隔てを置いた冷たい疎の関係、敬語抜きの同等もしくは下位者扱いとは親しい身内として心を許す過分の扱いを受けていると心得るべきなのである。

そう考えると、妻が夫に敬語を使ってしゃべるなどというのは、かなり心に隔てのある、他人行儀な、垣根を設けた人間関係の夫婦と言えそうだ。

わが国では古来「親しき中にも礼儀あり」と言って、礼節を重んじ、言葉をむやみと崩さないよう戒めたものだが、親しい間柄であって疎の関係を保とうとするなど、容易なわざではなかったろう。

日本は縦社会だといって、上下関係こそ人間関係の最も基本の物差しと考える向きがあるが、形容詞で見るかぎり親疎の関係が優先している。日本人は自分を取り巻く人々を、親しむべきか否か心理的距離で測り、上下の関係に対しては、むしろ「敬う」とか「尊ぶ」、「さげすむ、あなどる、見くだす、見さげる、卑しむ」など動詞を用いて行為として待遇する。相手を下に見る動詞が圧倒的に多いのも面白い。

意識
——突然湧き起こる気分を味わう

うっかり／うかうか／うかつ／むざむざ／まんまと／うまうまと／はっと／はたと／ふと／あわや／あやうく／くしくも／おのずと／おのずから／知らず知らず／知らぬ間に／いつしか／つい／そぞろ／すずろ／そこはかとなく／心なしか／いたずらに／おぼろ／淡い／微かな／ぼうっと／うっすら／ほのぼの／仄か／さだか／ありあり／まざまざ／生き生き／さやか

心理的と言えば、日本語には、心の状態に関する形容が豊かなのも、特徴の一つに数えてよいだろう。心の状態といってもいろいろあるが、どちらかと言うと無意識の、周囲の状況や成り行きに押し流されて、気がついてみたらある状態に立たされていたといった、そんな不本意・不随意の心的状況の語がやたら目立つ。「うっかり」「うかうか」「うかつに」は不注意から招いたマイナス状態だし、「むざむざ」「まんまと」「うまうまと」は、気をつけていたにもかかわらず相手の術中にはまってしまった悔しい気分だ。

どれも賞められたものではないが、社会の油断も隙もならないところに、こうした悪の副詞をはぐくみ育てた土壌があったのかもしれない。「生き馬の目を抜く」と言われる巷の恐ろしさが、こうした語彙にまで反映しているとは、言葉はやはり社会の鏡である。

とはいえ、

……こんなことがこんがらかって、うっかりすると、「二千円」とか「千八百円」とか答えやすい。ここが実はこの考えもののねらいなのであって、これではまんまとトリックにひっかかったことになる。（坪井忠二（ちゅうじ）「プラス・マイナス・ゼロ」）

といった文に接すると、トリックに引っかかった当方の人の好（よ）さ思慮のなさを如実に伝える表現効果と、同時に「まんまと」が持つ俗っぽさが文章の品位を落としてしまう二律背反に考えさせられてしまう。俗っぽい卑近な言葉は、えてして表現効果という点では、図抜けた力を発揮するものだ。その兼ね合いが文章道の難しさということだろう。「まんまと」は「うまうまと」の崩れた形で、そのぶん卑俗性が増すと考えてよかろう。

意志とはかかわりなく自然に湧き起こってくる意識の言葉も日本語には多い。「はっと」「はたと」のような勃然（ぼつぜん）と生ずる意識、「はっと気がつく」だとか、「はたと思い当たる」などは、まさにそうしようと思っても出来るものではない突然の精神現象だ。「ふと思い出す」の「ふと」も何気ない偶発行為だし、「あわや衝突」の「あわや」、その他「すんでのところ」とか「あやうく」なども紙一重のところで回避する突発現象といえる。「くしくも巡り合う」の「くしくも」は「奇しくも」と書いたが、読んで字のごとく〝不思議なことにも〟という予想もしなかった思いがけぬ現象で、とにかくやたらと超意志的な突然の現象を表す副詞が目につく。

「ふと」について二、三、例を見てみよう。

……恐ろしさに息もつかず通り抜け、見上げるほど高い石垣の続く道に出た。ふと、かなり向うの曲がり角のぼんやり灯っている街燈の下に、黒い人間の影らしいものが浮き出されているのを見た。（萩原葉子『父萩原朔太郎』）

と、不意の現象には「ふと」がぴったりで、何か得体の知れない不気味さまでが「ふと」によって引き立てられる。たまたま見たわけであるから、「ふと」は「見た」に係るのだろう。

井伏鱒二の「遥拝（ようはい）隊長」にある、

ところどころ、原っぱに爆弾の落ちた跡が大きな穴ぼこを拵え、それに濁り水がたまって、ふとした池をつくっていた。

は、これといって目を引くわけでもない何気ないちょっとした池のことか。〝予想もしなかった〃たまたまなことが、〃人の気を引くこともない〃ささやかなさまを形容しているとすれば、この「ふと」は実に巧みな使い方だ。

無意志的な現象を表す場合についてもう一つの特異な点は、そう突然というわけではなく、自然とある状態にだんだんなっていく副詞の数多さである。

「おのずと、おのずから、知らず知らず、知らぬ間に、いつしか」と似たような語がひしめいているし、自身が自然と駆り立てられて行くのなら「つい、そぞろ（に）、すずろ（に）」。何となくそのような状態に思えてくるのなら「そこはかとなく」「心なしか」。意志に反して成り行きに流されるなら「いたずらに」……と、無意識のうちに変わる状況の微妙さをとらえた言葉の何と多いことか。

われわれの祖先は、物事が明確に定まった状態に安住することを極度に嫌い、気づかぬうちにだんだんと様変わりしていく〃移り行き〃にたまらぬ〃美〃を感じ取ったらしい。色なら原色でなく中間色を貴び、さらに、赤から白へと次第に薄れ移行する〃ぼかしの文化〃（これを古代「匂ひ（におい）」と称した）を生み出すまでに至ったのだから相当なご執心だ。

はっきりそれと見定めがたいが、さりとて全くないのではない。確かに存在する、何とは知れず感じられる朧（おぼ）ろな存在感にたまらぬ美を感じたその感覚の鋭さを愛（め）でたいものだ。「そこはかとなく」がまさにそうだし、朧月夜の「おぼろ」がそうだ。

月も朧に白魚の、かがり火かすむ春の空、……（河竹黙阿弥「三人吉三廓初買」）

と聞いてたまらぬ魅力を感ずるのは、日本人なればのことだろう。はっきりしないことをマイナスの評価としないでプラスに転ずる。「淡い」「微かな」「ぼうっと」「うっすらと」あるいは「うっすりと」、そして「ほのぼのと」といった定かでない状態を美とする副詞や形容詞は甚だ多い。

「仄か」を基調とした「ほの暗い」「ほの白く」「ほのぼのと」、そして動詞の「ほのめく」「ほのめかす」など、薄味の効果が十分に効いている。はっきりとしたことを意味する「さだか」「ありありと」「まざまざと」「生き生きと」などもあるにはあるが、それとても漠然とした状態からズームカメラのように、ある部分だけがだんだんとはっきりクローズアップされてくる、要するに朧ろと「さやか」（くっきりと澄んで見える状態）とのコントラストのうえに成り立つ美感や記憶だ。

霞や霧が晴れて遠景が次第にはっきり見えてくるあの新鮮な印象と共通する感覚と言ってよかろう。

心理——苦しまぎれの胸の内

やっぱり／てっきり／やはり／なるほど／いかにも／まさか／とても／むげに／あいにく／なまじ／なまじっか／せめて／どうせ／いっそ／わりないやむない／よんどころない／よしや／もし／ひょっと／よしんば／たとえ／さぞ

夏目仲六（しんろく）『父夏目漱石』の中に「盗人の糞（ふん）」と題する一章があって、漱石家に夜、泥棒が入ったらしいことを述べたくだりがあるが、その冒頭部分を少し長いが引用してみよう。家の者たちと子供の仲六氏とのその時の心理を読み取ってほしい。

まだ私が小さい頃、朝起きて何の気なしに、いつも植木屋の居る裏の物置小屋へ行つたところが、その土間の真中に、大きな大便がしてあつたので、驚いて家の者に知らせると、それではやつぱり昨日泥棒が其処に隠れて居て、一晩中、家の様子を伺つて居たのだらうと云ふ事になり、少し騒ぎが大きくなつた。

以前から泥棒が人の家へ忍び込む時には、先づ気を落ちつける為に、ゆつくり用を足した後、おもむろに仕事に取掛るのだと云ふ話を耳にして居たので、私もてつきり、これは泥棒の仕業だと考へて、少なからず緊張を覚えた。

日本人は心理描写を得意としない。それは日本語が、いわゆる心理描写をながながとやらなくとも、巧みにその折の心理を暗示する方法を持っているからだと思う。たとえば、右の文章なら、「それではやっぱり昨日泥棒が其処(そこ)に隠れて居て……」の何気ない叙述、それから「私もてっきり、これは泥棒の仕業だと考へて……」の箇所がそれだ。

鍵(かぎ)は「やっぱり」と「てっきり」の副詞である。この文章の筆者がここで「やっぱり」と述べた裏には、たぶん昨夜、何か物音か人影などから、あるいは泥棒でも潜んでいるのではないかと家人一同怯(おび)えていたのではないか。〝もしかしたら泥棒が……〟という恐れの心理と〝案のじょう〟という予想の的中とが「やっぱり」の一語に集約されているのだから、すごい。「てっきり」もそうだ。〝これは泥棒に間違いないぞ〟という思い込みと、やや早とちりな、思い違いだったことが、後になってわかることまで暗示する、含みの多い副詞だ。

とにかく、分析的にいちいち説明せずとも「やっぱり」と「てっきり」とで何もかもがわかってしまう。その場の心理状態だけでなく、前後の状況や成り行きまで含意するのだから、日本語の心理的な副詞はすばらしい。

「やっぱり」「やはり」などと同じく、話者の心理の裏づけの上に成り立つ副詞は、まだいろいろある。人の考えや対象の奥にある隠れた事柄に気づいてそうだったのかと感心する「なるほど」や「いかにも」。やや懐疑的な「まさか」。それを受け入れるだけの心境になりきれない「とても」。断りきれぬ「むげに」。受け入れ踏み出すには諸種の心理的抵抗や障害があって、それでためらう「あいにく」「なまじ」「なまじっか」。さりとて諦(あきら)めることもできず、最低の線で何とかと希望をつなぐ「せめて」。ええ、ままよ。やらねばならぬならという「どうせ」の捨てばち焼けくその心境に次第に追い込まれて、いよいよ決断を迫られると、かえって勇気が湧いてきて、「いっそ」の思い切った挙動に転じる。

この悲壮感が「わりない」「やむない」あるいは「よんどころない」と逃げ道のなかった自分を無理に納得させ、そのようにするしかなかったのだ、道は一つだけだったという自得に導く。〝仮に他にも道があったとしたら〟と心が波立てば「よしや」「もし」「ひょっと」と考え、いや、〝道があったとしても〟と観ずれば「よしんば」「たとえ」で否定する。そして、「さぞ」と仮定的に他者の心情を思いやるというふうに、とにかく事を実行に移すまでの段階で、その場その場の事情に応じたためらいや心の揺れ、自己納得、行動の仮定など、いや、このような心理に基づく副詞がやたらと多いのが特徴だ。

行動と心理の襞(ひだ)が極めて陰影に富むと言えば聞こえがよいが、ウェットな陰性の思考・行動様式が、かえって自家撞着(どうちゃく)（自己矛盾の意）を招いているとしたら問題だ。「どうせ」に代表される、なるようにしかならない世の中と、たとえ立ち向かったとしても〝蟷(とう)

蟷螂の斧〃（非力な者のはかない抵抗のたとえ）に過ぎない己の無力さを知りぬいた諦めの観念。一見、投げやりとも見えて、それでいて肩書きや見栄、義理等を捨て切ることのできぬ「なまじ」の思想。

そこから「せめて」の、かなえられぬはかない望みを夢想し、現実の自己に立ち返って、その非力をいやというほど思い知らされる。思い切って現実を抜け出す方法はないものか。〃身を捨ててこそ浮かぶ瀬もあれ〃で、「いっそ」の思想も生まれてくる。

だが、もし、周囲の状況や対人関係がそれを許さぬとすれば、それは「あいにく」だ。そのうえ、例の見栄や立場から「まさか」それもならぬと、いよいよ決断を鈍らせることにもなりかねない。厳しい現実にがんじがらめに縛られて、ままならぬ人生を堪え忍んで生きてきた庶民の〃鱓の歯軋り〃が聞こえてくるようではないか。

このように見てくると、日本語にこうした心理的な副詞が多いということも、手放しでは喜べない。文章技法上、便利な一連の副詞も、実は過去の苦しい庶民の歴史の所産だったとは、何と皮肉なことではないか。

作為——庶民にとってのチャンスと要領

わざと／ことさら／れいれいしい／あからさま／ことごとしい／物々（ものもの）しい／あざとい／どぎつい／おこがましい／さしでがましい／あえて／しいて／むげ／わざわざ／なるべく／必（かなら）ず／きっと／できるだけ／ひたすら／いちず／ひたむき／取（と）りあえず／せっかく

庶民が世の中の動きにもみくちゃにされ、どうにもままならぬ人世に素手で立ち向かっていくには、世渡りのこつを身につけ、物事を上手に運ぶ要領を学んで、意図的に人生の芝居の筋書きをこしらえていく以外に道はなかろう。悲しいことだが、それが自分を生かす唯一のすべだとしたら、たとえ反道徳的な行いだとしても、やむを得ぬことと大目に見てもらえるのではなかろうか。というのは、そうした意図的・作為的に道をつける意味の副詞や形容詞が数多くあり、今日もなお使われているという事実があるからにほかならない。

自分の人生、毎日の生活を作為していく、一見、芝居の中の人間のような生き方をした人物の見本として、太宰治の小説「人間失格」の主人公を挙げたい。その主人公は田舎の金持ちの旧家に生まれ、封建的な家族制度の圧迫の中で育ったのだが、少年時代、極度の人間恐怖症の裏返しとして、道化て人を笑わすことによって人目を欺（あざむ）き、外面をつくろって生きてきた。次に引用した部分は、茶目で通っている主人公が意図的に失敗してみせた迫真の演技を、貧弱な生徒、竹一に、その仮面を見破られてしまうくだりである。

自分は、わざと厳粛な顔をして、鉄棒めがけてえいっと叫んで飛び、そのまま幅飛びのやうに前方へ飛んでしまつて、砂地にドスンと尻餅をつきました。すべて、計画的な失敗でした。果たして皆の大笑ひになり、自分も苦笑しながら起き上つてズボンの砂を払つてゐると、いつそこへ来てゐたのか、竹一が自分の背中をつつき、低声でかう囁（ささや）きました。
「ワザ。ワザ。」
自分は震撼（しんかん）しました。ワザと失敗したといふ事を、人もあらうに、竹一に見破られるとは全く思ひも掛けない事でした。

ここで「ワザ。ワザ。」と言っているのは「わざと。わざと。」の省略だろう。わざと失敗して人を笑わす、そんな道化役を演ずる主人公に、真実を見抜いた竹一の言葉が冷や水を浴びせる結果となるのだが、友人たちを笑わす失敗が、実は綿密に意図された計算ずみの失敗で、それを「わざと」と副詞で表す。

「わざとらしい」などと同じく〝こしらえごと〟を意味する言葉だ。人を欺く点では確かに反道徳的だが、そうせざるを得ない世渡り上の技法だろう。この手の言葉が日本語にひしめき合っているというのは、いかに過去の日本社会が弱者にとって住みにくく、仮面を着けねば生きていかれぬ人間関係であったかを物語る。

言葉は社会の反映だ。だから、言葉を手がかりとして社会の姿をとらえることも可能だし、そこに生きる人々の生きざま・考え方を描くことも難しくはない。

現代日本語に関して見れば、相手を罠に陥れたり、人をはめたり、あるいは自身が誇大に振舞うような場合の「わざと」。それを特に取り立てていう「ことさら（に）」。わざと人目につくことを意図した「れいれいしい」。いかにも露骨な「あからさま（に）」。大げさなやり口の「ことごとしい」。これは、必要以上に大がかりな点では、「物々しい」などと共通する。

また、そのやり方の程度がきつすぎて不快な気分を与えてしまう「あざとい」「どぎつい」。身の程知らずな「おこがましい」「さしでがましい」。「おこ」（烏滸）とは愚かな意味で、何とも馬鹿げてみっともないさまに用いた。現在では身の程をわきまえぬ正気の沙汰とも思えぬ差出がましさにいう。

その他、「あえて苦言を呈すれば……」など身分や立場、その場の状況を超えて行為する「あえて」も多分に周囲の人目を意識した作為的行為だ。だが、少々無理をしているところのある点がいかにも悲しい。「しいて」も「強いて」と書くように、非力の自己に無理に鞭打ち、心を奮い立たせようとする庶民の辛さの現れと言える。

世間対自己、他人対自分の関係において、自分が弱者の立場にあるからこそ、その要求を突っぱねるわけにもいかない。

「むげに」の意識は、まことに辛抱の絶頂にあって、のっぴきならない心境に発する。とはいえ、無理にも事を行わなければならないのだが、それが「わざわざ」の面倒な努力となったり、「なるべく」のように避けられるものなら回避したい消極的な肯定となったりもする。

「必ず」とか「きっと」「できるだけ」のように請合えるうちはよい。それならただ「ひたすら」「いちずに」「ひたむきに」前進あるのみで、馬車馬のようにためらわず突っ走る。これは懐疑的でない単純な人か、くそ真面目が取柄の人間のすることだ。そこまで素直で従順になり切れない人間には、「取りあえず」事を始める要領を身につけている。いちおうは手を打っておいて、他人の要求に応えるかに見せる巧妙な方法だ。日本人にはしばしば見られるやり口だが、これがなかなか外国人には理解してもらえない。

右とりあえず御礼まで。

などと聞くと、この人は本心から感謝しているわけじゃないのだと、そう解釈してしまう。「せっかく」もわかり難い副詞の一つである。弱者ゆえに運よくつかんだ好運をフルに活用しようというわけだが、「せっかくだけれど、お断りだ」と、あたらチャンスの芽を摘むことだってときにはある。もともと〝力を入れて角を折る〟ことから来た語で、努力をする意味なのだが、機会を得てせいぜい頑張る、

私は静かに立ち上がると、「まあ、折角嫁ぐんだね。」と言つて、帰りかけた。（室生犀星「蒼白き巣窟」大正八年）

のような言い方は、右の例のように大正時代には普通でも、今日ではもうほとんど使わないだろう。手紙の終わりに、

折角、御身お大切に。

などと書くのは、かなり年配の世代にかぎられるようだ。

そうした自力で努力する強者の論理より、またとない好機は無駄にすることなく十分に活用しなければ、いつまたチャンスが訪れるかわからない受けの姿勢、弱者の思考が今日

の「せっかく」の使い方だ。

上位者を意識して意図的に装う「わざと」や、「長い物には巻かれろ」で、無駄と承知で上位者の言いなりに従う「わざわざ」、そして、そのチャンスを何とかプラスに転じようとする「せっかく」と、弱者の思わくはそのまま種々の副詞として日本語に座を占める。

お世辞にも自慢できない日本語の恥部かもしれない。

好悪——幽霊が化けて出る精神風土

好き／好ましい／望ましい／きらい／おぞましい／いまわしい／いまいましい／いとわしい／あさましい／卑しい／さもしい／憎い／恨めしい／羨ましい／ねたましい／めめしい／雄々しい／潔い／見苦しい／みっともない／醜い

「好きこそ物の上手なれ」という。好きな事だからこそ、どんな苦しみにも耐えて努力する。それでなくては、どうして物事が上達するだろうか。打算や作為で物事がうまく行ったとしても、所詮は損得抜きで事に励む努力家にはかなわない。意図的な副詞「わざと」や「わざわざ」も、その点では「おのずと」「おのずから」や「好き」「好ましい」に一歩譲らざるを得ない。

　物事を好いたり嫌ったりするのは理屈以前の感情だから、なかなか計算通りにはいかないものだ。本能や心理的・体質的な面が大きく、それを嫌うことは自分に不利とわかっていても、どうしようもない場合だってある。特に相手が人間であれば、人間関係がからんでくるから、事態はなまやさしいものではない。

　日本語の形容詞を見ると、相手や対象をプラスの評価で迎える言葉が意外と少ない。先

に挙げた「好きだ」「好ましい」、それに「好ましい」の古風な言い方「好もしい」ぐらいしか頭に浮かばない。「好ましい」は、

奈良近郊でも私の特に好ましく感じた所は、薬師寺付近の春であった。（亀井勝一郎『大和古寺風物誌』）

と、好感をもって迎えるといった気分の穏やかな対象把握だ。「好き」「好きだ」のような激しい情熱は極度におさえられている。だから「好ましい人物」「好ましき人物像」は、ほとんど「望ましい」に近い抽象的な考え、「好きな人物」は、こちらの気に入った具体的な相手を考える。

それにしても、この程度の語彙しかないとはあまりにもお粗末だ。そして、その穴埋めとして「愛する」とか「親愛な」のような漢語に頼る。語彙不足は何とも心細いかぎりである。

一方、マイナス評価の語となると、断然きらめきを増してくるのだから驚きだ。「好き」に対する「きらい」。「好ましい」に対しては、もっと情的な「おぞましい」。どぎついほど恐ろしくいやな感じだ。「いまわしい事件」などという「いまわしい」。「いまいましい」と繰り返せば、しゃくにさわるほどの腹立たしさだが、どちらも忌むべき対象、出

来ることなら避けたい感情である点は共通である。「いとわしい」も厭うべき気持ちというわけで、似たようなものだ。その他「あさましい」は、古くは単に驚くべきことを指したが、現在はこれも悪い意に片寄って、「卑しい」「さもしい」といった意味にもっぱら用いる。

芥川龍之介の「蜘蛛の糸」の終わりのところに、血の池から一人抜け出そうとした犍陀多が、その利己的な言動ゆえに、かけがえのないその糸が切れて、まっさかさまに真っ暗な地獄の底へと落ちてしまう場面があるが、そのすぐ後で、

> 犍陀多の無慈悲な心が、さうしてその心相当な罰をうけて、元の地獄へ落ちてしまつたのが、御釈迦様の御目から見ると、浅間しく思召されたのでございませう。

と、そのときの釈迦の心の内を説明している。まさに犍陀多の心を、驚きあきれるほど卑しいものと思われたのであろう。

以上、今ここに挙げたいくつかの形容詞が、対象のマイナス状態に対するこちらの気持ちを表す言葉であったが、このほかに人間関係の上に成り立つマイナス評価の語がまだまだある。

人を憎む気分を表すものに「憎い、憎らしい、憎たらしい、憎々しい」といくつも並び、

憎いと思うが仕返しもままならぬストレスのたまった形容詞に「恨めしい」がある。人を恨むのは相手の冷たい仕打ちに対してそれを晴らすすべのない下位者の心理ゆえだ。幽霊が「恨めしや……」と現れるのも現世では仕返しもままならぬ弱い立場のしからしむるところと心得るべきだろう。

そう思うと、化けて出る幽霊も哀れなものと同情してやらねばなるまい。いかにも陰性で日本的な鬱屈した魂だが、現世における上下の人間関係が、これほどまでに「恨めしや」に集約されているとは、幽霊も日本語の世界から抜け出すことができなかったのであろう。

日本語は、下位者の側から上を望む発想が基本にあって、敬語を発達させたが、人間関係を表す語群にも、この色合いが濃い。その代表が「羨ましい」と「ねたましい」だが、どちらも他人の恵まれた状態を共に喜ぶどころか、逆に悔しがってそれを憎むマイナス状態の感情だ。

「うらやむ」は「うら（心）病む」で、古来、心の病としてさげすまれた行為だったと聞けば、なるほどと頷けよう。心や性格は努力によってある程度は矯めることができるが、矯めるということは、もともとは曲がった歪んだ状態にあったということだ。

人を疑ぐったり妬んだりするのは、ひねくれた性格ゆえだし、そうでなくとも「男のくせにめめしい」などと、単に意気地のない弱虫やくよくよと諦めのつかぬタイプというそれだけで「めめしい」のレッテルを貼ってしまう。「めめしい」は「女々しい」で女性のような性格だと断ずる形容詞だから、男に対してだけ使える。女性蔑視もいいとこだ。反対は「雄々しい」だろう。「めめしい」はマイナス評価、「雄々しい」はプラス評価というわけで、男性中心の発想も日本語的だ。

さて、男性は、「潔い」のを良しとする。「未練がましい」態度をせず、さっぱりと物にこだわらぬことだが、それに反すれば「見苦しい」とて、そのような男は社会から切り捨てられる。見た目のあさましさ、汚さをいう形容詞だから、「見苦しい身なり」などと乱れて汚い服装にも、もちろん使える。外見のマイナス状態という点では「みっともない」「醜い」とも一部重なる。が、これはどちらかというと見苦しい行為よりは、女性の器量に用いることが多い。

いや、何と日本語には他者のマイナス点を取り立てる形容語が多いことだろう。好き嫌いの個人の好みが、その相手や対象の評価に繫がり、良いものを羨み、悪いものを蔑む。それが欠点あるものとして社会から疎外され、差別語を生むに至るのであるから、言葉の社会は考えると恐ろしい。言葉を整えることが社会を良くすることに結びつけばよいのであるが。

姿──時代とともに国際化の波

麗しい／美しい／かわいい／愛らしい／なまめかしい／あでやか／たおやか／﨟たけた／あだな／あだっぽい／はで／けばけばしい／綺麗／いなせ／むくつけき／しどけない／あられもない／みすぼらしい／じみ

明治の詩人、与謝野鉄幹は、

妻をめとらば才たけて
顔うるはしくなさけある　（「人を恋ふる歌」）

と高らかに歌ったが、「見目麗しい」は今日でも用いる言い方だ。が、ただ「器量がいい」といった上っつらの美しさとは一味違う、ほのぼのと心暖まる精神的な感銘の伴うところが「麗しい」の特徴と言える。見た目の美しさだけでなく、「麗しき友情」とか「御機嫌麗しく……」など心に暖かい美しさを感ずる様子でなければならない。古代にあっては、単なる美麗なさまでは不十分で、きちんと整った端麗な美であった。とにかく、「美しい」とはまた違った「麗しい」が存在することは、日本語にとって幸せなことである。

そういえば「美しい」は例の『枕草子』の、

　なにもなにも、ちひさきものはみなうつくし。（「うつくしきもの」）

でよく知られるように、昔は「かわいい」「愛らしい」の意味だった。親が子に、そして夫婦の間で夫が情愛をそそぐその〝かわいい〟と思う気持ちだから、これは上位者の一方的な愛情に基づく。それが綺麗なことへの形容へと移っていって、上下関係は消えていったが、今日のように何でも「美人」だとか「ハンサム」だとかですますのでは、美しさに対する精神的な情感がお留守になって、味わいに欠ける。

「ハンサム」がもっぱら男性の美しさを指す外来語であるとすれば、女性専用の〝美〟の形容語がいろいろあってよいはずだが、最近は昔あった単語が忘れ去られて、語彙不足になってきたのが残念だ。以前なら「なまめかしい」「あでやか」「たおやか」「﨟たけた」など上品な良い言葉がいろいろあった。

「なまめかしい」は、女性のなまめく様子、つまりみずみずしい優雅さをいったのだが、現在では、男性の心を惹きつけるような性的魅力をたたえた美しさに片寄ってきた。

「あでやか」も、古代語では「あて」（貴）、つまり上品なさまに用いたのだが、これも華やかな魅力たっぷりの美しさに、「たおやか」は「たおやめ」などの語もあるように、姿・動作の優しい、しなやかな、どちらかというと若い女性の美しさに用いる。「﨟たけた」（昔の「﨟たし」に由来する）の落ち着いた気品のあるさまといい、素性の良い言葉、プラス評価のいい形容語がたくさんあった。それに比べると、「あだな」「あだっぽい」は色っぽさが際立ってきて、少々言葉の品位が下がる。

昔はやたらと上品な優雅さが貴ばれ、「みやびやか」「みやびな」姿を最上とした。あまりにも現代風な「今めかしい」なりは当世風として退けられた。「はでな」「けばけばしい」原色の美しさが喜ばれだしたのは、やはり外国文化の影響だろう。顔立ちにしても、個性的な、外国人的な彫りの深さが喜ばれ、それを「綺麗な」ともてはやす。

女性に比べると男性は、いわゆるダンディーな洒落男がいるにはいるが、あまりその〝美〟については取り沙汰されない。女性は何といってもセクシーな魅力を第一義にした形容語が多いが、男性の場合は、昔は、粋な俠気のある勇み肌の江戸っ子的美男を良しとしたらしい。「いなせな」男である。やにさがった（いい気になってにやにや顎を突き出しているような）男は相手にされない。先の「行為」のところで紹介した例の近松門左衛門の鑓の権三も、「伊達者」で、これは当世風に言えばダンディー男だ。

しかし、世の中は素敵な男や女ばかりではないから、醜男や醜女の形容もあっていい。男性には「むくつけき」といった形容詞があって、「むくつけき男」などと使うが、これは麗しき女性に比べて、男の無骨で醜いさまを形容したものだ。女はきちんと身なりを整えているのが美しく、だらしない乱れ姿は「しどけない」恰好と言うべきであろう。似た語に「あられもない」があるが、これは女性のまともとは思われぬ異様な身なりや振舞いに言う。とにかく見た目の醜さや異常さは、いつの時代にもあったに違いない。

が、身なりとしては女性に関する語ばかりで、男は外見の貧相な「みすぼらしい」ぐらいしか思いつかない。きちんと整ってさえいれば、特に上等でも綺麗でなくても、並みの姿でよいのが男の得な点だ。服装も、心も、生活も、すべて「清げ」「清らか」でさえあれば、人間は多少みすぼらしくとも構わない。それがかつての人生観であったのが、今はすべてに贅沢となり、服装の華やかさ、華美な生活が即、心の豊かさのように勘違いして、外見がみすぼらしければ心までが貧しくなったかのような錯覚に陥る。「はで」「じみ」は見かけの美しさにも、暮らし方や性格にも言うが、じみな美しさは決して「みすぼらしく」はないものだ。

V　五感

味・匂い――ときには蓋も必要

臭い／こうばしい／かぐわしい／かんばしい／甘い／辛い／塩辛い／酸っぱい／苦い／渋い／えごい／えぐい／おいしい／うまい／まずい

姿や形といった視覚的なものだけでなく、味覚・嗅覚・聴覚、その他すべての感覚において好悪の評価はつきまとう。ただ、それは人間の判断の問題であって、それが即言葉の使い分けになっているとはかぎらない。たとえば匂いの形容詞がそうだ。

日本語は嗅覚に関する語彙が乏しいと言われているが、現代語で「臭い」を除けば「こうばしい」「かぐわしい」「かんばしい」ぐらいしか思い浮かばない。それも皆「かぐわしい」の音転で生じたものだから、元はといえば、良い評価の語は「かぐわしい」一語。「臭い」は、諺の、臭い物に蓋をする（略して「臭い物に蓋」）

「臭い物に蓋」とは、「人に知られて困る内々の醜い事柄を根本的に取り除こうとしないで、外に現れないよう一時的な便法で間に合わせておくこと」のたとえだ。その他「臭い飯を食う」（刑務所生活を送る）など、「臭い」には碌な言葉がないが、これは動詞の「匂う」や名詞「匂い」などと歩調をそろえている。

ただ、名詞の場合は「いい匂い」「いやな匂い」と一応プラス・マイナスどちらの評価にも当てはめられるが、どうも「臭い」には好悪を添える修飾語がない。だから、木犀や沈丁花などの薫る様子には「いい匂いだね」とは言っても、「臭いね」は使えない。

そういえば「臭い」がついて「焦げ臭い」となるような例でも、みんな好ましからざる悪臭だ。「青臭い、汗臭い、ガス臭い、黴臭い、きな臭い、生臭い、日向臭い」。「磯臭い」や「土臭い」も、良いと感じているなら、むしろ「磯の香り」「土の匂い」と言うべきだろう。

高村光太郎の詩「春駒」の、

ああ、鬣に毛臭い生き物の香を靡かせて、ただ一心に草を喰ふ。

も、獣のあの独特の野生の匂い、決して良いものではない。それに比べると、同じ詩の中にある、

雨ならけむるし露ならひかるし、
明方かけて一面に立てこめる杉の匂に、
しつとり掃除の出来た天地ふたつの風景の中へ

は、植物の薫りのせいもあるのだろうが、「匂い」にはまだそれほどの悪臭感はない。

嗅覚でなくとも「くさい」のつく語はだいたいマイナス査定の落ちこぼれ語彙だ。「田舎くさい」や「泥くさい」「素人くさい」「バタくさい」さては「陰気くさい、胡散くさい、けちくさい、古くさい、……」と、よくも不都合な状態、好ましからざる様子の語彙を「くさい」はかき集めたものだ。

そこへいくと、「かぐわしい」は、何とも言えず上品なすがすがしさが感じられてうれしい。もと「香くはし」で、「くはし」（くわしい）は優れて良いという形容詞だ。『萬葉集』などで「名くはしき吉野の山は……」（名前の美しい吉野山は）などとある「くは

し」で、香りのよろしきことを意味している。しかし、今日「かぐわしい」というと、漂う花の香りの形容に用いるぐらいで、何でも良い匂いだから「かぐわしい」と言えるものでもない。

語形が転化した「こうばしい」となると、焙じ茶などの芳香にかぎられるようだから、匂いの語彙も著しく片寄っていると言うべきである。

一見、嗅覚と勘違いしがちな語に「匂いやか」がある。古語であるから、あまりなじみはないが、文章の中などでたまに見かける。「いとにほひやかに美しげなる人」と『源氏物語』（「桐壺」）にあるように、嗅覚ではなくて、つやめいて美しい視覚的な形容だ。「匂い」は、原義は赤みが美しく映えるということだから、決して嗅覚にかぎった語ではなかったわけだ。

匂いに比べると、味覚のほうは、はるかに語彙がそろっている。「甘い、辛い、塩辛い、酸っぱい、苦い」それに味覚とは言い難いが、渋柿などの持つあの舌を刺激する「渋い」や、灰汁の強い野菜の持つ「えごい」「えぐい」（同じ語である）など、結構あるのだが、それでも実際の言語生活では、適当な語がなくて、「薄荷の味」とか「茗荷の味」と説明的にその物を引き合いに出すしか手がないのだから、何とももどかしい。それより、良い味・悪い味には、ただ「おいしい、うまい、まずい」と言うしかなく、案外人間の作り出す言語というのは粗いものだと今さらのように感ずる。

「うまい」(旨い)は古語「うまし」で、特に味覚のよさだけを指したものではなかった。とにかく申し分ない良い気分や状態なら何でも「うまし」で、「うまし国そ蜻蛉島大和(あきづやまと)の国は」などいう〝美しく良い国よ。この大和の国は〟と歌ったあの『萬葉集』の歌にもあるように、美しく満足すべき状態が「うまし」だが、それが心地よい感じや味の良さ、そして、巧みなことにまで用いられたのだから、ずいぶんと基本的な広い意味の形容詞だったことがわかる(ク活用とシク活用とがあった)。

現在も、対象のすばらしい状態にも、味の良さにも、そして、「うまい話」や「うまく行った」のような物事の順調さにも、さらには事を行う技巧の上手さにも、すべて「うまい」の一語で片づける。これは反対の「まずい」も同じだ。味の悪さはもちろんのこと、美しくない「まずい顔」だの、機会の折悪さ、失敗、さらには下手くそなことにまで、あまねく使える。

日本人は物事の在りようといった客観的な状態にも、それを受け取る人間側の感性として述べようとする人間中心の思考をするのだ。

うまさうな雪がふうはりふうはりと　(一茶)

空から白い冷たい雪の軽やかに舞い落ちてくるさま、そんな味もそっけもない雪を〝うまそう〟と見て取る。何と主観的な受け止め方だろう。身近な事柄から自然に至るまで、それをすべて人間の感覚という懐に包み込んでしまう。何という大きなスケールであろう。そして、「うまい」「まずい」は、さしずめその代表格と言ってよかろう。

音——心で聴く大いなるしじま

うるさい／さわがしい／騒々（そうぞう）しい／やかましい／かしがましい／かしましい／賑（にぎ）やか／ざわざわ／がやがや／どたばた／ひそひそ／静（しず）かな／静（しず）けき／ひそやか／ひっそり／しめやか／ぱらぱら／ざあざあ／しとしと／陣々（じんじん）／しんしん

音響や音声は、味や匂いに比べると、はるかに複雑で多彩なはずだが、言葉に関するかぎり、どうもこれがそれほど細かく分化していない。だいたい音に対する感覚は、日本語ではまずその大小を、そして次に好悪を問題とするのだが、細かい音の判別よりは、とにかく生理的にその音を受け入れ得るか否かが、音に対する感覚なのだ。しかも、「うるさい、さわがしい、騒々しい、やかましい、かしがましい、かしましい、賑（にぎ）やか」と、音量の大きさに対する拒絶反応、発生源に対する嫌悪（けんお）感の色濃く表れた語が圧倒的に多い。

この中で「賑やか」は、人の数が多く人間活動の活発なさまで、音そのものではないが、結果として交じり合ったさまざまな音の多さ、うるささを指すようになる。だから必ずしもマイナスイメージとはかぎらないが、さわがしさという点で他の形容詞と共通する。それにしても、この種の語がこうもたくさん存在するとは、まさに驚きである。日本人はよほど騒音を嫌う国民らしい。

「うるさい」など、本来、音に対する反応よりは、むしろ外界のさまざまな状況や仕業などが何度も繰り返し起こることに、いちいち応じるのが煩わしい面倒くささ、いっそ、そんなしつこい有りようが無くなればよいのにと思う感覚だ。昔「うるさい」を「五月蠅」と書いたが、五月の蠅のように、追っても追ってもまつわりたかってくるしつこさ、それを「うるさい」と感じたことからの当て字だ。

いずれにしても物事をうるさく感じるというのは、それだけ当人の心持ちが閉鎖的だからで、自分の殻に閉じこもって外界と自己とを遮断していることの証でもある。外界の出来事や外界音を拒絶敬遠する語彙が豊富だということは、どうも日本人の閉鎖性と関連があるらしい。いかにも島国根性の現れだ。

その昔、黒船の来訪を再三受け、「うるさい」と感じ、国内がさわがしく騒然となったのも、まさに鎖国という自己の殻に閉じこもっていたことからの必然の帰結だった。外の音や他人の声が気にさわってうるさいと感じる自己本位の体質は、そう簡単には治まりそうもない。

「かしがましい」は、その昔「かしかまし」（囂し）と清音で発音したらしいが、今日の「かしましい」と大差はない。「姦しい」と書いて「かしましい」と読ませ、

　　女三人よればかしましい

と、何か女性を蔑視するような言葉まで作り出したが、そのようなことを言い出した男性こそ閉鎖的で、あまりにも独善的だ。少しは女性の社交性を見習う必要があるだろう。「君子は多弁を恥ず」などといきまいて、おしゃべりな女性を軽薄のレッテルで片づけてしまいがちだが、日本人が国際舞台で活躍するためには、「うるさい」「やかましい」の類いは極力捨て去らねばならぬだろう。

　音の発生に関しては「ざわざわ、がやがや、どたばた、……」など擬音語の独壇場で、低いほうの例にも「ひそひそ」などが見られる。

　静けさを表す語には「静かな」「静けき」「ひそやか」「ひっそり」「しめやか」など幾つかあるが、「うるさい」グループに比べて、こちらははるかに評価が上だ。静かな里の秋だとか、静かな湖畔だとか、静寂に関しては日本人は理屈抜きで〝すばらしい〟と感じてしまう。

　　閑さや岩にしみ入る蟬の声　（芭蕉）

を代表として、天地宇宙が一瞬止まってしまったかのような静謐な感じに、たまらない美感を催すのは、百万の〝有〟もただ一つの〝無〟にかなわぬ〝悟り〟の境地と根は共通なのであろう。

島木赤彦は、

　まかがやく夕焼空の下にして凍らむとする湖の静けさ

と歌ったが、何かの瞬間、時がストップしてしまったかのような、そんな一時（ひととき）が稀（まれ）にあるものだ。自然そのものの〝静けさ〟であるが、その訪れはだいたい変化来の前兆と相場が決まっている。いわゆる「あらしの前の静けさ」だ。何かただ事でない事件の起こる前の無気味な静けさを指しているのだが、静寂こそはどのような賑やかさにもまさる不思議な魔力を秘めている。

音を形容する言い方は、ほとんど擬音語に頼っているのが日本語だ。中でも気象に関する音の形容は、雨の「ぱらぱら、ざあざあ、しとしと」などが、その雨の降り方や季節感まで表しているので特に面白い。それに比べると、風や雷・雪などの音のほうが単純で、語数もそう多くはない。ここでは少し変わった例として、漢語の擬音語を二、三紹介しておこう。

まず風は古来「颯々（さつさつ）」が使われた。

岸打つ波も松風も、颯々の鈴の声……

と謡曲「雨月（うげつ）」にもうたわれている「颯々」だ。

颯々たる風の、波を吹きしぶくを見よ。浜の真砂（まさご）の舞ひ立ちて煙の如く渦まくを見よ。（徳冨蘆花『自然と人生』）

これは凩（こがらし）の吹き荒れているさまの形容だ。さて、風がさっとひとしきり吹くことを「一陣の風」と今日でも言うが、もっと激しく続けざまに吹けば、

湘海は、陣々の風に吹き立てられて、尺に一瀾、寸に一波、白く倒れて、相模灘は須臾（しゅゆ）に白泡白波狂ひに狂ひ、哮（たけ）りに哮り……（『自然と人生』）

と「陣々」などという珍しい語も現れる。「陣」は〝ひとしきり〟とか〝にわか〟といった意味があり（だから擬音ではない）、「一陣の風」もそこから来た意味だ。出産が近づいたとき起こる痛みを「陣痛」と言うのも、ひとしきり俄（にわ）かに生ずる痛みだからである。

自然音の王様は何といっても雷鳴だ。今日、雷は「ごろごろ」と相場が決まっているが、漢語では「殷々(いんいん)」などという語が使われる。

師走中旬、一夜極めて肩寒く足の凍ゆる時、殷々として雷の轟くを聞けば、「もうお正月の音がするよ」と、母は添寝の児を慰むるなり。（泉鏡花「北国空」）

なかなか貫禄(かんろく)のある力強い響きの言葉だ。風や雷は音を出すからよいが、音を立てない雪の降るさまとなると、はたと言葉に詰まる。「しんしんと降る雪」などは、むしろ夜の静まり返っていく静寂の、しみ通るようなしじまを形容したものだろう。古くは、

……是(これ)は習はぬ冬の旅、花の吹雪のそれならで、霏々(ひひ)たる雪は路を没し凛冽(りんれつ)たる風、膚(はだえ)を裂く、……（村井弦斎(むらいげんさい)「近江聖人」）

と「霏々」などという耳慣れぬ語が用いられていた。音もなく降りしきるさまを形容する語だから、むしろ擬態語と言うべきだ。昔はもとより今日でも、音をたてる雨よりは、むしろ音もなく降る雪をこよなく愛する国民性は変わっていない。心で見ることを〝心眼〟と言うが、音のない雪の音を心の耳で聞く、これぞまさに最高の美感というべきだろう。

静寂を愛するということは、あるいは耳で聞こえぬ自然のつぶやきを心で聞いているのかもしれない。何と自閉的な、殻に閉じこもった生きざまであろう。音にかかわる日本語の形容詞と関係があるのかもしれない。

色・明暗

――薄墨の景色にたゆたう

赤い/黒い/白い/青い/明るい/暗い/まばゆい/まぶしい/ほの暗い/ほのか/ほのぼの/あわい/しらじら/どんより/さやか/鮮やか/くっきり/こまやか

色彩感覚は、色覚の異なる動物などと違って、人間はかなり豊かに恵まれている。童謡に「ぼくのクレヨン十二色」などと歌われているが、十二色はおろか、何十色もの色彩を区別する。ところが、こと形容詞に関するかぎり、古代の日本語は至って貧弱で、「赤し、黒し、白し、青し」ぐらいしか識別できない。

今日でも色彩形容詞はこれとほとんど変わりなく、あと「黄色い、茶色い」が辛うじて見出されるくらいだから、いかに色に関する形容詞に乏しいかが、およそ見当つこうというものである。それも、〝黄の色〟〝茶の色〟と他の物の色合いを借りて、そのような色だと間接に説明しているのだから、本来の色彩形容詞ではなかった。

古代にあっては黄や茶は、いずれも赤の範囲に含まれ、固有の色として考えられてはいない。現代語でも、その他の色は、たとえば緑や紫、橙、灰色など、みな何か他の物の名を借りて色名に代えるだけで、状態形容としての形容詞の形を持っていない。僅かにある基本的な形容詞も、語源的には、「赤い」が〝明るい〟意味の「明かし」から、反対の「暗し」から「黒い」が生ずるというわけで、色彩そのものではなく、明暗の言い分けにすぎない。今日、茶色系統の「赤土、赤金（銅のこと）、赤靴、赤毛、赤松、赤味噌（みそ）、……」が「赤」で表されるのも、そう考えると不思議ではない。

「赤い／黒い」が〝明暗〟に由来するように、「白い／青い」も視覚の鮮明度による形容詞で、色彩そのものではなかった。「白し」が実は「著（しる）し」、つまり〝著しい〟〝顕著〟はっきり〟の意味を表す形容詞から、「青し」が「漠（あお）し」で、漠然としているさまを言ったらしいことが今日究明されている。

とすると、せっかく古代からあった色の形容詞も、実は色彩そのものではなく、色の明暗・濃淡でしかなかったということがわかる。「青い」がいわゆるブルーだけでなく、「青菜、青物、青葉、青竹、……」など緑色までも含めていたことが、これではっきりする。「明るい・暗い」とか、「はっきり見える・ぼんやりとしか見えない」といった、まるで水の透明度でも測るように色合いを段階分けする。

そういえば日本語には、明暗や鮮明度にかかわる形容詞が多い。淡彩画と相通ずるところがあるようだ。目もくらむ「まばゆい」「まぶしい」の明るさに対して、「ほの暗い」「ほのか」「ほのぼのと」といった「仄（ほの）」系統の、ぼんやり見えるさま。「淡い水色」「淡い月影」などという「あわい」も同じだ。さらに「夜がしらじらと明ける」の「しらじらと」。「どんよりとした空」の「どんよりと」。みな淡いイメージの「漠(あお)し」だ。一方、「著(しろ)し」に当たる語としては「さやか」（清か）、「けざやか」。「月影さやか」（くっきりと澄んで月の光が明るく見える）だとか、古語の「けざやか」（物の境目が際立ってはっきりと見えるさま）など、要するに冴(さ)えわたった状態だ。正岡子規の句に、

秋立つとさやかに人の目ざめけり

というのがあったが、「さやか」は何も見た目の際立ちだけではなく、心の冴え、それとはっきり認識するさまにも広く用いる。古語では「清(さや)けし」という形も見られるが、これは現代語にはない。代わりに名詞形として「さやけさ」が残り、「月の光のさやけさ」のように用いられる。「鮮やか」も鮮明で際立っているさまという点で共通だが、語源は異にするらしい。視覚的な鮮明さばかりではなく、「記憶が鮮やかによみがえる」とか「鮮やかなお手並」など、「はっきり」から「みごと」に近い際立った印象に広く用いられる。意味の広い語だ。似た語に「くっきり（と）」があるが、これは目に映る形や陰影にかぎられている。「鮮やか」の雅語的な言い方に「あざやけし」というのもある。

谷川の音をききつつ分け入れば一あしごとに山あざやけし　（斎藤茂吉『赤光』）

「鮮やか」と意味の似た語に「こまやか」もある。芭蕉の『奥の細道』松嶋のくだりに、

　松の緑こまやかに、枝葉(しよう)汐風に吹きたわめて、屈曲おのづからためたるがごとし。

とある「こまやか」は、色の濃いさまを述べたものだろうけれど、もともと「細やか」は細部にまで行きわたるさま、視覚的には細かいところまではっきりと目に映る状態だ。とにかく「さやか」といい、「くっきり」といい、この「細やか」といい、「ほのか」「あわい」とは正反対の「著(しる)し」の対象把握だ。日本語は色彩に関するかぎり、極彩色(ごくさいしき)の形容語を持たない。墨絵に似た白黒写真の濃淡で描写の筆を進める、至って淡白な色感と言っていいだろう。

温度——春夏秋冬の移ろいに遊ぶ

暑い／むし暑い／暑苦しい／肌寒い／うそ寒い／うすら寒い／寒い／暖かい／冷たい／涼しい／熱い／温かい／ぬるい／なまぬるい／なま暖かい／手ぬるい／ひやっこい／ひややか／ひんやり／ひやひやと／ぬくい／ぽかぽか／ほかほか／さむざむ／うらうら／うららか／のどか／さわやか

「寒いね」と話しかければ「寒いね」と答える人のいるあたたかさ（俵万智『サラダ記念日』）

日本は中緯度国の常として、四季があり、四季に合わせて衣食住すべての生活様式も適宜変えていく。それだけ季節感には鋭いものがあるのだが、とにかく忙しい国だ。古来、四季の移ろいを詠んだ和歌は数知れず、第一、わが国独自の文芸である俳諧は、まさに季節そのものを題材にすえている。こんな文学を持つ国は珍しい。

言葉の面でも当然、季節感を反映した語彙は数多く、それが日常の挨拶や手紙文の中などにしばしば登場する。時候の挨拶は日本人のいちばん自然な社交の言葉だ。だから四季の変化、特に気温の上がり下がりには敏感で、それがごく自然に日常会話の中で語られる。

「暑さ寒さも彼岸まで」などと言って、厳しい暑さ・寒さの過ぎ去るのを心待ちにする。どちらもマイナス評価の温度感覚だから、人々に敬遠される。ことに「暑い」には「むし暑い」「暑苦しい」などの派生的な不快感が伴って温度形容詞をいっそう賑やかなものに彩(いろど)っている。暑さに比べると寒さのほうは比較的単純で、せいぜい「肌寒い」「うそ寒い」「うすら寒い」など寒さを感ずる場所や程度が問題になるくらいだ。

それにしても人に嫌われる暑さ寒さだからこそ、冒頭の歌のように、せめてそれを慰めあえる心の暖かさが人の心をなごませるというわけだ。「寒い」マイナス状態に対しては「暖かい」プラスの感覚が対応する。「寒暖」という熟語や、「寒い北風、暖かい南風」などを引くまでもなく、日本人にとってうれしいのは「暖かい」気候や心だ。

日本語ほど温度に対して細かい使い分けと、その一つ一つの語に感情を移入する言語はそう多くはない。「寒い」と「冷たい」とを言い分けるのも特色だし、「暑い、暖かい、涼しい、寒い」と細かい段階で言い分けたり、物に対する「熱い、温かい、冷たい」に、さらに、期待に反する不快な温度「ぬるい」を感じたり、なかなか温度感覚の表明は繊細だ。「なまぬるい」とか「なま暖かい」と不快感をいっそう感覚的なものに仕立てているのも魅力がある。

「ぬるい」は本来、その状態に厳しさがなく、ゆるやかなさまを言った。「手ぬるい」などにその意味がよく表れている。要するに〝ゆるい〟状態だ。熱くあるべきものが温度不足、もしくは少し冷めて不快感を与える。反対に、冷たい物がそれほど冷えていないか、少し冷たさが失せてしまっている。これも不快だ。こんな、評価に密着した感覚の形容詞を持つ日本語を、われわれは幸せとしなければいけない。温度に関しては、何にも増してそれを受け止める人間側の快・不快の感情を優先する日本語、何と人間くさい言語であろう。単に対象の温度を程度として示す、そんなドライな対象把握ではない。

代表的な温度形容詞のほかにも、まだ温度に関する言葉はいろいろある。俗語的な「ひゃっこい」「ひややか、ひんやり、ひやひやと」、同じ冷たさを指していても、一つ一つ感じが違う。

ひや〳〵と壁をふまへて昼寝哉（かな）　（芭蕉）

残暑で疲れた体を畳の上に横たえ、何気なく壁に足をもたせ掛けていると、壁の冷たさが冷え冷えと足の裏に感じられてくる。さすがに秋よ、との句だが、

涼しさを我が宿にしてねまるなり　（芭蕉）

といった境地だろう。「ねまる」とは、ねころんで臥（ふ）す〝ごろ寝〟のことだ。暑いにつけ

涼しいにつけ、好きな時に好きな所でごろ寝をするくらい気楽で快いことはないだろう。

古人は読書三楽として「馬上、廁上、枕上」と言ったが、馬に跨り歩むに任せて揺られながら読書三昧に耽る、廁（便所）でゆったりとした気分で書中の世界に入る、そして寝そべって書を読みながら眠気を催したらそのまま休む、これぞ人生の読書の三昧境というわけである。それにしても、このような読書三昧に耽るためには快適な気温が必須の条件だ。読書の秋などというように、暑からず寒からず、夏なら涼しい緑蔭、冬なら暖かい日だまりが良いだろう。動物とて同じだ。

昔、白兎を歌った童謡に「白うさぎ、白うさぎ／あなたのおうちは、ぬくさうね／くさのおふとん、ふくらんで／お日がポカポカ、ぬくさうね」（葛原齒）というのがあった。「ぬくさうね」は〝暖かそうね〟ということで、形容詞「ぬくい」（気持ちのよい暖かさ）の推測形だ。今日、暖かいことを「ぬくい」とはあまり言わなくなったようだが、「布団のぬくみ」や「かまどのぬくもり」、動詞の「ぬくもる」「ぬくまる」などの「ぬく」（温）と同系列の語である。

暖かさを表す語は、ほかにも副詞があって、日本語を豊かにしている。「ぽかぽか」「ほかほか」、寒さのほうでは「さむざむと」。それと、気温と気象は切っても切れない関係にあって、間接に暖かさを表す、日の光ののどかな明るい「うらうら」「うららか」、天気がよく穏やかな「のどか」、晴れ渡って気持ちよい「さわやか」など、概して快適な気分を与える状況は、適度の明るさと暖かさ、涼しさが必要な条件のようだ。その点、日本は地理的に恵まれた位置にあって、私たち日本語のこの手の語彙を多彩なものとしているのは、いかにもうれしい。

触覚——表層から内奥への通底経路

ぬるぬる／ざらざら／ごつごつ／がさがさ／つるつる／すべすべ／かさかさ／さらさら／べとべと／ねばねば／しっとり／びっしょり／びしょびしょ／すべっこい

日本人は「責任の重大さを肌で感じる」といった表現をしばしば口にする。非常に重大であることをひしひしと意識するわけだが、心の認識の問題を皮膚感覚に置き換えるところが面白い。それによって、より直截的・全人格的受け止め方となるのだから、体表感覚は大切にしなければならないだろう。「裸のつき合い」など、まさにスキンシップの代表格みたいな比喩があるのも同じ日本語だ。

日本人は抽象的思考や、同じ感覚的把握にしても視覚的に物事の全体像をキャッチして行う分析的思考に弱いのも、あるいはこのような触覚型の体質に原因があるのかもしれない。あたかも点字を指先でたどるように、対象の部分部分をそのつど表面的に理解しながら順々に繋ぎ合わせていく対象把握のやり方だ。

だから万事がスケールの小さい部分思考で、具体的な実感としてとらえねば安心できない。氷山なら水上に見える部分だけを見ようとする。水面下の全体を推し量ろうとは決してしない。日常の生活でも、「一皮むけば」で、そのつど表に現れる現在だけが理解の対象となる。

それはともかくとして、日本人の思考そのものが、このように具体的・表面的・体感的だから、表現や語彙の面でも特徴的な発想の型が現れる。極めて触覚的なのだ。

新しいピンピンの紙幣を「手の切れるような一万円札」と喩え、「手に取るようにわかる」だの「雲をつかむような話」だの、あるいは「身を切られるような思い」「芋を洗うような混雑」と、体が触れ合い、手触りで感じる直喩に満ち満ちている。「小麦粉を捏ねて、耳たぶほどの柔らかさに丸めます」と手でおさえてみるような触覚的喩えでその柔らかさを説明する。これなど明らかに体感志向だ。とにかく手に取り触れてみなければ安心できない性格を、われわれ日本人は持ち合わせているらしい。

「作品に手を触れないでください」と書いてあるにもかかわらず、つい触ってみたくなる日本人。相撲で力士が引き上げて行くその体をぺたぺた手で触って満足するファンの心理。日本人はどうしてこうも触れたがり屋なのだろうか。

秋近し！
電燈の球のぬくもりの
さはれば指の皮膚に親しき　（石川啄木『悲しき玩具』）

行動だけではない。触覚に関する語彙もまた実に豊かで、数多くの副詞がきら星のごとく居並ぶ。もっとも、それらがほとんどと言っていいくらい「ぬるぬる」のような繰り返し形式（畳語形式）の擬態語なのだから、いかに本能的なスキンシップを愛する国民かがわかる。

たとえば「ざらざら」「ごつごつ」「がさがさ」の粗い皮膚感覚。滑るような手触りの「つるつる」「すべすべ」。乾いた「かさかさ」「さらさら」。そして、ねばりつく感じの「べとべと」「ねばねば」。濡れて滑る「ぬるぬる」「つるつる」。湿った「しっとり」。濡れれば「びっしょり」「びしょびしょ」と、とにかくこの種の語彙のやたらと多いのには目を見はる思いがするではないか。

しかも、「油がべとべと手につく」と副詞として用いるほかに、「する」をつけて「汗でべとべとする」と動詞に転用するだけではまだ足りなく、「べとつく肌」のように「べとべと」を二つに割ってまで新しい型の動詞を生み出す。

いったい「べとべとする」と「べとつく」とどのような違いがあるのか。多くのこの種の語が同じように「ざらざらする」「ざらつく」と二様の動詞を造るのだから不思議だ。でなければ「すべすべ」が「すべっこい」と形容詞化するように、同根の語を派生して、ますます日本語の感覚的な語彙を増やしていく。

それにしても「表面の滑らかな肌」などと説明的に述べるより、「すべすべの肌」とか「すべすべした肌」と擬態語で言うほうが、実感がこもって、感覚的にぴんと来るではないか。

VI　属性

新古——女房と畳の鮮度

あたらし／あらた／あらたし／真新しい／さら／まっさら／ほやほや／うい
ういしい／鮮やか／古い／古くさい／古めかしい

ふらんすへ行きたしと思へども
ふらんすはあまりに遠し
せめては新しき背広をきて
きままなる旅にいでてみん。（『純情小曲集』）

知る人ぞ知る萩原朔太郎の名唱「旅上」の、前半部分である。
当時、というのは、この多感な詩人が青春時代を過ごした明治の末ごろのことだが、当時新たに登場した背広は、窮屈で堅苦しいフロックコートやモーニングコート、あるいはイブニングコート（燕尾服）とは比べものにならぬ自由な外出着として、その新しいデザインが受けて大いに流行したらしい。背幅が広くゆったりとした着心地、それでいてちょっと洒落た見てくれは、当時のハイカラ好みの男性（朔太郎はハイカラ好みの最たる者だ！）には、旅行などには恰好の服装だったろう。今日ならさしずめカーディガンかジャケット、あるいはスポーツウェアといったところのいかした服装だったに違いない。

以上の話は、エッセイスト向井敏「『背広』外来語説存疑」（講談社『本』一九八九年四月号）を下敷にしてつづったものだが、向井氏の文章を引用すると、次のようである。

> 「旅上」の詩人が青春を過ごしたのは、そういった気楽で斬新な「背広」がもたらされてまだまもない時代だった。だからこそ「きまま」な旅には新しい「背広」がふさわしいと歌った、とこじつけてみたいところだ。

なるほど一生に一度出るかどうかという旅の晴れ舞台では、せめて背広の一着でも新調して、海外旅行に代わる旅として、贅沢な気分を味わってみたいだろう。そこへいくと、国内旅行はおろか、海外へでも気楽に何度も行ける現代は、朔太郎のような豪華な気分などなかなか持てない。不幸と言うべきかもしれない。

ところで、新しい背広を旅の晴れ着として飾りたいというのは、何も朔太郎に始まったことではない。石川啄木も『一握(いちあく)の砂』の中で、

あたらしき背広など着て
旅をせむ
しかく今年も思ひ過ぎたる

と歌っている。どうやら朔太郎は啄木の歌に影響されてあの詩を詠んだらしい（『一握の砂』は明治四十三年、『純情小曲集』は大正十四年刊である）。

それはともあれ、晴れの場面で新しい物に身を包みたいというのは、これはいつの場合も共通の人類の願いだろう。入学式・成人式・入社式・結婚式……新しい人生の旅立ちには、新しい服装がつきものだ。逆に言えば、新しい物を身に着け、新しい持ち物で包まれると、心もおのずとすがすがしく、新たな気分になってくる。不思議なものだ。

女房と畳は新しいほうが良い

という諺(ことわざ)もあるように、新しいものは、それだけで価値を持つ。

古代日本語にあっては「あたらし」は「惜(あたら)し」で、〝立派だ〟〝すばらしい〟の意味であった。それが、せっかくの立派なものをもったいないことよと惜しむ意味に使われるようになったが、これとは別に、「あらた」なる語があって、これは現在でも「装(よそお)いもあらたに（新装）開店の運びとなりました」とか、「思いを新たにする」、あるいは「人生の新たな門出(かどで)」のように使う。

これを形容詞化させた「あらたし」、これが今日の〝新しい〟の意味だった。さらに音韻転倒を起こして「あらたし」が「あたらし」となったのだから、芸が込んでいる。ちょうど「腹鼓(つづみ)」が「腹づつみ」と発音されたり、「さざんか」が「山茶花(さんざか)」から変じたように。

難しい話はこのくらいにして、新しさを表す言葉を少し見ていこう。まず、おろしたての、汚れや傷みの現れない新品は「真新(まあたら)しい」だ。「真新しい服」は「おニュー」などと、おかしな外来語で言われるが、歴(れっき)とした言葉があるのだから、胸を張って使用しよう。品物でも鮮度を問題とする物は「真新しい」とは言わない。「獲(と)れたての新しい魚」だ。

まだおろしていない物なら、俗に「さら」、「まっさら」とも言う。「さらの浴衣(ゆかた)」とか「まっさらの服」のように用いるが、人によっては耳慣れない言い方かもしれない。その物が未使用でいかにも新しい感じがするのである。新たに収穫したり加工したり、新しい状態になったばかりの物事には、何々したての「たて」が用いられる。「ペンキ塗りたて」だとか「獲れたての魚」のように。「生みたての卵」などは確かに新鮮で好ましいが、「留学したてのころ」となると、新しい環境に順応しきれず、決してプラス評価の状態ではない。

それにしても日本語には何と新たな状況・状態を表す言い方が豊富なのだろう。先の「何々したて」のほかに「……したばかり」だとか、「ほやほやの」とか、もっと良いイメージのものとして「ういういしい」「鮮やか」なども加えると、実に多彩な表現を持つ領域である。

新しきこと必ずしも良いとは限らぬ。「女房と畳は新しいほうが良い」と言うが、別に「女房と味噌（みそ）は古いほど良い」という諺だってある。ワインも年代物は高価だし、人間だって長老を尊敬するのは、それなりの人生経験があって優れた知恵を身につけているからだ。

ところが「古い」「古くさい」「古めかしい」にはどうも〝時代遅れ〟とか〝黴（かび）の生えた感じ〟といったマイナス評価が伴って喜ばれない。「古色蒼然（そうぜん）」もその意味では決して賞（ほ）め言葉とはならない。日本語で「古い」と言うと、それだけで時が経ちすぎて価値が下がっている気分が前面に出てしまう。「古い友人」などは例外中の例外だ。「オールドファッション」「オールドボーイ」（ＯＢ）のように外来語が多用されるのも、一つにはこのような言葉のカラーを出来るだけ避けたい意識が働くからだろう。

形——正円からの逸脱をとらえる心性

丸い／四角い／まん丸い／平たい／のっぺり／いびつ／ごつい／いかつい／角張った／すらり／ふっくら／つぶら／まろやか／まどか

「丸い月」だの「四角い顔」だのと、物の形状をその輪郭から特徴づけるが、基本となるのは、丸と四角と三角形だ。丸と四角は「丸い」「四角い」と形容詞にもなって状態形容に使われるが、残念ながら形容詞として働く形はこの二つきりで、三角や五角・六角・楕円などは、そのまま「の」をつけて「三角のお結び（握り飯）」「楕円の軌道」と名詞として修飾語を造るしかない。完全に丸や四角なら「まん丸い／まん丸な」「真四角の」となるが、少々形が崩れていたらどうする。

日本語は全体の印象から、「細長い顔」（あるいは「長い顔」つまり馬面）だとか「平たい顔」「のっぺりとした顔」のように非分析的な直感として対象をとらえようとする傾向がある。「平たい」とか「のっぺり」とか、いかにも感覚的ではないか。

顔だけではない。「角張った瓶」「ずんぐりした壺」「いびつな西瓜」「ごつい家具」「いかつい肩」（ごつごつして、いかにも強そうな肩）「角張った肩」（「怒り肩」。反対は「なで肩」）と、例はいくらでもあるが、形だけではなくて、プラス・アルファの印象が込められている点が特徴的だ。「いびつ」は形が歪んでよろしくないという評価が、「ごつい」や「いかつい」には何か柔らかみや洗練されたところがなく、だが、丈夫そうな感じが取柄といった、そんな印象が評価として与えられる。形全体を感覚としてとらえようとすると、どうしてもこのような印象や評価がつきまとってしまう。致し方のないことだ。

こう見てくると、好ましかるべきオーソドックスな形が本来あって、その基準に外れる面が特殊性として際立ち、「いびつ」とか「角張った」のようにマイナスの評価として認識されるように思われるかもしれない。が、決してそうともかぎらない。「すらりとした美人」の「すらり」、「ふっくらとした顔」の「ふっくら」、「つぶらな瞳」（丸くてかわいらしい瞳）の「つぶら」など、皆そのような姿形だからこそむしろ良いのだというすばらしさが込められている。

どうやら日本人の感覚には、直線的で角張ったり、ごつごつしたりと滑らかさを失った形態はマイナスの好ましくない状態と映り、曲線的で丸みを帯びた滑らかさをプラスの好ましい様子と感じるらしい。「すらり」や「ふっくら」がそうだし、「つぶら」などはまさに丸そのものだ。

「(話に)角が立つ」のマイナス状態に対して「丸く収まる」の円満な解決。「人間が、角が取れて丸くなった」や「まろやかな良い味」と比喩的に転用しても、丸いことは良いことだの価値観が古来、日本人の心を支配していた。「まろやか」は丸みがあって穏やかな感じの状態だし、「月まどかなり」などと使う「まどか」は、全く欠けたところのない完全な円形の雅語的表現だ。丸は、角が取れて丸くなるという、抵抗や摩擦を起こす余計な箇所が落ちていく結果として、その完璧な姿を良しとしているとらえ方だ。

日本人は、姿や形を初めて目にしたとき、自分の脳裏に原形となるオーソドックスな形態がまずあって、もとになるその完璧な形のどこをどう変形すると目ざす対象の姿が生まれるか、その手を加えるべき箇所を形の特色として考えようとするらしい。

「顎の突き出ている顔」は、突き出ていない状態が本来の姿で、その基準形から顎の部分を前に突き出させると目ざす顔になるという発想だ。モンタージュ写真を作るときなど「目がもう少し凹んでいる」とか「頬骨が張り出している」「鼻筋が通っている」「跳ね上がった眉毛」と、皆この種の表現法で説明する。平らな目が奥へ引っ込んでいったのでも、頬骨がある日を境に張り出してきたわけでもない。もともとそういう顔立ちだったのだ。

姿や形を、基準形の部分的な変化・動きの結果として把握することを、言語学者の国広哲弥氏は「痕跡的認知」と呼んでいる。氏によれば、角が危なくないよう斜めに切り落としてある板を「かどが落ちている」「かどが欠けている」「かどが取れている」のように言うのは皆、〝痕跡的認知〟による描写であるという。

それだけではない。

そのレストランは町をハナレタ所にあった。
そのレストランは町をハズレタ所にあった。

の例を引いて、「場所のように本来は動かないものが移動した結果であるかのようにとらえて位置関係を示す一種の表現法である」と説き、さらに「この表現法の特徴は、客観的に見れば物の動きはあり得ないのに、あたかも動いたかのようにとらえている所にある。これを『痕跡的認知』と呼ぶことにする」とつけ加える（「認知と言語表現」）。

そういえば、これに類する表現は日常しばしば目にする。次に引用するのは高村光太郎の詩「落葉を浴びて立つ」中の一節だが、天空を蔽う桜の小枝の縦横に交差する模様を、まさに痕跡的に描写する。

手ざはり荒い無器用な太い幹が、
いつの間にかすんなり腕をのばして、
俵屋好みのゆるい曲線に千万の枝を咲かせ
微妙な網を天上にかけ渡す

動的な力感を凝集して一瞬の静的空間を生み出す痕跡的表現は、俳句の世界にはぴったったりな技法だ。

紅梅や枝枝は空奪ひあひ　（鷹羽狩行『月歩抄』）

紅梅の生命力が「奪ひあひ」の動きから伝わってきて、おのずと句に勢いを与えている。こうした視覚的状況は、とても静的な形容詞や副詞では表し切れるものではないだろう。それにしても日本語とは何と多くの可能性を秘めた言語であることか。

大小——スケールをサイズで表す

大(おお)きい／広(ひろ)い／小(ちい)さい／狭(せま)い／でかい／でっかい／ばかでかい／ちっこい／ちっぽけ／でかでか／ちょこんと／ちょこなんと／ちょこちょこ／ちょこまか／ちんまり／こぢんまり

「大は小を兼ねる」と言う。大きい物は小さい物の機能も兼ねるということで、大なるほうを有用と考えるわけだ。

どうも人間には大きなものを礼讃(らいさん)し、小さなものを軽視する思想が潜在的にあるようだ。「大の虫を生かして小の虫を殺せ」など、さまに小さなもの蔑視(べっし)の端的な表れだ。消費を美徳とした一時期、「大きいことはいいことだ」とばかり、テレビでも車でも大型のものがもてはやされたことがあった。人間も、健康優良児などに選ばれる者は皆、体の大きな子供たちばかりであった。

とはいえ、一方において「大男総身(そうみ)に知恵が回りかね」で、体ばかりが大きくても、大男はえてして全身に知恵が行き渡らないものだ、人間も物もコンパクトにかぎるといった考えも根強い。最近は記憶素子を始めとして、あらゆる先端技術が、物を超小型化へと向けて改良の手を進めている。まさに「小さいことはいいことだ」の時代である。

日本語では「大きい」「大きな」と言えば、まず形のある物を考える。もちろん「大きい皿」のような持ち運びの出来る品物ばかりではなく、「大きなビル」「大きな池」と建造物や地理的なもの、さらには「大きな会社」「大きな国」と組織のスケールにも用いることは言うまでもない。抽象的な事柄、たとえば「大きな仕事」（大仕事）「大きな喜びあり」などという例もあるにはあるが、漢語で「大病、大成功、大活躍、大多数」と言えても、これを分解して「大きな病気」「大きな成功」のようには言わないだろう。

戦前の唱歌に「ウミハ　ヒロイナ、大キイナ……」というのがあった（文部省唱歌「ウミ」）。あの水平線まで見はるかす大海原を「広い」「大きい」と二つの形容詞でとらえているところが面白い。そう言えば「狭い庭」は、猫の額ほどの「小さな庭」だ。

「大きい」「小さい」はスケールの問題で、「広い」「狭い」のような面積だったり、「大きな袋を肩に掛け……」の体積だったり、「大きな杉の木の下で……」と高さを指したり、あるいは、

そと秘めし春のゆふべのちさき夢はぐれさせつる十三絃よ　（与謝野晶子『みだれ髪』）

と、規模や程度を表したりで、一定しない（晶子の歌は〝そっと胸に秘めていた小さな夢

——淡い恋情——を春の夕べふと思い出したが、それも琴を弾いているうちに紛れてしまったよ″の意)。というわけで、「大きい」「小さい」の指す対象はかなりあいまいだ。だから「大きいほうの子供」と言われても、それが背の高いほうの子供なのか、太ったほうなのか、それとも年上のほうなのかは、わからない。

「大きい／小さい」で代表される程度の形容詞（「長い／短い」「太い／細い」など）は反対関係にある二つの語が対(つい)をなすところに特色がある。大きさの程度を下げていけば、いずれは小ささに達するというわけだ。相対的だから、一方が小さければ他方は比較の上で「大きい」ということになる。

前田夕暮(まえだゆうぐれ)の歌に、

　向日葵(ひまわり)は金の油を身にあびてゆらりと高し日のちひ(イ)ささよ

というのがある。真昼の燃えるような日輪（太陽）を「日のちひささよ」と述べることによって、対比的にひまわりの花の大きさが強調される。一つも「大きい」と言わないで、その圧倒的な花のスケールを際立たせる技巧は、見上げたものだ。

形容詞「大きい」「小さい」は、形容動詞として「大きな」「小さな」の形も持っている。普通は「丸い」は「まん丸な」のように接頭語がつく場合などに形容動詞化するが（「丸な」とは言わない）、「柔らかい／柔らかな」など他に例がないわけではない。両者の意味はほとんど変わらない。

サイズを表す語には、ほかに、大きいほうで、俗語の「でかい」「でっかい」「ばかでかい」、小さいほうで「ちっこい」「ちっぽけ」がある。俗語だから、親しい間柄でのくだけた会話にしか使えないし、「ちっぽけ」などは、小さいゆえに価値も落ちるといった語感が伴ってしまう。戦時中の予科練の「若鷲の歌」に「でっかい希望の雲が湧く」とあったが、あれは意図的に「でっかい」を使ったものか。

大小は物事のサイズについて普通に用いるが、比喩的にその状態の程度を表すこともある。先の歌も「でっかい」は雲の大きさを指す一方、希望の大きさも表している。「青年よ大志を抱け！」の「大きな志」と共通するところがある。「小さい」も、「ちいさい秋みつけた」の取るに足りないささやかな、うっかりしていたら見落としてしまいそうな、そんな程度の状態だ。

様子を表す副詞にも、大小のサイズを表すものが少ないながら見受けられる。「でかでかと貼り出す」の「でかでか」。目立つようにと並はずれて大きく示す。これも俗語だ。小さいほうでは「ちょこんと」頭を下げたり、「ちょこなんと」座って控えていたり、あるいは小さい子供が「ちょこちょこ」走り回ったり、「ちょこまか」動き回ったりする。

変わったものに「ちんまり」がある。小さくまとまっていて、かわいらしいとか、良いぐあいだとかいうプラスの評価である。これに「こ」をつけて「こぢんまり」とすると、さらに評価は上がり、小さいなりに程よくまとまっていて、落ち着きのある良い状態だという評価が下される。住居(すまい)や部屋、生活の様子を形容する語である。接頭語の「こ」がついて濁音化した語だから「こぢんまり」と書くのが正しい。「こじんまり」ではない。

それにしても、生活の仕方や、生活の中での種々の動作(人事現象)の様子を、大小のサイズを物差しにして表現する(特に小さいほうに多い)とは何と偏狭な島国根性的発想であろう。しかも、多くはマイナスの評価が語感としてつきまとう。言葉として大小を区別し取りたてる意識は差別語と根は共通と見てよいだろう。俗語ゆえに、日常生活に密着した言葉として、日本人の意識の底にこうした差別意識があるとしたら大変だ。

遅速——同時に気になる時間と速度

はやい／おそい／素早(すばや)い／すばしこい／はしこい／疾(と)く／すぐ／直(ただ)ちに／急(いそ)いで／早(はや)くも／すでに／あわただしい／目(め)まぐるしい／せわしい／せわしない／あたふた／そそくさ／ゆっくり／ゆったり／ゆるやか／のろい／のろのろ／はかばかしい／のんびり／おもむろに／徐々(じょじょ)に

『小倉百人一首』に崇徳院(すとくいん)の御歌として、

瀬を早み岩にせかるる滝川のわれても末にあはむとぞ思ふ

というのがある。一首の意は、〝川の瀬が速くて、岩にせかれて二手に割れる激流も、やがてはまた一つに合わさる。そのように自分も、今は仲をせかれて会えないあの人と、末は必ず添い遂げよう〟そういうすさまじい執念の歌だ。

そのすさまじさを示すかのように、浅瀬の川波は音を立てて激しく流れる。「深き流れは波立たず」といって、ゆっくり流れる淵(ふち)のあたりは、水音一つ立たない。浅くて流れが速いほど軽薄なさざめきが絶えず聞こえてくるものだが、これは口数の多い者ほど、思慮深さに欠け、実行も伴わぬという喩(たと)えだ。「鳴く猫は鼠を捕らぬ」といったところだろう。

現代はスピード志向の時代で、何でも速いものにあこがれる。それが一方で騒音公害の問題をまき起こしているのだが、馬車や牛車(ぎっしゃ)と言わないまでも、極限のスピードに挑むことへの意義を、一度考えてみる必要はあるのではないか。

遅速に関する日本語はかなり多彩で、好悪の感情の伴うものの多いのも一つの特色だ。当然、動きのスピードと時間の早さとがあるのだが、それが「はやい」（速い、早い）「おそい」（遅い）と同じ単語ですまされているところが面白い。動きと時とを対象の別々の状態ととらえないで、両者が同じ一つの事柄として把握される。車のスピードがあることは、それだけ早く到着する。「素早い」は動作が速い、つまり敏捷(びんしょう)なことだが、同時に始動の早さも表す。〝機を見るに敏〟というところだろう。

その点「すばしこい」もしくは「はしこい」と通ずるわけだが、こちらは〝抜け目のなさ〟というマイナスイメージがつきまとう。〝早く〟という意味では、少々文章語的だが、「疾(と)く」もスピードと時とがいっしょになって切り離しにくい。その昔、卒業式の折に歌われた「あおげば尊し」に、「……おもえばいと疾(と)し、このとし月」というくだりがある。思い返すと時の経つのは大そう速かったという回想だが、もともと古語の「疾し」は、現象の起こりや進行、ものの状態が鋭いことを表す形容詞だった。

室生犀星の「山なみ」という詩に、

うれしや
ふるさとに自動車がしなをつくりて
鋭き山なみのもとを過ぎゆきぬ。（『青き魚を釣る人』）

という一節がある。「鋭き山なみ」とは、まさに大空に鋭い稜線を刻む険阻な山脈であって、視覚的な鋭さだ。先の「いと疾し、このとし月」も、思えばこの年月の過ぎ行く印象の何と鮮烈だったことよ、という意識だろう。時の経過の鋭さは、速やかさへと移行する。

楠木正成がわが子正行を桜井の里にて国へと帰すあの有名な桜井の別れを歌った「青葉茂れる桜井の」の中に、「いましはここ迄来れども、とくとく帰れ故郷へ」（落合直文）というのがある。この「とくとく帰れ」も「疾く疾く」で、「さあ早く、早く帰りなさい」という命令だ。これは始動の早さだろう（「いまし」は「汝」という二人称の代名詞）。

現代語で「とうに帰った」とか「とっくに帰った」というが、これももとは「疾く」で、「疾くに」を音便で発音するとこうなる。〝はやい〟意味の「疾く」も使いようで「すぐ」とか「直ちに」「急いで」となったり、「早くも」「すでに」となったり、いろいろである。いずれにしても何やら慌ただしい。

物事の開始や進行という客観的な事柄を、日本人はそれを受け止める人間側の立場で

「すばやい」とか「すばしこい」、あるいは心に、鋭い「疾し」の印象でしかとらえようとしない。動きのスピードも、主観的な「早い」「はやくも」という時の意識で解釈するのだ。「速い」はまさに「早い」である。

日本人が時間に神経質なのも、あるいはこんなところと関係があるのかもしれない。やたらと慌ただしい形容詞が出て来て、これでもか、これでもかと日本人を追いたてる。「あわただしい」「目まぐるしい」「せわしい」「せわしない」そして、急いで事をなす「あたふた」とか「そそくさ」といった副詞までもが日本人の落ち着きのなさに一役買っている。そこから、「ゆっくり」としたスローペースが、好ましい心の落ち着きを表す状態として歓迎されるわけだが、一方、あまりにも遅い進行にやきもきするマイナス評価も出てくる。

「ゆったり」「ゆるやか」が前者なら、「のろい」「のろのろ」「はかばかしい」が後者の代表だろう。「のろい」には最初から〝遅くて良くない〟というマイナス点がついているし、「はかばかしい」は打消を伴って、思うように事の進捗しないことに苛立つ心がつきまとう。

どうも「のんびり」とか「ゆっくり」など、日本語のこの手の言葉には、それを良しとするプラス面と、逆にマイナスと考える二つの受け止め方が共存していて、そのいずれにもなり得る不思議な性質があるようだ。それも、右に述べたような事情に由来するわけだが、動きや時間という客観的な事柄も、「昨日の日曜日は一日ゆっくり出来た」のように、〝のんびり、のびのびと〟という精神的な〝ゆとり〟として主観的にとらえてしまうところに、日本語らしさがある。

ゆっくりと大地めざめてゆくように動きはじめている夏の船（『サラダ記念日』）

「おもむろに」や「徐々に」なども、行動や変化の進行に過激さがなく、むしろ穏やかでよろしいという話者の主観的心理から発せられる副詞だ（この点に関しては、また次の「動き」のところで詳しく述べる）。蕪村の有名な、

春の海終日（ひねもす）のたり〳〵哉（かな）

これも、「のたり〳〵」という言葉にこめられる穏やかな心、その、作者の〝ゆとり〟の心が、春の海ののどかな印象とうまく調和しているからこそ、優れた句と言える。決して「のたり〳〵」は〝波の大きくうねるさま〟といった客観的状態だけを表しているのではない。

スピード時代、スピード化の時代と万事が忙しくなっている現代こそ、心にゆとりをも

って受け止めるスローペースの副詞の良さを再度見直し、言葉に見合ったゆったりとした気分で事に当たる、そんな心がけが求められているのではないだろうか。

動き——事と時の関係性のはざまで

おもむろに／ぼつぼつ／そろそろ／やおら／やにわに／いきなり／急に／突然／不意に／にわかに／たちどころに／だしぬけに／突如／ゆっくり／つと／さっと／ぴたっと／ぴったり／つっと／ひしと／ひしひしと／ひたむき

江戸時代の蕉風俳人、向井去来の句に、

おもむろに東風見る雲のいそぎかな

というのがある。春、東のほうから吹く風を「こち」と言ったが、春とはいえ、幾分寒さも残る東風をまるで窺うかのように、雲がおもむろに動きの支度をしているかのようだと、まあそんな意味の句と解せるが（古語で「いそぎ」とは支度や準備を意味した）、「おもむろに」ほど日本語らしい副詞はそう多くない。と言うのは、何か新しい動作の始動に際して、それがいきなり普通のスピードで始まらず、ゆったりと落ち着いた態度でゆっくり行われる様子を表しているのだが、こんな、物事の始動の様子を、ゆっくりと、しかもそれを良しとして評価する態度は、なかなか日本的だ。

日本語にはこの種の副詞が極めて多い。こうした言葉に出くわしたら、その語に込められている話者の心が理解できなければ意味がないが、外国人にはわかりにくい言葉だ。「ぼつぼつ出掛けましょうか」の「ぼつぼつ」。「もうそろそろおいとましたら」の「そろそろ」。「やおら立ち上がった」の「やおら」。反対に、急なさまを表す「立ち上がると、やにわに札束をひったくって逃げ出した」の「やにわに」など、何とこの手の語も多いことか。日本語には急に物事や行為の始まる語彙が豊富で、表現に事欠かない。それだけにそれぞれの語の違いや使い分けに通暁することの難しいのも確かだ。

「いきなり、急に、突然、不意に、にわかに、たちどころに、だしぬけに」そして今見た「やにわに」や、「突如」と、それこそ外国人が見たら目を回しそうな多彩な副詞の領域だ。前の、のんびりとしたスローペースの副詞と合わせて、日本語の中でも特異な語彙分野と言ってよかろう。

それにしてもこれらの語が、ただ動きの開始や動作の進行の遅速を問題にしているだけではなく、むしろそのような動きを取る状況に話者の眼が向けられている、ということが肝要だ。そして、その状況をゆっくりだから好ましい、予期せぬことゆえ迷惑だと、受け取る人間の心理状態として価値評価まで伴ってしまうのだから、言葉の使いようは恐ろしい。

たとえば、「ゆっくり」はスローモーで悪いとは決して考えない。ある駆け出しの通訳某氏の述懐だが、氏は「あとでゆっくりお話ししましょう」という日本語を、文字通り〝後ほどスローペースで話を致そう〟という外国語に訳してしまい、その外国人に変な顔をされてハッと気がついたが、後の祭り。「日本語とは本当に難しいですね」としみじみ語って聞かせるのであった。

「ゆっくり」などは何も動作の速度を意味するとは限らない。「お三人さんでも、ゆっくり座れます」など、座れるスペース、つまりは窮屈な思いをしないですむ心の余裕だ。「ゆっくり風呂（ふろ）につかった」など、くつろいだ精神状態が主で、入浴時間などは二の次だろう。

金田一春彦（きんだいちはるひこ）氏の文章に、

　律子さんは、何も報酬を受けられず、時には逆に唐饅頭だの切り花だのを持って来られたのだから、随分有難い学生さんだった。昔はゆっくりした家庭にそういう奇特なお嬢さんも居たのである。（『父京助を語る』）

とあるが、ここの「ゆっくり」などは家計の裕福を〝ゆとりある状態〟として好ましいものととらえている、そうした話者の心理の表れだろう。もっと極端な文学的表現ともなると、照りのいい黄味がかった顔色の額がややひろく、厚肉の形のよい鼻を中心に眼も口もゆっくり間隔をとって置かれているので神経質な印象はどこにもなかった……（円地文子「女坂」）

顔の造作を鮮やかに描いてみせてくれるが、それが、まるで造化の神のご意思で眼や口の配置が順に造られていく、そんな錯覚さえする表現だ。「ゆっくり間隔をとって」の心は、〝ゆとりの美感〟に相違ない。

人間の行為は時間的に順に行われるから、行為の実現遂行は、時の観念がとかく伴いやすい。右に挙げた副詞はいずれも動きの様子を時間的な面からとらえたものだが、瞬時の成立から長い時間をかけての動きまでさまざまだ。それが、ある場合には「いきなり」「不意に」のような思いもかけぬ驚きを呼んだり、「そろそろ」「ぼつぼつ」の〝ゆとり〟を生んだりもする。いずれも事の成立と時との関係が招く心理的側面だ。思いがけない事柄の生起といえば、古語に「ゆくりなし」という形容詞があって、突然・不意のことを表した。現代でも「ゆくりなくも」の形で、思いがけず偶然に起こった様子の形容として稀（まれ）に用いられる。

ゆくりなく野火をし見たり風のむた赤き炎は飛びつつゐたり（斎藤茂吉『暁紅（ぎょうこう）』）

思いがけずたまたま野火を見たというのである。「風のむた」は〝風とともに〟の古い言い方。

古い言葉といえば「つと」も古代から用いられてきた副詞だ。急に短い動作を起こしたり止めたりするさまを形容する語で、起こす場合なら現代語の「さっと立ち上がる」などいう「さっと」、止める場合なら「風がぴたっと止む」の「ぴたっと」や「ぴったり」に近い。

『枕草子』に、

あはれなる事など、人のいひ出で、うち泣きなどするに、げにいとあはれなりなど聞きながら、涙のつと出で来（こ）ぬ、いとはしたなし。

とある、あの「つと」は、涙が急には出て来ないで、ばつの悪い思いをする、「ぐっと」に近い状況だ。

石川啄木の歌にある、

思ふこと盗みきかるる如くにて、
つと胸を引きぬ――
聴診器より。（『悲しき玩具』）

の「つと」は、〝急に〟聴診器から胸を引く、いかにも啄木らしい笑えぬ歌だ。「つと胸に込み上げた」など、無意識のうちに起こる行為や現象で、それだけに自分の心のうちを知られることに対する恐れが切実なものとして読者の胸を打つ。

「つと」は「つっと」と促音化することもある。「つっと立ち止まる」（突然立ち止まること）などその例だ。立ち止まるのが「つと」「つっと」なら、立ち上がるのは「やおら」だろう。こちらはかなりゆっくりとした動作だが、同じ副詞でも動作によって修飾する語を使い分けるのだから難しい。

抱きしめるのなら「ひしと」だし、感じるのなら「ひしひしと」だ。どちらも強く迫り密着するさまという点では意味の重なる部分が多そうだ。だが、「ひしひしと」には精神的な現象だけに自発的・受身的な色合いが濃い。能動的な行為なら「ひたむき」。ひたむきに愛したり、学問の道を進んだり、これはなかなか強い意志の力が働いている。

ある語が文の中で使われるとき、比較的よくその語と組んで用いられる語群というのがあるものだ。

つと立ち止まり、やおら立ち上がる。ひしと抱きしめ、ひしひしと感じる。

これらは互いに助け合って一つの表現を組み立てていく相性（あいしょう）のいい言葉同士の仲と言えるだろう。学問的には結合価の高い語群ということである。日本語の形容詞や副詞には特にこの種の語群が多い。日本語の巧みな使い手となるためには、まずこのあたりを十分に身につけることから始めなければいけない。

Ⅶ　度合い

時

――一瞬をよぎる過去・現在・未来

長らく／間もなく／すぐ／じき／久しい／しばらく／ようやく／やがて／やっと／今に／まさに／今／今にも／折から／折あしく／今しがた／さっき／先ほど／かねて／つとに／あらかじめ／前もって／とわに／とこしえに／ひねもす／夜もすがら／ひぐらし／朝な夕な／日がな一日／夜っぴて

「長らくお待たせ致しました。間もなく二番線に上り列車が参ります。」日常よく耳にする駅での放送だ。軽く聞き流せば別にどうということもないが、少し理屈っぽく考えると、どうもよくわからない不確かな内容に、日本語の大まかさを改めて実感する。

「長らく」とはいったいどのくらいの時間を指すのだろう。「間もなく」ならどの程度の長さなのか。めでたく卒業して下宿を引き上げるとき「長らくお世話になりました」と挨拶する。あれは何年もの時間の長さだ。いずれにしても過ぎた年を振り返り、それを人に告げるとき「長らく」と言って、相手を立てる。長いこと待たせた、長い間世話をかけたと、儀礼的な心づかいが、「長らく」には込められている。

だから、「間もなく」や「すぐ」「じき」のような、未来のことには使えない。これも、それほど時間をかけは致しませんという思いやりの副詞だ。日本語には時に関する副詞が多いが、皆一つ一つ異なるニュアンスがあって、その語を使う話し手の心理を微妙に反映しているため、使い分けを誤ると妙な日本語となる恐れがある。繊細な言葉なのだ。「長らく」に似た時の長さを表す形容詞に「久しい」がある。が、これは「久しく会わなかったね」とドライに言い切るだけで、相手に面倒をかけてしまったという深い心づかいは特にない。そのような心情を抜きにした単なる「久しぶり」のことなのである。ベイリーの曲に乗せた歌詞に「語れめでし真心　久しき昔の」（近藤朔風）というのがあるが、あの「久しき」も全く同じ。長く隔てたはるか以前、それが「久しき昔」のことなのだ。

時にかかわる副詞の代表は「しばらく」「ようやく」「やがて」「やっと」といった一連の待たされ時間に関する語群だろう。と言っても「やがて」「やっと」は本来、時とは無関係の副詞だった。西行法師の、吉野山やがて出でじと思ふ身を花ちりなばと人や待つらむ　（『山家集』）

の「やがて出でじ」は〝このまま山からはもう出まい〟（西行庵にこもって、下山するつもりはない）という意味だから、現状維持の精神だ。「やがて」は「やみがて」（止難）から来たとも言われ、〝止めようとして出来ず、直ちに〟つまり〝そのまま、すぐに〟の気分が出てくる。だから古代の例では、時に関する場合でも、現代語よりずっと時の間隔が短い。

やがて死ぬけしきは見えず蟬の声　（芭蕉）

あのやかましいほどの蟬しぐれ、こんな生命感の溢れる蟬の声を聞いていると、とてもすぐ死んでしまうものとは思われない、というわけで、この「やがて」も「すぐ」や「じき」に近い。それがいつの間にか時の隔たりに長さを感じさせるようになったのだから、言葉というのは面白い。感覚的には、実現の時期の不明〝いつかわからないが、そのうち、近いうちに〟つまり「今に」といった気分だろう。

「やっと」と「ようやく」は、手間や時間のかかった結果の実現で、大変だった、長かったという気分が伴うところが特徴的だ。「ようやく」の「く」が音便で「ようよう」と変わったり（「やうやく」→「やうやう」）、両語が交ざって「ようやっと」となったり、「やっと」は「やっとこ」「やっとこさ」と俗語を生んだりで、いや実にさまざまな形の語を派生させている。それというのも、事がスムーズに進まないこの世の姿を、このような形で言葉の上で表しているのかもしれない。

かみなりをまねて腹掛（かけ）やっとさせ　（『誹風柳多留（はいふうやなぎだる）』）

いやがる裸の子に、雷の真似をしてみせて、「そうら、おへそを取られるぞ」と脅（おど）して、何とか腹掛けをさせたという川柳である。難しい行為をどうにか実現させたそのアイデアを諷（ふう）したもので、これは川柳とはいえ、いかにもほほえましい。「やっと」は、〝どうにかこうにか〟という難題の克服だ（「やっとこすっとこ」とも言う）。その点では「六十点でやっと合格できた」の「やっと」に近い。時の観念はほとんどない。

事が起こる折の時間的状況を明らかに表す語となると、これがまた実に多彩だ。

まず、これから起こる未来のことなら「まさに」「今」「今にも」。前に触れた「すぐ」や「じき」もこのグループに入る。「今」といっても現在とはかぎらない。

次に、ちょうど時を同じくして起こる「折から」。「折からの雨で……」のようにその折の状況として述べる言葉である。それが不本意な状況なら「折あしく」と表現を変えなければならないのだから忙しい。

すでにすんだ過去に関してなら「今しがた」「さっき」、「先ほど」などの言い方もある。同じ「今」がついても、現在であったり未来や過去を指したりするのだから、日本語というのは実に不可解だ。さらに、以前からとある状況になっていた「かねて」「つとに」のような特殊な語もあり、使い分けは難しい。事前に相応の手が打ってあるなら「あらかじめ」「前もって」が使える。

そして、未来永劫（えいごう）に続くことになれば「とわに」。「永久、永遠」などの漢語もあるが、どうも漢語を使うと「永久磁石」のような科学用語か、哲学的な「永遠」を考えてしまいがちだ。やはり「とわに幸（さち）あれ」は「とわに」でなければさまにならない。少し古めかしい言い方では「とこしえに」「とこしなえに」という語があるが、これは「とこしえに眠るわが師よ」（永久に眠り続ける、つまり〝死〟を意味する）など、使われ方はかなりかぎられる。似た語に「とことわに」というのもある。

　ことことはに寂しきものかたたまりて段（きだ）にし寄する汀（なぎさ）白波　（斎藤茂吉『暁紅』）

いや、実に類似した語が多いものだ。

一日の時間を示す副詞は現代語ではあまり見当たらず、もっぱら「朝、昼、晩」と時の名詞によるか、「一日中」のような漢語で言うしかない。古語なら、前に引用した蕪村の「ひねもすのたり〱かな」の「ひねもす」（一日中）。芭蕉の、

名月や池をめぐりて夜もすがら

でよく知られる「夜もすがら」（夜どおし）。『徒然草』の序段にある「日暮らし、硯（すずり）にむかひて、心にうつりゆくよしなし事を、そこはかとなく書きつくれば……」の「ひぐらし」（終日）、なかなか味のある言葉が多い。せいぜい「朝な夕な」「日がな一日」など一つの言い回しで間に合わせるか、でなければ「夜っぴて」のような俗語に頼るしかなかろう。

もっとも、「夜っぴて、夜どおし」など、俗語とは言え、面白みのある言い方で、捨て難い。「夜一夜（よひとよ）」のくずれた形と言われているが、俗な言い方には、かしこまった表現にはないふだん着の味があり、使い勝手も至極よい。こういう言葉をいつまでも大切に保っていきたいものだ。

頻度——使い分けて時を刻む

たまに／たまさか／ときたま／たまたま／まれ／わくらばに／ときおり／ときどき／たびたび／しばしば／ちょいちょい／ちょくちょく／しきり／たてつづけ／ひっきりなし／絶(た)えず／しょっちゅう／いつも／常(つね)に／盛(さか)んに／ひとしきり

滝の音はたえて久しくなりぬれど名こそ流れてなほ聞こえけれ　（『千載和歌集』）

という歌がある。昔ここに見事な滝があった。その滝も水が涸(か)れて音も絶え、以来久しく時が経つが、評判だけは語り継がれて今も有名だというのである。

この歌の見せどころは、何といっても「た」と「な」の頭韻だろう。五・七・五・七・七の各句の頭の音(おん)を「た」と「な」でそろえて歌の姿を整える、なかなかの技巧だが、少し形式の面白さに走りすぎるきらいもある。滝の音がしなくなって久しくなった、今日の水涸れだが、「久しい」には長い時の経過だけで、繰り返しはない。

間欠的に起こるのであれば「たまに」「たまさか」「ときたま」。偶然性が伴えば「たまたま」だが、これはある状況にめぐり会ったりする場合に用いる。「たま」は「たまの休み」のように名詞にも係るが、「稀（まれ）」もこれと似ている。「まれに見る才能」など「めったに……ない」ことだ。それが「くる人まれなる所なり」（『平家物語』大原御幸（ごこう））と名詞を引き出す。現代語なら「まれなこと」などという、あの「まれ」である。「たま」といい「まれ」といい、「久しい」といい、日本語には長い時の経過を前提とする副詞や形容詞が多い。

少し古いところでは「わくらばに」という語がある。〝まれに〟とか〝たまたま偶然に〟という意味だから、いま問題としている語群に入れてよい副詞だ。現代では雅語として歌などの中でしか使われない。「わくらば」はもと〝病葉〟で、夏、赤く変色した葉をいったらしい。それが、めったに生じないことから〝たまたま〟の意味に比喩（ひゆ）的に用いられたのだという。

わくらはの眠り恋（こほ）しとあかねさす昼の小床に目をつむりけり　（斎藤茂吉『あらたま』）

繰り返し起こる事柄の時間間隔が狭まってくれば、頻繁な出来事となるが、日本語には、その反復の時間幅に応じた副詞がいろいろあって語彙に事欠かない。いわゆる頻度副詞である。

先の「ときたま」「ときおり」に始まって、「ときどき」「たびたび」「しばしば」、やや俗語くさいが「ちょいちょい」「ちょくちょく」、さらに「しきり」「たてつづけ」「ひっきりなし」と、ほとんど間を置かぬ状態になって、ついには「絶えず」「しょっちゅう」「いつも」「常に」と、常時の事柄になっていく。まあ何と語彙が豊富なのであろう。それだけに各語の違いは微妙で、使い分けは難しい。時間間隔に対する心理的な差、表現の意識、文体の違いなどに左右される面が大きい。

芭蕉は『笈の小文』の中で、

父母のしきりにこひし雉の声

と詠んだが、あの霊場高野山の地に立つと、ただでさえ亡き父母のことが思い出されるのに、雉子の鳴く声を聞くと、ますます切なく思い出されてくることよという。

これは多分に行基菩薩の、

山鳥のほろほろと鳴く声きけば父かとぞ思ふ母かとぞ思ふ

という高野山での歌に影響されているのだが、一見平凡とも見えるこの句も、よく味わってみると、深い感動を覚える。明治の禅僧天田愚庵も「昨日はさまで心にしみても感ぜざりしが、今思へば誠に名句なり」（『巡礼日記』）と讃えている。それも、しきりに恋しという「しきりに」が効いているようだ。〃いよいよますます〃という抑えようにもおさえきれない内から込み上げ押し寄せてくる絶え間ない思いや欲望の波、それが「しきりに」だ。こうした状況が僅か一語の副詞の中に集約されている。言葉の恐ろしさというべきか。

息子の夏目伸六が父親のことをつづった文章の中に、漱石の手紙を引用して、

　高田市の森成麟造氏に宛てて、「良寛はしきりに欲しいのです。とても手に入りませんか」とも言って居る。（『父夏目漱石』）

と述べているが、良寛の書を手に入れたい欲望の激しさを「しきりに欲しい」と漱石は言っている。まさに「しきりに」の気分だが、現在はこうした自身の欲望にまでは使えないだろう。

似た語に「ひたすら」と「せつに」がある。しかし、これは「ひたすら願う」「切に希望する」のように、思いの強さ激しさをいうのであって、動作の繰り返しではない。「しきりに咳をする」のような〃たてつづけ〃の状況は「しきりに」や「盛んに」だ。だが、ある時間や期間の間だけで、その後止んでしまえば「ひとしきり」というところだろう。

とにかく物事の繰り返しや継続に関する日本語は種類が豊富で、状況ごとに細かく言葉を使い分ける。自然環境が、地理的にも時間的にも短い周期でしばしば移ろう変化の多い国柄だからかもしれない。それにしても忙しいことである。

程度——四季おりおりの情感を伴う認識

めっきり／ひときわ／ひとしお／とみに／がぜん／かなり／なかなか／とても／すこぶる／はなはだ／ひどく／ごく／めっぽう／とてつもなく／途方もない／たいへん／ひどい／法外に／なかなかに／いっそ／とても／いとも／こよなく／こちたし／いたく／ほとほと／ほとんど／著しい／めざましい／実に／げに

変化といえば、わが国の周期的変化の代表は、何といっても四季の移り変わりだろう。四季の変化があるから、生活も、文化も、それに見合った形を生み出していくのだが、特に寒暖・天候の変化は、日本人の言語生活に大きな影響を与えている。日常の挨拶、手紙の文章、日ごろ交わす些細な会話の節々にも、四季の移ろいの影が色濃く現れている。そして、その多くが気温や天候に関する言葉だ。

「めっきり寒くなりましたね」とか、「めっぽう寒い」「すさまじい寒さ」「とてつもない寒さ」と、程度が一段と高まったり極限へと向かっていく形容詞や副詞が断然多い。「めっきり」のような際立って程度が高まる言葉はほかにもある。「ひときわ、ひとしお、とみに、がぜん」などがあり、程度の高さを表す語なら「かなり」の程度から「なかなか、とても、すこぶる、はなはだ、ひどく、ごく」とだんだん度合が高まり、ついには「めっぽう、とてつもなく、途方もない」と、想像を絶する極限値へと達する。何と語彙の豊かなことよ。

とはいえ、こうしたさまざまな程度強調の語を使い分ける背景には、その状況や事柄に対するわれわれの受け止め方や感情・心理などに微妙な違いがあるからに相違ない。概して程度の高いものほどマイナス評価の受け止め方をするのが日本語だ。「たいへん寒い」の「たいへん」は〝大変〟つまり〝一大事〟だし、「ひどく寒い」の「ひどい」は「極悪非道」などいう「非道」、人の道にはずれている悪いことだ。「めっぽう寒い」は〝一切の法をなくす〟という「滅法」から来ている。「とてつもなく」は「とてつ」(途轍)つまり〝筋道〟や〝道理〟のないことを指すというわけで、いずれも並一通りのことではないマイナス状態だ。

こうした発想はまだほかにもいろいろある。「法外に」とか「とほうもなく」(「途方」つまり〝条理〟がないこと)など挙げればきりがない。日本人には極端は悪であるとの思想が古来あったようで、道理や人道にはずれる怪しからぬことと受け止めていたようだ。では何事も中庸を良しとしたかというに、どうもそうではないらしい。むしろ、はっきり「暑い」とか「寒い」、「良い」とか「悪い」と断定しないため、かえってマイナス評価の域に入ってしまう。

「なかなかいいね」などと言うと良いようだが、本来この「なかなか」は「なかなかに」の略で、〝中途半端〟〝なまはんか〟なことだった。不十分は価値が劣る。なまじ、どっちつかずの状態よりは、いっそ一方に徹するほうがましだとの思想があって、あいまいさを嫌った。

この「いっそ」に近い気分として「とても」の存在を忘れることはできない。この語は「とてもかくても」の略されたもので、〝どちらにしても〟〝いずれにしても〟、つまり〝どのみち〟どうせ同じことなら〝いっそのこと〟という思い切りの気持ちを表していた。それが〝どうでも〟〝何としても〟の強い意志へと発展し、打消と呼応して「とても逃れ給ふべき御身ならず」(『源平盛衰記』)のように「到底」と同じ意味になる。「私には、とても、とても……」などと逃げ腰の断り状がまさにそれだ。

新村出や柳田国男の説によると、この「とても」が信州方言では「とてもいい」のように程度副詞として用いられていたらしい。それを明治時代、信州に登山に出かけた学生たちが東京に持ち込んで、流行らせたという。

それが本当だとすれば、こんな些細な行為も、何十年か経つと当たり前の日常語となってしまうのだから、恐ろしい。

今日やや特殊なものとなった語に目を向けてみよう。まず「いともたやすい」など言う「いとも」。〝ことのほか〟〝非常に〟という高い程度を表すが、もともとは「いと‐も」で、

「おもえば　いと疾し、このとし月」（「あおげば尊し」）の、あの「いと」と同じ副詞だ。
北原白秋の『邪宗門』には、

いと高くいと暗くいと密にいとほのかなる
細らなる赤楊の列、そのもとの底の底をわれはあゆむ。（「尋めゆくあゆみ」）

と、この「いと」が多出する。二音節で短く力強い響きがあるから、詩などにはうってつけの副詞だ。
雅語的な響きの語といえば「こよなく」と「こちたし」を挙げなければならない。「こよなく晴れた　青空を」と歌われた「長崎の鐘」（サトウハチロー）でご存じの方も多いと思うが、この語も古い語で、〝この上なし〟〝格段の〟という高い程度を表す。が、ほかと比べて優れている場合だけとはかぎらない。格段に劣っているときにも用いたのだから、現代語意識とは相当に隔たりがある。雅語化すると、何となく良い意味に取れてくるから不思議だ。

机に向かっていない時でも、あれこれと空想の翼をひろげているのは、父にとって、こよない楽しみだったらしい。（吉川英明『父吉川英治』）

と、現代の文章にもたまに見られる。すてきな副詞だ。「こちたし」は今はもうほとんど使われなくなったが、少し古いところでは、

まだ旅びとのねむりさめやらねば

つかれたる電燈のためいきばかりこちたしや。（萩原朔太郎「夜汽車」）

と現れる。夜汽車の電燈ばかりがわずらわしいほど明るすぎて不快だというのである。もともと「こちたし」は〝事甚（いた）し〟で、仰々しすぎてわずらわしい気分を表した。大げさにすぎるわけだ。

その「事」が取れた「いたく」も「殿下はいたく感心あそばされておられた」と〝非常に〟の程度副詞として用いられる。

古語と現代語とで大幅に意味の違うものとしては、「ほとほと呆（あき）れる」など言う「ほとほと」がある。〝全く〟〝すっかり〟という意味で、結局〝非常に呆れる〟ことになるのだが、古語の「ほとほと」は〝危うくすんでのことに〟という状況の副詞で、ほとんどそういう状態になる一歩手前を指した。今の「ほとんど」はこの「ほとほと」が語形を変えたものだ。

状況が目立って大きく変わることを表す形容詞には「著しい」「めざましい」があり、「進歩の跡が著しい」のように、これも程度の大きさを表す。勢いの盛んさを表す「いち」（古代は「いつ」）に、それとはっきり目に見えるほど霊験あらたかなさまの「しるし」がついて出来た形容詞だから「いちじるしい」と表記し、「いちぢるしい」と書くと誤りとなる。

現代語では「著し」の形容詞はないが、効果がはっきり現れるとか、際立っている様子を表した。

〝効きめ〟とか〝徴候〟の意味で「あれだけ注意してやったのに、いっこうにそのしるしもない」という「しるし」は名詞として使われたものだ。戦時中愛唱された、

御民われ生ける験しあり天地の栄ゆる時に遇へらく思へば　（『萬葉集』）

の「験」も同じ、生まれて来たかいがあったというものだ。

程度そのものを形容するわけではないが、「実に面白い」の「実に」や「げに」も〝本当に〟〝ほんまに〟といった気分だが、結果として〝非常に〟という程度の強調を表す。それが極めて面白いことを〝本当に〟〝実に〟と深く心に感じて発する言葉だけに、はなはだ情感的である。

　そもそも程度強調自体が情的で、「とっても面白い」「実にむずかしい」など、およそ学術的な文章には出にくいのに、そうした副詞や形容詞がやたらとあって、それらがいずれ劣らず情意のこもった発想のもとに語られる。そのような日本語とは、やはり情的言語と言ってよいのではないだろうか。

割合——数値を拒む朧化叙法

だいたい／ほとんど／おおかた／おおよそ／おおむね／あらまし／あらかた／たいてい／たいがい／ほぼ／やや／いくぶん／いささか／少々／少し／ちょっと／ささやか／ほんの／さして／たいした／すべて／ことごとく／皆／残らず／ひとわたり／ひととおり／つぶさに／あまねく／くまなく／洗いざらい／根こそぎ／おしなべて／こぞって／ほどよい

情感的といえば、物事の全体に占める割合の程度を表す言葉が、これまた甚だ日本語的な情意性に富んでいる。日本人は割合や程度を何パーセントと言い切ることを本来しなかった。今日でこそ天気情報で、雨の確率何パーセントなどと数値で示すが、それによって科学的な視野でとらえることは出来るものの、そう簡単に割り切れるものか、すなおに受け取り切れぬものを感じるのは、やはり日本人なるがゆえであろう。数値や数量をそれとはっきり示すことに日本人は慣れていない。

「だいたい千円ぐらい」とか「おおよそ千人程度」、あるいは数自体を伏せてしまって「ほぼ満席」「あらかた終了」とだいたいの状況として述べたがる、そういう習性があるようだ。はっきり何人とか幾つとわかっているときでさえ、「十五人ほど出席しました」「一キロばかり計ってくれないか」と、わざとあいまいに表現する。受け取る側も受け取る側で、「そのようですね」とか「そうらしいね」と婉曲に言う。数や事をぼやかして伝える。それがコミュニケーションにあいまいさを起こすのではなく、かえって内容にゆとりを生んで、ぎくしゃくした摩擦や息詰まるような窮屈さが消えて会話に安らぎと活力を与える。

このような朧化叙法（ぼやかして述べる手法）にかかわる副詞は、これがまた日本語には実にたくさんあって、外国人が見たら目を回しそうなほど色とりどり。よくもこれほど語をかき集めたものだと今さら驚く。「だいたい、ほとんど、おおかた、おおよそ、おおむね、あらまし、あらかた、たいてい、たいがい、ほぼ」と、全体の九割方に達していることを表す副詞や、その状況に極めて近い線まで来ていることを表す副詞が、とにかくひしめいている。ざっと数えても十語はある。

このうち「大体、大抵、大概」は漢語だが、すでに日本語に定着して、和語と変わらぬ日常語の意識で、話し言葉の中で普通に用いられる。「だいたいお前が悪いのだ」のような〝もとはと言えば〟の意味で、特に割合を指すわけでない例もそれぞれの語にはあるが、右に挙げた語はいずれも〝大部分〟〝十中八九〟という意味を持つ点で重複している。

かつて、ある日本語学の講座で、題がたまたまこの概数表現に及んだとき、一受講生が次のように語った。小学校に行っている児童が、流行の文房具か何かについて、「お母さん。だいたいの人が持っているわよ」と言ったとする。それを聞いたら恐らく母親は、クラスのかなりの部分の子供たちがすでにその品を持っているようだが、まだ全員というわけじゃないのだ。全部に迫る勢いらしいが、まだ多少持ってない子もいるのだから「もう少し我慢しなさい」と言って買うのを待たせるだろう。

一方、「お母さん。たいていの人が持っているわよ」と聞かされたら、持っているのが当たり前で、持っていないわが子はその普通の仲間から外れる例外の一人と受け止めるに違いない。「たいてい」は、「たいていのことは出来る」とか、「たいていのことには驚かない」のように、「たいてい」の対象に入る部分（つまり九分九厘（くぶくりん））が普通一般のほぼ全貌（ぜんぼう）に当たり、出来て当たり前、出来なかったり驚いたりするとすれば、それは「たいてい」に外れる対象のほうが例外的で普通じゃないのだという受け止め方だ。

だから、「たいていの人が持っている」と言われれば、まだ持っていないわが子のほうが特異な存在で、悪くすると仲間外れにでもされかねない。早く買ってやって〝たいてい〟の仲間入りをさせ、〝普通一般〟の側に置かなければ大変だと、そう考える。だから、「それじゃ買ってあげましょう」ということになる、とその受講生は主張した。

確かにそうだ。「スポーツならだいたい出来る」と言えば、出来ない種目もまだ多少はあるが、いずれ追々（おいおい）身につけていくつもりだという、遠慮がちで控え目な表現となる。もしこれを「スポーツならたいてい出来る」と言い換えたらどうなるか。恐らく、ほとんどの種目が可能、出来て当然と自信を持って胸を張る主張となるだろう。

「だいたい」は、まだ条件を満たしていない部分を若干残しているがという完璧でない気分が漂う表現だ。だんだんに完璧へと移行していく感じだが、「たいてい」となると、「九分九厘、同じ状態だが、ほんの僅か例外がある。いや、例外は一、二あるにしてもほぼ完璧と言っていい。その例外はやがて例外でなくなるときもある」という意識だろう。同じ講座の別の受講生が、「だいたい」はアナログ感覚だが、「たいてい」はデジタル感覚だと言ったのは、奇しくも両語の発想の差を言い当てている。

「だいたい」にしても「たいてい」にしても「たいがい」にしても、全体に対する九分九厘の割合を示すとともに、〝たぶん〟という推量をも表す点が特異と言えば特異だ。決して百パーセントではない、およそ九割方ぐらいという判断は、必ずとは言い切れないあいまいさを残す推量と基本は同じ発想なのだろう。「だいたい大丈夫」は「大丈夫だろう」という気持ちの表れだ。

だから、日本語に概数的な副詞が多いということは、いかに日本人が推量的な物言いをしているかということの証拠ともなる。

「どうだい、三十分でいつて来れないかね」「大概いけませう」（志賀直哉「豊年虫」）

はっきり断言することを避けて事をぼやかす。決してはっきりわからないのではない。

わかっていてもあいまいにぼやかす。それが日本語らしい日本語というわけだ。

その点「ほとんど」は趣が異なる。「だいたい百人ぐらいだ」を「ほとんど」で言い換えるわけにはいかない。「百人のほとんどが……」なら可能だが、これは推量ではなくて全体に対する割合だ。全体量に近いのだが決して百パーセントに達していない。完全には一歩欠けている、そういう状態だろう。だから全体を百なら百と考えて、その完全さに対してどの程度の割合まで届いたかを問題にするなら、「あの外国人は日本語がほとんどわからない」と言える。「先生のお宅がほとんどわからない」などと言わないのは、割合意識がないからだ。

世田谷区成城の父の家の近く、野上彌生子氏のほとんど隣りに、もと白秋の住んだ家があった。（西條嫩子『父西條八十』）

「ほとんど接近するようにして……」なら接近の度合が問題となるからよいが、「隣」では、はたして「ほとんど」の意識が生まれるかどうか。

割合の低いほうの語に目を移そう。こちらにも結構多くの語があるものだ。

やゝ寒み灯による虫もなかりけり（正岡子規）

の「やや」。「いくぶん、いささか、少々、少し、ちょっと」。使い方は異なるが「ささやか」、「ほんの僅か」の「ほんの」、打消を伴う「さして」、「さして面白くない」など〝それほど〟〝思ったほどには〟の気分が伴う。「たいしたこともなかった」の「たいした」は、程度の高さ、すばらしさを予想していた割にはそれほどのこともないという気持ちで、これも打消と呼応することが多いが、「たいした奴だ」のようにも使う。いずれにしても名詞に直接係るから連体詞だ。「ほんの」は、

……田舎ふうの家も残っていて、いかにも和やかなところであった。ほんの小さな林があり、その蔭の喫茶店へ一人で行ったことを覚えている。（河合弘『友、新美南吉の思い出』）

「ほんのお印（しるし）ばかりの品ですが」と言うように、取るに足りないほど、それほど小規模なのである。「まだほんの駆け出しで」など、まさに吹けば飛ぶような軽さを感じさせる。言葉というものは一つ一つ使う者の心情が込められているものだ。

占める割合が百パーセントであることを指す語もまた多い。「すべて、ことごとく、皆、残らず」といった平易な語をはじめとして、隅々まで行き渡る「ひとわたり、ひととお

り」。「つぶさに体験する」などという〝ことごとくにわたって〟の「つぶさに」。さらに「あまねく、くまなく」。「くまなく捜す」などと聞くと「虱つぶしに」といった嫌な言葉を思い出す。嫌だといえば「洗いざらい」だとか「根こそぎ」なども好かれない言葉だ。「洗いざらい持って行かれた」などを連想して、まる裸にされたような嫌悪感を覚える。

その他「おしなべて」「こぞって」。「おしなべて」は〝総じて〟〝概して〟といった全体をひっくるめて考えていく場合にしばしば登場する。

それにしても、全体に対する割合の両極を指す語は実に多い。残念ながら中庸を表す副詞がほとんど見当たらないのはどうしたことか。僅かに「程よい暖かさ」「程よい割合」と「ほどよい」を数えるが、これは「手ごろな」などと同じく、割合というより程度の中庸をいうのだろう。しかも、これらはいずれも話者自身にとっての〝ほどよさ〟〝手ごろなぐあい〟で、はなはだ自己中心的なとらえ方だ。

中庸を良しとしたのは自身を標準にするからであって、客体的な対象を査定するなら、「まずまずの出来」のように、決してプラスの評価とはならない。完全さに達していない状態は、中庸ではなくて、不完全・不十分なのである。

数量——豊饒への切なる願い

おびただしい／多い／たくさん／あまた／おおぜい／いっぱい／ぎっしり／豊か／豊富／ふんだん／なみなみ／たっぷり／どっさり／たんまり／しこたま／たらふく／たわわ／よろず／ちぢに／少ない／僅か／乏しい／たった／ささやか／みじん

埼玉県新座市に野火止用水というのがある。これはその昔、川越藩主松平伊豆守信綱が、家臣安松金右衛門吉実に命じて玉川上水の水を引かせた水路だが、初めは掘割を造ってもすぐには水が流れて来なかったらしい。信綱は再三吉実を呼んでことの子細をただしたが、いっこうにらちがあかない。そうこうして三年という月日が過ぎてしまったのだが、次に引用するのは、その後に続くくだりである。これは江戸時代の『遺老物語』という本の中にある文章である。

三年といふ秋、大雨のありける後、雷の鳴る如く、水音おびたゞしくとゞろきて、水此の溝にあふれみち、平地をも水行くばかりにて、六七寸ばかりある鮎の流れ来ることおびたゞしく、たゞ一時に十六里がほどに流れわたり、新河岸の川に流れ入りけり。

水音の響きが「おびただしい」うえに、鮎の流れ来る数も「おびただしい」という。どちらにしても状況の甚だしさが「おびただしい」だ。「おびただしい数」と「数」の修飾語になり得るところを見ると、これは数そのものの多さよりは程度の甚だしさをいうのであって、古くは「おびたたし」と清音で発音した。

数の多さそのものを表すなら「多い、たくさん、あまた、おおぜい、いっぱい」等がある。「お金はいっぱいある」は多数・多量を表すが、同時に「ポケットいっぱいのお菓子」のように、透間なくじゅうぶん満たされている状態も「いっぱい」だ。ほかに「ぎっしり」などの語もある。「豊か」「豊富」「ふんだん」も多いことだが、これは必要量をはるかに超える分量だろう。

ある容量を超えるほどになる言葉は日本語に多い。先の「グラスにいっぱい注ぐ」の「いっぱい」に当たるものとして「なみなみ」がある。これは液体を注ぐ場合にかぎった特製の語なのだから贅沢な話である。「たっぷり」も「たっぷり注ぐ」と言うが、こちらはその他にもいろいろ使い道が用意されている。あふれるほど、あり余るほどの状態だから、「色気たっぷり」などと、いやらしいことにも言える。「どっさり」や「たんまり」「しこたま」も十分多量なさまを表すが、どうも金儲けなどを連想して、物欲・金銭欲のとりことなりやすい。これら俗語は卑近でいかにも人間的だ。

その他「たらふく食う」の「たらふく」、腹いっぱいのために副詞が一つ用意されているとは、俗語とはいえ、これも贅沢だ。「枝もたわわに実る柿」の「たわわ」も、もとは重みで〝たわむ〟ことから来た言葉だが、鈴生り(すずなり)になることは、やはり実の多さを意味する。

それにしても、数量の、特に多いことに関する日本語は、何と多彩でいきいきとしていることだろう。俗語が多いことも目立つ現象だが、それはいかに庶民にとって〝多い〟ということが望ましいことだったかを証明している。物が街(ちまた)に満ちあふれ、万事世の中が贅沢になってしまった現在、潤沢なことは必ずしも願望の的とはならなくなってしまったが、それに伴ってこうした庶民カラーの強い言葉が色あせていくとしたら、残念だ。

日本語は古来、人間と事物とを厳格に区別して言葉を使い分けていた。ヒトとコト・モノの違いである。同じ数が多いのも、人間ならば「おおぜい」、事物ならば「たくさん」なのだが、この使い分けも最近はくずれて、「人がたくさんいる」のように言うのが普通になってしまった。「おおぜい」は「大勢」で「小勢(こぜい)」(小人数(こにんずう)のこと)に対する語だが、「多勢」と書くと「たぜい」と読んで別語となってしまう。いわゆる、

多勢(たぜい)に無勢(ぶぜい)　(少数で立ち向かっても大勢の力には敵(かな)わないこと)

の「多勢」である。

「たくさん」に類する言葉として「よろず」を落とすわけにはいかない。もともと、「一、十、百、千、万」の「万」を「よろず」と読んだのであって、大勢の神様を「八百万（やおよろず）の神」と呼んだのも、まさにこれだ。「よろず承り所」など何でも質問や注文に応ずる所だし、いろいろの物を売る店を「よろず屋」などと言ったこともあった。

島崎藤村の詩「潮音」に、

しらべもふかし／ももかはの／よろづのなみを／よびあつめ……　（『若菜集』）

というのがあるが、〝数多くの波が集まって〟という意味を穏やかな和語の調べで歌い上げたものだ。今日でも、万事心得ていることを「よろず心得ている」と副詞として用いる例がかなり多い。

「万」の下は「千」だ。これは「ち」と読み、数の多い鳥の群れを「百千鳥（ももちどり）」と言ったりしたのも「よろず」と同じ発想だった。普通は「千」を繰り返して「心が千々（ちぢ）に乱れる」のように「ちぢに」の形で使われる。

我心ちゝに砕けてちる玉は物思ふときのなみだなりけり　（『新葉和歌集』）

など、古典にはたびたび登場する言葉だった。何かが数多く細かく分散するような状況に用いたらしい。

数の多い言葉はとにかくたくさんあるが、少ないほうはそれに比べるとかなり見劣りがする。「少ない、僅か、乏しい」、それに「たった一人」などの連体詞「たった」。「ささやかな心づくしの品」などという〝僅かばかりの取るに足りない〟「ささやか」。「謀反(むほん)の気持ちなどみじんもない」の「みじん」。これは「木っ端微塵(こっぱみじん)」、つまり細かいごく僅かな量の「みじん」を、「みじんも……ない」と副詞的に転用したものだ。「これっぽかりも……ない」という意識である。

いずれにしても語彙不足は否めない。少ないことへの拒絶反応が新たに語を生み出すことを控えさせたのかもしれない。

多彩——一木一草を美しく見せる

なべて／おしなべて／いろいろ／さまざま／とりどり／くさぐさ／まちまち／ばらばら／ごたごた／ごちゃごちゃ／みだり／むやみ／やたら／あれこれ／何(なに)や彼(か)や／きっちり／きちんと／ちゃんと

「色とりどり」とか「人さまざま」といった言葉がある。たくさんある物の中が数多くの種類に分かれて変化に富んでいるわけだ。世の中、一様ということは滅多にない。

全体をひっくるめて概観することを「なべて」または「おしなべて」というが、もと「並(な)べて」(「並めて」ともいう)つまり〝全体を一並べにして〟みると全般的な様子が見えてくる。そこから〝一般に〟とか〝総じて〟〝概して〟の意味も生まれてくるのだが、「今年の新入生はおしなべて成績が良い」のように、すべてが一様に同じ状態でまとまるということは一般的ではないだろう。

粒ぞろいはむしろ例外的で、普通は多様性を呈するのがこの世の習いだ。特にわが国のように自然も社会も万事小粒で変化に富んでいる世の中では、人それぞれに差があって当然、皆が皆同じようなら、それこそ不自然と感じるであろう。

広大な大地に悠久の時が流れ、砂漠(さばく)や大雪原のように常に変わらぬ自然環境では、人も社会も自然も常に同じ状態で何も彼も画一的で、「人さまざま」だとか「色とりどり」の四季の変化などはおよそ考えられないにちがいない。日本語に多様性を意味する語彙が豊富なのは、自然や社会の多様性と深い関係があると考えてよいだろう。

「いろいろ、さまざま、とりどり、くさぐさ」といった多種多彩を表す言葉や、「まちまち」のような不ぞろいなさまをいう単語もあって、実に賑(にぎ)やかなことである。


くさぐさの色ある花によそはれし棺(ひつぎ)のなかの友うつくしき

とは与謝野晶子の『みだれ髪』の中の歌であるが、多彩なことは美しきかなである。単彩画の寂しさと違って、彩(いろどり)の多様性は、それだけで十分に華やかさを感じさせる。

「くさぐさ」は「種々(くさぐさ)」で、「種々(しゅじゅ)」の意。千種(ちくさ)（種類の多いこと）などという「種(くさ)」である。「とりどり」は〝取り取り〟から来た語と言われ、各自がそれぞれに合った状態を取っているために生ずる美しい多彩さだ。もし、その違いが不ぞろいで統一的でないとのマイナス評価を下すなら、「ばらばら」「まちまち」だろう。同じさまざまの服装を見ても「とりどりの服」ととらえるか、「服装がばらばらだ」「まちまちの服装」と解釈するかで、ずいぶんと感じ方は違うものだ。

種々の物事が乱雑に入り混じっているさまを「ごたごた」とか「ごちゃごちゃ」という。

同じ多くの物事が混じっていても整った状態なのか乱れているのかで評価が逆転するのは当然だが、この乱れたさまを表す言葉も用意されているのがうれしい。

視覚ではないが、思考や論理の筋道が乱れ入り混じった状態は「みだり」(妄り)であって、「でたらめ」を意味する。「みだりに池の魚を釣ってはならない」など、よく聞く使い方だが、「むやみに」とか「やたらに」とほとんど差がない。「むやみやたらに」の強調表現も耳にする。

あれやこれやと多くの事柄が一時に現れることを「あれこれ」「何や彼(か)や」という。いろいろと何かがあって煩わしいのである。古くは「かにかくに」という副詞もあった。『萬葉集』の昔から使われた語だが、石川啄木の、

かにかくに渋民村は恋しかり
おもひでの山
おもひでの川　(『一握(いちあく)の砂』)

が有名だ。物事の数が多くなれば何や彼やと錯綜(さくそう)して乱れやすい。その入り組んだ乱れを整えれば「きっちり」「きちんと」「ちゃんと」であり、乱れたままなら「ごちゃごちゃ」「ばらばら」だ。

そのばらばらな物や事柄をばらばらなりに美しく見せる知恵を古人は編み出し、「とりどり」「くさぐさ」の美感を創造した。その一つ一つの個性を尊重したからこそ、全体が異なる個性の競演となって〝美〟を醸(かも)し出すのだ。全体的な美しさは、それを構成する部分の美によって支えられる。一木一草をないがしろにしないことが、全体を大事にする心につながる。

紫のひともとゆゑにむさし野の草はみながらあはれとぞみる　（『古今和歌集』）

紫草一本のために武蔵野の草すべてがすばらしく思われる（紫草に愛する人を喩(たと)えた歌）というのだが、「くさぐさ」「とりどり」を生み出した古人の感覚はすばらしいの一語に尽きる。

Ⅷ　判定

相互・異同——類似と相違の交錯の中から

まるで／あたかも／さも／さながら／そっくり／まさしく／全く／いかにも／そっくり／同じ／等しい／紛らわしい／ふさわしい／似つかわしい／うってつけ／ぴったり／しっくり／あつらえむき／さかさま／あべこべ／ひっくり返し／ちゃんぽん／かわりばんこ／こもごも／互いに／かたみに／互い違い

物皆一つ一つ個性があるからこそ美しいのだが、同時に、個性があれば、それらはおのずと相違点をもたらす。似ているということは、類似点と相違点との両面があって、その比率が類似点に片寄っていることだ。相違点が強い場合、日本語は「違う」「異なる」と動詞で表すか、類似点を逆手に取って「似ても似つかぬ」と言ったり、文語的な「似て非なる」で間に合わせるしかない。

ところが、似ている状態となると、これは実に語彙が豊富で、どれを使えばよいかちょっと迷うくらいだ。うれしい悲鳴というところだろう。「まるで、あたかも、さも、さながら、そっくり」と並び、結果として似ていることを指す「ちょうど……のようだ」とか「まさに……だ」。

同じく「まさしく」「全く」の類いも類似表現にはしばしば登場する。比況の助動詞「……ようだ」や、現在ではもう普通となってしまった「……みたいだ」と、似ていること専用の表現様式すらある。「まるで馬みたいに食う」とか「さながら夢を見るような心地」と、先の副詞と組み合わせて用いるところも特徴的だ。

「さも」は「さもうまそうに食う」のように一つの演技で、実はおいしくも何ともないのだ。その点は「いかにもうまそうに食う」の「いかにも」と混同しやすい。「さも」は外国人に理解しにくい表現で、本当にうまいと思いがちだ。うまさを態度に示す「いかにも」とは対照的なところが面白い。

「まるで」も「いかにも」と混同しやすい副詞で、「まるで病院のような建物」「いかにも病院らしい建物」の区別がつけられない。「あたかも病院を思わす建物」と合わせて、日本語の表現は本当に難しい。

似ている度合が高まれば形容動詞「そっくり」の出番となる。「母親にそっくりの娘」

などほとんど〝瓜二つ〟と言ってよかろう。「私の筆箱、あなたのにそっくりね」となると、「同じ」と差がなくなる。「同じ」は共通点が百パーセント重なることで、別物の場合もあれば、「同じ人物」のように同一の場合もある。その点「等しい」は本来別物で、「AはBに等しい」とかなり数学的だ。価値のイコールをいうのだろう。

そのAがあまりにもBに似すぎている場合、「あなたの筆箱、私のと紛らわしい」ということになる。「紛らわしい」は、絵画で「背景が雲と紛らわしい」など、よく似ていて区別がつきにくいの意味だが、もともと動詞「紛れる」から来た〝いっしょになってどちらがどっちかわからなくなる〟という酷似の状態だ。

もともと異なる両者が互いに調和し合い、取り合わせがぐあいよくいっていることを表す言葉も日本語に多い。「ふさわしい、似つかわしい、うってつけ、ぴったり、しっくり、あつらえむき」と、いろいろある。

「釣り合わざるは不縁のもと」（身分の均衡が取れていない男女は、結婚してもうまく行かぬという諺）。「釣り合わぬは……」ともいう）というが、両者がぴったりしていないほうの言葉は「不釣合、不似合、不相応」と「不」の打消で表すしか方法が無いようだ。ということは、釣り合わぬ状態はよろしくないという価値評価があって、釣り合ってこそ物事は良い、その良い状態にはずれるとの判断が根底にあるようだ。

日本には「提灯に釣鐘」（釣り合わぬたとえ）とか「月とすっぽん」（差が大きいたと

え）といった比喩があって、不均衡を強くいましめた。鳶が鷹を生んだり（平凡な親から優れた子の生まれるたとえ）、掃溜めに鶴（つまらぬ所に優れた者の現れたたとえ）で、似つかわしくない状態は極めて特異なことなのだ。

このような思想の裏側には、「梅に鶯、松に鶴」で、〝取り合わせの妙〟を珍重する美感が大いに働いていたと見てさしつかえない。と同時に、「しっくり行く」とか「行かない」というように、従たる者は主たる者に出来るだけ合わせて融合して行かなければならないとの「夫唱婦随」の思想、「郷に入っては郷に従え」とか、「長い物には巻かれろ」（勢力のある者には逆らわず従っているほうがよいとの諺）の、環境や上位者におのれを合わせようとする思想が基本にあったからにほかならない。

一方が他方と調和融合するというのは、必ずしも両者が同じ性格だとかそっくりだからとはかぎらない。たとえ「月とすっぽん」であっても、その正反対の関係が対応の妙を得ていれば十分に美的価値を備えるわけである。今日の反対色の取り合わせである。

その「反対」を表す言葉だが、これはもともとの日本語ではもっぱら「さかさま」で、あとは「逆」といった漢語に頼るしか手だてがなかった。古くは「順」に対する「逆」で、「逆縁」など仏教的な語に現れる。今日では「逆効果」とか「逆コース」「逆輸入」「逆回り」と普通に用いるが、「順序が逆だ」のような単独で用いる例では「反対」のほかに「さかさま（さかさ）、あべこべ、ひっくり返し」などの語も使える。「さかさま」（逆様）

は、

さかさまに年も行かなん取りも合へず過ぐるよはひや共に還（かえ）ると　（『古今和歌集』）

〝時の流れが逆であってほしい。そうすれば、取り抑えて止めておけなかった過ぐる年月が戻ってくるから〟と、そういう願望の歌だ。それにしても、老いを避けたいというのはいつの時代も変わらない。

「さかさま」の「さか」（逆）は「逆恨み」「逆なで」「逆手に取る」のようにいろいろな語を造り、また、「さかさ」の形で「逆さ吊（づ）り」「逆さ言葉」「逆さまつげ」と造語する。「さかさま」は「真っ逆様」とも言うし、とにかく古くからある一般的な形容動詞だ。

一方、「あべこべ」はやや俗語的で、話し言葉で使うのが普通だろう。その昔、まだ文壇に出たばかりの室生犀星に芥川龍之介が忠告したのに対し、

芥川君がいつか言つた。「君、あべこべなんて言葉を小説につかうなよ！」何をいやがるんだ僕には僕の用語があるんだ。　（室生犀星「文学的自叙伝」）

と犀星は息巻（いきま）いたが、格の正しい文章を心掛ける芥川には、「あべこべ」などという鄙（ひな）び

た言葉を平気で使う犀星の神経には、鼻持ちならぬことだったろう。今日でも堅い文章では、「あべこべ」のような砕けた言葉は避けたほうがよかろう。

相反する二つのものが対応するでも融合するでもなく、ただ交じり合って交互になる状態は、これも砕けた言葉だが、「ちゃんぽん」だ。長崎ちゃんぽんなど料理方面からの語と思われるが、交じることをむしろマイナスに評価している。入れ違いに繰り返し行われるさまは「かわりばんこ」のような俗語か、漢語「交互に」を使うしかない。「こもごも」（交々）のような語もあるが、これは同じ「かわるがわる」であっても、「悲喜こもごも」のように事柄の交じり合いに用いる。

人間同士が交互になることを表す良い和語は見当たらないものか。双方がそれぞれ他方に対して何かをするような状態なら「互いに」があり、雅語的な「かたみに」がある。卒業式の時歌った「あおげば尊し」の、あの「互にむつみし、日ごろの恩」といい、「蛍の光」の「とまるもゆくも、かぎりとて、かたみに思う、ちよろずの」といい、人の出会いと別れは、いつの時にも印象深い。その、人間同士の触れ合いの基が「互いに」であり「かたみに」である。

「かたみに」は〝片身に〟で、二人で片身ずつを分け合い、左右を分担し合うのだから、まさに相互の協力で、まことにほほえましい。平安時代の仮名文系の語が「かたみに」なら、漢文訓読系は「互いに」だ。これは「違（たが）ひに」で、ファスナーのように両者が食い違い入れ違うところから相互関係を意味する。今日の「互い違い」である。「仲違い」や「予想に違わず」の「たがう」が語源だから、「互い違い」は同じ〝食い違い〟を重ねた言葉ということになる。

それにしても、「互いに」のような人間同士の関係を表す語は、複数の人間がこの世にいるかぎり、そして日本語があるかぎり、姿を消すことはないだろう。

特異——稀少価値を見なおす

滅多（めった）／珍しい（めずらしい）／稀（まれ）／特殊（とくしゅ）／特別（とくべつ）／特に（とくに）／格別（かくべつ）／とりわけ／わけても／なかんずく／殊に（ことに）／やんごとない／よんどころない／めざましい／めぼしい／主だった（おもだった）／主な（おもな）／ありきたり／ありふれた

世の中にはいろいろな人や物事が存在するが、それらは互いに触れ合う機会も多いし、互いが共通点を有するものだが、「世はさまざま」で、ときには滅多に見かけない物だってある。

「滅多に見かけない」とは、たまにしか目にすることのないものと、他に類例がほとんどないものと、そのどちらをも言うのだが、いずれにしても特異さという点では変わらない。「最近は金魚売りなど滅多に見かけない」は、目にする機会がほとんどない例だし、「滅多に見かけない形の建物」なら類例のあまりないユニークさを指している。言葉とはあいまいで、いい加減なものだ。「滅多に」と言っても、何が滅多なのかは前後関係で判断するしかない。同じことは「珍しい」や「稀（まれ）」についても言える。

人生七十古来稀（まれ）なり　（杜甫（とほ））

と言えば、七十歳の齢を迎える機会の滅多にないことを指しているのだし（略して「古稀」または「古希」、数え年の七十歳をいう）、「鄙には稀な美人」と言えば、田舎では滅多に見られない存在の稀少性を意味している。物事の出現や存在の特異さは、結局、数の少なさというわけだ。

たのしみは珍しき書人にかり始め一ひらひろげたる時　（『志濃夫廼舎歌集』）

滅多に手に入らない書物（つまり稀覯本）を人から借りて、最初の一ページを開いたときは、期待感に胸がわくわくして、何とも言えず楽しい気分になるものだ。これは江戸末期の歌人 橘 曙覧の歌だが、この気持ちは物が充満した現在も変わらない。注文した品物が届いて梱包を解くときの楽しさと相通ずるものがあろう。まして、当時、書物は、その時代に書かれた版本（版木に彫って印刷した書物）ならわりと入手しやすいが、古書となると借りて書き写す写本の時代だ。だから、どんなにか珍しい本であったろうし、それだけに喜びもひとしおだったに違いない。

「稀少価値」という。少ないもの手に入りにくいものは、中身や内容とは関係なく、それだけで価値のあるものだ。〝少ないことはいいことだ〟で、特異な何かを持つ者は、それだけで人より一歩先んじていることになる。

日本語にはそうした特異性をプラスの評価としてとらえる形容詞や形容動詞が幾つかある。その代表が「珍しい」だ。「お珍しい物を有難う」とか「珍しくもありませんが、お一つどうぞ」など、珍しさが価値ある物との前提だ。決して〝珍奇なもの〟とは考えない。「稀だ」は、「稀に見る天才」と良い場合にも用いるが、「世にも稀な大事件」のように好ましくない例も結構多い。

珍しさが、普通一般と異なる内容にわたれば、それは〝特別〟ということになる。一般と違う変わった状態なら「特殊」だが、「特別」にはもっと高尚な、一段と高い、一般とは一線を画する格の高さが感じられる。一般と比べて著しく目立つその格段のプラス評価は、「特に美しい」「格別美しい」などと使う副詞「特に」や「格別」だ。和語なら「とりわけ、わけても、なかんずく、殊に」などがある。

多くの中から優れたもの価値あるものを取り分け区別する、こうした副詞が多いというのは、それだけ並み一般とエリート（選ばれた者）とを異なる目で見る差別意識の強さにつながる。決して誉められたものではない。昔なら「やむごとなし」（やんごとない）で、これは〝止むこと無し〟、捨ててはおけぬ重要な、並み一通りではない格別の状態だ。今日でも「やんごとない用事が出来てしまって」と欠席の言い訳に使う、あの「やんごとない」は「よんどころない」こと、放っておけない重要な要件だ。

無視し通せない存在は人間ならば高貴な身分ということで、有名な『源氏物語』桐壺の、

いとやむごとなき際（きわ）にはあらぬが、すぐれて時めき給ふありけり。

や、『徒然草』の初めの、

竹の園生（そのふ）の末葉まで、人間の種ならぬぞやんごとなき。

が、まさにそうだ。今日、身分制度は廃（すた）れたとはいえ、やんごとない方の存在は、この形容詞を必要なものとさせている。

「めざましい」も古い言葉で、「めざまし」つまり、目が覚めるほどすばらしい状態だ。もっとも古語では、〝意外で驚きあきれるほどの〟というマイナス評価の例が多く、現在のように良い場合とはかぎらなかった。同じ人目を引きつけるほどの特異さも、「めざましい進歩」のようにプラスの状態にかぎられてきたのは、日本語にとってうれしいことだった。

その他、目につく際立ったことの言葉として「めぼしい」「主（おも）だった」「主な」などがあるが、「めぼしい品はそっくり持って行かれた」など、値打ちがありそうだと目星をつけ

た物、これはと思われる中心的な物、そういう卑近な価値観が働いて、語感は一段と劣るようである（「めぼしい」は「目星」の形容詞化と言われる）。

際立った特異性にばかり目を向けてきたが、反対の平凡な並みの状態を表す言葉はどうか。これが案外と語彙不足だ。せいぜい「ありきたり」「ありふれた」を数えるぐらいで、他にこれという適当な語がない。「ありきたり」は〝在り来り〟で、世間にざらにあるという、要するに珍しくも何ともない代わり映えのしない状態だ。「ありきたりの表現」「ありふれた品」はそれだけでマイナスの評価を下される。

だが、今日、だれもが同じような家に住み、同じような着物を着て、同じような物を食う。同じような教育を受けて、同じ考えに浸る。万事が画一的で、量産による規格品に慣らされた私たちは、世間一般と同じ姿に安心し、皆とできるだけ歩調をそろえようと心掛ける。このように、世間並みの普通の姿を良しとする思想が自然と身についてしまった私たちには、著しく軌道を逸脱した特異な存在は落ちこぼれとしてしか映らない。「珍しい」ことをユニークなこととして評価し、「ありきたりな」こと「ありふれた」ものを代わり映えのせぬつまらぬものと断ずる、伝統的な日本語の価値観から大幅にずれてしまった。このへんで、日本人本来の日本語感覚に立ち返ってみるのも悪いことではないだろう。今まで見落としていた、特異性ゆえに優れている良い点が、案外と見えてくるかもしれない。

否定——仄かなる打消の重畳

ない／かまえて／おさおさ／つゆ／ゆめ／ゆめゆめ／ついぞ／よもや／まんざら／あながち／いっこうに／おいそれとは／とんと／まるっきり／ちっとも／さっぱり

物や事柄が極めて特異になると、もうあまり見かけることがなくなる。そんな場合、日本人は「ほとんどない／滅多にない／あまりない」あるいは、「つゆ見かけない／とんと見かけない／さっぱり見かけない」のように否定の形で表すのが常だ。「ない」と打消しても、たまに見かけたり、稀(まれ)にはあったりするのだが、〝何々しない〟と打消すことによって、その生起や存在の無さを強く印象づけるのだろう。

火のない所に煙は立たぬ（原因が何もなければ、噂の立つはずがないとの喩(たと)え）

といい、「転ばぬ先の杖(つえ)」といい、「雨の降らない前に帰りましょう」といい、そうならない状態への強い志向が否定の形を取っているとも解せる。

「火があれば煙が立つ」でもいっこうにさしつかえないはずだし、転んだり雨が降り出したりする以前に手回しよくというわけだから、本来、肯定形のほうが理屈に合っている。「ある」と言えばすむものを、奥歯に物の挟まったように「無いこともない」と遠回しに言う。いわゆる二重否定といった極めて日本語的な言い回しも、すなおに「ある」と言い切りにくい、打消すことに〝無さ〟を強調する強い志向があったのだろう。

どうも日本人は、珍しい稀有な物事に対しては、〝たまにある〟と考えずに〝滅多にない〟ととらえる癖が身についていたらしい。物の存在についても「米櫃に米が少しある」と客観的に事実を事実としてとらえることをあまりしない。「米櫃の中に米があまり無い」と、なぜか否定的に考えたくなる。悲観的といえば悲観的だが、常に必要とする量、期待した状態を念頭に置いて、それを尺度に物事を考える。それだけ現実の自己に密着した、現状中心、自己中心の判断なのであろう。

「米があまり無い」と言っても、決して〝無い〟のではない。僅かながらも、〝ある〟のだ。「もう時間が無い」とか「金が無いんだ」とか言っても、皆無なわけではない。多少はあるのだが、さし当たって必要とする分に当てるには不十分といった判断だ。どうも日本人は、事物の存在・非存在を客観的にとらえることが苦手なようで、万事おのれの都合に合わせて、期待しただけのものが在るのか無いのか、多少なりとも乏しければ、たとえあったとしても「無い」ととらえたがる。だから哲学や論理学でいう「有」「無」とは必ずしも一致しないのが日本語だ。

論理的には「有」を否定したら「無」だし、「無」でないのなら必ず「有」のはずで、両者は矛盾の関係だ。同時に「有」であって、かつ「無」だなどということは有り得ない。ところが日本語は、「少しある」ことは「あまり無い」ことで、「ある」と「無い」とが同居する。〝存在・非存在〟といった、そんな理屈っぽい判断ではない。ただ、自分が期待し必要とする状況に合うかどうかだけの問題だ。だから程度副詞を自由に冠して、「少しある／多少ある／幾分ある／かなりある／十分ある」「全く無い／ほとんど無い／あまり無い」と、同じ状況を「ある」と言ったり「無い」と言ったりする。同じ「無い」でも、

無い袖は振れぬ（実際に無いものは、どうしようもないとの喩え）

の「無い」は〝皆無〟だが、

無くて七癖（多い少ないの差はあっても、人には必ず何かしら癖があるものだということ）

となると、無いようで実はあるというのだから、これは結果は〝皆無〟ではない。「あって無きがごとし」という言葉もある。あるのに無いと同じようだという。どうやら仏教の

「色即是空、空即是色」の思想と通じるものがあるようだ。

日本語は、否定表現が発達しているため、否定にかかわる副詞も語彙が豊富で、日本語の表現を豊かに潤している。よく同時通訳をするときに、日本語を英語に訳すのは、否定の有る無しが問題になると言う。肯定文と思って訳していくと、最後になって「……ではありません」と否定される。日本語の文法が、否定を文末に持ってくるために起こる問題だが、英語のように、文のごく前のほうに not が出て来る言語からすれば、これは確かに由々しき問題だ。

ところが、そのような場合に、否定表現であることを予告するかのように、後に来る否定の言葉と呼応する副詞がいろいろあって、私たちに心の準備を与えてくれる。「私は決して……」と来れば、後は打消すに決まっている。だから、

いいえ、私は決して……

と文の後半をはしょってしまっても、「……そうは思いません」のような否定的な事柄が続くということはわかる。これは古代から行われた表現法で、「かまへて……すな」(決して……するな)とか、「をさをさ劣らず」(ほとんど劣っていない)とか、あるいは、

世の中にたえて桜のなかりせば春の心はのどけからまし　（『古今和歌集』）

木の葉にうづもるるかけひのしづくならでは、つゆおとなふものなし。（『徒然草』）

の「たえて」や「つゆ」のように、例は多い。いずれも〝全く〟〝決して〟と否定を強める副詞だ。だから「故郷の廃家」の、

あれたる我家(わがいえ)に　住む人絶えてなく

も、住む人が絶えたのではなく、〝全く無く〟の意味だ。

「かまえて」や「おさおさ」も「かまえて無理をするではないぞ」のように、否定の強めとして今日も用いる。「そんなこととはつゆ知らず」の「つゆ」、「ゆめ疑うなかれ」の「ゆめ」、繰り返して「ゆめゆめ油断するではないぞ」など、「露」や「夢」ではない。単なる否定の強めにすぎない。

その他、「ついぞ見かけない顔」「よもや忘れてはいないだろうね」「まんざら嘘(うそ)でもあるまい」など、数え上げればきりがない。しかも、「ゆめゆめ」といい、「ついぞ」といい、「よもや、まんざら、あながち、いっこうに、おいそれとは、とんと、まるっきり、ちっ

とも、さっぱり」など、それぞれの語が導き出す内容から、事柄の背景、その事柄に対する話者の心理に至るまで、たった一つの副詞に込められているのだから、日本語は大したものだ。

　彼（筆者注―井上友一郎）は、一見容易くみえて作家生活に入ってから、新聞記者をやめても、すぐ、おいそれと文壇は迎えてはくれなかった。（佐藤観次郎『文壇えんま帖』）

と聞くだけで、当時（日華事変の直前）の文壇の閉鎖性やそれに対するこの筆者の受け止め方が手に取るように読み取れるではないか。「文壇は拒否した」と端的に述べることも出来る。それを「おいそれとは……なかった」と否定で間接的に表すことによって、容易には突き崩しにくい文壇の態度、しかし、いずれは和らげてしまう息の長さ、粘り強さが躍如としてくる。

「何々ではない」と否定で表すことは「何々だ」とはっきり断定するよりも遠回しで、表面的には意気が弱まるように見える。しかし、日本語の否定表現は、事柄の存在を否定する断定的なものではなく、あくまで肯定を裏側から遠回しに認める婉曲的なものだ。しかも、それに心理的な綾を持つ副詞が添うことによって、ますます陰影に富む仄かな打消となってくる。

するもしないもないじゃないか。

起こらないこともないではない。

と否定を積み重ねることによって、極めて間接的な表現となっていく反面、結果的には甚だ強い意志の力が込められる。否定で表側の態度を和らげて内にこもる意気を強める、日本語の心は日本人の態度と相通ずるものがあるようだ。

神秘・運命――この世ならざるものへ想いをめぐらす

厳(おごそ)か／いかめしい／神々(こうごう)しい／恐(おそ)れ多(おお)い／尊(とうと)い／貴(たっと)い／忝(かたじけ)ない／もったいない／気高(けだか)い／うやうやしい／疑(うたが)わしい／怪(あや)しい／いぶかしい／つまびらか／ゆゆしい／あえない／はかない／あっけない／ありがたい／めでたい

否定は、事柄に対する主観的な判断の表現として、日本語では特に重要な役割を演じている。

「よもやそのようなことはあるまい」とやんわり否定することで、かえって〝絶対にないはずだ〟との内面の強い意志を表明する。否定が人事に関する発話にしばしば登場するのも、軽く否定できる気やすさと、個人の意向として述べ得る題材だからであろう。

ところが、そのような否定の比較的出にくい分野がある。神に関する一連の言葉を用いる場合だ。「厳か、いかめしい、神々(こうごう)しい、恐れ多い、尊(とうと)い、貴(たっと)い、忝(かたじけ)ない、もったいない、気高い、うやうやしい」こうした敬虔(けいけん)な敬い言葉を用いる場合では、それを尊いこととして崇(あが)め敬い、あるがまま素直に受け入れる。こうした精神的な姿勢が、否定判断のような不敬な態度を取りにくくさせているのだろう。

何事のおはしますかは知らねどもかたじけなさに涙こぼるる

といった判断以前の受けの態度である。

神や神秘さに対する敬い、恐れの心は、どちらかと言えば原始的な精神現象ゆえ、未分化の状態にとどまる場合が多い。ところが日本語では先に挙げたように、実に多彩な形容語がひしめいていて、とても未分化などとは言えない。形容詞群の中にあって、これほど多くの語彙をかかえた分野は他に例がない。

もちろん、この中には神仏の手を離れて一般人事現象語彙の仲間入りをしているものもある。「いかめしい」（厳しい）は強く威圧感を与えるさまで、巨大さ、恐ろしいほどの威厳のあるさまなら「いかめしい態度」（こわい感じを与える厳しい態度）とか「いかめしい城門」のように用いる。「いかつい肩」というあの「いかつい」（厳つい）と語源「いか」の部分は共通だ。これは「物々しい警戒」の「ものものしい」（「いかめしい」から「大げさな」の意味に転じた）と通ずる語だ。

「尊い」は「たふとし」から来た形容詞で、促音便になれば「貴い」だ。仏足石の歌に、

薬師は　常のもあれど　賓客の　今の薬師　貴かりけり　賞だしかりけり

というのがある。新たに渡来した医師仏陀は実に貴いことよという意味の歌である。古来「とうとい」とは敬うべき状態をいうが、「尊いお方」のように身分の高貴な人に言うだけでなく、「時間は尊い」「尊い経験」など価値の高いことにも広く使われるようになった。

神仏に対して不敬で不都合な振舞いが「もったいない」だが、それが「恐れ多い」こととなり、「もったいないお言葉」のように〝有難い〟気持ちにもなる。一方、不都合な振舞いが「捨てるのはもったいない」のような〝惜しい〟の気分になるというぐあいで、「もったいない」は意味の広い言葉となった。

それにしても神仏を敬う「もったいない」が〝惜しい〟にもなるとは、何と言葉とは面白いことだろう。物が豊かになって「もったいない」と思う気持ちが失われてしまった現在、いっしょに、恐れ敬う気持ちまで忘れられてしまったとしたら、それこそ残念だ。

人知を超えた力に恐れおののく気持ちは尊敬の念を生み出す原動力となるが、一方で、霊妙不可思議に対する不審の念も育てる。古語の「怪し」は、見慣れぬものに対するはっきりわからない気分をいったらしい。〝不思議だ〟という気持ちだが、それが「疑わしい」「怪しい」に発展したのだから、言葉の値打ちはだいぶ下がったようだ。「あやに畏し」という「あやに」も、霊妙で不思議なさまだが、こちらは現代に引き継がれなかった。

不審さを表す語となると、他に「いぶかしい」（訝しい）があり、これも古代から使われている。はっきりわからないことは何かと不安なものだ。「つまびらかにしない」などいう「つまびらか」(審らか)は事細かなさまだ。今日もこうしたいろいろな語があって、不審な気持ちを表明しているが、わからぬ事の多いのは、いつの世も変わらない。

恐れ多い気持ちが高ずると、口に出すのもはばかられるほどうとましさが増す。「由々しき問題」などと言う「ゆゆしい」は恐れ多さが忌むべき気分へと変わった形容詞だ。放っておけぬ容易でない様子をいうが、昔は不吉なさまを意味したのだから、嫌われるべき形容詞だ。

不吉といえば、「あえない最期」の「あえない」。〝あっけない〟とか〝もろくはかない〟という意味である。似た語の「はかない」「あっけない」も、「はかない望み」「あっけない幕切れ」と頼りにならぬ張り合いのなさで、長く続かず消えやすい何とも淡いものだが、「儚(ぼう(もう))」の字を「はかない」に当てたところに、いかにも人間の夢のはかなさが偲(しの)ばれて、心引かれる。無常の典型と言っていいだろう。

人生百年と寿命が延びて、世のはかなさもさして気にならない時代となったが、

住み果てぬ世に、みにくき姿を待ちえて何かはせん。命長ければ辱(はじ)多し。長くとも、四十(よそじ)にたらぬほどにて死なんこそ、めやすかるべけれ。(『徒然草』)

と本気で(?)考えた兼好法師はさておいて、人生に与えられた寿命の短かった古(いにしえ)にあっ

ては、六十歳、七十歳と生き長らえることは本当に有り難いことだったにちがいない。「ありがたい」とは文字通り〝有ることが難い〟、つまり世にあることの稀な珍しいことだった。それを、忝なくも多くの齢を授かって天寿を全うする（天から授かった寿命を生き長らえる）、心から有り難いと神に感謝する心でいっぱいになる。まさに「ありがたい」は〝有ること難くて、ひたすら感謝する心〟に徹する。まことに「めでたい」人生というわけだが、愛でるべき（賞美すべき）一生を授け給うた神にこそ感謝すべきだろう（「めでたい」は「愛でたい」で、「目出度い」とか「芽出度い」と書くのはあくまで当て字だ）。

平穏無事で一家繁栄、これこそ人生最大の幸せというべきだが、永遠に幸あれで、「幸せな」日々はいつまでも永久に続いてもらいたいと誰しも願う。だが、

ささなみの志賀の辛崎幸くあれど大宮人の船待ちかねつ　（『萬葉集』）

で、幸せな世は永久に続くとはかぎらない。〝志賀の辛崎は以前のままだが、昔ここで遊んでいた大宮人の舟は、いくら待ってももう現れはしない。都は荒れ果ててしまったのだから〟という実に無常な歌だ。「幸く」とは繁栄して平穏に続くということで、接頭語を冠して「まさきく」（真幸く）ともなる。「つつがなく」「幸せに」である。有間皇子の、

磐代（いわしろ）の浜松が枝（え）を引き結び真幸（まさき）くあらばまた還り見む　（『萬葉集』）

の悲痛な願いの歌、〝もし無事に生き長らえていられるなら、帰途再びこれを見よう〟という「まさきく」こそ、まさに〝無事〟を願うささやかな望みだ。「一寸先は闇」で、人間、未来のことはわからない。だが、いかなるときも望みを捨ててはならないだろう。

愚庵和尚（先述「頻度」の項を参照）も歌っている。たとえ親子が離れ離れに別れてしまっても、奇蹟（きせき）の邂逅（かいこう）（めぐり会い）を神仏に祈ろうと。願いはきっと叶（かな）えられるに違いない。

まさきくておはせ父母御仏の恵（めぐみ）の末にあはざらめやも　（愚庵）

「会うは別れの始め」というが、別れた者もまたきっといつかは会える、さよならだけが人生でないことを信じよう。

【索引】

あ

さ

た

な

は

ま

や

本書は、講談社現代新書より刊行された『日本語をみがく小辞典　名詞篇』（一九八七年一〇月）、『日本語をみがく小辞典　動詞篇』（一九八八年一〇月）、『日本語をみがく小辞典　形容詞・副詞編』（一九八九年一〇月）をもとに再編集したものです。

日本語をみがく小辞典

森田良行

令和元年 9月25日　初版発行

発行者●郡司 聡

発行●株式会社KADOKAWA
〒102-8177　東京都千代田区富士見2-13-3
電話　0570-002-301（ナビダイヤル）

角川文庫 21824

印刷所●株式会社暁印刷
製本所●株式会社ビルディング・ブックセンター

表紙画●和田三造

●お問い合わせ
https://www.kadokawa.co.jp/（「お問い合わせ」へお進みください）
※内容によっては、お答えできない場合があります。
※サポートは日本国内のみとさせていただきます。
※Japanese text only

ISBN 978-4-04-400515-3　C0181

◇◇◇

角川文庫発刊に際して

角川源義

第二次世界大戦の敗北は、軍事力の敗北であった以上に、私たちの若い文化力の敗退であった。私たちの文化が戦争に対して如何に無力であり、単なるあだ花に過ぎなかったかを、私たちは身を以て体験し痛感した。西洋近代文化の摂取にとって、明治以後八十年の歳月は決して短かすぎたとは言えない。にもかかわらず、近代文化の伝統を確立し、自由な批判と柔軟な良識に富む文化層として自らを形成することに私たちは失敗して来た。そしてこれは、各層への文化の普及滲透を任務とする出版人の責任でもあった。

一九四五年以来、私たちは再び振出しに戻り、第一歩から踏み出すことを余儀なくされた。これは大きな不幸ではあるが、反面、これまでの混沌・未熟・歪曲の中にあった我が国の文化に秩序と確たる基礎を齎らすためには絶好の機会でもある。角川書店は、このような祖国の文化的危機にあたり、微力をも顧みず再建の礎石たるべき抱負と決意とをもって出発したが、ここに創立以来の念願を果すべく角川文庫を発刊する。これまで刊行されたあらゆる全集叢書文庫類の長所と短所とを検討し、古今東西の不朽の典籍を、良心的編集のもとに、廉価に、そして書架にふさわしい美本として、多くのひとびとに提供しようとする。しかし私たちは徒らに百科全書的な知識のジレッタントを作ることを目的とせず、あくまで祖国の文化に秩序と再建への道を示し、この文庫を角川書店の栄ある事業として、今後永久に継続発展せしめ、学芸と教養との殿堂として大成せんことを期したい。多くの読書子の愛情ある忠言と支持とによって、この希望と抱負とを完遂せしめられんことを願う。

一九四九年五月三日

角川ソフィア文庫ベストセラー

日本語質問箱
森田良行

なぜ「水を沸かす」といわず、「湯を沸かす」というの？　何気なく使っている言葉の疑問や、一字違うだけで意味や言い回しが変わる日本語の不思議をやさしく解き明かす。よりよい日本語表現が身に付く本。

気持ちをあらわす「基礎日本語辞典」
森田良行

「驚く」「びっくりする」「かわいそう」「気の毒」など、普段よく使う言葉の中から心の動きを表すものを厳選。日本人特有の視点や相手との距離感を分析し、使い分けの基準を鮮やかに示した、読んで楽しむ辞書。

違いをあらわす「基礎日本語辞典」
森田良行

「すこぶる」「大いに」「大変」「なんら」など、普段使っている言葉の中から微妙な状態や程度をあらわすものを厳選。その言葉のおおもとの意味や使い方、差異を徹底的に分析し、解説した画期的な日本語入門。

時間をあらわす「基礎日本語辞典」
森田良行

日本語の微妙なニュアンスを、図を交えながら解説する『基礎日本語辞典』から、「さっそく」「ひとまず」など、「時間」に関する語を集める。外国語を学ぶとき、誰もが迷う時制の問題をわかりやすく解説！

思考をあらわす「基礎日本語辞典」
森田良行

「しかし」「あるいは」などの接続詞から、「〜なら」「〜ない」などの助動詞まで、文意に大きな影響を与える言葉を厳選。思考のロジックをあらわす言葉の使い方、微妙な違いによる使い分けを鮮やかに解説！